동사를 알면 죽은 영어도 살린다

동사를 알면 죽은 영어도 살린다 2

저자_ 최완규

1판 1쇄 발행_ 2006. 8. 16.
1판 16쇄 발행_ 2023. 4. 1.

발행처_ 김영사
발행인_ 고세규

등록번호_ 제406-2003-036호
등록일자_ 1979. 5. 17.

경기도 파주시 문발로 197(문발동) 우편번호 10881
마케팅부 031)955-3100, 편집부 031)955-3200, 팩스 031)955-3111

저작권자 ⓒ 2006 최완규
이 책의 저작권은 저자에게 있습니다. 서면에 의한 저자와 출판사의
허락없이 내용의 일부를 인용하거나 발췌하는 것을 금합니다.

COPYRIGHT ⓒ 2006 Choi Wan-kyu
All rights reserved including the rights of reproduction in whole
or in part in any form. Printed in KOREA.

값은 뒤표지에 있습니다.
ISBN 979-89-349-2290-2 13740

홈페이지_ www.gimmyoung.com   블로그_ blog.naver.com/gybook
인스타그램_ instagram.com/gimmyoung   이메일_ bestbook@gimmyoung.com

좋은 독자가 좋은 책을 만듭니다.
김영사는 독자 여러분의 의견에 항상 귀 기울이고 있습니다.

동사를 알면
죽은 영어도 살린다

최완규·지음

김영사

머리말

"기본 동사를 몇 개까지 공부해야 할까요?"

〈동사를 알면 죽은 영어도 살린다〉의 독자분들로부터 가장 많이 받은 질문 중 하납니다. 그럴 때마다 이런 답을 드렸지요.

"그런 질문 안 할 때까지 하셔야 합니다. 내가 지금 동사를 몇 개나 공부하고 있는지 더 이상 세지 않게 될 때 비로소 동사 공부하는 습관이 몸에 밴 것이니까요."

사람들은 뭘 하든지 얼른 성과를 보고 싶어합니다. 운동을 하더라도 한 달만에 살이 얼마나 빠졌는지, 알통은 얼마나 나왔는지 눈으로 확인할 수 있어야 안심을 하지요. 동사 운동도 마찬가지일 겁니다. 얼마나 해야 알통이 생기고 여기 저기 근육이 붙을까 하고 조급해하지요. 영어에 이런 속담이 있습니다.

    A watched pot never boils.

불 위에 올려 놓은 냄비를 지켜보고 있으면 결코 끓지 않는다고 하죠. 마음이 초조해져서 결코 물이 끓지 않는 것처럼 보이기 때문입니다. 불에 올려 놓은 물은 결국 끓습니다. 운동을 꾸준히 하면 당연히 건강이 좋아지고 근육이 붙고 살이 빠집니다. 무슨 대단한 이론이 아니라 상식적으로 우리 모두 알고 있는 사실입니다. 아직도 기본동사 그림이 그려지지 않는다거나 실력이 늘지 않는다고 느낀다면 아직 끓을 때가 안 되었다는 뜻입니다.

이 책은 원리를 이해하기 위한 책이지 또 다른 영어사전이 아닙니다.

2탄을 쓴 이유도 단순히 동사 수를 늘려 독자들의 개수 채우기 욕구를 충족시켜드리려는 것이 아닙니다. 1탄에서 배운 원리를 실전에 다양한 방법으로 적용해보는 응용력 기르기에 주안점을 둔 것입니다.

동사에 관한 책 두 권으로 여러분 영어 실력을 단번에 높여줄 거라는 비상식적인 약속은 하지 못합니다. 하지만 이것만큼은 약속드릴 수 있습니다. 1권 말미에도 썼지만 기본동사 하나를 공부했다면 꼭 영어의 호수에 낚싯대를 드리워보세요. 우리말 자막이 아닌 영어 자막을 켜놓고 영화를 보고, 자신의 수준에 맞는 소설을 읽어보세요. 영화 몇 편 안에, 소설책 한 권 안에 분명 자신이 공부한 내용이 두더지 튀어나오듯 머리를 내밀 테니까요. 이런 가슴 뿌듯한 순간을 지속적으로 경험해 보면 동사 개수를 몇 개나 공부해야 할지는 더 이상 중요하지 않습니다. '영어 공부 어떻게 하지?'라는 큰 고민도 사라집니다. 두 권에 나오는 기본 동사를 대하는 원리와 응용법은 다른 품사의 어휘에도 똑같이 적용되며 더 나아가 영어를 접하는 기본 자세이기 때문입니다.

이 책을 쓴 저 역시 늘 영어의 호수에 낚싯대를 드리우고 있습니다. 동사는 물론이고 영어 자체를 "어디까지가 끝이다"라고 생각하지 않습니다. 여러분이 한국어 원어민이지만 한국어 배우기가 끝나지 않았듯이 외국어인 영어도 늘 함께 해야 하는 언어이기 때문입니다. 여러분도 평생 영어와 친구 삼아 놀 수 있는 마음 자세를 가지시기 바랍니다. 영어가 친구로 보이기 시작하면 '언제까지'를 고민할 필요는 없을 테니까요. 1탄에 이어 2탄도 여러분의 영어 친구 삼기에 활용될 수 있기를 진심으로 바랍니다.

저를 낳아주신 부모님, 1탄과 마찬가지로 심혈을 기울여 책을 제작해주신 김영사 식구들, 재미있는 삽화를 그려주신 김태진 님, 마지막 오탈자 하나까지 꼼꼼하게 챙겨준 이내 송연석에게 감사의 마음을 전합니다.

최완규

목 차

머리말 • 4
달라진점 • 8
일러두기 • 9

01 사전은 흥미만점 추리소설 ………… 12

* **run** 흐르는 강물처럼! • 20
* **work** 꼼지락 꼼지락, 주물럭 주물럭! • 86

02 만화적 상상력 동원하기 ………… 120

* **put** 다 옮겨 주어라! • 126
* **catch** 잡아야 내 것이다! • 198
* **cut** 자르면 줄어든다 • 225

03 동사는 진화한다 ································· 260

* **draw** 끌어당겨 늘이자! · 270
* **pull** 홱 잡아당겨! · 300
* **hold** 한 번 잡으면 놓지 않는다! · 340
* **keep** 지금 이대로가 좋아! · 374
* **fix** 꾹 눌러둬! · 416
* **set** 자리 잡아줘! · 434

04 혼자 튀는 놈을 잡아라 ································· 462

* **tell** 그것을 알려주마! · 466

이 책을 마치며 · 도전은 계속된다 · 488

| 달 | 라 | 진 | 점 |

• 1탄과 무엇이 달라졌나?

2권은 동사의 여러 가지 그림을 최대한 많이 연습해볼 수 있도록 다양한 실용 예문을 실었습니다. 언뜻 1권보다 어렵게 느껴질 수 있는 예문들이지만 여러분이 다양한 영어 매체에서 실제로 자주 접하게 되는 문장들입니다. 달랑 해당 그림만 설명하기 위한 예문보다 앞뒤 문맥을 통해 실전처럼 연습해볼 수 있는 예문 위주로 뽑았습니다. 짧고 쉬운 사전식 예문만 접하다 보면 실전에서 좌절하기 쉽기 때문입니다. 1권을 읽은 분이라면 충분히 소화할 수 있는 예문들입니다.

또 여러분 스스로 그림을 확장해나가는 연습을 해볼 수 있도록 지나치게 '친절한' 설명이나 1권과 중복되는 설명은 피하고 대신 예문의 수를 늘렸습니다. 예문에 대한 설명도 주로 해당 그림을 확장해나가는 가이드 역할만 합니다. 설명에 나오지 않는 모르는 단어나 표현은 스스로 찾아 익히는 습관을 들이시기 바랍니다. 모든 단어나 표현을 설명해 놓은 지나치게 친절한 학습서로만 공부하다 보면 자생력이 떨어질 수밖에 없으니까요.

| 일 | 러 | 두 | 기 |

앞으로 살펴볼 12개의 기본동사는 각 동사마다 가장 기본이 되는 그림을 먼저 익히고 여기서 파생되는 그림을 이해할 수 있도록 순차적으로 분류했습니다.
다음 사항을 염두에 두고 읽어나가시기 바랍니다.

- **대표 예문은 우리말로**

대표 예문은 다른 예문과는 달리 우리말 문장과 그림 설명이 먼저 나온 다음 영어 문장이 나옵니다.
이렇게 우리말 문장을 먼저 보여주는 이유는 영작을 해보라는 게 아니라 그런 문장과 문맥에서 기본동사가 어떻게 사용되는지 조금이라도 능동적으로 고민을 해보기 위해서입니다. 무슨 동사를 어떻게 써야 좋을지 단 10초만이라도 고민해보세요. 굳이 완전하게 영작을 하지 않아도 상관 없습니다.

　우리 애를 보면 늘 행복해요.
　My little child always brings me joy.

이 보기에서 알 수 있듯이 대표 예문의 우리말은 문맥이 100% 드러나는 것도 아니고 문장 구성 요소가 자세히 나오는 것도 아닙니다. 그냥 child가 joy를 bring한다는 구조를 머릿속에 그릴 수 있는지 고민해보는 게 목적입니다. '우리 애' 라고 해서 our kid로 해야할지, my child라고 해야할지 등 기본동사 bring과 무관한 고민은 할 필요가 없다는 겁니다.

• 실전 속에서 (A-ha! moment)

동사의 기본그림 설명 도중 "A-ha! moment(아하~하면서 깨달음을 얻는 순간)"라는 자투리 설명이 나올 때가 있습니다. 해당 그림이 사용된 유명 영화· 드라마· 책 등을 예로 든 것으로, 기본동사가 실전에서 어떻게 쓰이는지 확인하고 연습해보기 위해 넣은 것입니다.

A-ha! moment는 눈으로만 읽지 마시고 해당 장면을 직접 머릿속에 그리면서 연기를 해보세요. 능동적으로 그 문맥 속의 주인공이 돼 여러 번 되새기면 그 동사를 완전히 자기 것으로 만들 수 있습니다. 영화라면 해당 장면을 찾아 확인해보는 것도 재미가 쏠쏠하겠지요.

> **A-ha! moment**
>
> About ten minutes later, four broomsticks came swooping down out of the darkness.
> 십 분쯤 지나자 어둠속에서 빗자루 네 개가 내리꽂으며 덤벼들었다.
>
> – Harry Potter and the Sorcerer's Stone (J.K.Rowling)

• 명사형에 대한 고민

기본동사에 명사형이 있는 경우, 기본그림 설명 마지막 항목에 그 동사가 가진 명사적 의미, 즉 기본그림에서 파생된 가장 기본적인 명사적 의미와 흔히 사용되는 명사적 의미를 설명해놓았습니다. 동사가 명사형 등으로 파생된다 해도 같은 기본그림에서 출발한다는 것을 보여줍니다. 또 동사 대신 명사를 활용해 같은 그림을 표현하는 방법도 연습할 수 있게 했습니다. 본 동사 설명에 나오는 명사형은 사용 빈도가 높으니 꼭 익혀두시기 바랍니다.

• 연습 문제는 가벼운 마음으로

각 동사 기본그림 설명이 끝나면 영어로 말해보는 연습 문제가 나옵니다. 이 역시 이미 배운 기본그림을 한 번 더 다진다는 가벼운 마음으로 풀어보시기 바랍니다. 영어로 말해볼 때 꼭 제시한 답만 가능한 건 아니며 해당 기본동사를 힌트로 능동적인 고민을 해본다는 데 의미가 있습니다.

가을이면 싱싱한 사과(fresh apples)가 많이 나와.
↳ Fall brings fresh apples.

'영어로 말해보기'에 나오는 우리말에서 기본동사를 생각해보는 데 방해가 될 만한 부분에는 괄호 안에 영어 표현을 넣어 오로지 기본동사에만 집중할 수 있도록 했습니다. 여기서는 "가을 brings 사과"라는 구조만 떠올릴 수 있으면 문제를 제대로 푼 겁니다. 기본동사의 쓰임새만 신경쓰시면 됩니다.

사전은 흥미만점 추리소설

If you play soccer, you find that it is necessary to make frequent changes in direction or that you need sudden bursts of speed as you dribble or pass the ball. The studs help your feet to grip the grassy surface. The greater measure of friction allows for more propulsion. Depending on the condition of the field or the skills of the player, the shoe will have 6, 12, 35, or 53 studs. In particular, 6 studded shoes are made to prevent slippage for a certain type of lawn and are longer than other studs. Many high school and college studs, whose school fields use 12-studded shoes, because they can be used on any other surface or players who mainly are ground, 35-studs are preferred. Beginners or children start with 53-studs; the higher number of studs provides amateur players with greater stability on the ground and breaks less the ankles, soccer shoes for everyday wear! Considering the high possibility of injury due to falls or injury to ankles, is recommended that use of the shoes be limited to the soccer field. Women's Soccer? In 16th century England, women played soccer as much as men did. The first formal tournament was held 18th century, a team of married women against a team of unmarried women in Scotland. The st international tournament was held in England in 1920 between France and England and drew in over 10,000 spectators to the event. In Korea, Kim Hwa-Jib coached the first

01*

run 흐르는 강물처럼

work 꼼지락 꼼지락, 주물럭 주물럭

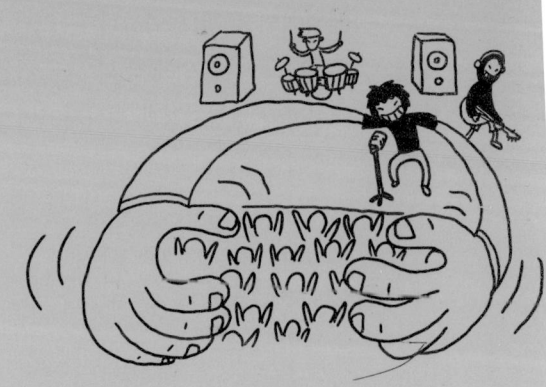

사전은 흥미만점 추리소설

1권에서 강조했듯이 기본 동사는 한두 개의 기본그림에서 출발합니다. 사전을 펼쳐보면 동사 하나에 언뜻 수많은 뜻이 있는 것처럼 보이지만 그것들은 기본그림에서 파생, 확장된 그림에 불과하기 때문에 어떤 복잡한 그림이라도 파고 들어가다 보면 그 조상에 해당하는 기본그림의 자손이라는 걸 알 수 있습니다. 그만큼 가장 기본이 되는 그림을 찾아내 기준으로 삼는 것이 중요합니다.

그러나 이 말을 역으로 생각하면 기본그림을 잘못 잡았을 경우 의미 규정에 예외가 많아져 기본그림을 그리려는 노력 자체가 허사가 될 수 있습니다. 영영사전을 봐도 알 수 있듯이 원어민들도 기본그림보다는 많이 사용되는 용례에만 신경을 써서 그 용례를 벗어나면 예외처럼 인정하는 경우가 많습니다.

따라서 사전에 나온 항목은 많이 사용되는 개념 순으로 정리한 것일 뿐이지 첫 번째 의미가 반드시 기본그림이라고 할 수는 없습니다. 예를 들어, 영영사전이든 영한사전이든 거의 모든 사전이 run을 설명할 때 '달리다'로 시작합니다. 그래서 '달리는 모습'이 기본그림인 것으로 생각하고 run의 수많은 다른 의미들은 예외적인 용례로 여깁니다. 그래서 수많은 뜻이 있는 단어, 복잡한 단어로 오해하고 '이걸 언제 다 외우나' 겁을 먹게 되지요.

대부분의 영영사전과 영한사전에 나오는 run의 의미를 순서대로 정리해보면 다음과 같습니다.

1. 달리다, 뛰다, 급히 가다, 돌진하다
2. 도망치다, 달아나다, 도주하다
3. 의지하다, 호소하다

4. 회전하다, 매끄럽게 움직이다, 미끄러지다
5. 경주에 참가하다, 달리기를 하다
6. 탈것이 달리다, 진행하다, (정기적으로) 운행하다, 다니다
7. 술술 풀리다
8. 흐르다, 새다, 넘치다
9. 길이 뻗다, 통하다, 이어지다
10. 잉크 등이 번지다
11. 기계 등이 돌아가다, 움직이다, 돌다
12. 시간이 지나다, 경과하다, 흐르다
13. 어떤 상태가 되다, 변하다
14. 수량 등이 ~에 달하다
15. 말 따위가 씌어 있다
16. 돈 따위가 누적되다, 지불 의무가 생기다
17. 연극이나 영화가 계속되거나 책의 판이 이어지다
18. 법률이나 계약 등이 통용되거나 효력을 지니다
19. 생각이나 기억 등이 떠오르다, 오고 가다
20. 소문 등이 나다, 퍼지다, 유포되다
21. 성격이나 특징이 흐르다, 전해지다, 내재하다

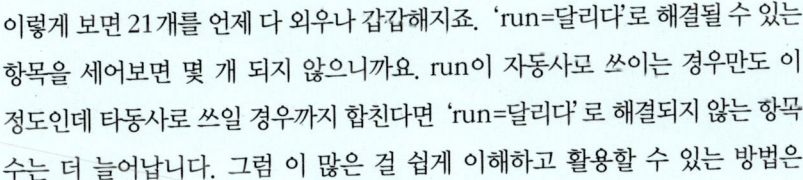

이렇게 보면 21개를 언제 다 외우나 갑갑해지죠. 'run=달리다'로 해결될 수 있는 항목을 세어보면 몇 개 되지 않으니까요. run이 자동사로 쓰이는 경우만도 이 정도인데 타동사로 쓰일 경우까지 합친다면 'run=달리다'로 해결되지 않는 항목 수는 더 늘어납니다. 그럼 이 많은 걸 쉽게 이해하고 활용할 수 있는 방법은

없을까요? 그 방법을 설명하기 전에 work라는 동사를 영영사전 식으로 한번 살펴보겠습니다.

1. I work 8 hours a day. (do a job for money/do one's job)
2. She works among the poor. (help)
3. He is working hard to pass the test. (try to achieve something)
4. The fridge doesn't work. (machine/equipment: does what it is supposed to do)
5. Your suggestion worked. (be effective/successful)
6. Sleeping pills won't work. (have an effect)
7. The scene with the crowd doesn't work, does it? (art/literature: successful)
8. I continued to work the clay. (shape or cut something)
9. One of the screws worked loose. (move gradually)
10. I work out twice a day. (exercise)
11. My face worked with anger. (move)
12. Yoga is a form of exercise that works every muscle in your body. (exercise)
13. He knows how to work the crowd. (entertain)

work의 설명 중 앞에 나오는 일부 항목만 뽑은 것입니다. 이들 중에 'work=일하다'가 적용되는 것은 많지 않습니다. work의 첫 번째 항목으로 '에너지를 소모해 노력하다'라는 포괄적인 설명을 단 사전도 있지만, 이것만으로 work에 딸린 수많은 뜻과 용례를 이해할 수 있는 단서를 발견하기에는 역부족

사전은 흥미만점 추리소설

입니다. 하물며 원어민들이 쓰는 사전도 이 정도인 걸 보면 사전이란 해당 단어의 기본그림을 이해할 수 있는 단서도 제공해주지만 한편으론 단어를 사전의 특정 의미에 가둬버리는 함정이 되기도 합니다.

하지만 사전을 능동적으로 활용한다면 얘기는 달라집니다. 사전에 나오는 내용을 그대로 받아들이지 말고 사전을 보면서 마치 범인이 밝혀지지 않은 추리소설을 읽고 있다고 가정해보는 겁니다. 즉, 각 단어는 하나의 추리소설이고 그걸 읽는 우리 자신은 그 단어의 '기본그림'이 뭔지 찾아내는 탐정이 되는 거지요. 이때 뛰어난 탐정이 되려면 다음과 같은 마음가짐이 필요합니다.

- 해당 단어에 대한 고정관념을 경계하라. 'run=달리다', 'work=일하다'라고 한정하면 '기본그림'을 찾는 데 방해가 될 수도 있다.
- 사전에 나온 각각의 뜻은 나무가 아닌 숲을 보는 눈으로 바라보라. 유능한 탐정이라면 서로 전혀 연관성이 없어 보이는 단서들을 종합해서 파악할 수 있어야 한다. 사람이 run하고, 길이 run하고, 강물이 run하고, 회사가 run하고, 기계가 run한다. 하나의 뜻으로 연결되지 않는 이 단서들을 사전에 나온 단정적인 의미가 아닌 해당 단어가 사용되는 문맥에 신경 써서 어떤 공통점으로 묶여 있는지 추리해 보자.
- 사전에 나열된 의미의 가짓수를 최대한 포괄하면서도 해당 동사의 개성을 잃지 않는 기본그림을 찾아라. 특정 문맥에 국한되지 않고 포용력이 큰 기본그림을 찾으려면 가장 원시적인 항목에 초점을 맞춰야 하지만 자칫 지나치게 포괄적인 그림을 그리는 오류를 범할 수 있으므로 주의한다. 예를 들어 'work=일하다'라는 발전된 그림보다는 'work=에너지를 소모해서

'노력하다' 라는 그림이 더 원시적인 형태여서 포용할 수 있는 항목 수가 늘어나지만 과욕을 부려 'work=움직임' 에서 출발한다면 지나치게 포괄적이므로 그 타협점을 찾는 것이 중요하다.

우선 직접 run과 work의 사전 항목을 죽 훑어 보고 잠시라도 기본그림을 추리해본다면 효과를 실감할 수 있습니다. 1부의 run과 work 동사 설명을 보면 알겠지만 기존 사전과 다르게 고정관념에 해당하는 '달리기', '일' 의 의미와 전혀 다른 그림에서 출발하고 '달리기' 와 '일' 에 해당하는 의미는 나중에 등장합니다. 고정관념을 탈피하고 새로운 시각을 갖기 위한 연습입니다.
또, 1부에서 제시하는 run과 work의 기본그림은 한 예일 뿐이지 불변의 진리가 아니라는 것도 기억해두세요. 여기서 제시한 그림보다 더 포괄적이고 논리적이면서도 run과 work의 개성을 잃지 않는 그림을 찾아냈다면 여러분한테는 그

사전은 흥미만점 추리소설

그림이 정답일 겁니다. 남이 만들어 놓은 것을 수동적으로 받아들이는 게 아니라 자신이 직접 능동적으로 노력해서 발견하고 자신이 가장 잘 이해할 수 있는 수단으로 활용할 수 있다면 그게 바로 여러분에게 맞는 기본그림이니까요.

〈동사를 알면 죽은 영어도 살린다〉 1권과 달리 2권의 각 동사 도입부에는 일상생활에서 찾아낸 해당 동사의 기본그림 아이디어가 제시됩니다. 여러분도 일상생활 속에서 아이디어를 찾아 동사의 그림 찾기에 접목시키는 노력을 해보세요. 기본동사 공부가 배는 재미있어질 테니까요.

*run 흐르는 강물처럼!

공원을 따라 우레탄이 깔린 조깅코스를 한 바퀴 빙 돌아 달리고 나서 잠시 쉬려고 앉습니다. 이마에선 땀 한 방울이 흘러내립니다. — 공원을 둘러싼 조깅코스, 달리는 사람, 흘러내리는 땀방울 모두 흐르는 강물처럼 거침없이 전진하는 run의 그림입니다.

run의 기본그림을 이해하려면 '사람이 달리는' 모습 따위는 잊으세요. 오히려 강물이 '흘러가는' 모습에서 run의 그림을 찾아야 합니다. 강물의 특징은 거침없이 빠르게 앞으로 흘러간다는 겁니다. 여기서 빠르다는 건 상대적인 것이고, 앞으로 나아간다는 것 역시 run 하는 주체의 관점에서 그렇다는 뜻입니다. 예를 들어 길을 생각해보세요. 공원의 산책로든 고속도로든 그 위에 서서 앞을 바라보면 붓으로 죽 그어 나가는 것처럼 거침없이 뻗어 있겠지요. 길이 스스로 run 하는 걸로 보인다는 겁니다. 달랑 몇 미터 되지 않는 길이나 막혀 있는 길을 두고는 run 한다고 하지 않죠.

이마에서 흘러내리는 땀방울도 마찬가집니다. 만화적 상상력으로 내가 아주 작아져서 땀방울에 올라타 얼굴을 타고 흘러내려가는 모습을 본다면 run 한다고 할 겁니다. 돌을 맞아 이마에서 피가 흘러내리는 모습도 마찬가집니다. 거침없이 흐르는 강물과 다를 바 없습니다. 도도히 흐르는 강물도 마찬가지지만 물이 흐르는 모습은 언제나 run 을 연상시킵니다. 수돗물을 틀어보세요. 그리고 내가 저 물줄기 위에 타고 있다고 상상하세요. 그 느낌이 바로 run 입니다. 책상을 손걸레질을 하는 모습을 떠올려보세요. 왼쪽 끝에서 오른쪽 끝으로 한 번 움직일 때 손 위에서 움직이는 방향을 바라보면 손 역시 흐르는 강물처럼 run 한다고 느낄 겁니다.

사람을 비롯한 동물은 물론이고 기차나 자동차 같은 탈것 역시 빠르게 움직여 거침없이 전진하는 모습은 강물의 흐름과 다를 바 없습니다. 마찬가지로 기계가 제대로 작동을 하려면 거침이 없어야 합니다. 어딘가 잘못되어 막히면 제기능을 못하죠. 컴퓨터 프로그램을 run 한다고 하는 이유도 거침없이 돌아가야 제대로 실행되기 때문입니다. 오류가 생기거나 다운되면 더 이상 흐르는 강물이 거침없이 전진하듯 돌아가는 느낌이 들지 않습니다. 회사를 운영하는 것 역시 기계나 프로그램과 같습니다. 막히지 않고 거침없이 나아가야 제대로 돌아가는 회사입니다.

이처럼 거침없이 흘러가는 강물에 비유할 수 있는 것이라면 무엇이라도 run 이라고 표현할 수 있습니다. 다시 강조하지만 run 을 제대로 이해하기 위해서는 '달리기'라는 개념은 아예 잊는 것이 좋습니다. 만년필을 흰 와이셔츠 주머니에 넣고 다녔더니 잉크가 번졌습니다. 이 모습을 보고 왜 잉크가 run 한다고 하는지 '달리기' 개념으로는 설명할 수 없는 것이죠.

기본 형태

혼자 흘러가기도 하고 다른 걸 흘러가게 만들기도 하는 의미로 사용되므로 자동사, 타동사 모두 됩니다.

I ran 10 kilometers. 10킬로미터를 달렸다.
The king runs the country. 왕이 나라를 다스린다.
Let me run you a nice hot bath. 뜨거운 목욕물 받아줄게요.

기본그림 run

run 01 강물이 고속도로를 따라 흐른다.

사전에 처음 등장하는 '달리다'라는 고정관념을 버리세요. 거침없이 앞만 보고 흐르는 강물을 상상해 보면 run의 대부분의 의미를 더 쉽게 이해할 수 있습니다.

When it rains, the water runs off the land from the hilltops down into the valleys or lower areas and eventually ends in a stream, lake or river.
비가 오면, 빗물은 언덕에서 계곡이나 낮은 지대로 흘러내려 냇물, 호수, 또는 강으로 흘러 들어간다.

빗물이 흘러흘러 강물과 만나는 것도 기본그림은 수돗물이 흐르는 것과 마찬가지입니다.

If faucets screech when you turn them on and pipes hum when water's running, chances are you have a bad main valve. 수도꼭지를 돌릴 때 끽 소리가 나거나 물이 흐를 때 파이프에서 소리가 들리면 주 밸브가 손상되었을 가능성이 크다.

The river runs along the highway.

수도만으로도 물이 흐르는 모습을 나타낼 수 있으며 형용사를 덧붙여 흐르는 상태를 나타낼 수도 있습니다.

She went into the bathroom and the tap was running, full blast.
욕실에 들어갔더니 수도꼭지에서 물이 콸콸 나오고 있었다.

The tap was running into the bucket in the backyard.
뒷마당에 있는 수도에서 물이 양동이로 쏟아지고 있었다.

My kitchen hot water tap runs for about 20 seconds and then dies out.
부엌의 온수 수도꼭지를 틀면 20초 정도 물이 나오다가 멈춰요.

Being the end of the dry season, the river's running a bit low.
건기의 막바지에 있기 때문에 강물이 얕게 흐른다.

When the river's running high, get to higher ground or you die.
강물이 불어날 때 높은 곳에 올라가지 않으면 죽는다.

Keep cold drinking water in your refrigerator instead of turning on the tap until the water runs cold.
물이 차가워질 때까지 수돗물을 틀어 낭비하지 말고 냉장고에 차가운 식수를 보관하세요.

The water runs red with silt from the recent rains.
강이 얼마 전 내린 비로 흙탕물이 되어 벌겋다.

Her bath water ran red with blood. 욕조의 물이 피로 빨갛게 물들었다.

고여 있거나 갇혀 있는 물이라도 '흐르다' 의미가 통하면 모두 run입니다.

Tears ran down my cheeks like rain on the window I was looking out.
내가 내다보고 있는 창문에 흐르는 빗물처럼 눈물이 뺨을 타고 흘러내렸다.

눈물이 한두 방울 뚝뚝 떨어지는 게 아니라 볼을 타고 죽 흐르는 모습입니다. 피도 눈물처럼 살갗을 타고 흐르긴 마찬가지죠.

A small trickle of red blood ran down between his blond eyebrows.
금빛 눈썹 사이로 가느다란 피 한 줄기가 흘렀다.

A river of red blood ran from a cut over his chest.
그의 가슴에 난 상처에서 피가 강물처럼 흘러내렸다.

The body has a finite amount of blood running through the veins at any given moment. 사람의 몸에는 늘 일정한 양의 피가 혈관을 타고 흐른다.
I could feel mucous from my nose running down the back of the throat.
콧물이 목구멍 뒤를 타고 내려가는 걸 느낄 수 있었어.

실제로 흐르는 건 물이지만 수도꼭지(tap)가 run한다고 하는 것처럼 콧물 역시 '콧물이 흐른다' 고 할 때 nose runs라고 합니다.

After the surgery, if your nose runs you can wipe it, but do not blow your nose until two days after you get home.
수술 후 콧물이 흐르면 닦아도 되지만 집에 간 지 이틀이 지나기 전에 코를 풀면 안 됩니다.
Your nose runs more when you're exposed to cold temperatures.
차가운 기운에 노출되면 콧물이 더 많이 흐르지.
I walked to the bathroom to quickly run some water over my face.
욕실에 들어가서 빨리 얼굴에 물을 끼얹었다.

스스로 흐를 수도 있지만 이처럼 다른 것을 흐르게 할 수도 있지요.

You put the dishes in the sink and run some water over them.
접시를 싱크대에 넣고 그 위에 물을 틀어.
I pulled the shower off the wall and ran the water down my back.
샤워기를 벽에서 떼어내 등 뒤로 물을 흘려보냈다.
I'm going to run you a hot bath and give you some clothes.
목욕물 받아주고 옷 줄게.

run 다음에 목적어를 써주면 누구에게 또는 무엇에 흘려주는지도 나타낼 수 있습니다. 펜으로 글을 쓰면 펜대에서 잉크가 줄줄 흘러나오지요. 그래서 잉크도 run한다고 표현합니다. 옷에 잉크가 번지는 것 역시 run으로 표현할 수 있습니다. 막힘 없이 번져나가는 모습을 상상해 보면 이해하기 쉽지요.

I wrote my stories until the ink ran dry. 잉크가 다 마를 때까지 글을 썼다.
Printer warns and pauses a job when ink is running low.

잉크가 떨어지면 프린터는 경고음을 내고 인쇄 작업을 중단한다.
The red ink ran on my shirt. 빨간 잉크가 셔츠에 번졌다.

물감이 번지는 것도 run으로 표현할 수 있습니다. 흐르는 건 물이지만 수도꼭지(tap)가 run한다고 하는 것처럼 여기서도 실제로는 물감이 run하지만 문맥을 통해 충분히 알 수 있기 때문에 셔츠가 run한다고 표현합니다. 흐르는 물에 뭔가 헹구거나 흘려 보낼 때는 옷이나 잉크, 면도기 등이 run의 목적어로 오는 것이죠.

The shirt ran and the color on the fabric bled onto the other areas of the shirt. 셔츠가 물이 빠져서 물감이 셔츠 다른 부분까지 번졌어.

Upon the first washing with dark clothes, the red shirt ran and stained blue jeans and other clothing in the washer. 어두운 색 옷들을 처음 빨았더니 빨간 셔츠 물이 빠져서 세탁기에 있던 청바지랑 다른 옷에 물이 들었어.

He reached for the razor and ran it under the faucet. 면도기를 집어 수도꼭지에 대고 헹궜다.

지금까지 예문을 통해 받은 run의 느낌 그대로 다음에 나오는 run의 의미를 생각해보세요.

She had dark-blue skin and long black hair and a deep scar ran down her face. If it was not for the scar I would have considered her to be quite beautiful. 그 여자는 납빛 피부와 긴 검은 머리를 가졌고 얼굴에는 깊은 상처가 아래로 길게 나 있었다. 그 상처만 아니었어도 꽤나 아름다운 여자라고 여겼을 것이다.

ran down했다는 말 하나만으로도 상처가 아래쪽으로 얼굴을 타고 흐르듯이 길게 나 있다는 걸 알 수 있습니다. 이처럼 흐르는 것이 물이나 액체뿐만이 아니라는 것을 알 수 있죠? 이러한 run의 기본그림을 가슴에 새겨두세요.

run 02 이 길은 동쪽으로 반 마일 정도 이어지다 북쪽으로 꺾어진다.

거침없이 흐르는 건 모두 run한다고 할 수 있습니다. 도로 위에 서서 도로가 펼쳐지는 방향을 바라보면 강물이 흐르는 것처럼 보이죠. 막혀 있거나 흐르는 느낌이 없는 짧은 길은 run한다고 표현하지 않습니다.

The highway runs close to the coast and sometimes you can get a good view of the sea from the road. 그 고속도로는 해안 가까이 이어지기 때문에 때로는 도로에서 바다의 멋진 경치를 구경할 수도 있다.
The road ran alongside the southern shore of the lake.
남쪽 호수가를 타고 길이 나 있다.

거침없이 흐를 수 있는 것은 강물이나 길 이외에도 많습니다. 풀밭이나 산이 흐른다고 표현할 수도 있고 길을 내는 것도 가능합니다.

It seems as if the grass runs into the mountain and the mountain runs into the sky. It is just breath-taking.
풀밭이 산으로 이어지고 산은 하늘로 이어져 들어가는 것 같다. 숨막힐 듯한 장관이다.

The ridge runs for about 150 miles through the middle of Florida.
이 산맥은 플로리다 중부를 가로질러 150마일이나 이어져 있다.
The green runs diagonally from right to left and is surrounded by five bunkers.
골프 코스는 오른쪽에서 왼쪽으로 대각선으로 이어지며 다섯 개의 벙커로 둘러싸여 있다.
If a local planning commission decides to run a highway through the

The road runs east for about half a mile, and then it turns north.

neighborhood playground, the child's recreational life may suffer.
지역 계획 위원회에서 인근 놀이터를 관통하는 고속도로를 내기로 결정하면 아이들의 놀이 생활에 타격을 줄 수도 있다.

A-ha! moment

> Since the Truman Administration, First Ladies and their staffs had operated entirely out of the East Wing, which houses two floors of office space, a large reception room for visitors, the White House movie theater and a long glass colonnade that runs along the edge of the East Garden that Lady Bird Johnson dedicated to Jackie Kennedy.
> 트루만 행정부 이래 영부인들과 그 수행원들은 모두 동관에서 업무를 봤다. 동관에는 두 개 층의 집무 공간, 방문객들을 위한 큰 영접실과 백악관 영화관이 있을 뿐 아니라 레이디 버드 존슨 여사가 재키 케네디에게 헌정한 이스트 가든을 따라 죽 늘어서 있는 긴 유리 주랑도 볼 수 있다.
>
> – Living History (Hillary Rodham Clinton)

colonnade는 지붕 등을 받치는 기둥이 죽 이어서 있는 걸 말합니다. 이게 이스트 가든을 따라 죽 늘어져 있는 모습을 run으로 표현한 겁니다.

run 03 그녀가 내게 키스를 하자 전기가 흐르는 듯 했다.

보이지 않는 것도 거침없이 흐르는 건 run한다고 표현합니다. 진동이나 전기가 막힘 없이 몸을 타고 흐르는 그림이 그려지세요?

> When she saw her husband with another woman, a shock ran through her body from her toes to her head and left her hair standing straight up. 그녀는 남편이 다른 여자와 함께 있는 걸 보자 발끝에서 머리끝까지 충격이 전해지는 듯했고 머리카락이 쭈뼛 섰다.

A man got on the stage and fired a gun at the singer. A ripple of shock ran through the audience.
한 남자가 무대 위에 올라가 가수에게 총을 쐈다. 관객은 충격에 휩싸였다.

As Elvis started to sing, a ripple of excitement ran through the audience.
엘비스가 노래를 부르기 시작하자 객석은 흥분의 도가니가 되었다.

웃음이나 통증도 흐른다고 표현할 수 있습니다.

ripple이란 잔잔한 물에 돌을 던지면 생기는 파장을 말합니다. 아무런 방해 없이 계속 원을 그리며 퍼져나가는 모습을 그려보면 됩니다.

On hearing my joke, a ripple of laughter ran through the audience.
내 농담을 듣고 관객들이 웃음을 터뜨렸다.

A stinging pain ran through my entire left leg.
왼쪽 다리 전체에 찌르는 듯한 통증이 느껴졌어.

A pain ran up the back of my leg, and then to my head. I fell to the floor, and blacked out from the pain.
통증이 다리 뒤쪽부터 시작해 머리로 이어졌어. 난 바닥에 쓰러져 고통으로 정신을 잃었지.

I could sense a shiver running down my spine.
등골이 오싹해지는 걸 느끼겠더라구.

온갖 생각이 스쳐지나가는 것을 '생각이 흐른다'고 표현할 수 있습니다. 뿐만 아니라 소리도 막히지 않고 흘러갑니다.

Many thoughts ran through my mind as I lay in my bed.
침대에 눕자 온갖 생각이 머릿속을 스치고 지나갔어.

A funny thought ran through my head. 갑자기 엉뚱한 생각이 스치고 지나갔어.

A murmur began to run through the crowd, slowly growing in volume.
군중들이 하나 둘 웅성거리기 시작했고 점점 소리가 커졌다

An electric shock ran through me as she kissed me.

사람들이 많이 모여 있는데 앞에서부터 뒤쪽까지 점차 말소리가 이어지면서 전체로 흘러 퍼지는 그림을 그려야겠지요.

분위기도 흐릅니다. 또 뭐가 있을까요? 우리말에 유전을 집안에 흐르는 내력이라고 하죠? 영어에서도 '집안 내력이 흐른다' 라고 표현합니다.

There was a buoyant mood running through the whole team bolstered by the tournament results. 토너먼트 결과 덕분에 팀 전체가 들뜬 분위기였다.
A sweet, gentle mood runs through the whole CD.
CD 전체에 감미롭고 부드러운 분위기가 흐르지.
If a genetic disorder runs in my family, what are the chances that my children will have the condition?
유전성 질환이 집안 내력이라면 우리 아이들이 같은 증세를 보일 가능성은 얼마나 될까요?
Cancer runs in my family and has almost wiped out my father's family.
암이 가족력이라 친가쪽으로는 암 때문에 살아 있는 사람이 거의 없다.
Teaching runs in my family. My mother is a retired teacher.
우리집은 교육자 집안이야. 어머니도 전직 교사셨지.

 그녀는 손으로 탁자 표면을 훑었다.

마치 탁자 표면에 긴 줄을 긋고 한쪽 끝에서 다른 쪽 끝으로 이동하듯 손을 움직이는 모습을 떠올려 보세요. 물 흐르듯 손이 움직이는 그림을 그리면 됩니다.

He ran his hand along my jaw and up along the side of my face and said, "I love you." 그는 손으로 나의 얼굴을 턱을 따라 어루만지더니 "사랑해"라고 말했다.

손의 움직임을 그려보세요. 먼저 턱에 손을 가져다 대고 출발점을 잡습니다. 그리고는 천천히 볼 쪽으로 손을 옮겨가는 겁니다. 부드럽게 흐르는 느낌이 들죠?

The guard ran his fingers around my waist and legs to check for weapons. 경비는 손가락으로 내 허리부터 다리를 훑어내려가며 무기가 없는지 확인했다.

역시 물이 흐르듯이 몸을 위에서 아래로 훑어내려가는 손가락의 움직임이 느껴집니다. 손으로 허리를 빙 돌며 만져보고 쭉 타고 내려가 다리까지 훑는 것을 경찰이 나오는 영화나 TV 드라마에서 많이 보았을 겁니다.

A-ha! moment

> Reba rests her head on his thigh and turns her gleaming cheek to him. She runs her hand inside his shirt and rests it warm on his chest.
> 리바는 그의 허벅지에 머리를 기대고 윤기 나는 볼을 그에게 돌린다. 그녀는 그의 셔츠 속으로 손을 집어넣고 가슴에 얹어 온기를 느낀다.
> – Red Dragon (Thomas Harris)

Mom unbuttoned my shirt and ran her hand slowly over my belly.
엄마가 내 셔츠 단추를 풀고 손으로 천천히 배를 어루만졌다.
I ran my hand down my legs to make sure I wasn't hurt.
다리 아래쪽까지 손으로 훑어보고 다치지 않았는지 확인했다.
He sniffed and winced as he ran his hand against his nose.
그는 코 밑으로 손을 가져가 냄새를 맡고 얼굴을 찡그렸다.

손을 코에 아무렇게나 대고 있는 게 아니라 손가락을 코 밑에서 움직이며 냄새를 맡는 그림입니다.

He ran his hand through his hair to push back a thick, black curl that had dropped between his eyes.
손가락으로 머리를 빗듯 눈 사이로 흘러내린 굵고 검은 곱슬머리를 뒤로 넘겼다.

손가락으로 빗질을 하듯 머리카락을 훑으면서 손을 이동하는 것도 run한다고 합니다.

run이 길게 연결된 느낌이 드는 때도 있죠. 또는 천이나 밧줄처럼 길이가 있는 것을 길게 펼치는 행동을 표현할 때도 run한다고 합니다.

Run the rope around your waist. 밧줄을 허리에 감아.
Pierce a hole in the basket, run a thread through it, and then tie the thread. 바구니에 구멍을 뚫고 실을 집어넣은 다음 한쪽 끝을 묶으세요.

She ran her hand along the surface of the table.

I had a dead battery in my car one morning, so I ran a cord out of my garage to charge my battery.
하루는 아침에 차 배터리가 나가서 코드를 차고에서 길게 늘어뜨려 충전을 했다.

If you must run a wire in a traffic area, be sure to tape it down so no one trips. 사람이 지나다니는 곳에 전선이 지나가게 해야 한다면 걸려 넘어지는 사람이 없도록 바닥에 테이프로 붙여놓아야 한다.

Never run a cord through a doorway as it could be pinched and damaged if the door is closed.
코드를 출입구에 걸쳐 늘어뜨리지 마세요. 문이 닫히면 끼어 손상될 수 있으니까요.

She ran a cord from the headphone jack on the MP3 player to the speakers. 그녀는 MP3 플레이어 헤드폰 잭에 코드를 꽂아 스피커에 연결했다.

MP3와 스피커 사이에 늘어져 있는 코드를 생각하면 쉽게 이해가 될 것입니다.

눈에 보이는 전선이나 줄뿐만 아니라 카드를 긁거나 뭔가를 홈 같은 곳에 대고 훑고 내려오는 동작을 표현할 때도 길게 움직이는 것이므로 run한다고 합니다.

Please run your card through the card reader.
카드 판독기에 카드를 대고 긁으세요.

스캔하거나 눈으로 훑어보는 것도 run으로 표현할 수 있습니다.

To scan a page all you have to do is slowly run the scanner over the page. 페이지를 스캔하려면 스캐너로 원하는 페이지를 천천히 훑으면 됩니다.

He quickly ran his eyes along the ceiling until he spotted a mosquito.
그는 빠르게 천장을 훑어보고 모기를 찾아냈다. (눈동자를 굴려서 전체를 휙 훑어보는 모습을 상상하세요.)

He ran his eyes possessively down her luscious body.
그는 그녀의 요염한 몸을 탐욕스럽게 훑어봤다.

05 그는 땀으로 범벅이 되었다.

정작 흐르는 건 물인데 '수도가 흐른다(The tap is running.)'고 하고, 콧물이 흐르는 것인데 '코가 흐른다(The nose is running.)'고 하지요. 땀이나 피가 흐르는 것도 마찬가지입니다.

> The humidity was high and I was running with sweat. My knit shirt was stuck to my back and even my white socks looked soggy.
> 습도가 높아 땀으로 범벅이 됐어. 스웨터는 등에 철썩 달라붙었고 흰 양말도 축축해 보였지.

여기서 정작 흐르는 건 땀이지요. 문법적으로 분석해 주어나 목적어의 관계가 이상하다고 고민하지 말고 굳어진 표현 방식으로 받아들이세요. 자꾸 눈도장을 찍어두면 익숙해집니다.

> By the time I reached the jungle camp, my face was running with sweat.
> 정글 야영지에 도착했을 때 얼굴이 땀으로 범벅이 되어 있었어.
> One afternoon I woke from a hot sleep, running with sweat.
> 어느 날 오후 더워서 깼더니 땀으로 흠뻑 젖어 있었어.

He was running with sweat.

Several people were shot and I saw them running with blood on their shirts. 몇 사람은 총을 맞아 셔츠가 피로 범벅이 된 걸 볼 수 있었다.
He sat down with hands and forearms running with blood from a score of scratches and cuts.
그는 긁히고 찢긴 상처가 많아 손과 팔뚝이 피로 물든 채 앉아 있었다.

땀이나 피가 흐르는 것도 모자라 심지어는 무생물에 대해서도 run을 이용해 '~로 범벅이 되다, 물들다'라고 표현할 수 있습니다.

The street was already running with blood and the soldiers just kept on shooting. 거리는 이미 피로 물들었지만 병사들은 계속 총을 쏘아댔다.
The whole country runs with blood. 나라 전체가 피로 물들고 있다.
Steam from the tub had melted the frost; now the windows ran with condensation. 욕조에서 나오는 수증기가 서리를 녹였고 창문에 이슬이 맺혀 흘렀다.

창문이 그냥 뿌옇게 된 정도가 아니고 이슬이 방울방울 맺혀 흐를 정도라는 의미입니다.

 차는 휘발유로 간다.

사람이든 기계든 제대로 돌아가고 작동된다는 것은 물 흐르듯 거침없이 나아가는 것을 말합니다. 다람쥐가 쳇바퀴를 돌듯 돌아가는 모습을 보며 원어민은 run을 떠올리고 한국인은 '돌아가다'라는 말을 떠올리는 차이가 있지만 이때 run이 어떤 모습을 나타내는지 이해하면 됩니다.

Now that it's all fixed up, my car runs a lot quieter and smoother.
이제 다 고쳐서 차가 전보다 조용하고 부드럽게 나간다.
Many school buses run on diesel, a kind of fuel that's different from the gas that cars use.
많은 학교 버스가 디젤 연료로 가는데, 이것은 승용차에 쓰는 휘발유와는 다른 종류의 연료다.

Korea introduces a hybrid car engine that runs on compressed air!
한국이 압축 공기로 달리는 하이브리드 자동차 엔진을 선보인다!

자동차는 엔진이 돌아가야 비로소 움직일 수 있습니다. 따라서 자동차가 아닌 엔진이 움직이는 것을 표현할 때도 run을 쓰는 이유는 이제 짐작하고 남죠? 기계가 돌아가는 모습도 마찬가지로 다람쥐가 쳇바퀴 돌리는 모습으로 이해해 보세요. 실제로 돌아가는 느낌이 나는 경우에 대부분 run이라고 표현합니다.

Never leave the key in the ignition, and never leave the engine running while you run into a store.
자동차 키를 꽂아놓고 내리거나 가게에 갈 때 시동을 걸어놓고 내리지 마세요.

Run the tape until you find the shot you want.
원하는 장면을 찾을 때까지 테이프를 돌려봐.

Before shooting, press the shutter button and run the film until the counter shows "0".
찍기 전에 셔터 버튼을 누르고 카운터가 0이 될 때까지 필름을 돌려라.

We just can't run the film in reverse and put everything back together again. 그저 필름을 거꾸로 돌려서 모든 걸 원상태로 돌려놓을 수는 없는 거라구.

Mom never taught me how to cook, clean or even run the washing machine.
엄마는 요리나 청소 심지어 세탁기 돌리는 것도 가르쳐 주지 않았다.

영화 자체도 필름을 돌려서 상영하지요. 따라서 영화를 상영하는 것이나 필름이 돌아가는 것을 표현할 때도 run을 씁니다.

The movie runs just over sixty minutes.
영화는 60분 정도 상영된다.

The flashback in the middle of the movie runs too long.
영화 중간에 나오는 회상 장면은 너무 길어.

The car runs on gasoline.

run 07 걷지 말고 뛰어!

이번에는 우리가 run하면 자동으로 떠올리는 이미지, '달리다'라는 의미에 대해 살펴보겠습니다. 달리기에 해당하는 그림을 뒤쪽으로 빼놓은 건 이 고정관념에서 벗어나야 run을 제대로 이해할 수 있기 때문입니다. 거침없이 흐르는 강물을 떠올려야 하는 run의 기본그림을 이해하고 나면 사람이나 동물이 달리는 모습 역시 같은 맥락에서 이해가 될 것입니다.

I ran for hours and got nasty blisters on both feet.
몇 시간을 달렸더니 두 발에 물집이 심하게 생겼어.

It is the first competition after my friend died, so I ran with two things in my heart: both grief and joy.
내 친구가 죽은 후, 첫 번째 경기라 두 가지를 마음에 담고 달렸지. 슬픔과 기쁨.

She runs an average of 40 miles a week to aid in her recovery from drugs and alcohol addiction.
그녀는 마약과 알코올 중독에서 회복하기 위해 일주일에 평균 40마일을 달린다.

다음 예문에서는 run의 의미뿐 아니라 거리를 나타내는 특이한 표현법을 유심히 보세요. 달리기가 아니더라도 거리를 표현하는 유용한 방법입니다.

She ran the length of the backyard, hands at her mouth in panic.
그녀는 당황해서 손으로 입을 가리고 뒷마당 끝에서 끝까지 내달렸다.

I ran the length of the corridor to the room at the end.
나는 복도를 죽 내려가 끝에 있는 방까지 달려갔다.

the length of the backyard란 뒷마당의 한쪽 끝에서 반대쪽 끝까지를 나타냅니다. 일부에서만 움직이는 것이 아니라 전체를 가로질러 움직이는 그림이지요. 그렇다면 양쪽 끝뿐만 아니라 가로세로 사방을 나타내려면 어떻게 할까요?

Don't walk!
Run!

She ran the length and breadth of the floor, looking up and down each aisle. Still no one else could be seen.
그녀는 강당을 가로세로 사방으로 훑으며 통로를 샅샅이 뒤졌지만 다른 사람은 보이지 않았다.
She ran the length of the cigar under her nose.
그녀는 코끝으로 시가를 훑었다.

이처럼 다른 것을 움직이게 하는 의미로도 run을 사용할 수 있는데, 담배를 코 밑에 대고 한쪽 끝에서 다른 쪽 끝까지 움직이는 그림입니다.

As I ran down the rocky beach, the sun was just appearing over the horizon. 바위투성이 해변을 뛰어 내려갈 때 해가 수평선 위로 막 떠오르고 있었다.
He ran up the stairs to his room and flung himself on his bed and cried.
그는 계단을 뛰어 올라가 방으로 들어가서 침대에 몸을 던지고 울었다.
I ran to my mom, hugged her, and did something I don't usually do: I cried. 나는 엄마한테 달려가서 껴안고 평소에 안하던 짓을 했다. 울어버린 것이다.
Jack ran to help the victim of a car crash and pulled her out of the vehicle minutes before it exploded.
잭은 자동차 사고를 당한 사람을 도우러 달려가 차가 폭발하기 직전에 여자를 끌어냈다.
We called our dogs, and they came running back to the house.
우리가 부르니 개들이 집으로 달려왔다.

> 도착점을 나타내는 전치사 to가 쓰여 '~까지(에게로) 달려가다' 라는 의미를 나타내고 있습니다.

실제로 달리지는 않는 경우라도 run을 써서 분주한 모습을 나타내거나 뭔가를 빨리 이동시키는 모습을 나타낼 수도 있습니다.

Americans are running scared of terrorists and think the president will protect them.
미국인들은 테러범들이 무서워 어쩔 줄 몰라하며 대통령이 자신들을 보호해줄 것이라 믿는다.
Already, these nations are running scared of China, which makes goods cheaper than they do.
이미 이 나라들은 자신들보다 싼 제품을 만드는 중국이 두려워 어쩔 줄 몰라하고 있다.
I'll run you home. 집까지 바래다 줄게.

Would you mind waiting here with the luggage while I run your mom to the car? 네 엄마를 차까지 금방 모셔다 드리고 올 테니까 짐 좀 지키고 있을래?
I'm going to run these bags upstairs. 이 가방들을 위층에 갖다 놓을게.

run을 써서 다른 사람을 차로 데려다 준다는 의미도 표현할 수 있습니다.

We'll run you to the clinic in town this coming Friday.
오는 금요일에 시내에 있는 병원에 가보자.
Monorail will run you to casinos, restaurants and shops.
모노레일을 타면 카지노, 식당, 쇼핑몰 등으로 빠르게 이동할 수 있다.

경주를 하기 위해 달린다는 표현도 가능합니다. 이때 run 다음에 race(경주)를 목적어로 쓰면 됩니다. 또한 아래 예문처럼 코스를 완주하면 경기가 끝나듯이 일정 과정이 완료된다는 비유적인 의미로도 사용됩니다.

When I run a race I start my watch crossing the starting line. That is my elapsed time and it tells me how fast I ran. 나는 경주에 나가면 출발선 넘어갈 때 시계를 작동시킨다. 그러면 얼마나 빨리 달렸는지 알 수 있다.
I have never run a marathon, but am planning on it.
마라톤에 한 번도 나가본 적 없지만 언젠가 해보려고 해요.
My string search ran its course and came up empty.
문자열 검색이 완료됐지만 검색된 결과가 하나도 없었다.
You will have to endure seven to ten days while the cold runs its course.
감기가 다 나을 때까지 7일에서 10일은 견뎌야 합니다.

감기에는 약이 없다고 하죠. 자연스럽게 때가 되어서 증상이 없어지는 것을 달리기 코스를 완주하는 그림에 비유하여 run이라는 동사로 표현했습니다. 선거에 출마하는 것도 달리기에 비유하여 run으로 표현할 수 있습니다.

He says that he intends to run for mayor of Seoul.
그는 서울 시장 선거에 출마할 것이라고 한다.
He made two attempts to run for president in the 1990s but his

candidacy was barred by a provision of the Constitution that prohibited people who had participated in military coups from becoming president. 그는 1990년대 두 번씩이나 대통령 선거에 출마하려고 했으나 군사 쿠데타에 가담한 사람은 대통령이 될 수 없다는 헌법 규정에 따라 번번히 실패했다.

run 08 이번 학기는 14주간 계속된다.

시간이 빨리 '흘러간다(run)'고 표현하곤 하죠. 시간이 물 흘러가듯이 지나가버리는 그림을 그려보세요.

The semester runs from the beginning of February to the beginning of June with an Easter break of two weeks. 이번 학기는 2월 초에 시작해서 6월 초에 끝나고 2주간의 부활절 방학이 있다.

This semester runs for fourteen weeks.

His sentence runs until 2014. 그의 형기는 2014년까지이다.
The story runs from the turn of the century to the present day. 이야기는 금세기 초부터 시작해 현재까지 이어진다.

run 09 오전 5시부터 오후 6시까지 한 시간 간격으로 버스가 다닙니다.

사람이나 동물처럼 자동차나 열차가 달리는 모습입니다.

The bullet train runs at 300 km/h, so if the train had wings, it would fly! 총알 열차는 시속 300킬로미터로 달린다. 날개가 있다면 날아갈 수도 있을 거다!

run은 정해진 구간을 움직이거나 시간대를 나타내는 데 유용하게 쓸 수 있습니다. 시간이 정해진 기간을 흐르는 것과 별반 다르지 않습니다.

Not all buses run 24 hours in Seoul.
서울의 모든 버스가 24시간 운행하는 것은 아니다.

Shuttle buses run between terminals. 터미널간 셔틀버스가 운행된다.

The bus runs from 6:10 a.m. to 10:00 p.m. on weekdays and 8:45 a.m. to 10:00 p.m. on weekends. 버스가 주중에는 오전 6시 10분에서 오후 10시까지, 주말에는 오전 8시 45분에서 오후 10시까지 운행된다.

The bus runs from the city hall and loops through Yonsei University, the World Cup Stadium and Ilsan.
버스는 시청에서 출발해 연세대, 월드컵 경기장, 일산을 경유한다.

The bus runs from the airport to the hotel twice a day.
공항에서 호텔까지 버스가 하루에 두 번 다닌다.

The train runs at regular intervals, so you can stop off in the first village, drop in for a cup of coffee then stroll to the next village. You can climb back on board and stop for a sandwich in another village.
열차가 일정 간격으로 다니기 때문에 첫 번째 마을에 내려서 커피를 한잔 마시고 다음 마을까지 슬슬 걸어가서 다시 열차를 타고 다른 마을에 가서 샌드위치를 먹을 수도 있다.

The train runs through the center of London with many stops.
열차는 런던 중심부를 가로질러 달리며 중간에 정류장이 많다.

The Shinkansen—better known as the bullet train—runs almost the entire length of Japan and it is fast, very fast. 총알 열차로 더 잘 알려진 신칸센은 일본 열도 전체를 달린다고 해도 과언이 아니며 굉장히 빠르다.

앞에서 한 번 살펴보았던 the length와 함께 사용되었습니다. 승객의 입장에서 열차가 '운행된다, 달린다' 는 의미뿐 아니라 다음과 같이 직접 운행하는 관점에서 run을 쓸 수도 있습니다.

We will be running shuttle buses from campus to the hotels and downtown, from 7 p.m. to 10 p.m. 우리는 오후 7시에서 10시까지 캠퍼스에서 호텔 및 시내를 왕복하는 셔틀버스를 운행할 것이다.

Buses run every hour from 5 a.m. and 6 p.m.

Most generally, a motorist will run a red light in an unsuccessful attempt to beat a yellow light before it changes. So, to combat the problem, 72 communities across the country have installed cameras at red light intersections.

운전자는 대부분 노란불이 바뀌기 전에 건너가보려다가 결국 빨간불에 건너가곤 한다. 그래서 이 문제를 해결하기 위해 전국 72개 지역에서 빨간불이 있는 교차로에 감시 카메라를 설치했다.

자동차가 신호를 무시하고 빨간불에 달린다는 표현은 run a red light입니다. 쉽고 특이하지만 막상 말하려면 막히기 쉬우니 잘 알아두세요.

At intersections with a traffic light, look both ways and proceed with caution, since it is not uncommon for a vehicle to run a red light.

신호등이 있는 교차로에서는 양쪽을 잘 보고 조심해서 진행해야 한다. 빨간불을 무시하고 달리는 차량도 있기 때문이다.

run 10 식당은 누가 운영하는데?

run은 '조직이나 단체 따위를 운영하다'는 의미를 나타낼 수 있습니다. 앞에서 살펴본 run이 기계가 움직이는 것을 나타내는 원리와 다를 바 없습니다. 경영이나 운영에 있어서도 거침없이 흐르고 돌아가야 제대로 운영되는 것이죠. 세탁기를 돌리는 것이나, 자동차를 운전하는 것이나 회사를 운영하는 것 모두 기본그림은 같습니다.

The shareholders are the owners who choose the management and the management is to run the company according to the wishes of the owners.

주주는 회사의 주인으로서 경영진을 선출하며 경영진은 그 주인의 바램대로 회사를 운영한다.

We exceeded annual revenue and profit objectives during the three years I ran the organization.

내가 이 조직을 운영한 3년 동안 회사는 연간 매출과 이윤의 목표치를 초과했다.

Everyone who is eligible to vote has a chance to have their say over who runs the country.

투표권이 있는 사람이라면 누구나 나라 운영에 관여할 수 있는 기회가 있다.

Is there a board of directors or does a single individual with unlimited powers run the school?

이사진이 있는 겁니까, 아니면 전권을 가진 개인이 학교를 운영하는 겁니까?

The way you run a theater might not have anything to do with the way you run a hotel except the philosophies are the same.

호텔을 경영하는 것과 극장을 경영하는 것은 전혀 달라 보일 수 있지만 그 철학은 같다.

Who runs the restaurant?

 11 윈도우 탐색기를 돌려라(실행시켜라).

컴퓨터라는 게 없던 시절에는 쓰지 않던 표현인데도 컴퓨터가 일상적으로 쓰이면서 자연스럽게 프로그램을 실행하라는 말에 run을 쓰게 된 이유가 뭘까요? 프로그램 역시 기계를 돌리는 것과 다를 바 없다고 생각하기 때문이죠. 그래서 한국 사람들도 기계를 돌리듯이 프로그램을 '돌린다' 고 말하게 된 것이죠. 다른 언어를 사용하지만 머리로 생각하는 이미지는 비슷하다는 것을 알 수 있습니다.

It is important that we not run programs written by people we don't know or trust.

우리가 알지 못하거나 믿지 못하는 사람들이 만든 프로그램은 실행하지 않는 게 중요하다.

Save all downloads to one folder, then run virus checks on everything in the folder before using it.

다운 받은 것은 모두 하나의 폴더에 저장하고 사용하기 전에 바이러스 검사를 실행해야 한다.

My video card died a few days ago. Suddenly, for no apparent reason, my computer decided to randomly cut off and reboot. Then, the next day it simply wouldn't boot. I took out the video card and the system's running fine now. 비디오 카드가 며칠 전에 죽었어. 갑자기 아무 이유도 없이 컴퓨터가

Run Windows Explorer.

제멋대로 멈추고 재부팅하고 난리더라고. 그러더니 다음날 아예 부팅이 안 되는 거야. 비디오 카드를 뺐더니 그제서야 시스템이 잘 돌아가더군.

⟨워싱턴 포스트⟩에 내 이야기가 실렸다.

신문 등에 글이 실리는 것도 run으로 표현합니다. 왜 그럴까요? 신분이 달린다(?)는 엉뚱한 생각은 하지 마시고 신문을 찍어내는 윤전기가 돌아가는 모습을 그려보세요. 이제 이해가 되시죠?

On January 12, 1998, the *New York Times* ran my story on page three of the Business section.
1998년 1월 12일 ⟨뉴욕 *타임즈*⟩는 경제 섹션 3면에 내 이야기를 실었다.

한 가지 주의해야 할 것은 my story라고 하면 내가 쓴 이야기일 수도 있고 나에 대한 이야기일 수도 있다는 겁니다. 문맥에 나타나 있지 않으면 어떤 의미인지 구분할 수 없답니다.

The Washington Post ran my story.

Seven newspapers ran my story on page one!
내 이야기가 일곱 개 신문 1면에 실렸어!

USA Today ran an editorial criticizing the hypocrisy of the military's policy on homosexuality.

〈USA 투데이〉에 동성애에 관한 위선적인 군 정책을 비판하는 사설이 실렸다.
Around 1900 the *New York Times* ran an editorial cartoon that depicted Italian immigrants as rats swimming ashore in New York Harbor. Each rat had a knife in its mouth.
1900년경 〈뉴욕 타임즈〉는 시사 만평을 통해 이탈리아 이민자들을 뉴욕항에 헤엄쳐 올라오는 생쥐들로 묘사했다. 그 생쥐들은 모두 입에 칼을 물고 있었다.

run 13 국방 예산은 매년 200억 달러에 달한다.

추상적 개념인 수치 등이 물 흐르듯 흘러가는 그림을 그려보세요. run을 써서 예산이 얼마에 달한다고 표현하는 것은 단순히 수치가 얼마라는 의미가 아니라 물이 넘쳐 흐르듯 수치가 계속 늘어나고 있거나 늘어날 수 있다는 것을 의미합니다.

Our current account deficit runs at roughly $500 billion a year, or five percent of our gross domestic product.
현재 경상수지 적자는 연 5천억 달러에 달하는데 이는 국내 총생산의 5%에 달하는 수치다.

Our average advertising budget runs at about 2 percent of our sales.
우리의 평균 광고 예산은 매출의 약 2%에 달한다.

The charity program's budget runs to over $30 billion a year.
자선 프로그램 예산은 연 300억 달러가 넘는다.

No one knows how many illegal immigrants are living in the U.S., but estimates run as high as 15 million.
미국에 살고 있는 불법 이민자 수는 아무도 모르지만 1500만 명이나 되는 것으로 추정되고 있다.

run을 써서 순서가 매겨져 있는 수치의 범위를 나타낼 수도 있습니다.

Serial numbers on our products run consecutively from 100 to 8600.
우리 제품의 일련번호는 100번부터 8600번까지 순서대로 매겨져 있다.
The page numbers run consecutively. 쪽 번호는 순서대로 매겨진다.
The story runs sixty pages, with a few pages of ads.
그 기사는 광고 페이지를 포함해 60페이지에 걸쳐 이어진다.

정해진 시간 동안 지속되는(run) 그림을 그려보세요. 일정 기간에 걸쳐 효력을 발휘하는 계약이나 보증 등에 run을 사용하는 것을 쉽게 이해할 수 있습니다.

The contract runs from January 1, 2006 to December 31, 2010.
그 계약은 2006년 1월 1일부터 2010년 12월 31일까지 유효하다.
Your life insurance runs only for a fixed length of time, and will only pay out if you die during that fixed term. 네가 든 생명보험은 정해진 기간 동안만 유효하고 그 기간 내에 사망해야만 보험금을 받을 수 있어.
You can purchase an extended warranty right before the manufacturer's original warranty runs out.
제조사의 최초 보증 기간이 다 되기 전에 돈을 내고 보증 권리를 연장할 수 있다.

run out은 밖으로 다 흘러나가는 것이지요. 다 써버리거나 기간이 만료되는 것을 뜻합니다. 수치나 양이 줄어들 수도 있습니다. 강물이 메말라 얕아지듯이 말입니다.

When the budget runs low, you may dip into your savings.
예산이 바닥나면 저축한 돈에 손을 대야 할지도 모른다.

A-ha! moment

Jack : Harry, come on, man. I mean, we won. We got him.
Harry : Do you listen? Do you ever... Because I am not going to be around to back you up, so you better start thinking. Guts'll get you so far and then they'll get you killed. Luck runs out sooner or later.
잭 : 해리, 왜 그래, 야. 우리 해냈어. 그 놈 잡았잖아.

The defense budget runs at around 20 billion dollars per year.

> 해리 : 너 도대체 남의 말을 듣기는 하는 거냐? 듣기는? 이제 너 뒤치닥거리하는 일 없을 테니까 잘 생각하는 게 좋을 거야. 배짱 좋은 건 딱 거기까지라고. 배짱으로 죽을 수도 있어. 운이라는 건 금방 바닥나는 거라구.
> – Speed

영화에서 Jack과 Harry는 절친한 동료 경찰이지만 Jack의 무모한 행동은 언제나 Harry를 걱정하게 만들지요. 정신병자의 폭탄 테러를 운좋게 막았지만 Harry는 이번에도 무모하게 덤벼들었던 Jack의 행동이 마음에 들지 않아 술을 먹고 잔소리를 하는 겁니다. 운도 수치가 0에 다다르면 바닥나는(out) 거라고 말입니다.

run 14 남북한 간에 긴장이 고조되고 있다.

긴장 상태는 추상적인 개념이죠. 강물이 넘칠락 말락 하며 손에 땀을 쥐게 할 정도로 불어나는 그림을 그려보세요.

- **Anticipation runs high as the band readies their next album.** 밴드가 다음 앨범을 준비하고 있는 가운데 기대가 고조되고 있다.

기대감, 자신감도 불어난다고 표현하죠. 마치 비가 온 뒤에 강물이 불어나는 것처럼요.

- **The team won the game last night and optimism runs high among the players.** 어젯밤 경기에서 이겨 선수들 사이에 자신감이 넘치고 있다.

He failed to release his new album last month. Frustration runs high among his fans. 그가 지난달 새 앨범을 출시하지 못해 아쉬움을 토로하는 팬들이 많다.

In times of conflict and stress, anxiety runs high, and many of us have problems falling asleep and staying asleep. 갈등과 스트레스가 심할 때는 불안감이 고조돼 잠들기 힘들어하거나 숙면을 취하지 못하는 사람들이 많다.

Tension runs high between the two Koreas.

Anti-Japanese sentiment runs high in South Korea over territorial claims both countries make to a group of small islands controlled by South Korea. 한국이 다스리고 있는 작은 섬들을 두고 두 나라가 모두 영유권을 주장하고 있어 반일 감정이 고조되고 있다.

반대로 수치가 아래로 내려가는 그림도 가능합니다.

When things have gone wrong, it was almost always because I ran short of time and tried to accomplish too much with too few resources. 뭔가 잘못됐을 때는 거의 언제나 내가 시간에 쫓겨 자원은 거의 없는데 많은 걸 해내려고 애썼기 때문이다.

run short of time은 단순히 시간이 없다는 의미보다는 썰물 빠져나가듯 시간이 빠르게 소진되고 있는 '진행'의 그림입니다.

During his long stay he ran short of money and had to take a job at the railway station, carrying luggage for tips from the passengers. 그는 장기 체류하는 동안 돈이 떨어져 기차역에서 승객의 짐을 들어주고 팁을 받는 일을 해야 했다.
Many of the bombers ran short of fuel and turned back; others failed to bomb because of mechanical difficulties. 많은 전폭기들이 연료가 부족해 돌아와야 했고 다른 전폭기들은 기계상의 문제로 폭격에 실패했다.
The platoon ran short of ammunition and they were instructed to use the cartridges from the dead and wounded which, in turn, proved to be a short term solution. 소대에 탄약이 떨어져 죽거나 부상당한 병사들의 탄창을 사용하라는 명령을 받았으나 임시방편일 뿐이었다.

run 15 아들녀석이 열이 심해요.

거침없이 수치가 올라가는 그림에서 비롯된 표현입니다. 물이 차오르듯 온도계 수치가 올라가는 그림을 그리면 되지요.

A sick dog often runs a fever. A dog's temperature is best taken with a rectal thermometer.
개가 아프면 열이 난다. 개의 체온은 항문 체온계로 재는 게 가장 좋다.
I started running a fever of 40 and was admitted to the hospital.
40도가 넘는 고열이 나기 시작해서 병원에 입원했다.

My son is running a fever.

 16 그건 천 달러 주셔야 합니다.

run은 구어체로 '얼마가 들다' 라는 뜻으로도 쓰입니다. 앞에서 살펴본 수치가 올라가는 그림에서 파생된 것이지요. 그냥 돈이 얼마 들 거라는 정도가 아니라 돈이 많이 들 거라는 뉘앙스입니다.

It's going to run you a few dollars, but the hassle and time saved will speak for itself.
이게 돈은 좀 들지만 번거롭지도 않고 시간 절약 면만 따져도 값어치는 충분할 겁니다.
A hotel on the water at that time of year is going to run you a little over $100 per night. 그 시기에 수상 호텔은 하룻밤 100달러가 넘을 거야.
Color cameras are definitely going to run you a bit more money than black and white. 컬러 카메라는 흑백보다 당연히 돈이 더 많이 들어.

That's going to run you a thousand dollars.

 17 어젯밤 설사가 났어.

좀 지저분한 얘기지만 '거침없이 흐르는 강물' 같은 run의 기본그림을 각인시키기에 충분한 예문이라 소개합니다. 설사를 구어체로 the runs라고 하며 이때 run은 명사입니다. 설사는… 참 거침이 없지요. 이제 run의 기본그림은 잊혀지지 않을 겁니다.^^ 이번에는 run이 명사로 쓰인 경우도 함께 살펴볼 것입니다. run의 기본그림만 잊지 않으면 이해하기 쉽습니다.

The poor guy had the runs and had been to the bathroom many times.

동사를 알면 죽은 영어도 살린다 *047

By the evening he was extremely drained out of energy, and collapsed.
그 불쌍한 친구 설사병이 나서 화장실을 수없이 들락거렸지. 저녁 때쯤 되니까 완전히 탈진해서 쓰러지더라구.

Maybe that stupid health drink gave me the runs.
그 말도 안 되는 건강 음료를 마셨더니 설사 났나 봐.

거침없이 이어지는 것이라면 설사든 성공이든 모두 run으로 표현할 수 있습니다.

He is confident that this run of successes will continue.
그는 이 성공 행진이 계속될 것을 확신하고 있다.

While Barnet gained national fame for his long run of successes in Boston, his fortunes reversed after moving in 1908 to New York City.
바넷은 보스턴에서 오랜 성공으로 전국적인 명성을 얻었지만 1908년 뉴욕 시로 이동하면서 운명이 바뀌었다.

After the glory days of *Dances With Wolves*, Kevin Costner has experienced an almost unbroken run of failures. 〈늑대와 춤을〉이라는 영화의 화려한 날을 뒤로 하고 케빈 코스트너는 거의 끊임없는 실패의 연속을 경험했다.

I think that *Heart* had a great run of hits from '85 to '95.
그룹 〈하트〉는 1985년에서 1995년까지 히트곡을 쏟아냈지.

His business savvy has made him wealthy, but every run of good luck must come to an end.
그 사람 뛰어난 사업 수완으로 부자가 됐지만 누구든지 행운이 계속될 수는 없는 거지.

일단 스타킹에 올이 나가면 어떤가요? 손 쓸 겨를도 없이 거침없이 죽 이어서 나가버리죠. 이때도 run을 써서 표현합니다.

She had a run in her stocking but went on to the party, thinking it didn't matter. 그녀는 스타킹에 올이 나갔지만 별 것 아니라고 생각해 파티에 참석했다.

run이 명사로 쓰여 기계가 한 번 돌아가 생산된 '물품'을 가리키기도 합니다.

I had the runs yesterday evening.

Each miniature kit will be produced in a strictly limited run of 2500 pieces. 각 미니어쳐 키트는 정확히 2500개 한정으로 생산될 예정이다.

run이 명사로 쓰여 구간이나 시기가 진행되는 한 회를 가리킬 수도 있습니다.

    Bressler was told during the run of the show that her mother had cancer. 브레슬러는 쇼가 진행되는 중에 어머니가 암에 걸렸다는 소식을 들었다.

그런가 하면 run이 명사로 쓰여 달리는 행위를 가리키기도 하고 명사로 쓰여 선거에 출마하는 행위를 나타내기도 합니다.

    Even going out for a shorter run is better than not going out for a run at all. 짧은 거리를 뛰더라도 아예 뛰지 않는 것보다는 낫다.

    He is weighing a run for the GOP gubernatorial nomination in 2006. 그는 2006년에 공화당 주지사 공천에 나가는 것을 신중히 고려하고 있다.

영어로 말해보기

1. 양치질 할 때 수돗물 틀어놓지 마세요.
2. 눈물이 얼굴을 타고 흘러내렸다.
3. 그 사람 귀에서 핏방울(a trickle of blood)이 흘러나왔다.
4. 나는 물탱크에 물을 좀 받았다.
5. 알콜중독(alcoholism)은 걔네 집안 내력이야.
6. 나는 손으로 벽을 더듬어 전등 스위치(light switch)를 찾았다.
7. 사람 목에 밧줄을 감으면 못 써!
8. 카페트 밑으로 코드가 지나가게 하지 마세요.
9. 그녀는 아름다운 동상의 언저리를 따라 눈동자를 움직였다.
10. 오늘 아침 15마일을 달렸다.
11. 그녀는 전화로 달려가 경찰에게 전화했다.
12. 달리기 경주(race) 나가본 적 있어요?
13. 감기를 다 앓고 나아가면서 코에서 나오는 분비물(discharge)이 진하고 누렇게(yellowish) 변할 수 있다.
14. 버스는 매시 정각에 출발한다.
15. 집에서 사무실까지 직행버스가 다닌다.
16. 그는 전국을 돌며 강연을 해왔고 서울에서 10년간 사설 학원(private courses)을 운영해왔다.
17. 프로그램을 실행하려면 해당 아이콘을 선택해 두 번 클릭한다.
18. 〈선데이 타임즈(the Sunday Times)〉는 부시 행정부(the Bush administration)의 계획을 지지하는 사설을 실었다.

19. 휴전에도 불구하고 팽팽한 긴장감(tension)이 감돈다.
20. 갓난 아기(toddler)가 열이 나는지 확인해 열을 내리는 방법을 배워둬야 한다.

모범답안

1. Don't let the tap run when brushing your teeth.
2. Tears ran down my face.
3. A trickle of blood ran out of his ear.
4. I ran some water into the water tank.
5. Alcoholism runs in his family.
6. I ran my hand against the wall and found a light switch.
7. You shouldn't ever run a rope around anybody's neck!
8. Do not run a cord under a carpet.
9. She ran her eyes along the edges of the beautiful statue.
10. This morning I ran 15 miles.
11. She ran to the phone and called the police.
12. Have you ever run a race?
13. The discharge from your nose may become thicker and yellowish as your cold runs its course.
14. Buses run every hour on the hour.
15. The bus runs from my house direct to my office.
16. He has lectured all around the country and for the last 10 years has also run private courses in Seoul.
17. To run a program, choose the program item icon and double click on it.
18. The *Sunday Times* ran an editorial supportive of the Bush administration's plan.
19. Tension runs high despite a ceasefire.
20. You have to learn how to tell if your toddler is running a fever and how to bring his fever down.

이어동사 run

run의 이어동사를 쉽게 이해하는 법이 있습니다. go와 come의 이어동사 의미에 run의 기본 개념인 '흐르다'와 '빠른 속도'를 곁들여 생각하면 쉽게 의미가 와 닿지요. 따라서 go, come의 이어동사와 같은 맥락에서 본다면 훨씬 이해가 빠르겠지요. run의 이어동사는 '달리다'라는 의미에서 파생된 것이 많지만 기본그림인 '흐르는' 이미지는 잊지 마시기 바랍니다.

01 run across 가로질러 달리다

길이나 도로, 다리(강) 등을 비롯해 길게 늘어져 있는 것을 빠른 동작으로 가로지르는 그림을 상상하세요. go across, come across의 의미에 속도감이 붙은 것으로 이해하면 됩니다.

> These lizards actually run across the water at speeds of about six miles per hour. 이 도마뱀들은 실제 시속 6마일 정도의 속도로 물을 가로질러 달린다.
> You must run across this bridge quickly and don't stop because as you run across, it starts to break and fall into the water.
> 이 다리는 멈추지 말고 빨리 달려서 건너야 해. 뛰어 건너자마자 다리가 무너져 물속에 떨어지기 시작하니까.

위의 두 예문에서는 건너는 대상도 흐르는 강물처럼 run하는 것이죠.

> My eyes ran across his room until I found his briefcase.
> 나는 그의 서류가방을 찾을 때까지 그의 방을 훑어봤다.
> A red line ran across her neck, and blood started to trickle out.
> 그녀의 목에 빨간 줄이 가더니 피가 흐르기 시작했다.

She turned her hand over and studied the lines that ran across her palm. 그녀는 손을 뒤집어 손바닥을 가로지르는 손금을 살펴봤다.

come across가 비유적인 표현으로 쓰이면 '발견하다' 라는 의미가 되는 것처럼 run across 역시 모르던 것을 가로질러 발견한다는 의미를 나타낼 수 있습니다. run이 들어가든 come이 들어가든 약간의 뉘앙스 차이만 있는 것이고 전치사 across의 의미가 중요한 역할을 한다는 것을 알 수 있습니다.

Today I ran across this article on CNN. It's not spectacularly interesting: just a description of a new lunar satellite under development in Europe.
오늘 CNN에서 기사를 하나 봤는데 그렇게 재미있는 건 아니고, 유럽에서 새로운 달 탐사 위성을 개발 중이라더군.

We ran across some pictures recently and thought you might find them interesting.
우리가 최근에 사진 몇 개를 발견했는데 니가 관심 가질 만할 것 같아서.

I ran across a company today called Genetic Clone that is cloning cats.
오늘 고양이를 복제해 주는 Genetic Clone이란 회사를 발견했어.

While surfing the Internet, he ran across an interesting article on training dogs. 그는 인터넷 서핑을 하다가 개를 훈련시키는 방법에 대한 재미있는 글을 발견했다.

I ran across a weird problem running this game on Windows XP.
윈도우 XP에서 이 게임을 실행하다가 이상한 문제를 발견했어.

I can't remember the author or title, but I ran across a book at the library that seemed pretty good.
저자나 제목은 기억이 안 나는데 도서관에서 꽤 괜찮은 책을 발견했어.

He ran across her name in a phone book.
그는 전화번호부에서 그 여자의 이름을 발견했다.

사물뿐 아니라 문제, 생각 등 추상적인 개념도 run across할 수 있죠. 어떤 사람을 갑자기 만난 것도 run across로 표현합니다. 각자 길을 가다가 우연히 서로를 지나쳐 가는 그림을 생각해보세요. 즉 '우연히 만나다' 라는 뜻이지요.

I ran across him while leaving the library. 도서관 나서다가 우연히 그를 만났어.
Adobe Systems is preparing a version of After Effects Professional that can run across a group of computers in order to boost performance.
(포토샵으로 유명한) 어도비 시스템즈는 여러 대의 컴퓨터에서 동시에 분산 실행돼 성능을 향상시킬 수 있는 애프터 이펙트 프로페셔널 버전을 준비 중이다. (컴퓨터 여러 대를 통합해 프로그램이 컴퓨터들을 가로질러 실행되는 모습)
Our products run across all our platforms from Unix to NT and Web.
우리 제품은 유닉스에서 NT뿐 아니라 웹까지 모든 플랫폼에서 실행된다. (서로 다른 운영체제나 플랫폼에서 호환이 된다는 의미로 사용하는 경우)

02 run after 뒤따라 달리다

먼저 움직인 것의 뒤를 바짝 쫓는 경우를 나타내지요. run after는 go after나 come after의 의미에 속도감이 붙은 뉘앙스입니다.

The boy threw a ball and his dog ran after the ball and caught it.
아이가 공을 던지자 개가 쫓아가 공을 잡았다.
I grabbed a knife and ran after the mugger as fast as I could.
나는 칼을 집어들고 강도를 있는 힘껏 뒤쫓아갔다.
Leslie ran to her car, but Andy ran after her and pulled her back inside.
레슬리는 그녀의 차로 달려갔지만 앤디가 뒤쫓아와서 그녀를 다시 안으로 끌고 갔다.

03 run against 달리다가 반대 힘에 부딪히다

against가 붙어서 달려가다가 반대되는 힘에 부딪히는 그림입니다. come against나 go against에 비해 움직임의 강도가 세기 때문에 부딪히는 힘 또한 세진다는 겁니다. 마구 달려가다 벽에 부딪히는 그림을 떠올리면 이해가 쉽습니다.

> He ran against the wall and smashed his head. Then I saw him slide down the wall with smear of blood. 그는 달려가다 벽에 부딪혀 머리를 찧었다. 그리고는 벽을 타고 미끄러지는 걸 보았는데 피가 흥건했다.
> The car ran against a barrier that the police had erected in the road. 차가 경찰이 도로에 세워놓은 장애물을 들이받았다.
> I let the water run against the wall as I stand next to the stream, shivering, testing it with my hand. 나는 물을 벽에 대고 틀어 놓은 다음 물줄기 옆에 서서 벌벌 떨며 손으로 만져 보고 온도를 확인했다.

사람을 상대로 run against라고 표현할 경우에는 경주나 선거 등에서 적이 되는 것을 말합니다.

> Judy ran against two of the best runners in the nation. She ran out of gas toward the end, but on the whole, it was a great race for her. 주디는 전국 최고의 선수 두 명과 경기를 했다. 마지막에 그녀는 힘에 부쳤지만 전반적으로 잘 달린 경주였다.
> I decided to run against the president because I feel his stance on several issues is out of step with what the people want. 여러 가지 문제에 있어 대통령의 입장이 국민의 바람을 저버리고 있다고 느꼈기 때문에 그에 맞서 내가 후보로 나서기로 했다.

04 run along 따라서 달리다

along은 무엇인가를 따라 움직이는 그림을 생각하면 됩니다.

> I saw a lot of women running along the river. 강을 따라 달리는 여자들이 많이 보였다.
> Trains run along the seacoast. 해안가를 따라 열차들이 달린다.

I'm planning to run along the entire length of the Great Wall of China, and write a book about it.
나는 중국 만리장성을 따라 이동하며 그에 대한 책을 집필하려고 계획 중이다.

이처럼 실제로 달리는 것이 아니라 비유적인 의미로 사용할 수 있습니다. 정말 만리장성을 따라 달리기를 하겠다는 것이 아니죠. 이동한다는 의미이지만 run을 써서 벽이 길게 뻗어 있는 뉘앙스를 전달하는 표현입니다.

05 run around 원을 그리며 달리다

around와 함께 쓰였으므로 강아지가 주인의 주위를 맴돌며 달리는 그림을 연상하면 됩니다. 원을 그리며 빠르게 움직이는 상황이면 모두 run around라고 표현할 수 있습니다.

The dog ran around me, barking. 개가 내 주위를 돌며 짖었다.
As he ran around the corner, he heard a gunshot.
그는 모퉁이를 돌아 뛰어갈 때 총소리를 들었다.
She ran around the car and got in the passenger's side.
그녀는 자동차를 빙 돌아 조수석에 탔다.

아이들이 정신없게 뛰어다니는 장면도 가능하지요. 나아가 아이들이 여기저기 몰려서 뛰어다니는 것처럼 '누군가와 어울려 다니다' 라는 의미도 될 수 있습니다.

Kids ran around laughing and screaming. 아이들이 웃고 소리지르며 뛰어다녔다.
I always ran around with older guys when I was in school because they always seem to be into music. 학교 다닐 때 나보다 나이 많은 애들과 놀았는데, 그들은 항상 음악에 관심 있는 애들이기 때문이었다.
I don't want you to run around with those drug runners.
네가 마약 밀매하는 놈들이랑 어울려 다니는 거 싫어.

마약이나 무기처럼 불법적인 것을 밀매하는 모습을 물을 퍼다 나르듯 한다는 의미로 run을 쓰기도 합니다. 그런 범법자들을 drug runners(마약 밀매업자) 또는 gun runners(무기 밀매업자)라고 하지요.

자, 이번엔 조금 다른 의미입니다. 구어체에서 여성을 상대로 run around한다고 하면 정신없이 놀아나는 그림, 즉 바람을 피우는 겁니다.

> Throughout this entire film, you never understand why she would ever stay with him as he ran around on her and partied all the time.
> 영화 내내 도대체 왜 여주인공이 늘 바람이나 피우고 파티나 해대는 놈이랑 붙어 사는지 이해할 수가 없었다.

명사형 runaround는 상대방에게 말을 빙빙 돌리는 태도, 핑계, 속임수 등을 뜻합니다.

> They always gave me the runaround, never gave me a direct answer, and nothing ever got fixed. 그들은 언제나 빙 돌려 말하고 직접 답을 주는 경우가 없었을 뿐 아니라 뭐 하나 해결되는 문제가 없었다.
> The manager gave me the runaround for about 6 weeks, then finally said he won't give me the promised refund.
> 지배인이 6주씩이나 이리 피하고 저리 피하더니 결국 약속한 환불을 못해주겠다고 발뺌했다.
> Many customers demanding refunds got the runaround.
> 환불을 요구하는 많은 고객들이 따돌림을 당했다.

06 run away 달려서 멀어지다

어딘가로부터 멀어져 가는 그림을 떠올리세요. 주로 도망간다는 의미로 씁니다. 출발지를 나타내려면 from을 쓰면 되겠지요.

> The cat ran away shortly after we brought him to our new house.
> 고양이가 새 집으로 데려오자마자 도망갔다.

My daughter started to stay out all night, never called home, didn't go to school, started drugs, and finally ran away. 딸 아이가 밤새 나가 놀기 시작하더니 집에 전화도 안 하고 학교도 안 가고 마약까지 손대고 결국 가출했다.

What if our toddler ran away from us into traffic or into a crowd and got lost?
아기가 우리에게서 벗어나 차도로 뛰어들거나 사람들 사이로 들어가 길을 잃으면 어떻게 할까?

Salman, reportedly drunk at the time of the accident, ran away from the scene of the crime and surrendered to the police.
사고 당시 술에 취해 있었던 것으로 알려진 살만은 범죄 현장에서 도망쳤다가 경찰에 자수했다.

출발점이 장소가 아니라 추상적 개념이나 행동이 될 수도 있는데 이때는 그러한 개념이나 행동을 피하거나 하지 않으려고 하는 의미가 됩니다. 무엇인가를 가지고 도망칠 때는 'with+명사'로 나타낼 수 있겠지요.

When the school children heard that soldiers were coming to their school, they ran away from being recruited.
군인들이 학교로 온다는 얘기를 듣고 학생들은 징집되지 않기 위해 달아났다.

I ran away from being married. I did not want to be married to Jeff, not to anyone. 결혼 안 하려고 도망쳤어. 제프뿐 아니라 누구와도 결혼하기 싫었거든.

Ally ran away with a sausage and left the butcher far behind.
앨리는 소시지를 들고 도망쳐 정육점 주인을 멀찌감치 따돌렸다.

His first wife ran away with the chauffeur.
그의 첫 번째 아내는 운전기사와 도망쳤다. (with 다음에 사람이 오면 함께 도망치는 겁니다.)

비유적으로 운동 경기나 시상식 등에서 이기거나 상을 타는 모습을 나타내기도 합니다. 트로피를 들고 달려가는 그림을 떠올려보면 이해하기 쉽지요.

Canada ran away with the 2005 World Junior Hockey Championship.
캐나다는 2005년 세계 주니어 하키 선수권 대회에서 우승했다.

The U.S. cable network HBO ran away with the Emmy Awards as its gangster hit *The Sopranos* finally got the respect it deserved.
미국 케이블 방송인 HBO는 마피아 갱을 다룬 히트작인 〈소프라노〉가 인기를 끌면서 에미상을 휩쓸었다.

경기에서 앞서 나가는 그림을 그리기도 합니다. 멀찌감치 달려나가는 그림이지요.

> She ran away with the game 9: 0 in just over four minutes.
> 그녀는 4분 남짓 지나자 벌써 9: 0으로 앞서기 시작했다.

07 run back 달려 제자리로 돌아오다

앞으로 나아갔다가 제자리로 돌아오는 그림입니다.

> I have to run back to school to take my astronomy class in a few minutes. 나는 조금 있다 천문학 수업 들으러 학교로 되돌아가야 해.
> I thought you ran away. Why did you run back?
> 난 니가 도망간 줄 알았어. 왜 돌아왔니?
> Wait here. I'll run back to your house and grab your stuff.
> 여기서 기다려. 내가 네 집에 달려 가서 물건을 가져올게.

run back은 앞으로 진행하고 있던 것을 되돌리는 그림도 그려볼 수 있습니다.

> Let's run the tape back a little and listen to what we recorded.
> 테이프를 조금만 뒤로 돌려서 뭐가 녹음됐는지 들어보자구.
> When not in PLAY mode, press REWIND to run the tape back to the beginning or to any point on the recording.
> 재생 모드가 아닐 때는 되감기 버튼을 눌러서 테이프를 처음 또는 녹음된 특정 부분으로 돌려 놓을 수도 있다.

08 run behind 뒤쫓아 달리다

Stop. No need to run. I don't see anyone running behind you.
멈춰. 달려갈 필요 없어. 따라오는 사람 아무도 없다구.

말 그대로 달리는 속도가 느려서 뒤쳐지는 그림을 상상해볼 수도 있습니다.

I'm sorry, but I'm running behind. Let's talk about it later.
지금 시간이 없어서 미안해. 나중에 얘기하자.
I'd love to stick around, but I'm running behind. 계속 있고 싶지만 시간이 없어서.
You're in the car, running behind. The light turns red – do you smash the gas pedal and fly through the intersection? The answer should be no! 차 안에 있는데 시간에 쫓긴다고 생각해봐. 신호등이 빨간불로 바뀌는데 가속기 밟아서 교차로를 날 듯이 지나가야 하겠니? 절대 그러면 안 된다구!
Somebody doctored the video and now the audio is running behind.
누군가 영상을 건드려서 소리가 늦게 나와.

영상이 먼저 흘러가고 소리가 뒤늦게 나오는 그림이 그려지나요? 화면과 소리가 박자가 맞지 않을 때 run behind라고 표현할 수 있습니다.

09 run between 사이를 달리다

두 지점 사이의 일정한 구간을 움직이거나 그 사이가 이어져 있는 그림을 상상하세요.

The road runs between a residential area to your right and a partly undeveloped area to your left.
길 오른쪽으로는 주택가로 이어지고 왼쪽으로는 부분적으로 개발이 안 된 지역으로 이어진다.
The front of the school has a lawn running between the school and the sidewalk. 학교 앞에는 학교와 보도를 잇는 잔디가 깔려 있다.

A shuttle bus will be running between your office and home.
사무실과 집 간 셔틀버스가 운행될 겁니다.

10 run down 아래로 달리거나 내려가게 하다

먼저, 아래로 달려 내려가는 그림을 생각해볼 수 있습니다.

They ran down the road and crossed a bridge.
길을 따라 달려 내려가 다리를 건넜다.
He ran down the steps heading south. 남쪽을 향해 계단을 뛰어 내려갔다.
Recent research suggests that running down the hill is more injurious than running up the hill. 최근 연구 결과에 따르면 언덕을 뛰어오르는 것보다 뛰어 내려오는 게 상처를 입기 쉽다고 한다.

run down은 수치가 줄어든다는 뜻으로도 쓰입니다. 물탱크에 물이 눈금의 10을 가리키다가 0으로 줄어드는 그림을 그려 보세요.

The battery in my watch ran down.
I went and got it changed. 시계 배터리가 다 닳아서 가서 교체했다.
Evans shone his flashlight down the cliff again. The battery was running down and the beam was weakening.
에반스는 낭떠러지를 다시 전등으로 비춰봤다. 배터리가 다 닳아서 빛이 약해졌다.
The flash memory is a kind of memory that doesn't forget its contents even if the battery runs down.
플래시 메모리는 배터리가 나가도 저장된 내용을 잃지 않는 메모리의 일종이다.
According to the manual, you should allow the battery to run down completely once each month and then charge it fully for optimum battery life.
설명서에 따르면 한 달에 한 번씩 배터리를 완전히 방전시키고 완충을 해줘야 오래 간다고 한다.

I ran my laptop down to about 8% of the battery.
노트북 배터리가 8% 남을 때까지 썼어.

그런데 시계가 run down한다고 하면 배터리를 넣는 시계가 아니라 태엽을 감는 시계로, '태엽이 풀리다' 는 뜻입니다.

If a watch runs down, it cannot be started again without winding.
시계 태엽이 다 풀리면 되감지 않고서는 다시 가지 않는다.

사람의 에너지가 나 소모된 그림도 됩니다. 건물 따위가 낡아서 망가지는 것일 수도 있구요. 점점 닳고 닳아서 아이스크림이 녹아내리듯 쓰러져가는 그림이 되겠네요. 스스로 쓰러지는 그림도 되지만 어떤 것을 오래 사용해서 쓰러지는 모습도 표현할 수 있답니다.

I'll turn in early tonight. I'm a bit run down. 오늘은 일찍 잘래. 좀 피곤하네.
The place ran down but money was not available for maintenance.
집은 낡아서 쓰러져갔지만 유지 보수 비용이 없었다.
The house was run down, but Jane decided to buy it because it was beautiful and a bargain.
낡았지만 집이 아름답고 쌌기 때문에 제인은 그 집을 사기로 했다.
We began planning how we could best transform a run-down building into an exciting environment. 낡아빠진 건물을 생기 넘치는 환경으로 탈바꿈시키는 최선의 방법이 무엇인지 계획을 짜기 시작했다.

스스로 흘러내린다는 의미 이외에도 뭔가를 흘러내리게 해서 양이 줄어들게 하는 그림도 그려볼 수 있습니다.

The Federal Government is running down education, which is the most necessary service for the young in this society.
연방정부는 우리 사회 젊은이들에게 가장 중요한

서비스인 교육 부분을 줄이고 있다.
We shouldn't run down our stock of foreign reserves in defense of a fixed exchange rate.
고정 환율을 방어하려고 외환 보유고를 줄여서는 안 된다.

원래 있어야 할 자리에서 끌어내려 밑으로 내려가게 만드는 그림을 그려보세요. 누군가를 헐뜯는 것도 원래 그 사람의 이미지나 명예에서 끌어내려 나쁘게 말하는 것이죠.

Don't run down the movie unless you have seen it.
영화를 보지도 않고 헐뜯지 말아요.
Why do you always have to run me down?
왜 나만 보면 못 잡아먹어서 난리예요?
He ran down my book to the point that it sounded as if he were saying it should not have been published.
출판하지 말았어야 했다고 들릴 정도로 그는 내 책을 심하게 헐뜯었다.

이번에는 달리다가 뭔가를 쳐서 쓰러뜨리는 그림입니다.

A drunk driver ran down a kid on a bicycle.
술에 취한 운전자가 자전거 탄 아이를 치었다.
My grandmother suffered both internal and external injuries when she was run down twice by a car. 할머니는 차에 두 번이나 치어 내상과 외상을 입었다.

공들여 원하는 것을 찾아내는 그림을 한번 그려볼까요? 세워져 있는 여러 개의 목표물 중에 하나를 향해 달려가서 쓰러뜨리는 (down) 그림입니다. run across가 우연히 찾아내는 것이라면 run down은 정해진 목표물을 찾아내는 겁니다.

I can run the book down in the library if you still want to read it.
아직도 그 책이 읽고 싶다면 도서관에서 찾아줄게.

I'm trying to run down an old friend of mine I've lost touch with. Is there a post office or a police station I could ask at? 연락이 끊긴 옛 친구를 찾아보려고 애쓰고 있어. 우체국이나 경찰서 같은 알아볼 만한 데 있을까?

목록 같은 것을 빠르게 위에서 아래로 훑어내려가는 것도 됩니다. 목록 맨 위에 물방울이 하나 떨어져 흘러내려가는 것처럼 쭉 한번 훑어보는 그림이지요.

Let me run down quickly what's been happening the last few months.
지난 몇 달간 무슨 일이 있었는지 빨리 간단하게 요약해줄게.

Without getting too technical, I'll quickly run down what you should know before the trial. 너무 기술적인 말은 접어두고 재판 전에 알아야 할 것만 간단하게 설명하겠습니다.

Please give us a run-down of what a "quantum computer" is and why you'd want to build one.
'양자 컴퓨터'가 무엇이고 왜 만들어야 하는지 대충 설명을 해주세요.
(명사형 run-down은 간단한 설명을 말합니다.)

11 run for 정해진 방향으로 달리다

run against가 반대의 힘에 부딪치는 것이라면 run for는 목표를 향해 달리는 것이지요. 경주에서의 목표물이나 선거에 출마할 때 목표를 나타내기도 합니다.

She grabbed for her purse and ran for the door without a word.
그녀는 지갑을 집어 들고 아무 말 없이 문으로 달려갔다.

I am grateful for the support and encouragement I have received to run for the Senate. 상원의원 후보로 나섰을 때 받았던 지지와 격려에 감사드립니다.

In 1988, Lenora Fulani ran for the President of the United States as an

independent and became the first woman and the first African American to ever appear on the ballot in all 50 states.
1988년 레노라 훌라니는 무소속으로 대통령 선거 후보로 나서 전체 50개 주에서 최초의 여성이자 흑인 대선 후보가 됐다.

12 run in 안으로 달려들어가다

특정 공간으로 달려들어가는 그림입니다.

> They ran in and started breaking up everything.
> 그들은 뛰어들어가더니 다 부수기 시작했다.

어떤 공간으로 들어간다는 의미가 무엇을 뜻하는지는 문맥을 통해 파악할 수 있습니다. 경찰이 누군가를 잡아다가 안으로 들인다면 '체포한다'는 의미가 되겠지요.

> Well, sure, you have the right to make such an obscene poster, but the cops will run you in if you put it up on the wall. 좋아, 그런 음란한 포스터를 만드는 게 너의 권리라고 생각할 수도 있지만 그걸 벽에 붙이면 경찰에 잡혀들어갈 거야.

1권에서 break in은 어떤 것의 여기 저기 모난 곳을 집어넣어 길들이는 그림이라고 했지요. 자동차도 길들인다는 말을 많이 하는데, 달리도록 해서 길들이는 것을 run in이라고도 합니다.

> For the correct way to run in your new car, I would refer to the owner's manual. Just do what it says for the specified period and you'll be fine.
> 자동차 길들이는 올바른 방법이라면 사용자 설명서를 보는 게 좋을 거야. 거기 나오는 대로 정해진 시간만큼 길을 들이면 될 거야.

명사형 run-in을 쓰면 서로의 품으로 달려드는 그림을 그릴 수도 있습니다. 실제로 부딪히는 그림도 되고 싸우는 그림도 됩니다.

I had a run-in with a stupid jogger in the park.
나는 공원에서 조깅하던 웬 멍청한 놈이랑 부딪혔다.
People are no longer free to walk around in public for fear of having a run-in with a gang.
사람들이 이제는 마음놓고 밖에 돌아다닐 수가 없다. 갱과 마주칠까봐 겁이 나기 때문이다.
He claims to have never had a run-in with police.
경찰과 말썽을 빚은 적이 전혀 없다고 주장했다.

경찰이니 법과 부딪힌다면 결국 죄를 짓게 될 것입니다.

It's normal in a family for there to be a child or two that has a run-in with the law. 법적으로 문제를 일으키는 아이가 집안에 한둘은 있게 마련이다.

13 run into 안으로 달려들어가다

흘러가거나 달려들어가는 공간을 확실하게 표현하는 경우입니다.

The region where a river runs into the ocean is called a river delta.
강물이 바다로 흘러들어가는 지역을 삼각주라고 부른다.
He ran into the burning building and rescued my son.
그는 불타는 건물 안으로 들어가서 내 아들을 구해냈다.

두 사람이 달려가다가 서로 갑자기 맞닥뜨리게 되는 그림을 그려보세요. 그래서 '우연히 만나다' 라는 의미도 될 수 있습니다.

I was in Seoul recently and ran into one of my old friends there.
최근에 서울 갔다가 옛 친구를 한 명 (우연히) 만났어.
Everything went fine, but we did run into a few problems.
모든 게 잘 됐지만 몇 가지 (예기치 않은) 문제에 부딪힌 것도 사실이다.
I enjoyed this computer game very much, but I ran into a couple of bugs while playing.
이 컴퓨터 게임 정말 재미있게 했는데 게임하다가 몇 가지 (예상치 못했던) 버그를 찾아냈어.

We ran into trouble as soon as we reached the highway. It was jammed all the way from Seoul to Daejun.
우리가 고속도로에 닿자마자 (예상치 못한) 문제가 생겼어. 서울에서 대전까지 꽉 막혀 있었거든.

The bill ran into strong opposition from the local media and the opposition parties. 그 법안은 지역 언론과 야당으로부터 거센 반대에 부딪혔다.

원래 멈춰서야 할 자리보다 더 들어가서(into) 앞에 있던 것을 넘어뜨리거나 망가뜨리는 그림도 됩니다.

A car ran into him and knocked him down. 차가 달려들어 그를 치어 넘어뜨렸다.
A bus ran into the back of a truck killing the bus driver and two passengers. 버스가 트럭 뒤를 들이받아 버스 운전사와 승객 두 명이 사망했다.
A paperboy ran into me and knocked me down on the sidewalk.
신문 배달하는 아이가 달려와 부딪혀서 나는 인도에서 쓰러졌다.
A commuter bus ran into a crowd of students near the school.
통근버스가 학교 근처에 있던 학생들을 덮쳤다.

이번에는 운전자의 입장에서 바라볼까요? 운전을 하다가 실수로 다른 사람을 다치게 하는 경우를 생각해봅시다.

Did you know that if you run your car into someone when you are on your cellular phone and someone is injured you can be prosecuted?
운전 중 핸드폰을 사용하다 사람을 쳐서 상해를 입히면 형사 처벌을 받을 수도 있다는 걸 알았나요?

수치에 사용되면 예상했던 수치를 넘어가는 그림이 됩니다.

Even for the U.S. army the number of fatalities has been stated as being around 400, but the number of U.S. soldiers injured runs into thousands.
미군의 경우에도 사망자 수는 400명 정도라고 하지만 부상당한 미군 수는 수 천명에 이른다.
If I record your speeches on tape, it will run into thousands of kilometers! 네가 일장 연설하는 걸 테이프로 녹음하면 수천 킬로미터는 족히 넘을 거다!
(그만큼 말이 많다는 의미. 수천 킬로미터까지는 아니지만 그 영역으로 침범하려는(into) 그림입니다.)

The money generated by this scam runs into thousands of dollars a week. 이 사기 행각으로 벌어들이는 돈은 일주일에 수천 달러에 이른다.

run into는 특정 공간으로 무엇인가를 흘려보내는 그림도 됩니다.

Turn on the garden hose and run water into the tank for about 5 minutes. 정원 호스를 틀어 탱크에 5분 정도 물을 흘려보내세요.
In the U.S., people who take a bath run water into the tub, climb in and wash, then finish and drain the water from the bathtub. In effect, they end up washing themselves in what has become dirty water. 미국에서는 목욕할 때 욕조에 물을 받은 다음 들어가서 씻고, 다 끝나면 욕조에서 물을 뺀다. 결국 더러운 물로 씻고 나오는 것이다.

14 run off 달려나오거나 떨어지다

어딘가로부터 분리되어 떨어져나오는 그림에서 출발합시다. 원래 있던 장소에서 벗어나 후다닥 뛰어가는 그림도 됩니다.

The car ran off the road and overturned. The driver and a friend were killed. 차가 도로에서 벗어나 전복됐다. 운전자와 친구가 죽었다.
The kids ran off to play. 아이들은 달려나가 놀았다.
As a cop approached, they ran off. 경찰이 다가오자 그들은 도망쳤다.
My sister ran off with her boyfriend and got married when she was quite young. 내 누이는 남자친구와 도망쳐서 아주 어릴 때 결혼했다.
Someone ran off with my bag! 누가 내 가방을 들고 도망갔어요!

배터리나 전기 장치에 대하여 run off라는 표현을 쓰면 전기를 떼어내듯(off) 뽑아가서 배터리가 동력을 전달하는 것을 생각하면 됩니다.

I have several electronic devices that run off batteries. 난 배터리로 작동되는 전자 장비를 많이 가지고 있어요.

Laptops run off batteries, but they run between 3~5 hours before a recharge. 노트북은 배터리로 전원을 공급받는데, 3~5시간 사용하면 재충전해야 한다.

용지를 한 묶음 들고 위에서부터 한 장씩 미끄러뜨려 (run) 날려(off)보세요. 복사기로 복사하는 행동과 비슷하죠?

> Run off copies of your handout before the day of your presentation.
> 프레젠테이션 하기 전에 배부할 자료를 복사해두세요.
> Each kiosk is outfitted with a printer to run off copies of e-mails, maps or schedules.
> 각 키오스크에는 프린터가 비치돼 있어서 이메일 및 지도, 일정 등을 복사할 수 있습니다.

15 run on 계속 달리다

끊이지 않고 계속해서 줄줄이 흘러가는 그림입니다.

> The meeting ran on until 1 a.m. 모임은 새벽 1시까지 계속됐다.

어떤 이야기 주제에 대해 go on and on한다면 주절주절 끝없이 말하는 것을 나타냅니다. 여기에 run을 쓰면 수도꼭지를 틀어놓은 듯 심하게 말을 쏟아내는 그림이 됩니다.

> He ran on and on about his life. 그는 자기 삶에 대해 끝없이 주절댔다.

우리가 일반적으로 쓰는 의미인 '달리다'라는 의미로 쓸 때도 on(and on)이 붙으면 쉬지 않고 계속 달리는 것이지요.

> She ran on and on, until she was too tired to run any farther.
> 그녀는 지쳐서 더 달릴 수 없을 때까지 달리고 또 달렸다.

16 run out 밖으로 달려나가다

외부로 달려나가는 그림으로, 출발지를 나타내려면 of를 덧붙이면 됩니다.

He ran out of the room screaming like a little girl.
그는 어린 여자아이처럼 비명을 지르면서 방을 뛰쳐나갔다.

out은 '밖으로'라는 의미뿐 아니라 없어지거나 줄어들어서 수치가 0이 되는 그림도 생각할 수 있습니다. '바닥이 나는' 그림을 그리면 되겠군요.

At the rate we are pumping up oil and using it now, the oil is bound to run out soon. 지금처럼 원유를 퍼쓰는 추세라면 원유는 곧 바닥날 게 뻔하다.
My luck just ran out. 난 운이 다했다.

무엇을 바닥내는 것인지를 나타내려면 그 대상을 of 다음에 명시할 수 있습니다. 빨리 다 써버려서 떨어져 나오는(of) 그림을 그리면 이해하기 쉽습니다.

We didn't lose the game; we just ran out of time.
우리가 경기에 진 게 아니라 시간이 없었을 뿐이다.
My pen ran out of ink. 펜의 잉크가 다 닳았다.
First, we ran out of coffee. Then we ran short of wine. 처음에는 커피가 떨어지더니 와인도 바닥이 났다.
The simplest way to reduce the amount of waste we produce is to avoid creating it in the first place! We are running out of places to bury our waste and wasting finite materials. 쓰레기 양을 줄이는 가장 간단한 방법은 애초에 쓰레기를 만들지 않는 것이다! 쓰레기 묻을 곳도 바닥나고 있고 한정된 자원을 낭비하고 있는 것도 문제다.
I guess that horror film makers are running out of ideas, repeating themselves or relying on disgust rather than horror to frighten us.
공포 영화 제작자들이 아이디어가 떨어졌는지 똑같은 내용을 반복하거나 관객을 겁주려고 공포보다는 역겨운 것에 의존하는 것 같다.

누가 써서 바닥내는지 on으로 나타내는 것도 가능합니다. 누군가를 버리고 뛰쳐나가는 그림도 on으로 대상을 지정할 수 있습니다.

Time is running out on you! 더 이상 널 기다릴 시간이 없어!
She cheated on me and ran out on me after I lost my job.
그녀는 나를 두고 바람을 피우더니 내가 실직한 다음에는 아예 집을 나갔어.
What should we do to run the rats out of our attic and keep them out?
쥐들을 다락방에서 몰아내고 들어오지 못하게 하려면 어떻게 해야 하지?(대상을 몰아내는 그림입니다.)
Discount airlines complain that the large carriers try to run them out of new markets by slashing fares. 할인 항공사들은 대형 항공사가 요금을 내려서 새로운 시장에서 자신들을 몰아내려 한다고 불평한다.

이어동사는 동사의 의미와 전치사의 의미가 공존합니다. 동사의 의미가 강할 때도 있고 반대로 전치사의 의미가 더 강할 때도 있습니다. 이러한 두 가지 의미가 나타내는 동작을 자세히 살펴보면 재미있는 사실을 발견할 수 있습니다. 동사가 나타내는 동작은 일단 멈추고 나서 그 다음에 전치사가 나타내는 동작이 일어나는 그림이 될 수도 있고, 동사의 동작이 진행 중이거나 동사의 동작이 끝나기 전에 전치사의 그림이 완료될 수도 있다는 것이죠. 이를 구분하려면 문맥을 잘 살펴야 합니다. 일일이 이러한 의미의 순서를 확인할 필요는 없겠지만 동사와 붙어다니는 전치사의 의미, 나아가 이어동사의 의미를 이해하는 데 도움이 될 것입니다.

He ran on and on till midnight.
그는 자정까지 말이 끊이지 않았다. (달리는 동작이 on, 즉 '계속' 진행중임)
He ran out of the house.
그는 집을 뛰쳐나왔다. (달리면서 또는 달리는 동작이 끝나고 out of, 뛰쳐나감)

> I ran out on the porch and flipped on the light.
> 나는 현관으로 달려나가서 전등을 켰다. (달려나가는 동작을 하고 난 후에 on)

17 run over 포물선을 그리며 달리거나 위로 달리다

멀리 떨어진 곳을 건너가는 그림에서 출발합니다. go over나 come over라고 할 때보다 빨리 움직이는 그림이지요.

> Will you run over for a minute? I've got something that might interest you. 잠깐 건너올래? 재미있는 거 있어.

도착점은 to 다음에 장소를 써서 나타내면 됩니다. run to라고만 써도 되지만 그보다 run over to라고 하면 도착 지점과 어느 정도 거리가 떨어져 있는 느낌을 줍니다.

> We ran over to the garage to peek inside, but there was no one inside.
> 우리는 차고로 달려가서 안을 들여다 봤지만 아무도 없었다.
> We ran over to the door to see what was happening.
> 우리는 무슨 일인지 보려고 문으로 달려갔다.

run over to 다음에 사람이 오면 뭔가를 빨리 건네주는 그림도 됩니다.

> You could run this picture over to your friends, alright, but why not just e-mail it to them!
> 이 사진 들고 친구한테 달려갈 수도 있겠지만 그냥 이메일로 보내면 어때!

흘러넘치는 그림도 됩니다.

> I mopped up the kitchen floor after the sink ran over.
> 싱크대에서 물이 넘쳐 부엌 바닥을 걸레로 닦았다.

He saw the water in the bathtub running over the edge and onto the floor. 그는 욕조에서 물이 넘쳐 바닥으로 흐르는 걸 봤다.

시간도 넘친다고 표현할 수 있습니다. 시간이 run over한다는 것은 '시간이 초과하다'는 뜻입니다.

Warning : if you run over the time allotted for the quiz, even by one second, you will not receive credit for that quiz.
경고 : 퀴즈에 배정된 시간을 1초라도 넘기면 해당 퀴즈의 점수는 인정되지 않는다.
If any recordings run over the time limit, it will be edited to fit the time limit. 녹음된 것이 제한 시간을 넘어가면 시간에 맞게 편집된다.

go over와 마찬가지로 run over도 머릿속에서 죽 훑어보고 정리하는 의미로 쓰일 수 있습니다. 다만 훑어보는 속도는 더 빠른 느낌이죠.

He ran over the plans in his head again, double-checked the list of the things to do. 그는 자신의 계획을 머릿속에서 훑어보고 해야 할 일들을 재확인했다.
Having changed into costume, we ran over the lines for the scene and got started. 우리는 의상으로 갈아입고 해당 장면에 대한 대사를 훑어본 다음 시작했다.

뭔가의 위를 달리는 그림을 상상할 수도 있습니다. 좀 끔찍한 그림이지만 누군가를 치고 지나가는 모습을 run over라고 표현합니다.

I almost ran over a kid on a bike. 내가 자전거 탄 애를 칠 뻔 했어요.
His 4-year-old son was run over by a car. 그의 네 살된 아들이 차에 치였어.

'차에 치이다'라는 의미를 표현할 수 있는 이어동사가 run into, run down, run over까지 여러 개 나왔습니다. 똑같은 상황처럼 보이지만 잘 들어보세요. 치이는 사람이 서 있던 공간으로 들어가거나(into), 그 사람을 넘어뜨리거나(down), 아예 깔고 지나가는(over) 그림이므로 뉘앙스가 조금씩 다릅니다. 상황을 재현해서 설명할 만큼 정답이 있는 건 아니니 상황이 주는 느낌에 따라 직접히 선택해서 쓰면 됩니다.

18 run through 뚫고 달리다

장애가 되는 것을 관통해 움직이는 그림입니다.

"Let's run through the rain!" Chelsey yelled. "No, honey. We'll wait until it slows down a bit," her mom replied. "비를 뚫고 뛰어가요!" 첼시가 소리쳤다. "안 돼, 아가. 조금 멈출 때까지 기다리자." 엄마가 대답했다.

The hunter ran through the jungle to get to the other end of the island.
사냥꾼은 정글을 뚫고 달려 섬의 반대편 끝까지 갔다.

I ran through the woods with branches scratching my face.
숲을 뚫고 달리는데 나뭇가지들이 얼굴을 할퀴었다.

We have two sets of railroad tracks that run through the valley.
두 개의 열차 선로가 계곡을 가로지른다.

고통 같은 것도 몸을 관통한다고 표현하죠. 이때도 run through를 씁니다.

A shudder ran through her from head to foot when she found the dead body. 시체를 발견했을 때 머리에서 발끝까지 전율이 느껴졌다.

A sharp pain ran through every inch of his body.
그는 몸 구석구석에 심한 통증이 느껴졌다.

전염병이나 사회적인 영향력이 구석구석에 흘러들어 미치는 그림도 그려볼 수 있습니다.

Obesity runs through our society like a plague.
비만이 전염병처럼 우리 사회에 번지고 있다.

The case highlights the violence that runs through the country's impoverished rural areas.
이번 사건은 이 나라의 가난한 농촌 지역에 만연해 있는 폭력성을 잘 보여준다.

구간이니 기간을 나타낼 때는 through 다음에 도착 시점을 나타낼 수 있습니다. 그러나 마지막 그 순간만을 의미하는 것이 아니라 그 때까지의 시간들을 죽 관통해 달려가는 것입니다.

The festival began January 15th and ran through February 17th.
축제는 1월 15일에 시작해서 2월 17일까지 열린다.

go through와 마찬가지로 훑어보거나 연습한다는 의미도 나타낼 수 있습니다. go through보다 훑어보는 속도가 빠르다는 뉘앙스를 준다는 것이 차이겠지요.

I ran through the installation instructions again before installing the new sound card. 새 사운드 카드를 설치하기 전에 설명서를 살펴보았다.

I ran through a few pages of the book while I was in the bookstore and it looked okay. 서점에서 그 책을 몇 페이지 살펴봤는데 괜찮아 보였다.

She sat in her seat and ran through her financial reports.
그녀는 의자에 앉아 재무 보고서를 훑어봤다.

Let's run through the scene once again, and this time try to look at the person you are talking to rather than your script.
그 장면 다시 한 번 연습해보자구. 이번에는 대본 보지 말고 상대를 쳐다보면서 말이야.

Guess I'll have to run some of the actors through the final rehearsal this weekend. 이번 주말에 배우들 몇 명 데리고 마지막 리허설을 해야 될까 봐.

배우들을 '연습시키다'는 뜻입니다

돈이나 음식에도 run through를 쓸 수 있어요. 먹을 것이나 돈을 빠르게 관통하면 다 먹어치우거나 써버리는 겁니다.

It seems he runs through more than 10 bottles of wine a week.
그는 일주일에 와인 10병은 마셔대나봐.

She ran through all the money she had made from Lotto in less than a month. 그녀는 로또로 번 돈을 한 달도 안돼서 다 날렸대.

뭔가를 기계에 통과시키는 그림도 가능합니다.

Never run your car through a machine car wash. 절대 자동세차 하지 마.
I've run my shirts through the dryer twice but they are still kind of moist.
셔츠를 두 번이나 건조기에 넣고 돌렸는데 아직도 축축해.
To find typos, you need to run your document through a spell checker.
오타를 잡으려면 문서에서 맞춤법 검사(프로그램)를 돌려봐.

자, 그동안 많이 나왔던 교통사고와 관련된 마지막 표현을 살펴봅시다. run through는 차로 뭔가를 뚫고 지나가는 그림입니다.

He drove up on to the sidewalk, ran down several pedestrians and finally ran his car through a storefront window.
그는 인도로 뛰어들어 행인 몇 명을 치고 나서 기어이 상점 유리창을 뚫고 들어가버렸어.

19 run to 달려가 도착하다

전치사 to가 있습니다. 그렇다면 짐작하셨죠? 도착점을 나타내는 그림에서 출발합니다.

The dog ran to him and jumped on top of him. 개가 그에게 달려가 덤벼들었다.

뭔가를 몰아붙여 특정 상태에 도달하게 만드는 그림도 됩니다. to 다음에 도착점이 아닌 행동의 결과로서 이르게 되는 상태를 나타내는 명사가 오겠군요.

Don't run your dog to exhaustion. 개를 지칠 때까지 달리게 하지 마세요.
Your horse deserves as good a treatment as a man. Don't run him to death. 니 말은 사람만큼 좋은 대우를 받을 자격이 있어. 너무 심하게 달리게 하지 마.

20 run up 달려 올라가거나 바짝 다가서다

I ran up the stairs as fast as I could. 나는 가능한 한 빠르게 계단을 뛰어 올라갔다.
She did not look back as she ran up the hill, half blinded by her tears.
그녀는 뒤돌아보지 않고 언덕을 뛰어 올라갔는데 눈물 때문에 앞이 잘 보이지 않았다.

up에는 바짝 다가선다는 그림이 있습니다. 따라서 run up은 바짝 다가서는 그림도 되지요. 역시 목표물을 나타내기 위해 to를 붙여줄 수 있습니다.

She ran up to him to make sure he was all right.
그녀는 그에게 달려가서 괜찮은지 확인했다.

run to him이면 단순히 도착점을 나타내는 것이지만 run over to him이라고 하면 일정한 거리감을 두고 run up to him이라고 하면 거리감을 좁히면서 바짝 다가서는 뉘앙스를 줍니다.

We ran up to the window to see what was going on.
우리는 무슨 일인지 보려고 창가로 달려갔다.

감정이나 고통이 어떤 식으로 다가오느냐에 따라 run down이라고 할 수도 있고 through나 up을 쓰기도 합니다.

She felt a shiver run up her spine as she closed the door behind her.
그녀는 문을 닫고 돌아서는데 등골이 오싹했다.

어딘가에 닿도록(to) 길게 이어지는 그림도 가능합니다.

There was a ladder running up to the roof. 지붕에 대놓은 사다리가 있었다.

This highway runs up to the country's border with Russia.
이 고속도로는 러시아 국경까지 이어진다.

뭔가 빠르게 위쪽으로 올리는 그림도 됩니다. 수치도 위로 올라가는데 run하면 빠르게 올라가는 겁니다.

At long last, the Germans ran up the flag of surrender.
결국 독일은 항복의 기를 들었다.

Even before the announcement that the company may consider buying back its shares, the stock price ran up quite a bit in anticipation of good corporate results. 회사가 자사 주를 매입할 거라는 발표 전에도 실적이 좋을 것이라는 예상으로 주가가 꽤 뛰어 올랐다.

Four thousand dollars? How could anyone run up a phone bill of that size in just three days? 4천 달러? 아니 누가 3일 만에 전화비를 그렇게 많이 쓸 수 있나?

By the time I was 30, I had run up nearly 10,000 dollars in debt.
내가 서른이 됐을 때 빚이 만 달러에 달했다.

Bidders at an online auction site ran the price up to almost $7500 for a butt said to be the remains of the last cigarette smoked in a New Zealand bar before a smoking ban took effect.
흡연 금지령이 발효되기 전 뉴질랜드의 한 술집에서 마지막으로 태운 담배 꽁초 한 개를 놓고 온라인 경매 사이트의 입찰 경쟁에서 입찰자들이 거의 7,500달러까지 경매가를 올려놨다.

복사기에서 종이가 날리는 그림(run off)에서 종이 대신 옷감이 계속 흘러나오는 그림(run up)을 그려보세요. 옷이 날릴 만큼 신나게 재봉틀을 굴리는 것이니 빠르게 옷을 만들어낸다는 뜻이죠.

> My mom ran up a dress on her sewing machine from cut-down curtains. 엄마가 재봉틀에 앉아 커튼 조각으로 드레스를 뚝딱 만들어냈다.
> As a youngster Kelly had proved to be a wizard with a needle — amazing friends by being able to run up an outfit in under two hours. 어렸을 때부터 켈리는 바느질의 귀재였다. 두 시간도 안 걸려 옷을 만들어내 친구들을 놀라게 하곤 했다.

up의 바짝 다가서는 뉘앙스에서 난관에 부딪친다는 의미가 될 수 있습니다.

> In the final, we ran up against a tough team. 우리는 결승전에서 어려운 팀을 만났다.
> We ran up against unexpectedly stiff resistance from the enemy. 적으로부터 예상치 못한 강력한 저항에 부딪혔다.
> Open this envelope, if you run up against a problem you don't think you can solve. 해결하지 못할 문제에 당면했다고 생각될 때 이 봉투를 열어보게.
> In the run-up to the Iraq war, Internet users manipulated Google so the phrase "weapons of mass destruction" led to a joke page saying "These Weapons of Mass Destruction cannot be displayed." 이라크 전쟁이 발발하기 전까지 인터넷 사용자들은 구글 검색엔진을 조작해 '대량 살상 무기' 라는 문구로 검색을 하면 '대량 살상 무기를 표시할 수 없습니다.' 라는 우스갯소리가 나오는 페이지로 이동하게 만들기도 했다.

*인터넷 익스플로러의 '페이지를 표시할 수 없습니다' 는 오류 메세지를 본딴 말입니다.

run up은 어디에 바짝 다가서는 그림입니다. 그래서 명사형 run-up이 to와 함께 사용되어 도착점까지의 기간을 가리키기도 합니다.

> In the run-up to launching a new service or product there are a lot of things to take into consideration. 새로운 서비스나 제품을 선보이기 전까지는 고려해야 할 일들이 많다.

run

01 run around like a chicken with its head cut off

좀 징그러운 그림이지만 머리가 잘린 닭이 정신없이 뛰어다니는 만화의 한 장면이라고 생각해 보세요.

> If you kids are going to run around like a chicken with its head cut off, do it outside. 니들 그렇게 정신없이 뛰어다니려면 나가서 놀아라.

정신없이 뛰어다니는 것이 알고보니 어찌할 바를 몰라서인 경우도 있군요.

> I would like to cook more myself but my wife has to be absent during the process because she can't stand watching me run around like a chicken with its head cut off. 나도 요리를 더 해보고 싶지만 요리할 때는 아내가 곁에 없었으면 한다. 내가 어쩔 줄 몰라 허둥대는 걸 참지 못하기 때문이다.

02 run something by someone

말을 잘 하는 사람을 보고 청산유수라고 하죠. 물흐르듯 이야기를 술술 풀어내는 그림입니다.

> I need to run this by my wife. 아내한테 잘 설명해야 해요.

남이 힌 말을 알아듣지 못했을 때 다시 말해달라는 표현으로도 씁니다.

> I don't really get it. Would you please run that by me again? 이해가 안 가는데. 무슨 말인지 다시 설명해줄래?

Could you run that by me one more time? 다시 한 번 말해줄래?

03 run something into the ground

원래 잘 나가던 것을 땅 속으로 몰아넣으니 엉망이 되는 그림을 그려보세요.

Your jokes were funny at first, but now you're running them into the ground. 처음에는 니 농담이 재미있었는데 이젠 이야기를 걷잡을 수 없이 만드는구나.

That's a great show now, but I can see they will be running it into the ground in the next few years. 지금은 재미있는 프로그램이지만 몇 년 지나면 수준이 엄청 떨어질 거야.

Leave *Star Wars* alone! The steam's not here anymore — it's gone. The only thing George Lucas is doing is running it into the ground by trying to milk every last dollar out of the franchise.
〈스타워즈〉 좀 그만 내버려둬! 이제 김 빠졌다구. 의미 없단 말이야. 조지 루카스 감독이 하는 짓이라고는 〈스타워즈〉 시리즈로 단돈 1달러라도 더 짜내려고 엉망을 만들고 있는 거라니까.

04 run low on something

진행 상태를 나타내는 표현 방식 중 뭔가 떨어져가는 그림입니다. 바닥이 나는 것이 무엇인지 on으로 나타내는 겁니다.

We're running low on beer. 맥주가 다 떨어져가는데요.
My laptop is running low on memory. 노트북에 메모리가 모자라네요.
I'm running low on hard drive space, and I want to find a way to free up space without deleting valuable programs. 하드디스크 공간이 모자라는데, 중요한 프로그램은 지우지 않고 공간을 확보할 수 있는 방법을 알고 싶어.
Check if a printer is running low on paper. 프린터에 용지가 부족한지 확인해 봐.

05 run off at the mouth

우리말의 '게거품을 문다'는 표현과 비슷한 구어체 표현입니다. 거품을 물고 말을 쏴대는 그림이지요. 상당히 거북한 장면이겠죠? 따라서 말하고 있는 사람에 대한 강한 거부감을 나타내는 표현입니다.

> You can run off at the mouth all you like, but if you don't have the evidence, it doesn't mean anything.
> 너 좋을 대로 신나게 지껄여도 좋지만 증거가 없으면 아무 의미도 없을걸.
> Defense attorneys were allowed to run off at the mouth during closing arguments about how "we all can sleep at night because of the heroic efforts of the cops."
> 변호인측이 '경찰의 영웅적인 노력 덕분에 우리가 밤에 편히 잘 수 있다'며 최종 변론에서 게거품을 물고 지껄여대도록 내버려뒀다.
> Don't you just hate it when people go running off at the mouth about something they don't have one damn clue about?
> 쥐뿔도 모르면서 게거품 물고 떠들어대는 사람들 보면 짜증나지 않니?

06 in the long[short] run

정해진 구간이나 기간을 나타내는 run의 그림에서 나온 관용표현으로 장[단]기간을 나타냅니다.

> In the long run, an open society cannot survive unless the people who live in it believe in it.
> 장기적으로, 개방적인 사회는 그 구성원들이 존재 이유를 믿지 않는다면 살아 남을 수 없다.
> In the long run, we are all dead. – *John Maynard Keynes*
> 장기적으로, 우리는 모두 죽는다.
> In the short run, firms meet the demand for their products at preset

prices. Firms do not respond to every change in the demand for their products. 단기적으로 기업은 정해진 가격에 자신들이 생산하는 제품의 수요를 맞춘다. 제품에 대한 모든 수요 변화에 민감하게 반응하지는 않는다.

07 on the run

언제나 바빠 움직이는 상태를 가리킵니다. 강물 위에 배를 띄워놓으면 어떤가요? 장애만 없다면 멈추지 않고 계속 흘러가겠지요.

You'll know how difficult it is to find low carbohydrate foods to eat on the run. 바쁘게 이동할 때 먹을 저탄수화물 식품을 찾는 게 얼마나 어려운 일인지 알게 될 거다.
Mom is always on the run but she still has time to read me a bed time story. 엄마는 언제나 바쁜데도 시간을 내서 잠자리에서 동화책을 읽어준다.
The comedian is always on the run looking for new and interesting ways to entertain his fans.
그 코미디언은 팬들을 즐겁게 해줄 새롭고 재미있는 방법을 찾아 늘 분주히 움직인다.

바빠 움직이는 모습에서 무엇인가에 쫓기는 모습을 연상할 수도 있겠죠?

Nearly every guy at the party mentioned *Butch Cassidy and the Sundance Kid*, that movie starring Robert Redford and Paul Newman, playing two bank robbers on the run. 파티에서 거의 모든 남자들이 로버트 레드포드와 폴 뉴만이 쫓기는 두 은행 강도로 나왔던 〈내일을 향해 쏴라〉 얘기를 하더군.

08 normal[usual; ordinary] run

강물을 바라보고 있으면 1시간 전에 흘러간 강물이나 지금 강물이나 다를 게 없지요. 그렇게 구분하기 힘들 정도로 특징도 없고 별다를 게 없는 일반적인 것들을 가리키는 표현입니다. 공장에서 한번 기계를 돌려 제품을 생산해내거나 그렇게 생산한 제품을 통틀어 run이라고 합니다. 그렇게 같은 공장에서 같은 기계로 같은 시기에 생산한 제품들은 판박이 같지요.

다음의 첫 번째 예문에서 run은 일반적인 가을철 기간을 의미합니다. 계절은 언제나 똑같은 모습으로 돌아오니까요.

September 2002 continued a drier-than-normal run of months in the West. 2002년 9월은 서부 지역의 여느 가을철보다 더 건조했다.

Very different from the normal run of postcards, these show the history of the country.
흔해 빠진 보통 엽서들과는 아주 다르게 이 엽서들은 이 나라의 역사를 보여준다.

His was a cut above the normal run of superhero comics.
그의 만화는 평범한 보통 영웅 만화들보다 한 수 위였다.

For Plato, the general run of humanity was driven by its selfish passions and desires.
플라톤이 바라본 일반적인 인간은 이기적인 열정과 욕망에 사로잡혀 있었다.

The speeches at the Democratic Convention highlighted how angry the general run of Democrats, both the radicals and moderates.
민주당 전당대회의 연설만 들어봐도 급진 온건을 막론하고 민주당원 전체가 얼마나 화가 났는지 잘 알 수 있다.

I already broke my usual run of not working Christmas day, and I'll probably end up working New Years as well to catch up on everything.
성탄절에는 일하지 않는다는 것도 이미 옛말이고 밀린 일을 다 하려면 설날에도 일하게 될 것 같다.

There are always going to be clues that something is up, but it can be easy to dismiss these as part of the usual run of family and school life.
언제나 뭔가 잘못됐다는 걸 눈치챌 만한 단서들이 있게 마련인데 일반적인 가정사나 학교생활의 일부라며 무시하고 넘어가기 십상이다.

In contrast with the ordinary run of SUVs, this one is indeed superb!
일반적인 스포츠 유틸리티 차량과 달리 이 차는 정말 뛰어나다!

The author's sensitive portrayal of human relationships raises this novel far above the ordinary run of mysteries. 인간관계를 세밀하게 묘사한 작가의 노력 덕분에 이 소설은 다른 흔해빠진 미스터리물보다 한 수 위다.

09 run-of-the-mill

실제로 공장(mill)에서 기계로 돌려 나오는 제품을 가리킵니다. 평범 그 자체겠지요.

I have a run-of-the-mill CD player. Nothing fancy.
흔해빠진 CD 플레이어야. 좋은 거 아니야.

I'm shocked to learn that you only consider yourself to be a run-of-the-mill student! 너 자신을 평범한 학생이라고 여긴다니 놀랍구나!

10 also-ran

달리기에서 1등을 한 선수는 다른 주자들을 저만치 뒤에서 달리던 한 무리의 선수들 정도로 생각하겠지요. also-ran은 경주나 선거에서 우승하지 못한 사람을 가리키는 말입니다.

I did well until the final when I became an also-ran.
나는 잘 하다가 결승에서 졌다.

Even if you're the world record holder, if you don't put in the work, within a few months you'll be an also-ran.
네가 세계 기록 보유자라고 하지만 노력하지 않으면 몇 달 못 가서 낙오자가 될 거야.

Kelly became an also-ran in the presidential election.
켈리는 대통령 선거에서 패했다.

The Windows CE operating system has been an also-ran in the market for palm-sized computing devices since it debuted almost four years ago. 윈도우 CE 운영체제는 4년 전쯤 첫 선을 보인 이래 휴대용 컴퓨터 기기 시장에서 인제나 뒷전이었다.

*work 꼼지락 꼼지락, 주물럭 주물럭!

여든이 넘은 할머니께서는 잠시도 가만히 계시지 않습니다. 어머니가 말려도 굳이 설거지나 빨래를 하십니다. 몸뚱이가 움직이는 한 평생을 꼼지락거려야 먹고 살 수 있다고 믿어온 분이라 그런가 봅니다. — 이렇게 꼼지락거리거나 주물럭거려서 원하는 바를 이루는 것이 바로 work의 기본그림입니다.

앞으로 달팽이하면 work 를 함께 떠올려주세요. 그 작은 체구로 꼼지락 꼼지락 움직여서 앞으로 나아가는 모습이 바로 work 로 표현할 수 있는 모습이기 때문이지요. work 는 급격한 움직임이 아니라 천천히 애를 써서 움직이는 것입니다. 몸에 있는 근육을 꼼지락 꼼지락 움직이는 것도 work 이며, 단단히 박혀 있던 못이 시간이 흐르면서 이리 뒤틀리고 저리 뒤틀려서 박힌 틈이 헐거워지는 것도 work 입니다.

우리가 흔히 알고 있는 노동의 의미 역시 정신적으로나 육체적으로 에너지를 소모해가며 꼼지락거리는 것이죠. 기계도 별반 다르지 않습니다. 사람이 기계를 만들었을 때는 바라는 바가 있었을 것이고 그 기계는 꼼지락거리며 사람이 원하는 걸 해내지요. 약도 마찬가집니다. 두통약을 만들었을 땐 머리의 통증을 가시게 해주는 것이 두통약의 소임이고 복용했을 때 몸 속에서 꼼지락 꼼지락 분해되면서 임무를 수행합니다. 약을 아무리 먹어도 소용이 없다면 그 약은 work 하지 못하는 것이지요.

같은 맥락에서 work 를 추상적인 개념에 적용해 봅시다. 문제에 대한 해결책이나 제안 따위도 목적이 있지요. 해결책이나 제안이 문제를 해결할 때는 work 한 것이지만 문제 해결에 도움이 안되면 소임을 다하지 못하는 것이므로 work 라 하지 못합니다.

이처럼 work 의 개념은 천천히 꼼지락거리고 수불럭거리며 움직여서 기대치의 소임을 다하는 그림에서 출발해야 합니다. work 하면 '노동'이나 '에너지 소모'리고 일고 있는 것 역시 기본적으로 이 그림에서 발전했을 때 그려지는 그림입니다. work 가 문맥에 따라서는

'노동'이나 '에너지 소모'로 해석하면 통하지 않는 경우가 있습니다. 기본그림을 생각해야 합니다.

꼼지락거리는 뉘앙스는 work 뿐 아니라 get과 make에도 있는데 이들의 차이를 머릿속에 다음과 같은 그림으로 그려서 구분해두세요.

I get the clay. → I work the clay. → I make bricks out of the clay.

get은 꼼지락거려서 찰흙을 이동시키는 그림이고, work 는 이렇게 이동해온 찰흙을 꼼지락거리며 주물럭거리는 그림이고 make는 꼼지락거린 결과물로 벽돌을 만드는 그림입니다.

기본 형태

혼자서 꼼지락거리거나 뭔가 주물럭거리며 꼼지락거리는 두 가지 그림이 가능합니다.

I work 12 hours a day. 나는 하루 12시간 일한다.
I worked the dough into a ball. 반죽을 해서 공 모양으로 만들었다.

기본그림 work

work 01 나사가 헐거워졌나 봐.

달팽이처럼 꼼지락거리는 그림을 잊지 마세요. work는 '일'이라는 고정관념을 버리고 '꼼지락거리는 움직임'에서 출발하면 run이 그랬던 것처럼 전혀 새로운 work의 세계가 펼쳐집니다.

Perhaps the cable that attaches the CD-ROM drive to the computer has worked loose. CD-ROM 드라이브를 컴퓨터에 연결하는 케이블이 헐거워졌나봐요.

Protruding nails in the floor which have worked loose must be drawn.
마룻바닥에 헐거워져서 삐져나온 못들을 뽑아야 한다.

케이블이 빠지고 못이 헐거워지는 건 긴 시간이 흐르면서 이리 채이고 저리 비틀어져서 조금씩 꼼지락거려 그런 상태가 된 겁니다. 그런가 하면 뭔가를 꼼지락거리도록 만든다는 의미가 될 수도 있습니다.

A screw must have worked loose.

After about 10 minutes I worked my hands free from their bindings and made my escape. 나는 10분 정도 손을 꼼지락거려서 묶은 걸 풀어낸 다음 도망쳤다.
I worked my hands into a pair of latex gloves.
나는 라텍스 고무장갑을 힘들여 손에 끼었다.
It would be extremely difficult to work a screw into the wall with nothing more than a regular screwdriver and the strength of your muscles. You will need a power drill. 일반 드라이버로 근육의 힘만 가지고 나사를 벽에 박는다는 건 대단히 어려운 일이다. 전동 드릴이 필요할 것이다.

I locked myself out of the car and attempted to use a long wire through a crack in the window to work the door open.
나는 키를 차에 두고 잠가버려서 긴 철사를 창문 틈에 집어넣어 문을 열려고 애썼다.

손을 꼼지락거려서 묶여 있던 줄에서 빠져나온다거나 잘 안 들어가는 고무장갑을 낀다거나, 나사를 돌려 어렵사리 박는다거나 열쇠가 없어서 가늘고 긴 뭔가로 열어보려고 한다거나 등등 모두 '끙끙대며 애쓴다'는 그림입니다. 꼼지락거리면서 뭔가를 주물럭거릴 수도 있죠.

Although many people use their hands to work the clay, others prefer to wear gloves.
맨손으로 찰흙 반죽을 하는 사람도 많지만 장갑을 끼고 작업하는 것을 좋아하는 사람도 있다.

The use of harder stone helped sculptors work the stone more delicately and led architects to design slenderer columns and thinner walls. 더 단단한 돌을 사용하면서 조각가들은 더 섬세하게 돌을 다룰 수 있게 됐고 건축가들은 좀더 가는 기둥과 얇은 벽을 설계할 수 있었다.

I use a combination of power and hand tools to work the wood.
난 목공일을 할 때 전동 및 수동 도구를 모두 동원해.

To build a guitar, one needs to be a carpenter, since it is necessary to work the wood with the sufficient skills. 기타를 만들려는 사람은 목수가 돼야 한다. 목수처럼 나무를 다루는 능숙한 기술이 필요하기 때문이다.

The anvil provides a place to work the steel into the desired shape.
모루는 쇠를 가공해 원하는 모양으로 만들 수 있는 공간을 제공한다.

A-ha! moment

Joe : (After one round) Easy now. Easy. I saw that. You bust it again? I'm calling it, Jim.

Jim : (Shakes his head)

Joe : You're gonna use the left? Okay, good. You get in there but you don't let him crowd you. You work his belly, you hammer his belly with

> the left.
> 조 : (한 라운드가 끝나고) 진정하고 쉬라구. 나도 봤어. 오른손 또 망가졌지? 기권하자구, 짐.
> 짐 : (고개를 젓는다)
> 조 : 왼손으로 싸우겠다구? 좋아 그럼. 링에 나가서 저 놈이 구석으로 몰지 못하게 해. 왼손으로 복부를 집중 공격해서 두들겨 패라구.
> － Cinderella Man

권투 경기 중에 주인공 Jim이 안 그래도 부상을 입은 오른손을 또 다칩니다. 그래도 Jim이 경기를 포기하지 않겠다고 고개를 가로젓자 세컨드를 보고 있는 친구 Joe가 하는 말입니다. work his belly의 의미가 생생하게 느껴진다면 work의 다른 의미들도 쉽게 이해할 수 있을 겁니다.

그녀는 시험에 붙으려고 열심히 공부하고 있어.

흔히 직장에서 일을 하거나 정말 땀을 흘리며 일하는 모습만 work라고 생각하기 쉽지만 몸을 꼼지락거리며 뭔가 주물럭거리면서 에너지를 소모하는 그림이면 모두 work라고 할 수 있습니다.

My father is working in the basement fixing a broken radio.
아버지는 지하실에서 부서진 라디오를 고치고 계셔.

라디오 수리를 목적으로 계속 움직이면서 라디오를 만지작거리는 그림을 그려보세요.

Can't you see I'm working? Turn the music down!
나 공부하는 거 안 보여? 음악 좀 줄여!

학생이 공부하는 모습을 떠올려 보세요. 뇌를 계속 움직여가면서 지식을 쌓고 있는 겁니다. 우리말로는 공부를 '일'이라고 표현하지 않지만, 열심히 머리를 쓰는 그 뉘앙스 때문에 영어에서는 공부에도 work를 씁니다.

I'm working with my son on his school science project.
난 아들녀석 학교 과학숙제 하는 거 도와주고 있어.

work는 '일'이라는 고정관념에 빠져 있으면 이런 상황에서 work를 쓰면 된다는 생각을 떠올리기 힘들죠.

We will continue to work hard to pass a piece of legislation that will benefit our people.
우리는 국민들에게 도움이 될 법안을 통과시키기 위해 계속 노력할 겁니다.

끊임없이 꼼지락거리며 궁리하고 상의하고 움직여서 법안을 통과시키겠다는 말이지요.

The government is working very hard to improve the education system in public schools. 정부는 공립학교 교육 체제를 개선하기 위해 애쓰고 있다.

천천히 원하는 바를 이루기 위해 계속 움직이는 것입니다.

Of late, Microsoft is working hard to combat the image that Windows software crashes a lot and has a lot of security holes. 최근 마이크로소프트는 윈도우 소프트웨어가 잘 죽고 보안에 허점이 많다는 이미지에서 벗어나기 위해 애쓰고 있다.
Scientists are working on several methods to produce hydrogen, a clean and efficient fuel, using solar energy. 과학자들은 태양 에너지를 이용해 깨끗하고 효율적인 연료인 수소를 생산할 수 있는 방법을 여러 가지 연구하고 있다.

몸을 움직일 수 있는 한 죽을 때까지 인류를 도운 사람도 있죠.

Mother Teresa worked among the poor and the sick for over half a century. 테레사 수녀는 반 세기가 넘게 가난하고 병든 사람들을 도왔다.

다른 대상을 꼼지락거리며 움직이게 할 수도 있지요.

Never work your horse hard on a full stomach.
말이 배부르게 먹었을 때 움직이게 하지 마세요.

She is working hard to pass the tests.

동물을 대상으로 쓴다고 해서 모두 일을 시키는 건 아닙니다. 문맥에 따라 훈련을 시키는 것일 수도 있고 운동을 시키는 것일 수도 있습니다. 또한 몸의 근육도 꼼지락거리게 할 수 있습니다. 사람을 떼거리로 움직이게 할 수도 있습니다.

I'm trying to work my dog at least twice a week.
최소한 일주일에 두 번은 개를 훈련시키려고 노력해요.

Barbell curls done with palms facing you works the bicep region.
손바닥을 몸 쪽으로 당기는 역기 들어올리기는 이두박근 발달에 도움이 된다.

The practice of yoga postures and breathing exercises will work every muscle, bone, joint, and organ in your body.
요가 자세를 연습하고 숨쉬기 운동을 하면 몸의 모든 근육과 뼈, 관절과 장기를 움직일 수 있다.

The band knows how to work the crowd.
그 밴드는 관객을 열광시킬 줄 안다니까.

음악하는 밴드가 무대에서 관객을 움직였다면 어떤 그림일까요? 신나서 함께 열광하는 거지요. 이처럼 움직이는데 어떤 상태로 움직이는 건지는 문맥을 통해 알 수 있습니다.

Even at a young age, this MC knows how to work the crowd. He never let them go, never left them hanging between songs and they responded with cheers and raised beers. 젊은 나이에도 이 사회자는 관객을 유도할 줄 안다. 그냥 가게 한 적도 없고 노래 중간 중간에 멋쩍게 기다리게 하는 일도 없어 관객들은 언제나 환호성을 지르며 맥주를 들어 보여 답례했다.

When I'm presenting to a new audience, I work the audience a little bit before the talk. I'll walk up and introduce myself and ask a few questions. 나는 처음 보는 청중에게 발표를 할 때는 말을 시작하기 전에 청중의 분위기를 좀

띄운다. 다가가서 내 소개를 하고 질문을 몇 가지 던진다.

There is a reason why strong companies stay in business and weak companies do not, and those companies that survive are the ones that know how to work the customers so that they keep coming through the door. 강한 회사가 살아 남고 약한 회사는 도태되는 이유가 있다. 살아남는 회사는 고객의 마음을 움직여 계속 자사 물건을 사게 하는 방법을 알고 있다.

work 03 너 마이크로소프트에서 일해?

'일하다'는 의미는 가장 익숙한 work의 그림이지요. 사람이 일하는 것 역시 정신적으로나 육체적으로 에너지를 쓰면서 꼼지락거리는 겁니다.

My father worked in the mining industry as a geologist.
아버지는 지질학자로 광업에 종사하셨다.
Women are twice as likely to work part time as men are.
여성이 파트타임으로 일하는 경우가 남성보다 두 배 높다.

work의 의미와 더불어 일을 하는 시간을 표현하는 방법을 잘 살펴봅시다.

I worked all day yesterday, half a day today and is working tomorrow night. 어제는 하루 종일 일했고 오늘은 반나절, 내일은 밤에 일해야 한다.
60% of the poll participants work days, 10% work nights and 5% work weekends. 여론조사에 참여한 60% 응답자가 낮에 일하고, 10%는 밤에, 5%는 주말에 일한다고 한다.
We organized three shifts to work around the clock 24 hours, seven days a week. 3개 교대 근무조를 만들어서 하루 24시간 일주일 내내 일합니다.
Unfortunately, some employers equate working long hours with working hard, but one does not always mean the other.
안타깝게도 일부 직원들은 오래 일하는 것을 열심히 일하는 것으로 여기지만 꼭 그런 것은 아니다.

아예 직업이 두 개일 때는 이렇게 표현하지요.

You work for Microsoft?

I'm working two jobs and I'm still short on rent.
일을 두 개씩이나 하는데 아직 임대료도 다 못내.

일하는 장소는 말하는 사람이 공간으로 여길 경우는 in, 더 큰 그림 속의 한 점이라고 여길 경우는 at을 사용합니다. 이건 어떤 장소는 반드시 in이고 at이라고 정해진 것이 아니라 말하는 사람이 어떤 그림을 그리냐에 따라 달라질 수 있는 것입니다.

I was working in my office when I heard an explosion.
폭발음을 들었을 때 나는 사무실에서 일하고 있었다.

위 문장에서는 말하는 사람이 공간에 집중하는 경우이므로 in을 썼네요. 다음은 어떨까요?

Have you ever worked late at the office and had to turn on all the lights even though you were the only one there? 혼자 남아 있는데도 전등을 다 켜놓고 밤 늦게까지 사무실에서 일해본 적 있나요?

건물 전체 중 일개 사무실에 집중하는 경우지요. 일반적이지 않은 작업 공간일 경우는 작업 결과가 나오는 곳으로 여겨서 from을 쓰기도 합니다.

Working from home has some pretty nice perks: flexible hours, no dress code and the ability to design your own workspace.
집에서 일하면 몇 가지 짭짤한 혜택이 있다. 일하는 시간도 마음대로 정할 수 있고 옷차림도 자유롭고 작업 공간도 마음대로 꾸밀 수 있다.

'재택근무' 한다고 할 때 from home이나 at home 둘 다 사용합니다. 일반적으로는 at을 쓰고 from을 쓰는 경우는 작업 결과가 집에서 나와서 외부로 전달되는 경우입니다. 집에서 일을 해서 회사로 결과를 가져가는 사람이라면 from을 쓸 수 있지요. 역시 말하는 사람의 관점의 차이일 뿐 어떤 것을 써도 무방합니다.

아예 공간의 그림은 사라지고 작업 대상으로 사용하는 경우도 있습니다. 너무 뻔해서 전치사를 아예 생략하는 겁니다.

In Santiago, pickpockets and bag snatchers work the downtown area. Be particularly careful with bags and cameras when you sit down to eat in open-air cafes. 산티아고에서는 소매치기랑 날치기들이 도심 지역에서 활동한다. 노천 카페에 앉아서 무엇을 먹을 때는 가방이나 카메라를 특히 조심해야 한다.

That salesman works the southern region.
저 영업사원은 남부 지역에서 일하지.

A-ha! moment

Once upon a time not so long ago: Tommy used to work on the docks. Union's been on strike. He's down on his luck — It's tough, so tough. Gina works the diner all day, working for her man. She brings home her pay for love, for love. 그리 멀지 않은 옛날, 토미는 부두에서 일을 했었는데 노조가 파업을 해서 되는 일이 없다. 삶이 너무 힘들다. 지나는 토니를 위해 하루 종일 식당에서 일한다. 사랑을 위해 돈을 벌어 살림을 꾸린다.

– Living On A Prayer sung by Bon Jovi

Gina works the diner에서 work 다음에 전치사가 없지만 diner만 보아도 문맥상 식당일을 한다고 해석할 수 있습니다.

문맥을 통해서 작업 공간이나 작업 대상이 무슨 일을 하는지 알아낼 수 있는 경우도 있습니다.

When my father died, I was left alone to work the ranch.
아버지가 돌아가셨을 때 혼자 남아서 목장을 지켰다.

Organic farmers work the land without the aid of chemical agents.
유기농가는 화학제품의 도움 없이 땅을 경작한다.

목장에서 뭘 하고 농부가 땅에서 뭘 하는지는 뻔하시요. 그래서 work 다음에 특별한 전치사를 쓰지 않고 바로 목적어가 왔습니다. 그럼 다음 문장에서는 문을 가지고 뭘 하는 걸까요?

　I worked the door and tended the bar at clubs to earn some extra money. 돈을 좀더 벌어보려고 문지기로도 일했고 바텐더로도 일해봤지.

위의 work the door는 I locked myself out of the car and attempted to use a long wire through a crack in the window to work the door open.(89페이지 맨 윗줄에 나온 예문)의 work the door(문을 열려고 애쓰다, 손보다)와는 전혀 다른 그림입니다. bar라는 단어가 힌트를 주지요. 술집이나 클럽 같은 데서 문 앞에 서서 표를 받거나 말썽꾼을 몰아내는 일을 하는 것을 말하는 것입니다. 경찰이 사건을 상대로 꼼지락거린다면 어떤 의미일까요?

　Detectives continue to work the case but have not made an arrest or named a suspect. 형사들이 계속 사건을 수사했지만 누굴 체포하거나 용의자를 지목하지는 않았다.

 탭 키가 안 먹어.

세상 만물에는 존재 이유가 있습니다. 존재하는 동안은 주어진 소임을 다하며 끊임없이 움직이지요. 키보드의 소임은 자판을 눌렀을 때 해당 기능을 하는 겁니다. 제기능을 다 할 때만 work를 써서 표현합니다. 기계 중에서도 움직임이 강조되는 것이 시계지요. 끊임없이 움직여 시간을 알려야 하니까요.

　My watch stopped working. I'll have to replace the battery. 내 시계가 멈췄어. 배터리를 갈아야겠네.
　It was freezing out there but the car heater didn't work. 밖은 얼어 죽을 판인데 자동차 히터가 말을 안 듣더라구.

사람의 장기도 주어진 소임이 있으시 꾸준히 꼼지락거립니다. 장기가 기능을 멈춰버린다면 탈이 나고 심지어 죽기도 하지요.

By the time he reached the hospital, his heart stopped working.
그가 병원에 도착했을 쯤 그의 심장은 이미 멈춰 있었다.

추상적인 개념도 존재 이유나 소임을 일러주는 것이 있습니다. 바로 '관계' 같은 것이지요. 두 사람의 사이가 깨지지 않고 지속되어야 '관계' 라는 개념이 의미를 가지게 되지요. 그래서 relationship이 잘 유지된다는 의미로도 work를 씁니다.

The relationship works well as long as you don't make too many demands on each other.
관계가 잘 유지되려면 서로에게 너무 많은 요구를 하지 말아야 한다.

Blogging works best when it is a part of a person's life.
블로깅은 글을 쓰는 사람의 삶의 일부일 때 가장 효과가 좋다. (블로깅을 대충해서 그럭저럭 존재할 수도 있지만 자기 삶의 일부처럼 더 열심히 해서 빛을 발할 수도 있겠지요.)

Freedom works best when debate is unfettered.
토론에 제약이 없을 때 자유는 그 빛을 발한다.

약의 경우에는 사람의 몸에 스며들어 질병을 고치거나 예방하는 활동을 하는 것이 work하는 것입니다.

A newly approved anti-obesity drug works by blocking the body's absorption of fat, not by suppressing the appetite like other diet drugs.
새로 승인된 비만 치료제는 다른 살 빼는 약과 달리 식욕을 억제하는 것이 아니라 지방의 체내 흡수를 막아 효과를 낸다.

Viagra works better on an empty stomach, so it's best to avoid having a large meal or a lot of alcohol before taking the tablet.
비아그라는 공복에 더 효과가 있기 때문에 약을 먹기 전 과식이나 과음은 피해야 한다.

공포영화의 한 장면을 떠올려 봅시다. 공포영화는 자고로 무서워야 감상하는 의미가 있겠지요? 거기에 무시무시한 음악까지 곁들이면 더 효과가 좋을 겁니다.

The scene works superbly due to the soundtrack: it sounds so real.
그 장면은 사운드트랙 덕분에 효과가 끝내주지. 진짜처럼 들린다니까.

The TAB key is not working.

세상 만물이 꼭 기대하는 바대로 움직이는 건 아닙니다. 움직이긴 하는데 원하는 방향일 수도 있고 전혀 다른 방향일 수도 있지요. 원하는 방향일 경우 in one's favor, 원하지 않는 방향일 경우 against를 덧붙여주면 됩니다.

> If you have a degree, diploma, or other certification, it may very well work in your favor. 학위, 졸업장이나 다른 증명서 같은 게 있으면 많은 도움이 될 겁니다.
> Overstating your experience may work against you if it portrays you as overqualified for the job. 경력을 지나치게 강조하면 오히려 해가 될 수 있습니다. 주어진 일에 자격이 넘치는 사람으로 비춰질 수도 있으니까요.

경력을 마구 늘어놓으면 오히려 역효과를 낼 수 있죠. 이때 work against를 씁니다.

사물이나 기계, 즉 어떤 대상을 이용하여 그것이 가진 소임을 다하게 만드는 그림도 됩니다.

> The Germans got this close when I figured out how to work the machine gun and started firing.
> 나는 독일군이 코 앞에 다가와서야 기관총을 어떻게 쏘는지 알아내 발사하기 시작했다.
> You can't work the camera with a gloved hand, and you can't work the camera if your hands are stiff with cold. 장갑을 끼고는 카메라를 조작할 수 없어. 그리고 추워서 손이 꽁꽁 얼어도 카메라 조작을 할 수 없지.
> I gave my mother a CD player and a couple of CD's for her birthday one year. I was demonstrating how to work the CD player and handle CDs when she asked "When they're finished, do you rewind them?"
> 1년 전에 엄마한테 생일 선물로 CD 플레이어랑 CD 몇 개를 사드렸다. CD 플레이어 작동법이랑 CD 다루는 법을 보여드렸더니 "(테이프처럼) 다 들으면 되감는 거니?"라고 물으셨다.

 일 끝나고 한잔 하지.

명사로 사용되는 work는 주어진 일이나 직장, 작업의 결과물 등을 나타냅니다.

It's hard work to make difficult emotional decisions, such as quitting a job and setting out on your own. 직장을 그만두고 새 일을 찾아나서는 것처럼 감정적으로 어려운 결정을 내리는 것은 쉽지 않은 일이다.
It is the work of journalists to evaluate the credibility of those sources and what they say before bringing them to public light.
대중에 공개하기 전에 정보원과 그들이 하는 말의 신뢰도를 평가하는 것이 기자의 본분이다.
Finally I found work with some very nice people who recognize my talents. 결국 내 재능을 알아주는 꽤 좋은 사람들이랑 일을 하게 됐다.
I generally do not like socially hanging out with people from work.
직장 사람들과 개인적으로 만나는 일을 그다지 좋아하지 않는다.
He's been out of work for years. 몇 년 동안 실직 상태에 있었다.
The life-size bronze statue is the work of sculptor Robert Graham of Venice. 실물 크기의 그 청동상은 베니스의 조각가 로버트 그라함의 작품이다.

Let's get some drinks after work.

 영어로 말해보기

1. 전원 케이블(power cables) 중에 헐거워진 게 없나 확인해봐.
2. 반죽(the dough)은 오래 할수록 쫄깃(elastic)해진다.
3. 경찰은 이 동네 마약 문제를 해결하기 위해 노력하고 있다.
4. 말을 한 번에 너무 오랫동안 훈련시키면 안 된다. 대부분의 말은 한 시간 정도 운동하면 쉬게 해줘야 한다.
5. 엄마는 도서관에서 일하면서 남는 시간에 택시를 몬다.
6. 메일이 또 말썽이네.
7. 니가 말한대로 하니까 진짜 되더라!
8. 이 DVD 플레이어 어떻게 작동시키는지 몰라.
9. 나는 일찍 직장을 나섰다.

1. Check that all the power cables have not worked loose.
2. The more you work the dough, the more elastic it will become.
3. The police are working to solve the drug problem in the neighborhood.
4. Don't work your horse too long at a time — most horses need a break after an hour or so.
5. My mom works at a library and in her spare time she drives a taxi.
6. My e-mail is not working again.
7. Your suggestion actually worked!
8. I don't know how to work this DVD player.
9. I left work early.

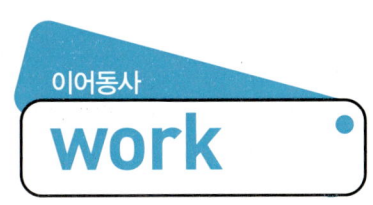

이어동사 work

work의 이어동사는 go 또는 get과 비교해 보면 쉽게 이해할 수 있습니다. 기억을 더듬는 의미에서 1권을 잠시 살펴봐주세요. 자동사로 쓰인 work에는 go와 get 중 의미상 어울리는 것을 적용해보면 되고 타동사로 쓰인 work에는 get의 의미를 기준으로 삼고 적용해보면 되겠지요. 즉 work는 go 및 get의 기본 개념으로 살펴보았던 그림에 '점진적인 속도+꾸준함+애쓰는 모습'의 뉘앙스를 곁들이면 됩니다.

01 work against[for]
역[순]방향으로 꼼지락거리며 움직이다

어떤 대상과 맞서 싸우는 그림이지요. go against[for]의 의미에 work의 개성을 더하면 됩니다. 다음 예문의 의미를 go against[for]와 비교해서 살펴보세요.

> He worked against the cruelty to animals. 그는 동물 학대에 맞서 싸웠다.
> She worked against racial prejudice consistently.
> 그녀는 끊임없이 인종차별과 맞서 싸웠다.

다음 예문에서 work against의 참맛을 느낄 수 있습니다. 잘 보세요.

> I could hear his breathing as the mechanic worked against the tightness of the hole.
> 기술자가 구멍이 빽빽해서 안 들어가는 걸 구겨 넣으려고 애쓰면서 씩씩거리는 걸 들었다.

문맥에 따라 여러 가지 상황이 가능하겠지만 구멍이 너무 작거나 빽빽한 상황에서 케이블 따위를 애써 밀어넣는 상황을 그려보세요. 반대 방향으로 움직이는 대상에게 좋지 않은 영향을 미치는 것일 수도 있습니다.

His testimony worked against the defendant in the murder case.
그의 증언은 살인사건 피고에게 불리하게 작용했다.
The drug works against skin cancer. 피부암에 효과가 있는 약이다.

against는 역방향, for는 순방향을 나타낸다는 것을 기억하세요.

Sure, in America you have freedom, but I don't think that working against your government and for the other government was what our forefathers had in mind.
분명 미국에서는 자유를 누릴 수 있지만, 그렇다고 네가 사는 나라의 정부에 해가 되고 다른 나라 정부에 득이 되는 행동을 우리 조상이 염두에 둔 것은 아닐 텐데.

I'll remind you, just once, that you work for me, not the other way around. 다시 한 번 말하는데 네가 내 밑에서 일하는 것이지 그 반대가 아니라구.

My father works for the government. 나의 아버지는 공무원이다.

All drugs have some side effects, and no drug works for everyone.
모든 약은 부작용이 있고 어떤 약도 모든 사람에게 잘 듣는 건 아니다.

I am not willing to work for minimum wage anymore.
최소 임금을 받고 일할 생각이 더 이상 없어요.

for가 대가를 나타낼 수도 있습니다.

02 work around 빙 돌아 꼼지락거리며 움직이다

애벌레가 꼼지락거리며 움직여 가는데 앞에 장애물이 나타나서 빙 돌아 움직이는 그림을 그려보세요. go around 또는 get around가 단순한 움직임이라면 work around는 천천히 애를 쓰며 움직이는 뉘앙스입니다.

I'm not quite sure how to work around this problem yet.
이 문제를 어떻게 해결해야 할지 모르겠어.

Due to an error in the filming process, however, the filmed characters were found to have a ghostly aura around them. The game makers worked around this problem by changing the story to make all the characters ghosts.
촬영 과정에서 오류가 발생해 등장인물들에 유령처럼 후광이 생겼다. 게임 제작자들은 내용을 수정해 등장인물을 모두 유령으로 만들어버림으로써 이 문제를 해결했다.

제대로 문제를 해결한다면 장애물을 없애버리는 게 최선이지만 어쩔 수 없이 문제를 돌려서 해결하는 상황입니다. 장애물을 없애지 못하고 피해가는 것이지요.

It is the job of the teacher to not only know the obstacles that the students are facing but to help them to overcome those obstacles or to learn how to work around them. 학생들이 당면하고 있는 장애물을 아는 것뿐 아니라 그 장애물을 극복할 수 있도록 또는 돌아갈 수 있도록 도와주는 것도 선생님이 할 일이다.

around가 장애물을 피하는 그림이 아니라 단순히 '주변'을 가리킬 수도 있습니다.

I have always worked around great people. 나는 늘 좋은 사람들이랑 일해왔다.
Wear your hearing protection when you work around noisy equipment.
시끄러운 장비 주변에서 일할 때는 청력 보호기를 쓰세요.
For our safety, we must know about electricity and how to work around it. 안전을 위해 전기 및 전기 주변에서 작업하는 방법을 이해해야 한다.

around는 완전한 원을 그리며 빙 도는 그림이 되기도 합니다.

Once a month we worked around the clock for inventory.
한 달에 한 번 재고 조사를 위해 24시간 일한 적도 있다.
She worked around the globe. 전세계를 돌며 일했다.

03 work away 꾸준히 꼼지락거리다

away는 뭔가 반복하거나 계속되는 그림을 만듭니다. 멈추지 않고 꾸준히 움직여 일하는 것이죠. 칙칙폭폭 기차가 역에서 멀어져 가는 그림을 떠올려보세요. 옛날 기차는 연기를 내뿜으며 앞으로 나아가려면 인부들이 땀방울을 흘리며 삽질을 해서 연료를 화덕에 넣어 동력을 만들어야 했습니다. 이렇게 하여 work away로 앞으로 나아가는 그림을 완성했습니다. 같은 행동을 반복하며 출발지점에서 멀어져 가는(away) 그림이 바로 work away입니다.

We worked and worked away as hard as we could.
우리는 최대한 열심히 일했다.

I noticed the gift for intense concentration: While he worked away, everything else ceased to exist for him. 나는 그의 타고난 재능이 강한 집중력이란 걸 알아챘다. 그가 집중해서 일할 때는 그 어떤 것도 더 이상 존재하지 않는 듯했다.

There have been many people who have worked away tirelessly, creating step by step, the computer systems that we now take for granted. 지금 우리가 당연하게 여기는 컴퓨터 시스템은 수많은 사람들이 차근차근 부단히 애써 개발해온 것이다.

04 work down 꼼지락거려 내려가거나 내려가게 하다

아래로 움직이는 그림인 get down과 같은 그림으로 생각하세요. 단, 뉘앙스에 차이가 있다면 work down의 경우 움직임의 속도가 달팽이처럼 느리지만 점진적이고 애를 쓰는 그림이라는 것입니다. 다음 예문에서 work down은 마사지 할 때 손으로 주물럭거리며 아래로 내려가는 그림을 그리면 이해하기 쉽습니다. 그냥 아래로 움직이는 것이 아니라 뭔가를 하면서 애를 쓰는 것입니다.

The massager put his hands on the back of my neck and then slowly worked down to my waist.
마사지사가 내 목 뒤에 손을 대고 천천히 허리까지 주물러 내려왔다.

애를 쓰면서 무엇인가를 아래로 내려보려고 하는 그림을 그려 보세요.

She found the zipper of her blouse and worked it down.
블라우스 지퍼를 찾아서 내리느라 애를 먹었다.

애를 써서 수치를 낮추는 것일 수도 있습니다. get down도 역시 수치를 내리거나 가격을 내리는 의미이죠. 그러나 차이가 있다면 work down은 천천히 애쓰고 있다는 사실이 강조된다는 것이죠.

Apparel makers have worked down their inventories somewhat, but production capacity was underutilized due to weak demand. 의류업체들은 애를 써서 재고를 어느 정도 낮출 수 있었지만 수요가 적어 생산 능력을 모두 활용하지 못했다.
The debt must be worked down. 부채를 줄이도록 노력해야 한다.
We worked down the price and the inventory started decreasing.
애를 써서 가격을 내렸더니 재고가 줄어들기 시작했다.
They tell me that I should work a full five days a week until Christmas. I'll try to work them down to four days a week. 크리스마스 때까지 일주일 꽉 채워 5일을 일해야 한다고 한다. 일주일에 4일로 줄여보려고 애쓰고 있다.
Some travel guide books advise haggling with vendors, claiming that you can eventually work them down to half of the original asking price for just about anything. 몇몇 여행 가이드 책자는 상인들한테 물건 값을 깎는 법을 가르쳐 주기도 한다. 뭐든지 처음에 불렀던 가격의 절반까지 깎을 수 있다고 주장한다.

05 work in[into] 꼼지락거려 들어가거나 밀어넣다

go[get] into의 '안으로 움직여 들어가다' 라는 그림에 work의 뉘앙스를 더하면 됩니다. 다음 문장을 보고 수십 년에 걸쳐 흙이 조금씩 조금씩 틈새로 꼼지락거리며 스며드는 그림을 그릴 수 있으면 work는 이제 고민 끝입니다.

> Years and years of dirt had worked down into the cracks of my old house and I might never be able to make it look as clean and shiny as a newer home. 너무 오랫동안 흙이 낡은 집 틈새로 스며들어서 깨끗하고 반짝이는 새 집처럼 보이도록 하는 건 힘들 것 같아요.

연고를 바르고 계속 문질러 피부 속으로 스며들도록 하는 그림도 work로 나타낼 수 있습니다.

> Gently rub your legs with your hands. It takes a while to work that ointment in. 손으로 다리를 부드럽게 문질러주세요. 연고가 스며들려면 시간이 좀 걸립니다.

그냥 쓱 발라만 놔도 잘 스며든다면 굳이 work를 쓰지 않을 겁니다. 크림이나 연고를 피부에 짜놓고 그대로 두면 사실 거의 그대로 있을 겁니다. 애써 밀어넣듯이 계속 문질러주어야 합니다. 이러한 노력을 들여야 하는 것은 약뿐만이 아닙니다. 버터와 같은 음식 재료가 고루 섞이도록 하려면 역시 노력이 필요하죠. 이때도 work를 씁니다.

> With your hands, work in the butter with egg yolk until well blended.
> 잘 스며들 때까지 손으로 버터랑 계란 흰자를 잘 섞는다.
> Squirting some shampoo into his hand, he worked it into his hair while he closed his eyes. 그는 손에 샴푸를 조금 짜서 눈을 감고 머리에 고루 발랐다.

'끼워넣다' 라는 의미를 비유적인 상황에 사용할 수도 있습니다.

> If you miss the appointment again, I'm not sure whether I'll be able to work you in. 다시 약속을 놓치시면 끼워드리지 못할지도 몰라요.

If you arrive late, we may not be able to work you in and you may be disqualified to golf that day.
늦게 오시면 일정에 끼워드리지 못합니다. 그렇게 되면 그 날은 골프 칠 자격을 잃으실 수도 있습니다.

애써 어떤 것을 밀어넣는 도착점이나 결과물을 확실히 하려면 into로 표현하면 됩니다.

> We learned how to work clay into pottery. 흙을 빚어 도자기 만드는 걸 배웠다.
> Copper, silver, and gold could be worked into shapes with a rock or a piece of hard wood, but not so with iron. Iron is too hard to beat into a shape.
> 구리, 은 및 금은 돌이나 단단한 나무를 이용해서도 원하는 형태를 만들 수 있지만 철은 안 된다. 철은 너무 강해서 두드려서 원하는 형태로 만들 수 없다.
> If the compost smells like ammonia, it should be processed longer or be worked into the soil at least one month prior to seeding. 거름이 암모니아 냄새가 나면 좀 더 숙성을 시키던가 씨를 뿌리기 최소한 한 달 전에 흙에 뿌려넣어야 한다.
> He first taped his speeches, transcribed them, and then worked them into a book. 그는 자신의 연설을 녹음하고 받아 쓴 다음 책으로 엮었다.

들어간다는 의미를 비유적으로 써서 '계속 움직여서 어떤 상태가 되게(into) 하다'는 의미가 될 수 있습니다.

> Kelly worked herself into great shape.
> 켈리는 운동을 열심히 해서 몸매가 멋있어졌다.
> Everyone in my family worked themselves into illness or death; yet they still could not make enough money to support themselves. 가족 모두 뼈빠지게 일해서 병에 걸리거나 죽기까지 했지만 여전히 생계를 꾸릴 만큼 돈을 벌지 못했디.

work를 '일하다'의 뜻이라고만 이해하면 다음 문장을 제대로 해석할 수 없습니다. 한글 해석을 먼저 보지 말고 영문만 읽고 뜻을 생각해 보세요.

> As the night wore on, Sally worked herself into a panic.
> 밤이 계속되자, 샐리는 조금씩 겁을 먹기 시작했다.

처음에는 조금 겁이 나는 정도였다가 시간이 흐를수록 걱정이 꼬리에 꼬리를 물고 이어져서 근심의 정도가 심해지는 상황을 그려보세요.

> Pete worked himself into such a state that he had a nervous breakdown and began drinking even more heavily than usual. 피트는 조금씩 흥분하다 결국 신경쇠약에 걸릴 정도가 되었고 평소보다 심하게 폭음을 하기 시작했다.
> He worked himself into a desk-pounding fury, spewing out a machine-gun barrage of cuss words. 그는 흥분의 도가 지나쳐서 책상을 내리칠 정도로 화를 내기에 이르렀고 따발총을 쏴대듯 욕을 퍼부었다.

06 work off 주물러서 떨어뜨리다

밀가루 반죽을 해서 수제비를 만드는 상황을 떠올려 보세요. 반죽을 주물러(work) 조금씩 떼어서(off) 만들지요. 그러면 원래의 반죽 덩어리는 줄어듭니다. 움직여 떨어진다는 그림의 get off에 '주물주물 애쓰는' work의 개성을 더하면 work off의 의미를 정확하게 이해할 수 있습니다.

> With the help of a personal trainer, she worked off the weight and was back in great shape.
> 그녀는 개인 트레이너의 도움을 받아 운동으로 살을 뺐고 몸매가 다시 좋아졌다.
> Some families sold their children into labor for money to pay off debts. These children worked off the debt and were a source of income for the family. 일부 가족은 아이들을 노동 현장에 팔아 그 돈으로 빚을 갚았다. 이 아이들은 일을 해서 빚을 갚았고 가족에게 수입원이었다.

빚을 수제비 반죽에 비유해 보면 반죽을 조금씩 떼어내듯이 빚을 조금씩 깎아나가는 그림을 그려볼 수 있죠. 다음 예문들은 꼼지락거려서 양을 줄여가는 상황을 나타냅니다.

> Smith worked off his anger by chopping wood.
> 스미스는 나무를 쪼개면서 화를 가라앉혔다.

문맥에 따라 어떤 행동을 하고 무엇의 양을 줄이는 건지 알아내야 합니다. 여기서는 화를 줄이는 것이죠. 일을 하거나 운동을 해서 화를 삭이는 그림을 떠올려보세요.

> When she heard she had failed to pass the test, Nikki worked off her frustration in the garden.
> 그녀는 시험에 떨어졌다는 소식을 듣고 정원에서 일을 하며 속상한 마음을 삭였다.

07 work on 붙어서 꼼지락거리다

꼼지락거리며 작업하는 대상을 가리킵니다.

> He's still working on the first draft of the novel.
> 그는 아직도 소설 초고를 작업 중이다.
> After 45 minutes, I was still working on the first problem!
> 45분이 지났는데도 여전히 1번 문제를 풀고 있었다!
> The doctor is working on a patient who has suffered cardiac arrest.
> 의사가 심장마비에 걸린 환자를 치료하고 있다.

사람을 대상으로 work on(작업)하는 것은 문맥에 따라 전혀 다른 의미가 될 수 있습니다.

> I'll work on him. I'm pretty sure he'll turn around.
> 그 놈한테 계속 작업 중이야. 결국 우리 쪽으로 돌아설 거야.

상대편 사람에게 수작을 걸어 내 편이 되게 하는 것일 수도 있고, 범죄자를 다그쳐서 공범에 대한 정보를 불게 하는 것일 수도 있지요. 따라서 문맥에 따라 정확한 의미를 파악해야 합니다.

> I'll work on him twice a day for two months and hopefully we can get him fit for the race.
> 그 애를 두 달 동안 하루 두 번씩 훈련시키면 대회에 나갈 준비가 될지도 모르지.

달리기 대회에 나갈 몸이 만들어지지 않은 선수를 work on한다는 것을 알 수 있습니다. 그런가 하면 다음은 누군가에게 어떤 것의 효과를 느끼게 하는 그림입니다.

> He shuddered as the drug worked on him. 약효가 느껴지자 몸을 떨었다.
> Your words worked on me. I'll stop smoking.
> 네 말이 효과가 있었어. 담배 끊을래.

08 work out 주물러 빼내다

계속 주물러서 밖으로 빠져나오게 하는 그림을 그려보세요. 나비가 껍질을 깨고 나오는 그림이면 이해가 쉽겠지요.

> The butterfly will push open the hatch with its legs, and begin to work itself out. 나비는 다리로 뚜껑을 열고 조금씩 밀고 나오기 시작했다.
> After putting wallpaper on the wall, work the bubbles out from the middle. 벽에 벽지를 붙이고 중간부터 기포를 빼내세요.

벽지를 바를 때 생기는 기포를 계속 밀어서 밖으로 빼내는 그림입니다. 한 번에 되는 일이 아니니 그만큼 천천히 애를 써서 work하는 뉘앙스지요. 비유적으로 애써서 답을 만들어 내는 그림을 work on으로 나타낼 수도 있습니다.

> Work out the sum of your estate by listing all your assets and subtracting

all your liabilities. 모든 자산에서 전체 부채를 빼고 총 재산을 계산해봐.

Before you can work out how much to charge your clients you will need to work out what your own business costs are first.
고객에게 얼마를 지불하게 할지 고민하기 전에 자신의 사업 비용이 얼마나 들지 계산해봐야지.

수치의 합계를 나타낼 때는 수치들이 꼼지락거리며 움직여 총계가 툭 튀어나오는(out) 그림이 됩니다.

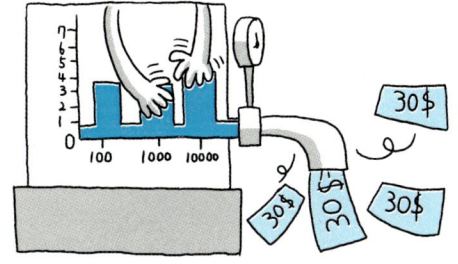

An average trip staying in clean and secure hotels and eating in reasonable restaurants will work out at about $30 per person per day.
깨끗하고 안전한 호텔에서 묵고 괜찮은 식당에서 밥을 먹는 평균적인 여행이라면 1인당 하루 30달러 정도 들 겁니다.

Between 1979 and 1995, Sony developed 277 different models of the Walkman, which worked out at about one every three to six weeks.
1979년에서 1995년 사이 소니는 277개의 워크맨 모델을 개발했다. 다르게 계산해보면 3~6주에 한 개씩 만들어냈다는 뜻이다.

해결책이나 계획 따위를 고민해서 쥐어짜내는 그림도 가능합니다.

We hope to see the two neighboring countries work out a peaceful solution to their disputes.
두 인접국이 이번 분쟁에 대한 평화적 해결책을 도출해낼 수 있길 바랍니다.

The student and parents should sit down together and work out a financial plan or college budget, and then the student selects a college to attend. 학생과 부모가 함께 자금 계획을 짜거나 대학 등록금 예산을 마련하고 나서 입학할 학교를 골라야 한다.

고민해서 뭔가 해답을 찾는 그림도 머리를 쥐어짜는 그림과 별로 다르지 않지요.

Sometimes I really can't work out why my baby is crying.

가끔 나는 애가 왜 우는지 전혀 이해할 수 없을 때가 있다.
If your PC goes wrong, first, you need to work out why it is misbehaving.
PC가 잘못되면 먼저 왜 오작동하는지 알아내야 한다.

사람의 비정상적인 언행을 이해하려고 할 때도 역시 머리를 쥐어짜내는 노력이 필요하므로 work로 표현할 수 있습니다.

I can't really work her out at all. She always blames others for her mistakes. 저 여자 정말 이해 못하겠어. 자기가 잘못하고서 언제나 남을 탓하거든.
Jack was always something of a puzzle: people could never quite work him out, or predict how he would respond. 잭은 언제나 수수께끼 같은 인물이었다. 사람들은 그를 전혀 이해하지 못하거나 그가 어떻게 반응할지 예측하지 못했다.

뭔가 꼼지락대고 주물럭거려서 나온(out) 결과를 말할 때도 work out을 쓸 수 있습니다.

How is your plan working out? 계획은 잘 돼 가니?
My new job worked out great, so I could save money.
나는 새로 시작한 일이 잘 되어서 돈을 모을 수 있었다.
Don't worry. Everything will work out all right. 걱정하지 마. 모두 잘될 거야.

별 다른 노력 안 해도 문제가 저절로 해결될 거라는 뉘앙스를 줄 수 있습니다.

As long as we have our love, any problem will work itself out.
우리 사랑이 변치 않는 한, 모든 문제가 잘 해결될 거야.
Most problems go away if you give them enough time to work themselves out. 충분한 시간을 가지면 대부분의 문제는 알아서 해결된다.

문맥이 부정적이라면 work out의 결과도 나쁜 것이 되겠지요.

I hired someone to work for me and he did not work out.
일할 사람을 구했는데 잘 안 됐어. (기대하는 만큼 일을 못했다는 뜻)
Don't get frustrated if things don't work out. 일이 잘 안 되더라도 실망하지 마.

땀을 빼며 운동하는 그림도 됩니다.

> I run and work out at a gym five days a week.
> 일주일에 5일은 달리기를 하고 체육관에서 운동을 하지.
> I don't listen to any particular music when I work out. Whatever is playing in the gym is fine by me.
> 난 운동할 때 특별히 듣는 음악은 없어. 체육관에서 흘러나오는 음악이면 뭐라도 상관없지.

out이 바닥을 드러내는 그림이 될 수도 있습니다. 마구 퍼내서 수치가 0이 되는 것입니다.

> The mine has been worked out and is now inactive.
> 이 광산은 바닥이 나서 폐광이 됐다.

09 work through
주물러서 뚫고 지나가게 하다 | 꼼지락거려 뚫고 지나가다

go[get] through처럼 장애물을 관통하는 그림입니다.

> Work the needle through the middle of the body and up towards the head of the worm. 바늘로 벌레의 몸 중간을 뚫고 머리 쪽으로 밀어넣는다.

처음부터 끝까지 이동하는 그림으로 시간을 나타내는 표현이 함께 오면 그 시간을 넘어가는 것이지요.

> We worked through without any lunch. 점심도 못 먹고 일했다.
> We worked through the holidays to meet the ever-growing demand for our products. 우리는 갈수록 늘어나는 제품 수요를 맞추기 위해 연휴에도 일했다.
> The doctors worked through the night to save as many people as possible. 의사들은 최대한 많은 사람을 살리려고 밤을 새워 일했다.

범위가 있는 것이라면 그 범위를 끝내는 겁니다.

If you haven't worked through the first chapter, I advise you to do that first before going any further. 첫 번째 장을 다 공부하지 못했다면 더 진행하기 전에 먼저 첫 번째 장부터 공부하라고 권하고 싶다.

All of the exam questions share the same layout and are designed to be worked through from top to bottom. 모든 시험 문제는 배치가 같아서 모두 위에서 아래로 풀도록 돼 있다.

비유적인 표현으로 사용하면 어려움을 뚫고 지나간다는 의미가 됩니다. work around가 문제를 직접적으로 해결하지 않고 빙 돌아 움직여서 피해가는 그림이라면 work through는 정면돌파 하는 겁니다.

My husband and I worked through all those problems by opening up the lines of communication again. Our relationship is now stronger because of that experience. 남편과 나는 다시 대화의 통로를 열어 모든 문제를 해결했다. 우리 관계는 그 경험 때문에 더 튼튼해졌다.

10 work together 함께 꼼지락거리다

go[get] together처럼 힘을 합치는 그림입니다.

Samsung and Microsoft have announced a new alliance, working together to elevate gaming to the next level through high-definition technology. 삼성과 마이크로소프트는 새로운 전략적 제휴를 발표하고 고해상도 기술을 활용해 게임 환경을 한 단계 끌어올리기 위해 협력하기로 했다.

Our school philosophy is based on the belief that teachers and parents must work together to educate students. 우리 학교의 철학은 교사와 학부모가 협력해서 학생들을 가르쳐야 한다는 믿음에 바탕을 두고 있다.

11 work toward 어딘가를 향해 꼼지락거리며 움직이다

go toward처럼 움직임의 방향을 나타냅니다.

> Remember to vacuum your way out of a room by starting in the far corner and working toward the door.
> 진공청소기로 청소를 할 때는 구석부터 문 쪽으로 움직이면서 나와야 한다.

비유적으로 애를 쓰는 목표를 나타내기도 합니다.

> He worked toward a master's degree in theology.
> 그는 신학 석사를 목표로 공부했다.
> Both parties worked toward a peaceful resolution.
> 양당은 평화적 해결책을 모색했다.

12 work up 주물러서 올라가게 하다

사람이 work up하면 감정이 서서히 고조되어 흥분하는 걸 말합니다.

> You know you shouldn't work yourself up over silly things.
> 어리석은 일에 흥분하면 안 돼요.

갑자기 버럭 화를 내는 것이 아니라 점점 흥분하는 모습입니다. 처음에는 한두 마디 주고 받는 것으로 시작했다가 점점 씩씩대면서 토론이 아닌 논쟁이 되는 상황이지요.

> This one guy was so worked up he started yelling at me in a classroom debate. 교실 토론에서 한 녀석이 어찌나 흥분했던지 나한테 소리지르기 시작했어.
> I was near the end of the line and by the time the police officer reached me I had worked myself up to such a state of nervousness that I was about ready to collapse.

줄의 끝에 서 있었는데 경찰관이 나까지 왔을 때 너무 마음을 졸인 나머지 기절하기 직전이었다.

범인을 잡기 위해 한 명씩 심문하면서 다가오는 겁니다. 앞에 20명쯤 있는데 내가 맨 마지막에 서 있다면 시간이 흐르면서 마음을 졸이는 모습이 그려지지요. 감정이나 상태를 work up하는 그림을 가장 잘 그려줍니다. 그런가 하면, 부정적인 의미의 흥분만 의미하는 것은 아닙니다. 점점 신이 나서 흥분하는 그림도 가능합니다.

I was never a big fan of Tarantino and I didn't see why everyone was so worked up about him until I saw one of his films. By the end of it, I was totally in love with him! 타란티노 감독의 굉장한 팬도 아니었고 왜 다들 그렇게 흥분해서 난리들인지 몰랐는데 최근에 그가 만든 영화를 하나 봤어. 다 보고 나서 완전히 반해 버렸어!
I was so worked up by the action scenes that I almost cheered aloud, remarkable for me, as I am ordinarily a sedate moviegoer.
액션 장면에 얼마나 신이 났던지 크게 환호성을 질렀을 정도였다. 평소 차분하게 영화를 보는 나로서는 굉장한 일이었다.

오르내리는 기복을 표현할 수 있는 감정이라면 다른 것도 가능합니다.

Unfortunately, Violet has tremendous stage fright, and can't work up the courage to sing her songs to a live audience. 아쉽게도 바이올렛은 무대 공포증이 무척 심해서 자신의 노래를 관객에게 라이브로 부를 용기를 내지 못했다.
Taking a walk is a great way to work up an appetite before dinner.
산책은 저녁식사 전에 식욕을 돋우는 아주 좋은 방법이다.

땀을 대상으로 하면 몸을 움직여서 땀을 내는 겁니다.

Most people think they have to really work up a sweat for physical activity to count. Smaller periods of less intense physical activity also help lower cholesterol, control weight, and reduce your risk for heart disease. 대부분의 사람들이 육체적 활동이 의미가 있으려면 꼭 땀을 내야 하는 걸로 생각한다. 강도가 약하고 짧은 시간 동안 하는 육체 활동도 콜레스테롤을 낮추고, 체중을

조절하고 심장병 위험을 줄이는 데 도움이 된다.

운동을 해서 체력을 높이는 것도 가능합니다.

Do this breathing exercise for at least ten or fifteen minutes. If that's too long, start out with just five minutes and work yourself up to fifteen over a week. 이 숨쉬기 운동을 최소한 10분에서 15분간 하세요. 너무 길면 5분부터 시작해서 일주일에 걸쳐 점차 15분까지 늘려가세요.

I recommend that you start by working at least 3 hours per week and eventually work yourself up to one full day per week. 최소한 일주일에 3시간 운동하는 걸로 시작해서 점차 시간을 늘려 일주일에 하루는 종일 운동할 수 있도록 하세요.

비유적으로 노력해서 어떤 수준까지 끌어다 놓는 그림도 가능합니다.

I didn't want to eat anything but I worked myself up to taking a few bites of the eggs. 나는 아무것도 먹고 싶지 않았지만 무던히 애를 써서 계란 몇 입 베어 물었다.

I started to work at a bank and worked myself up to vice president in two years. 나는 은행에서 일하기 시작해 2년 후에 부사장 자리까지 올랐다.

평사원이 승진을 하듯 처음에는 별 것 아니던 것을 발전시켜서 더 큰 것으로 만드는 것도 가능합니다.

That's a great story. You might want to work it up into a novel or something. 좋은 얘기다. 좀더 발전시켜서 소설 같은 거 만들어도 되겠다.

If you could send me a picture or a drawing of what you want I may be able to work something up for you. 원하는 게 무엇인지 사진이나 그림을 보내 주시면 뭔가 만들어 볼 수 있을 겁니다.

If you need a plot for your novel, Bundy might be able to work something up. 소설에 활용할 플롯이 필요하면 번디가 뭔가 생각해낼 수도 있을 거야.

work

01 work one's fingers to the bone

손가락에 뼈가 드러날 정도로 열심히, 또는 심하게 일하는 그림입니다.

My parents have worked their fingers to the bone in order to put us through college. 부모님께서는 우리 대학 보내려고 뼈 빠지게 일하셨지.

I worked my fingers to the bone creating a web site and when I showed it to the client they said that they see nothing but a blank screen! 웹사이트 만드느라고 뼈 빠지게 일해서 고객한테 보여줬더니 빈 페이지 밖에 안 보인다는군!

02 work wonders[like a charm]

움직임의 결과가 요술이라도 부린 듯 기적적인 효과를 낸다는 말입니다.

My horse suffers from itching and these products work wonders on her. 내 말이 가려움증에 시달리는데 이 제품 쓰면 말끔히 사라져.

You don't have to exercise vigorously everyday to stay fit since even minimal physical activity like gardening or housecleaning can work wonders on your body. 건강해지겠다고 매일 심하게 운동할 필요가 없다. 정원을 가꾸거나 집안 청소를 하는 정도로 최소한의 신체 활동만 해도 몸에 놀라운 효과를 내기 때문이다.

Your suggestion worked like a charm. Thanks. 니가 말한 대로 했더니 효과 만점이더군. 고마워.

I was having problems with my computer. I just rebooted and it worked like a charm. 컴퓨터에 문제가 있었어. 그냥 재부팅했는데 문제가 감쪽같이 사라졌어.

03 work someone over

사람을 주물러서 이리 굴리고 저리 굴리는 그림으로 심하게 때린다는 구어체 표현입니다. '제대로 패줬다' 라고 표현할 때 문법적으로는 부사 well을 써야 하지만 거의 굳어진 표현으로 work someone over good이라고 합니다.

I worked him over good! He didn't know that I had been boxing for a few years back. 제대로 패줬지! 그 놈이 몇 년 전에 내가 권투를 했다는 걸 몰랐던 거야.

If he doesn't talk, work him over till he does. 말 안 하거든 할 때까지 두들겨 패.

04 the works

뭔가의 구성품을 열거하다 마지막에 '모든 것을 포함한다' 는 의미로 사용하는 구어체 표현입니다. 구성품 하나 하나(work)를 모두 합쳐(the works) 완성품이 되는 것이지요.

Give me a Double Whopper with the works.
들어가는 거 몽땅 넣어서 더블버거 하나 주세요.

햄버거 주문할 때 with the works와 같은 말로 with everything 또는 all the way라고 하기도 합니다.

I'll have a cheese burger all the way except onions.
양파만 빼고 몽땅 넣어서 치즈버거 하나 주세요.

His limousine got it all: stereo, DVD, full bar — the works.
그 사람 리무진에는 전부 다 있지. 오디오, DVD, 술 마시는 바까지 몽땅 다.

If you play soccer, you find that it is necessary to make frequent changes in direction or that you need sudden bursts of speed as you dribble or pass the ball. The studs help your feet to grip the grassy surface. The greater measure of friction allows for more propulsion. Depending on the condition of the field or the skills of the player, the shoe will have 6, 12, 35, or 53 studs. In particular, 6 studded shoes are made to prevent slippage for a certain type of lawn and are longer than other studs. Many high school and college students whose school fields use 12-studded shoes, because they can be used on any type of surface, either grass or bare ground. For people who play mainly on bare ground, 35-studded shoes are preferred. Beginners or children should start off with 53-studded shoes; the higher number of studs provides amateur players with greater stability on the ground and breaks less the ankles. Soccer shoes for everyday wear! Considering the high possibility of injury due to falls or injury to ankles, it is recommended that use of the shoes be limited to the soccer field. Women's Soccer?In 16th century England, women played soccer as much as men did. The first formal tournament was held in 18th century, a team of married women against a team of unmarried women in Scotland. The first international tournament was held in England in 1920 between France and England and drew in over 10,000 spectators to the event. In Korea, Kim Hwa-Jib coached the first

02*

만화적 상상력 동원하기

put 다 옮겨 주어라!

catch 잡아야 내 것이다!

cut 자르면 줄어든다

만화적 상상력 동원하기

영어만큼이나 시점이 중요한 언어도 없습니다. 시점을 신경쓰지 않고 대할 때와 시점을 적절하게 변경해가며 대할 때 영어에 대한 이해도는 천지차이지요. 2부에서는 그 시점 변경 연습을 하려고 합니다. 2부에서 다루는 put, catch, cut 세 동사를 동일한 시점에서 바라볼 때와 시점을 달리할 때 차이를 느껴보겠습니다.

A. I'll put you on the plane for Seoul tomorrow. 내일 서울행 비행기 태워줄게.
B. My house caught fire. 집에 불이 붙었다.
C. The blade cut deep into the flesh. 칼날이 살을 깊게 파고들었다.

영어를 대할 때 기본적으로 가져야 할 시점은 1권에서 강조했던 전지적 작가 시점입니다. 여러분이 마치 전지전능한 신이 된 듯 만화적 상상력을 동원해

세상을 바라보는 것이 가장 좋습니다. 그래야 A와 같은 문장을 보고 단순히 put someone on the plane이 누군가를 비행기에 태우는 그림이 아니라 someone을 집어들고(put) 비행기 위에(on) 올려놓는 그림을 제대로 그릴 수 있기 때문입니다. 현실에서는 불가능하지만 만화 속 세상이라면 못할 게 없지요. 전지적 작가 시점의 세상은 여러분이 직접 무엇이든지 할 수 있는 곳을 말합니다. 주어가 I라고 해서 그 주어 I에 감정이입을 하는 게 아닙니다. 해당 주어에 감정이입을 하는 건 바로 B와 C처럼 문장 자체에 1인칭 주인공 시점을 동원하는 경우입니다.

여기서 1인칭 주인공 시점이란 글을 읽는 사람이 아니라 문장을 하나의 영화 또는 소설로 봤을 때 그 주인공의 시점으로 보는 것을 말합니다. B와 C를 전지적 작가 시점으로 이해해도 무리는 없습니다. 하지만 1인칭 주인공 시점에서 내가 my house가 되어 불을 잡고(caught fire), the blade가 되어 살을 파고드는(cut into the flesh) 상황을 그리면 더 생생한 그림을 그릴 수 있습니다. catch fire를 '불이 붙다'라고 이해하는 것과 catch fire의 주인공이 되어 불을 catch하는 모습을 그리는 것은 느낌이 전혀 다르지요. 물론, 1인칭 주인공 시점 역시 만화적 상상력이 뒷받침 되어야 합니다. 그래야 내가 집도 되고 칼날도 될 수 있으니까요.

같은 동사를 가지고도 문맥에 따라 시점 변화를 일으킬 수 있습니다. 동사마다 시점이 고정되는 게 아니라 문맥에 따라 시점을 바꿔야 한다는 겁니다. 언제나 강조하듯이 시점 역시 영어를 이해하는 수단일 뿐 그 자체가 목적은 아닙니다. 따라서, 강요된 규칙이 아니라 여러분 스스로 주어진 문장을 가장 쉽게 이해할 수 있는 시점을 찾으면 되는 겁니다.

A. 영화 보다 잤다.
B. 오렌지를 반으로 잘라.
C. 이상한 그림이 눈길을 끌었다.
D. 숯에 불이 붙지 않았다.

A. The movie put me to sleep.
B. Cut the orange in half.
C. A strange picture caught my eye.
D. The charcoal wasn't catching.

put은 대부분 전지적 작가 시점에서 바라보아야 이해하기가 쉽지만 A문장은 오히려 1인칭 주인공 시점을 동원하는 게 이해가 쉬울 수도 있습니다. 전지적 작가 시점으로 나를 집어다 놓는(put me to sleep) 그림 자체에만 집중을 해도 상관없겠지만 여러분이 영화가 돼서 me를 집어다 sleep 상태에 놓는 그림을 그리면 이해가 더 빠를 수도 있으니까요. 자신이 이해하기 편한 시점을 선택하면 됩니다. B문장의 경우는 어느 시점을 동원하든 이해도에 차이가 없을 겁니다. 별다른 노력을 하지 않아도 쉽게 이해되는 단순 구조이니까요. C와 D문장은 catch라는 동사의 성격상 1인칭 주인공 시점으로 보는 것이 훨씬 이해하기

만화적 상상력 동원하기

쉽습니다. 여러분이 진짜 그림이 돼서 my eye를 덥썩 잡는 그림을 그리고, 숲이 돼서 불을 붙이는 그림을 그리는 게 다른 시점을 동원하는 것보다 이해가 빠를 겁니다. 같은 동사, 같은 문맥이라도 시점을 바꿔보는 연습을 해보기 바랍니다. 최소한 영어를 대할 때만큼은 만화적 상상력으로 세상을 바라보는 전지적 작가 시점에서 출발해야 한다는 기본 원칙은 잊지 말아야겠지요.

2부에서는 또, put을 통해 만화적 상상력을 동원하는 한 가지 방법도 소개합니다. 〈월레스와 그로밋(Wallace and Gromit)〉 같은 유명 시리즈도 있지만 국내 대기업 광고에도 꽤 오랫동안 사용됐던 클레이 애니메이션(clay animation)을 활용해 보겠습니다. 클레이 애니메이션이란 찰흙처럼 점성이 있는 소재로 인형을 만들고 장면마다 인형의 형태를 조금씩 바꿔가면서 촬영하는 애니메이션 기법을 말하지요. 일반 만화보다 클레이 애니메이션이 갖는 장점은 바로 직접 손으로 인형이나 배경에 등장하는 사물을 주물럭거려 내가 원하는 세상을 창조할 수 있다는 겁니다. 뭐든지 주물럭거리면서 세상을 만들어갈 수 있는 전지적 작가 시점을 이해하는 데 클레이 애니메이션만큼 좋은 도구는 없겠지요.

*put 다 옮겨 주어라!

어제는 비가 와서 화분을 집안에 들여놓았는데 오늘은 날씨가 화창해서 화분을 모두 밖에 옮겨놓았습니다. — 손으로 들어다 옮겨놓는 put의 그림입니다.

사람이 할 수 있는 가장 많은 행동 도구가 되는 것이 바로 '손'입니다. 그러다 보니 어느 나라 말이나 손으로 하는 행동을 나타내는 동사가 넘쳐납니다. 1, 2권을 통틀어 나오는 동사의 절반이 손을 연상시킨다는 것만 봐도 알 수 있는 사실입니다. 1권에서 다룬 have, get, take도 그렇고, 2권에 나오는 catch, draw, hold, keep, pull 등도 손으로 하는 행위에서 출발합니다. 하지만 손을 연상시키는 대표적인 동사라고 하면 단연 put 이 1등일 겁니다. 숨을 쉬거나 생각을 하는 수동적이고 추상적인 행위를 제외하면 손으로 물건을 들어 옮기는 것만큼 인간이 가장 많이 하는 능동적 행동도 없기 때문입니다.

put 의 기본그림은 손으로 뭔가 들어서 자리를 옮겨 놓는 그림에서 출발합니다. 많이 쓰이는 기본동사라 굉장히 복잡한 그림들이 파생될 것 같지만 기본그림은 오히려 간단 명료해서 그다지 고민할 게 없습니다. 손으로 옮기는 그림에서 출발하지만 손이 사라지고 이동의 그림만 남을 수도 있습니다. 고개가 갸우뚱해질 부분은 '말'을 할 때도 put 을 사용한다는 것이지만 이 역시 '말'을 반죽해서 옮겨놓는 원어민의 만화적 상상력에 지나지 않습니다.

put 을 제대로 이해하기 위해서는 원어민의 '전지적 작가 시점' 개념을 동원해야 합니다. 배경과 등장 인형을 모두 찰흙으로 만들어 일일이 손으로 만져가면서 한 장면 한 장면 찍어나가는 클래이 애니메이션(clay animation)의 감독처럼 세상을 바라봐야 한다는 겁니다. 여러분이 신이 된 느낌으로 세상을 창조해보시기 바랍니다.

기본 형태
옮기는 대상이 필요하니 당연히 타동사로 사용됩니다.

Put the money on the table. 탁자에 돈 내려놔.

기본그림 put

 01 내 양말 어디다 뒀어?

손으로 들고 옮기는 가장 기본적인 그림입니다. 클레이 애니메이션의 기본을 배워둬야지요. 인형이나 배경 사물을 원하는 곳에 배치할 수 있어야 하니까요.

> He put his briefcase on the desk and opened it.
> 그는 서류가방을 책상에 올려 놓고 열었다.
> Put your gun down. 총 내려놔.

다음 예문과 같이 비유적으로 옮길 수도 있습니다.

> I put my family first and my family comes well before anything.
> 난 가족을 가장 먼저 생각하기 때문에 가족이 그 어느 것보다 중요하지.

가족을 가장 앞에 두는 그림이지요. 그만큼 중요하다는 겁니다. 애니메이션 세상에서 가족을 만들고 맨 앞에 둬보세요.

Where did you put my socks?

When you think about your financial future, you put your kids first there. After all, college education usually precedes retirement on the financial planning time line, so it's no surprise that college funding should be a higher priority than retirement.
향후 자금 계획을 세울 때 가장 먼저 생각해야 하는 건 아이들이지. 결국 자금 계획을 세우는 시간대에서는 대학 교육비가 은퇴 후 노후 생활보다 먼저 당할 일이기 때문이야. 그러니까 대학 교육비가 은퇴 자금보다 우선 순위가 높은 건 당연한 거지.

He had the opportunity to do things that would put him as one of the greatest presidents ever, but he blew it by waging a war against a neighboring country. 그는 역사상 가장 위대한 대통령 중 하나로 손꼽힐 만한 일들을 할 기회가 있었지만 이웃 국가와 전쟁을 벌여 그 기회를 날려버렸다.

역대 대통령 인형을 만들어 봅니다. 그 중에 몇 인형을 따로 떼놓습니다. 일반적인 대통령 인형과 구별하기 위해 '위대한 대통령들'이란 푯말을 세워둡니다. 위의 문장에 등장하는 he가 바로 여기 속하는 거지요.

If you make mistakes, try put things right as quickly as possible.
실수를 하면 가능한 한 빨리 바로잡아야 한다.

올바르다는 건 제자리에 있다는 말입니다. 비뚤어져 있으면 올바르지 않지요. 그걸 제자리에 옮겨놓는 그림입니다. 애니메이션에서 비뚤어진 배경이나 엉뚱한 자리에 놓인 인형을 제자리에 옮겨놓는 겁니다.

Your complaint will help us put things right and improve our service to you and other people in the future. 여러분의 불만 사항은 잘못된 것을 바로잡고 여러분뿐 아니라 미래의 고객에게까지 더 좋은 서비스를 제공할 수 있는 밑거름이 됩니다.

A-ha! moment

Reporter : No one has any idea what to put in the way of this lava.
기자 : 저 (도도하게 흐르는) 용암을 무엇으로 막아야 할지 아무도 모르는 상황입니다.

– *Volcano*

주변 화산이 터져 도심 한복판으로 용암이 흘러듭니다. 용암이 흘러가는 곳마다 잿더미로 변해버리지요. 헬기를 타고 이를 내려다보며 기자가 하는 말입니다. 용암이 흐르는 길에 뭔가 놓아서(put) 막아야 하는데 그게 뭔지를 모르겠다는 겁니다. 애니메이션 세상에서 용암이 어떤 길을 따라 흘러내린다고 생각해 보세요. 커다란 나무 조각이나 돌을 놓아 막으면 되겠지요.
손은 사라지고 이동의 그림만 남기도 합니다.

Put your hands on your head. 손을 머리에 올려놔.

신체의 일부를 옮기는 경우를 생각해 보세요. 손을 옮기거나 얼굴을 옮기는 것도 put이라고 할 수 있습니다. 인형을 하나 집어 들고 손의 반죽을 바꿔 머리 위에 올려놓으세요. 전지적 작가 시점의 전형적인 예입니다.

A-ha! moment

"Look!" Vittoria said suddenly, grabbing Langdon's arm. She motioned frantically downward toward St. Peter's Square directly beneath them. Langdon put his face to the window and looked.

'저기 봐요!' 비토리아가 랭던의 손을 잡으며 느닷없이 말했다. 그녀는 바로 발 아래에 보이는 성 베드로 광장을 황급히 가리켰다. 랭던은 창문에 얼굴을 대고 내다봤다.

— Angels & Demons (Dan Brown)

얼굴을 어딘가 대는 것 역시 결국은 얼굴을 옮겨 놓는 겁니다. 창문에서 떨어져 있는 인형을 집어 머리를 좀더 앞으로 빼도록 반죽을 바꾸는 겁니다.

 잊지 말고 사진 뒤에 이름이랑 나이를 적어넣으세요.

이름이나 나이를 사진 뒷면에 글로 쓴다는 것도 결국 그 문자들을 사진에 내려놓는 겁니다. 재미있는 애니메이션 한 시퀀스를 만들어 봅시다. 글자도

찰흙으로 빚어야 합니다. 글자 하나 하나를 바닥에 내려놓으면서 한 장면 한 장면 찍습니다. 다음 장면에는 그 글자들로 만들어진 문장 끝에 물음표가 들어가야 합니다. 역시 찰흙으로 물음표를 만들어 내려놓고 찍습니다.

Put a question mark at the end of the sentence.
문장 끝에 마침표를 찍으세요.

서명을 한다는 말 역시 서명을 찰흙으로 빚어 어딘가에 내려놓는 그림이면 됩니다.

Put your signature on the back of your credit card. It's an important security feature. 신용 카드 뒷면에 서명을 하세요. 아주 중요한 보안 장치입니다.

연습을 하다 보면 노력하지 않아도 애니메이션 장면이 머리 속을 지나가기 시작합니다. 어느 순간 '글을 쓴다'는 식의 고정관념에서 벗어나 만화적 상상력을 동원할 수 있게 되는 거지요.

I can't quite see a way to put this sentence into bold italics.
이 문장을 어떻게 굵은 이탤릭체로 바꾸는지 모르겠어.

문장을 찰흙으로 반죽을 해서 bold italics의 상태로 밀어넣는 겁니다. 우리도 질문 따위를 던진다고 합니다. 은연중에 말도 손으로 가지고 놀 수 있는 대상으로 생각하는 겁니다. 말을 반죽해서 애니메이션 장면 속에 던져 놓아 봅시다.

If you'd like to put a question to us, send your question to the following address. 질문이 있으면 다음 주소로 질문 내용을 보내세요.

누군가의 앞에 '턱' 하니 내려놓아서 문제를 제기하는 것일 수도 있습니다.

I would like to put a question to the Secretary General on the UN's role

Make sure you put your name and age on the back of your picture.

in Bosnia. 보스니아에서 UN의 역할에 대해 사무총장에게 문제를 제기하려고 합니다.
I would like to put a proposal before the annual meeting — which I will not be able to attend personally. Is anyone else willing to carry this in my absence?
연례 회의에서 제안을 하나 하고 싶은데, 직접 참석을 못할 것 같습니다. 누가 대신 해줄 사람?

put 03 간단히 말해서 비평가들은 〈반지의 제왕 3편 : 왕의 귀환〉에 열광했다.

복잡하게 생각할 것 없이 말도 반죽을 해서 옮겨 놓을 수 있다고 생각하면 됩니다. put은 다른 동사(talk, say, speak)처럼 어떤 말을 했는지 덧붙이는 식으로 사용할 수는 없습니다. 단순히 반죽을 한 '말'을 어떤 식으로 내려 놓느냐만 표현할 수 있습니다. 그런 뉘앙스가 필요하지 않은 경우에 put을 쓰지 않거든요.

> Simply put, the advent of the computer has made the writing process easier. 간단히 말해서, 컴퓨터의 등장으로 글 쓰는 과정이 쉬워졌다고 할 수 있다.

포장을 하거나 비딱하게 놓지 않고 알아듣기 쉽게 단순하게 내려놓는 그림입니다. 털썩 내려놓으면 놀랄 수도 있으니까 조심스레 내려놓기도 합니다.

> Tickets, to put it mildly, weren't selling very well.
> 듣기 좋은 말로 하면 표가 아주 많이 팔렸던 건 아니지.

사실 표가 무지 안 팔려서 망하게 생겼다고 해야 하는데 놀랄까봐 조심스레 듣는 사람 앞에 내려놓는 그림입니다. 융통성 없이 조심하지 않고 그냥 던져놓으면 이렇게 되지요.

> To put it bluntly, without customers you have no business.
> 단도직입적으로 말해서 고객 없이 사업 성공할 수 없지.

Simply put, the critics loved *The Lord of the Rings III: the Return of the King.*

역시 돌려놓지 않고 사실이 잘 보이도록 내려놓으면 있는 그대로 알게 됩니다.

I'm forced to be around my teacher every day, and to put it truthfully, I hate him. 매일 선생님 곁에 강제로 붙들려 있지. 솔직히 말해서 선생님 싫어.

남이 내려놓은 방법 그대로 따라 하는 그림의 put도 있습니다.

We exist, and we know we do, because we think. "I think, therefore I am," as Descartes puts it.
우리가 존재하는 건 알잖아. 우린 생각을 하니까. "나는 생각한다, 고로 존재한다," 데카르트가 한 말이지.

A-ha! moment

Joshua : All right, I'll put this as simply as I can. Everybody on Earth is dead in a year. And let me explain why. Wrapped around the Earth is an invisible field of energy. It's made up of…electricity and magnetism, so it's called — creatively enough — the electromagnetic field. It's where we get our magnetic North Pole and South Pole, and it protects us from cosmic radiation. So this EM field is our friend.
Thomas : But now…?
Zimsky : But now, that field is falling apart.

조슈아 : 좋아요, 최대한 알기 쉽게 설명하지요. 지구상의 모든 사람이 1년 안에 죽게 됩니다. 왜 그런지 설명할게요. 지구는 보이지 않는 에너지 장으로 둘러싸여 있습니다. 전기와 자성으로 만들어진 것이라, 똑소리 나게도, 전자기장이라고 부르지요. 바로 여기서 북극과 남극의 자성이 생기고 우주에서 날아드는 방사선으로부터 우리를 보호해주지요. 전자기장은 우리 친구인 겁니다.
토마스 : 그런데 현재…?
짐스키 : 현재 그 전자기장이 무너지고 있지요.

— *The Core*

지구 핵의 회전이 멈춰 전자기장에 문제가 생기고 지구가 위험에 빠진다는 공상과학 영화입니다. 주인공 Joshua는 주요 인사들을 모아놓고 상황을 설명해야 하는데 워낙 전문적인 내용이다 보니 어떻게 상대방이 쉽고 잘 볼 수 있도록 내려놓을까(put) 고민하는 겁니다.

반죽한 말을 어떻게 내려놓을지 정말 고민 많이 하는 문장을 보지요.

> You shouldn't go to a newspaper site and expect to be able to read the entire paper on the site for free. Let's put it another way. How many people go to a TV station site and expect to be able to watch TV free of charge? 신문 사이트에 가서 신문 전체를 공짜로 볼 수 있지 않을까 기대해서는 안 되는 거라구. 말을 이렇게 바꿔보자. TV 방송국 사이트에 가서 TV를 몽땅 공짜로 볼 거라고 기대하는 사람이 몇이나 되겠어?

반죽한 말을 이쪽에 내려놓았는데 상대방이 잘 안 보여서 그런지 이해를 못합니다. 방향을 틀어 다른 쪽으로 놓아보는 그림이지요.

> He is, how shall I put it, "different."
> 그 사람… 뭐라고 해야 할까… '다르다'고 해야 할까.
> She died. Or better put, she was murdered.
> 그 여자 죽었어. 아니, 살해됐다고 해야 정확한 말이지.

아예 내놓고 어떻게 내려 놓아야 좋을지 고민하는 경우입니다.

> The truth is I'm fat and I come from a family that is, how shall I put it, on the large side.
> 내가 뚱뚱한 건 사실이지. 우리 가족 자체가… 뭐랄까… 좀 덩치들이 큰 편이니까.
> I chose Coke over wine since it was, how shall I put it, financially convenient.
> 와인 대신 콜라를 선택했는데… 뭐라고 해야 하나… 경제적 편의 때문이라고나 할까.

반죽한 말을 칭피히지 않게 진실이 반만 보이도록 살짝 돌려서 내려놓은 것이지만 결국 우리 가족은 뚱뚱하고, 나는 돈이 없어서 와인을 못 먹고 콜라를 마셨나는 것이지요.

04 너 일 시킬 시간이다.

'전지적 작가 시점'을 활용해 클레이 애니메이션을 만들어야 이해가 쉬운 상황만 모았습니다. 사람을 마치 인형을 잡아 옮겨놓듯이 들어서 주어진 일에 가져다 놓는 겁니다.

A-ha! moment

> How dare the Iraqis put their sand on top of America's oil?
> 어떻게 감히 이라크는 미국의 원유 위에 모래를 덮고 사는가?   – 이라크전 반대 포스터

사실 완전한 번역이 불가능한 말입니다. 미국의 대이라크 전쟁이 발발했을 당시 호주 여행을 했을 때 봤던 반전 포스터 문구입니다. 미국이 이라크의 원유를 탐내 전쟁을 벌였다고 비꼬는 말인데요. 이라크 국토는 모래가 대부분이니 그걸 미국의 원유 위에 올려놓는 그림을 그리는 겁니다. '전지적 작가 시점'식의 만화적 상상력이 아니라면 이해할 수 없는 말입니다.

클레이 애니메이션 소품 하나를 찍어 정리해보겠습니다. 인형 하나를 집어들고 침대에 옮겨놓습니다. 잠자는 모습으로 만드는 겁니다.

> The movie put me to sleep within the first five minutes. 그 영화를 보다가 5분만에 잠들었어.
> It's too late, let's put our kids to bed.
> 너무 늦었어. 아이들 재우자구.

인형을 집어 불구덩이에 넣어보세요. 위험한 상태를 표현하는 겁니다.

> Something unexpected can happen in any situation which can put you in danger if you are not prepared. 준비를 하지 않으면 언제든지 널 위험에 빠뜨릴 수

It's time to put you to work.

있는 예기치 않은 상황이 발생할 수 있는 거야.
Let's have a dinner tonight and I'll drive you to the airport first thing in the morning and put you on the plane for the US.
오늘 저녁 같이 먹고 내일 아침 일찍 차 타고 공항에 가서 미국행 비행기 태워줄게. (인형을 집어 공항에 있는 비행기에 올려놓는 그림입니다.)

클레이 애니메이션에 나오는 인형들은 흙을 반죽해 만든 것이지요. 반죽을 바꿔서 기분 나쁜 표정을 짓게 할 수도 있습니다.

Judy seemed upset. I studied her face wondering what put her in a bad mood this time.
주디는 화가 나 보였다. 이번에는 무엇 때문에 기분이 나쁜지 얼굴을 찬찬히 뜯어봤다.
A positive attitude can do much more for you than simply put you in a good mood. 긍정적인 태도를 취하면 단순히 기분이 좋아지는 것 이상의 효과를 낼 수 있다.

인형 여러 개를 모아 놓고 그 중 하나를 집어 맨 앞에 놓습니다. 책임자를 만드는 것이지요.

The general put me in charge of the second battalion.
장군이 나한테 제 2 대대를 맡겼다.
We should ask each candidate the same question : Why do you want us to elect you and put you in charge of this country for four years?
각 후보에게 같은 질문을 해야 한다. 우리가 당신을 뽑아서 4년 동안 이 나라를 맡겨야 하는 이유는 무엇인가?
Budgeting does not create sales or put money in the bank, but it can help put you in control of your business. 예산을 짠다고 해서 매출이 발생하거나 은행에 돈이 쌓이는 건 아니지만 사업을 제대로 운영할 수 있도록 도와주지.

다른 인형 하나를 집어들어 아예 왕좌 같은 데 올려놓습니다.

The politicians do everything they can for the people — the people who put them in power. 정치인들은 국민들을 위해서라면 뭐든지 다하지. 자기들에게 권력을 쥐게 해준 국민만 해당되는 게 문제지.

여러 개 인형들이 주어진 활동을 하는 장면을 찍고 있습니다. 운동을 하는 인형도 있고 일을 하는 인형도 있습니다. 그 중 하나를 잡아 밖으로 빼놓습니다. 활동을 못하게 하는 겁니다.

The broken finger put him out of action temporarily.
손가락이 부러져서 일시적으로 활동을 못하게 됐어.

장사를 하는 인형들 중에 하나를 잡아 빼버리면 장사 못하겠지요.

There's no competitor out there who can put us out of business. What can put us out of business is a crisis that is poorly handled and hurts our reputation. 우리를 시장에서 몰아낼 수 있는 경쟁사는 없습니다. 우리를 망하게 할 수 있는 건 위기가 닥쳤는데도 제대로 대처하지 못해 명성에 타격을 입을 때입니다.

길다란 반죽을 하나 만들어 마치 자를 만들 듯 0에서 100까지 수치를 매깁니다. 어린 아이 인형부터 할아버지 인형까지 나이대로 세워놓습니다. 그리고 다음 문장을 해석해보세요.

Though he appeared younger, I put his age at over fifty.
젊어 보이지만 나이가 50은 넘었을 것 같아.

Tutankhamun died young. Forensic analysis of his mummy has put his age at death at about 17. 투탕카멘은 어렸을 때 죽었다. 그의 미이라를 법의학적으로 분석해보면 죽을 당시 나이가 17살로 추정된다.

영어로 말해보기

1. 이 소파 어디다 놓을까요?
2. 발을 땅에 대지 마세요. 흙(dirt)에서 병균이 옮습니다(infectious).
3. 점선(dotted line) 위에 이름과 주소를 써넣으세요.
4. 놀랍게도 그들은 내 제안을 표결에 부쳤다.
5. 까놓고 말해서 그 사람 멍청하지.
6. 그녀의 사랑스런 미소를 보니 기분이 좋아졌다.
7. 민주당(the Democrats)을 뽑아주면 세상이 달라질 텐데.
8. 언뜻 보기엔 그 사람 스무 살 정도로 보이지만 그보다 나이 많아.

모범답안

1. Where should I put this sofa?
2. Don't put your foot on the ground because dirt is infectious.
3. Put your name and address on the dotted line.
4. To my surprise, they put my suggestion to a vote.
5. To put it bluntly, he is an idiot.
6. Her lovely smile put me in a good mood.
7. If we put the Democrats in power, things would change.
8. At first glance you would put his age at around twenty, but he is older than that.

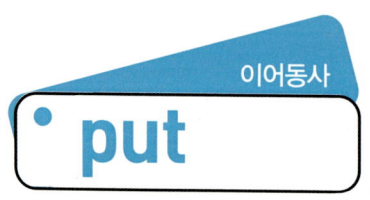

put의 이어동사는 기본그림과 마찬가지로 클레이 애니메이션을 떠올리면 이해가 쉽습니다. 문장에 등장하는 모든 인물과 배경을 직접 손으로 반죽하고 옮겨놓을 수 있는 세상만 머리에 담아두면 됩니다.

01 put about 주변에 놓다

I saw her put her arms about Tom and kiss him.
그 여자가 톰을 껴안고 키스하는 걸 봤어.

팔을 Tom의 몸 주변에 놓는다는 건 껴안는 겁니다. 그 밖에도 소문이나 정보 따위를 여기 저기 던져놓는 그림도 가능하지요. 찰흙을 조금씩 떼어 새 모이 주듯 주변에 여기 저기 던져보세요.

They bound his arms behind his back, put a noose about his neck, and dragged him away. 그들은 손을 뒤로 묶고 올가미를 목에 두른 다음 끌고 갔다.
It is unfortunate that so much incorrect information was put about mainly in an attempt to cover up the embarrassing truth. 불미스런 사실을 숨기려는 목적으로 너무도 많은 잘못된 정보가 돌아다니는 건 안타까운 일이다.
The truth is that hair loss will not make a man more virile — it is just a myth put about by bald men to try and make up for their loss of hair.
머리가 벗겨졌다고 남자의 정력이 세지는 건 아니다. 대머리 남자들이 탈모를 보상받기 위해 퍼뜨린 미신일 뿐이다.
For every genuine computer virus there are 1000 imaginary ones — often put about by people who sell anti-virus software.
진짜 컴퓨터 바이러스 한 개당 허구의 바이러스가 1000개나 된다. 흔히 백신 소프트웨어를 파는 사람들이 (존재하지 않는 바이러스가 있는 것처럼) 퍼뜨리는 거다.

'뒤로 돌아(about face)'처럼 180도 도는 것도 about의 그림입니다. 잘 가던 배를 180도 돌려 놓아 회항하는 그림을 그리기도 합니다.

> The voyage across the Pacific was a long one and ships in distress were obliged to put about and make for Japan. 태평양 횡단 여행은 장기 여행이어서 상태가 좋지 않은 배들은 의무적으로 회항하여 일본으로 향했다.

02 put above 위에 올려놓다

뭔가 위에 올려놓는 그림으로 비유적으로 사용하면 아래 깔려 있는 것보다 중요하다는 뉘앙스가 됩니다.

> He cannot be allowed to put himself above the law, and hence must be penalized. 그가 법을 무시하게 내버려둘 수 없으므로 처벌해야 합니다.
> We should put national interests above all other considerations. 다른 어떤 것보다 국가 이익을 우선시해야 한다.

03 put across 가로질러 놓다

예를 들어 젓가락을 밥공기에 가로질러 놓는 그림입니다.

> When you are done eating, put your chopsticks across the bowl. 다 먹고 나면 밥공기에 젓가락을 가로질러 놓으세요.
> Judy put a finger across his lips, silencing him. 주디는 그의 입술에 손가락을 가져다 대고 말을 막았다.

찰흙을 빚어 강물을 만들고 그 위에 나리를 올려놓을 수도 있지요. 물론 아예 가로질러 장애물의 반대편에 건네주는 것도 가능합니다.

We wonder if it would be possible to put a bridge across the river.
강을 가로질러 다리를 놓을 수 있을지 의문이다.

The commander improvised rafts and put his men across the river.
사령관은 즉석에서 뗏목을 만들어 병사들을 강 건너로 보냈다.

Occasionally, we have to put the cows across the road to graze green summer crops. 때때로 소들을 길 건너로 몰고 가서 푸른 여름 작물을 뜯어먹게 해야 한다.

If our audiences are better educated, we can put across our idea in a better way.
청중들의 교육 수준이 좀더 높다면 우리 생각을 더 좋은 방법으로 전달할 수도 있을 텐데. (사람의 머리를 가로지르는 거죠. get across와 마찬가지로 뭔가 이해시키는 그림입니다.)

An interview is not an occasion for the interviewer to put across his opinions and views. Its purpose is to obtain the views and opinions of the interviewee. 면접이란 면접관이 자신의 의견이나 관점을 전달하는 자리가 아니다. 면접의 목적은 면접을 보는 사람의 관점과 의견을 알아보려는 것이다.

Your theory is quite interesting. I'll put that across to some people I know and give you the feedback.
니 이론은 꽤나 흥미로운데. 내가 아는 사람들한테 말해보고 결과를 알려줄게.

04 put around 주변에 두다

about과 같이 주변에 두는 그림입니다. 동그랗다는 뉘앙스만 첨가될 뿐이지요.

I put a fatherly arm around his shoulders and squeezed.
아버지 같은 느낌으로 팔을 어깨에 두르고 꾹 눌렀다.

주변에 떠도는 그림 역시 put about과 같습니다.

Don't be misled by such lies put around by right-wing extremists.
극우파들이 뿌려놓은 거짓말에 동요해서는 안 된다.

05 put aside 옆으로 밀어놓다

밥을 다 먹고 밥상을 옆으로 밀어놓으면 put aside의 그림이 됩니다.

> He put aside his gun and took out a knife, heading towards his enemy's voice. 그는 총을 치우고 칼을 꺼내 적의 목소리가 들리는 곳으로 향했다.
>
> The actress put the microphone aside and whispered something to the reporter. 여배우가 마이크를 옆으로 치우더니 기자한테 뭐라고 속삭였다.

비유적으로, 사람을 옆으로 밀어내면 무시하는 겁니다.

> I want to get rich and get back at all those who have put me aside, who have looked down upon me.
> 부자가 되어서 날 무시했던 모든 인간들에게 복수하고 싶어.
>
> People put me aside and don't understand my importance.
> 사람들은 날 무시하고 내가 얼마나 중요한지 이해하지 못한다.
>
> Scully, I want you to put aside your scientific bias for a moment. 'Cause what I'm about to tell you is going to change your life forever — your life, my life, the life of everybody on this planet.
> 스컬리, 잠시만이라도 과학적인 편견을 제껴뒀으면 해요. 왜냐하면 지금 내가 할 말은 당신 삶을 영원히 바꿔놓을 거니까. 당신뿐 아니라 내 삶, 지구상 모든 이들의 삶이 달라질 겁니다. (장애가 될 만한 것을 옆으로 밀어두는 그림입니다.)

과학적인 설명이 없으면 절대 아무것도 믿지 않는 사람에게 외계 생명체의 존재를 확인했다고 말하면서 이걸 이해하는 데 장애가 될 수 있는 과학적인 사고방식은 잠시 제껴두라고 하는 겁니다.

> I hope you can put aside your personal feelings about me and allow us to work together in a professional manner.
> 나에 대한 사적인 감정을 덮어 두고 프로답게 함께 일할 수 있었으면 좋겠어.
>
> People expect us to put our partisan differences aside for the good of the country.

국민들은 우리가 국익을 위해 당 차원의 서로 다른 이해관계는 제쳐두길 바랍니다.

다음 장면에 쓸 찰흙을 조금 떼어 옆에 놓아두세요. 나중에 쓰려고 옆으로 밀어놓는 그림이지요.

The city has not put aside enough money to pay for raises for police officers, firefighters and teachers.
시 당국은 경찰관, 소방관, 교사들의 임금을 올려줄 만큼 돈을 모아두지 못했다.
You need to put aside some food for the journey. 여행하려면 먹을 걸 모아놔야지.

06 put at 한 지점에 놓다

수치를 죽 늘어놓고 해당 수치에 내려놓는 그림입니다.

One estimate put the development cost at $3 billion.
한 추정치에 따르면 개발비가 30억 달러 소요된다.
Officially, the overall jobless rate is put at 12.8 percent, although analysts say the real figure is substantially higher. 공식적으로는 전체 실업률이 12.8%로 추정되지만 전문가들은 실제 수치가 훨씬 높을 것이라고 말한다.
Processing capacity is put at 10 tons per hour.
처리 능력은 시간당 10톤 정도입니다.
Based on the decomposition of her body, a medical examiner put the murder date at Jan. 4.
검시관은 시신의 부패 정도로 보아 사망 추정시간이 1월 4일이라고 했다.

07 put away 멀리 두다

멀리 떨어뜨려놓는 그림입니다. 우선, 쓸모 없다고 판단되는 것을 가져다 버리는 것일 수도 있습니다.

Now that I am fifteen, it is time that I put away childish things and begin to live my life as an adult.
나도 이제 열다섯 살이나 됐으니 유치한 짓은 그만두고 어른스러운 삶을 살아야지.
Put away your prejudices about gateball. It isn't just for senior citizens.
게이트볼에 대한 편견을 버려. 나이든 사람만 하는 게 아냐.

나중에 쓰려고 치우는 것일 수도 있지요.

I opened the closet door to put away my coat. 옷장 문을 열고 외투를 넣어 두었다.
Would you please help me put away the groceries?
식료품 정리하는 것 좀 도와줄래?
It's time to put away your toys. Then mom can read you a bedtime story.
장난감 치울 시간이다. 그럼 엄마가 잠자기 전 동화 읽어줄게.
Rebecca set the table. I cleared it and put away the leftovers while Lucy loaded the dishwasher. 레베카는 상을 차렸다. 내가 상 치우고 남은 음식을 보관해두는 동안 루시는 식기세척기를 돌렸다.

나중에 쓰려고 돈 따위를 저축하는 것도 되지요.

I have some money put away for a rainy day. 유사시를 대비해서 돈을 좀 모아뒀어.

사람을 치워두면 감옥이나 양로원 같은 수용 시설에 보내버리는 그림이 됩니다.

I don't take bribes. I became a cop to put away criminals, not to be one.
난 뇌물 안 받아. 범죄자를 감옥에 처넣으려고 경찰이 됐지 범죄자가 되려는 게 아니거든.
New York mob boss John Gotti has been put away for life in federal prison in Illinois for heinous crimes too numerous to mention.
일일이 언급하기엔 너무도 많은 극악무도한 범죄를 저지른 뉴욕 마피아 두목 존 고티는 일리노이 주 연방 형무소에서 종신형을 살게 됐다.
They had to put Kane away and he spent seventeen years in an asylum.
케인을 정신병원에 보내야 했고 그는 거기서 17년을 보냈다.
We had to put our father away in a nursing home where we go to visit him every day. 우리는 아버지를 양로원에 보내야 했고 매일 면회를 간다.

사람이나 동물이 다치거나 병들었을 때 인도주의적 차원에서 안락사를 시키는 그림도 가능합니다.

> While crossing the desert one of my horses fell sick and I had to put him away, the next day my other horse broke a leg and I had to put him away as well. 사막을 건널 때 말 한 마리가 병이 들어 안락사 시켜야 했는데 그 다음날 또 한 마리가 다리를 다쳐 그 놈 역시 안락사 시켜야 했다.
>
> I had to put my dog away last week. It sucks not having her around to greet me when I walk in the door every day and to always cheer me up when I'm down. 지난주에 개를 안락사 시켰어. 매일 문을 들어설 때 반갑게 맞아주고 우울할 때 기분을 좋게 만들어주던 놈인데 곁에 없으니 너무 힘들어.

허겁지겁 먹어치우는 것도 됩니다. 먹을 것을 빠르게 먹어치워 음식이 원래 있던 곳에서 사라져버리는(away) 거지요. 주로 많은 양의 음식을 해치운다는 의미로 사용합니다.

> Mary put away three glasses of wine and was pink-faced by the time Jack showed up.
> 메리는 와인을 세 잔이나 마셔대서 잭이 나타났을 때 얼굴이 벌개 있었다.
>
> Glen put away almost two bowls of spaghetti and three bowls of chicken soup in under 30 minutes.
> 글렌은 30분도 채 안 돼 스파게티 두 그릇, 닭고기 수프 세 그릇을 먹어치웠다.

08 put back 뒤에 놓거나 되돌려놓다

무엇인가를 뒤쪽으로 옮겨놓는 그림입니다.

The blonde put her pretty head back and roared a deep laugh that seemed to fill the entire hall.
금발 아가씨가 예쁜 머리를 뒤로 제끼더니 강당 전체가 울리도록 크게 웃어댔다.

시간과 관련해서 개념상 뒤로 밀어놓는 그림도 가능합니다.

Would it be possible to put the meeting back by a week?
모임을 일주일 미룰 수 없을까요?
I guess not everyone is quite ready so we need to put the meeting back to Wednesday. 모두 준비된 게 아닌 것 같으니까 회의를 수요일로 미룹시다.
PSP was originally to have made its European debut in March, though the release was put back to allow Sony to increase the number of consoles it had allocated to the U.S. launch, which took place on 24 March. PSP(소니 휴대용 게임기)는 원래 유럽에서 3월에 선보일 예정이었지만 출시가 연기됐다. 소니가 3월 24일 미국 출시 때 더 많은 게임기를 확보하기 위해서라고 한다.
Let's put these crayons back in the box and these toys back on the shelves.
이 크레용들은 상자에 넣어두고 장난감을 선반에 두자. (원래 있던 자리에 되돌려놓는 그림이지요.)

put away처럼 먹어치우는 그림도 됩니다.

Cindy grinned and put back another slug of whiskey.
신디는 위스키를 또 한 잔 뚝딱 해치웠다.

09 put before 앞에 놓다

순서상 앞에 나오도록 놓는 그림입니다.

Is it correct or incorrect to put a comma before the "and" in this sentence? 이 문장에서 and 앞에 쉼표를 찍는 게 맞는 거야, 틀리는 거야?

비유적으로, 활용할 수 있도록 누군가의 앞에 가져다 놓는 것이 될 수도 있습니다.

Perhaps the day is not too far off when we can all sit on our womanly bottoms while the men in our lives put food before us.
여성스럽게 엉덩이 깔고 앉아 남자들이 차려주는 밥상 받으면서 살 날이 멀지 않았다구.
I did what I could to put food before my family.
나는 가족의 생계를 책임지기 위해 노력했다.
The prosecutor calls witnesses to put evidence before the jury and the defense attorney may cross-examine these witnesses.
검찰은 증인을 소환해 배심원들에게 증거를 제시하고 변호인은 이 증인을 반대 심문할 수 있다.
When you see someone put a bill before the Congress that tramples on people's rights, don't vote for them next time around.
의회에 국민의 권리를 짓밟는 법안을 상정하는 사람이 있다면 다음 선거에서 뽑아주면 안 된다.

가져다 놓는 위치가 앞이라면 더 중요시한다는 그림도 됩니다.

National interest is put before our lives. 나라의 이익이 우리의 목숨보다 중요하다.
Company executives still put profits before safety.
회사 중역들은 여전히 안전보다는 이익을 우선시한다.

10 put behind 뒤에 놓다

before와 정반대로 순서상 뒤에 나오도록 놓는 것입니다.

Put your arms behind your back and hold one wrist with the other hand.
팔을 등 뒤로 돌리고 한쪽 손으로 다른 한쪽 손목을 잡으세요.

비유적으로 뒤로 보내버리면 더 이상 중요하지 않게 되지요. 버리는 그림입니다.

By accepting your current situation and harboring no more grudges,

you now can put the unpleasant past behind you.
현재 상황을 받아들이고 더 이상 앙심을 품지 않음으로써 불쾌했던 과거를 뒤로할 수 있을 거다.
The two presidents emerged from their discussions expressing confidence that our countries could put past animosities behind them.
두 대통령은 토론장을 나오면서 두 나라가 과거의 적대감을 내버릴 수 있을 것이라는 자신감을 피력했다.
The president emphasized the need to put past differences behind, and to focus on the well being of the Iraqi people. 대통령은 과거의 서로 다른 이해관계를 버리고 이라크 국민들의 복지에 초점을 맞춰야 할 필요성을 강조했다.

찰흙 인형이 자꾸 넘어지면 인형 뒤에 버팀목을 세워두면 되겠지요. 든든하게 받쳐주는 그림입니다.

If only someone would put some marketing money behind my books!
누군가 마케팅 비용을 대서 내 책을 밀어만 준다면!
We need to convince NATO or the United States to put its military weight behind Ukraine as a counterpoint to Russian pressure.
우크라이나를 군사적으로 지원해 러시아 압력에 대한 완충제로 활용해야 한다고 NATO와 미국을 설득할 필요가 있다.
The United States has put its diplomatic weight behind the peace processes in Northern Ireland and the Middle East.
미국은 북아일랜드와 중동의 평화 정착을 위해 외교적 영향력을 행사해왔다.
We can put our 30 years of expertise behind you.
우리가 30년간 쌓아온 경험을 바탕으로 밀어드리겠습니다.

11 put by 옆에 두다

옆에 차곡차곡 쌓아놓는 그림으로 저축하는 걸 말합니다.

> They put by a hundred dollars a month out of their wages.
> 그들은 임금에서 한 달에 백 달러씩 저축을 한다.

12 put down 아래로 내려놓다

들고 있던 총을 내려놓는 그림에서 출발합니다.

> Put down your weapon, or your son dies! 무기를 버리지 않으면 니 아들이 죽에!
> When I heard the news, I put down my sandwich, unable to take another bite. 그 소식을 듣고 더 이상 한 입도 먹을 수가 없어서 샌드위치를 내려놓았다.
> Don't forget to put down the toilet seat when done.
> 볼일 다 보면 변기 뚜껑 내리는 거 잊지 마.
> As soon as I put him down in his crib, the baby began to cry.
> 침대에 내려놓자 마자 아기가 울기 시작했다.
> I couldn't put the book down it was so great!
> 책이 너무 재미있어서 내려놓을 수가 없었어!

책과 관련해서 put down을 쓰면 단순히 내려놓는 게 아니라 너무 재미있어서 계속 볼 수밖에 없다는 말입니다.

> Each page was like glue to my eyes and I just couldn't seem to put the book down. 매 페이지가 눈을 사로잡아서 도저히 책을 내려놓을 수가 없었다.

그래서 책 소개를 할 때 이런 표현을 만들어내기도 합니다.

> *The Da Vinci Code* by Dan Brown! Unputdownable!
> 댄 브라운의 〈다빈치 코드〉! 눈을 뗄 수가 없다!

탈것에서 사람을 내려놓을 수 있습니다.

>Put me down at the next stop, please. 다음 정거장에서 내려주세요.
>The driver put us down at the hotel. 기사 양반이 호텔에 내려줬지.

서 있던 사람을 넘어뜨리는 그림도 가능합니다. 죽이는 겁니다.

>If you should enter the security zone, you will be immediately put down by snipers. 안전 지대에 침입하면 곧바로 저격수에게 쓰러질 것이다.
>I think he's just crazy and needs to be put down like a frothing dog. 걔 미쳤나봐. (거품을 무는) 미친개처럼 안락사 시켜야 돼. (put away처럼 안락사를 시키는 그림입니다.)
>I cannot begin to describe the guilt of having to put down a healthy dog at the prime of his life. 한창 나이에 있는 건강한 개를 안락사 시켜야 하는 죄의식은 이루 말할 수 없다.

비유적으로, 사람을 지금 있는 위치에서 내려 놓으면 혼을 내거나 비난을 해서 체면을 깎거나 망신을 주는 겁니다. 멀쩡한 찰흙 인형을 손으로 눌러 찌그러뜨리면 엉망이 되겠지요.

>How nice of you putting me down in front of all those people! 그 많은 사람들 앞에서 날 망신 주다니 아주 잘했군!
>I know humor is subjective but the humor of putting people down is pathetic. 유머라는 게 주관적인 거지만 다른 사람을 비하해서 웃기는 건 한심해.
>What a put-down when you called him an egregious liar! 니가 그녀석을 지독한 거짓말쟁이라고 해서 망신을 준 게 얼마나 통쾌하던지! (명사로 사용한 경우입니다.)

카페트도 밑에 내려놓지요. 뭔가 넓은 면적에 간다고 할 때 씁니다.

>They're going to put down brand new carpet and paint the whole apartment before I move in. 내가 이사 들어가기 전까지 새로운 카페트 깔고 아파트 전체를 칠해준대.

이왕 집 얘기가 나왔으니 더 보면, 밑에 까는 것은 down이고 위에 올리는 건

up입니다.

I painted the walls, put down new tile and carpet, and put up new curtains. 벽을 칠하고 새 타일과 카페트를 깔고, 새 커튼을 달았다.

The best time to put down a lawn or sow seed is at the end of September. 잔디를 깔거나 씨를 뿌릴 최적의 시기는 9월 말이다.

아래로 뿌려대는 소독약이나 비료 같은 것도 내려놓는다고 합니다. 손에 묻은 찰흙가루를 비벼내 소독약이나 비료처럼 바닥에 뿌려보세요.

I put down insecticide on the lawn yesterday. 어제 잔디에 살충제를 뿌렸어.

We put down fertilizer last weekend after we planted all of our spring flowers. 봄꽃을 다 심고 나서 지난 주말에 비료 뿌렸어.

A lot of people put down poison because it's easier than having to deal with dead mouse corpses in traps, but in the long run it's better to dispose of the corpses yourself than let the poison do its work. 많은 사람들이 쥐덫에 걸린 죽은 쥐를 치우기 싫어서 쥐약을 사용한다. 하지만 장기적으로 봐서는 독을 쓰는 것보다 죽은 쥐를 직접 치우는 게 훨씬 낫다.

나무가 뿌리를 내릴 수도 있고 비유적으로 사람이 뿌리 내리고 사는 것도 됩니다.

Plants put roots down into the ground to gather water and nutrients. 식물은 땅에 뿌리를 내리고 수분과 영양분을 흡수한다.

We have put roots down in this city and our children are being educated here. 우리는 이 도시에 뿌리를 내렸고 아이들도 여기서 교육받고 있다.

찰흙으로 비행기를 하나 빚어 날아가는 모습을 찍고 땅에 내려놓아보세요.

He was forced to put down at a tiny airstrip on the island. 그는 어쩔 수 없이 섬의 작은 활주로에 내려야 했다.

I want you to check for any air strips or clearings where they might be able to put down a chopper. 헬기를 내릴 활주로나 공터가 주변에 있는지 확인해줘.

시위나 반란 등 뭔가 들끓는 걸 눌러놓을 수도 있습니다. 진압하는 것이지요.

반란을 일으킨 인형 수십 개를 판자 같은 것으로 꾹 눌러주면 됩니다.

Two people were killed when the military put down a protest.
군대가 시위를 진압하는 과정에서 두 명이 죽었다.
In *The Last Samurai*, Captain Nathan Algren(Tom Cruise) is offered the opportunity to travel to Japan to train the Imperial Army so they may successfully put down a rebellion of samurai warriors.
〈마지막 사무라이〉에서 톰 크루즈가 분한 네이튼 알그렌 대위는 일본으로 건너가 사무라이 무사의 반란을 진압할 수 있도록 황군을 훈련시킬 기회를 얻는다.

전화를 내려놓는다고 하면 어떤 뜻인가요? 네, 끊는 겁니다.

We get prank phone calls a lot, especially ones that put down the phone when you answer. 장난 전화 많이 받는데 가장 많은 게 받으면 끊어버리는 전화다.
As soon as she put down the phone, it began to ring again.
전화를 끊자마자 또 벨이 울렸다.

찰흙 한 덩어리를 돈처럼 빚어 놓습니다. 그 중에 일부만 떼어 내려놓습니다. 돈을 다 주지 않고 일부만 주어 계약금을 거는 것이 바로 이런 그림입니다.

An extremely wealthy foreigner with homes all over the world just put

down 8 million dollars to purchase the house at 40 million dollars.
세계 도처에 집이 있는 아주 돈이 많은 외국인이 그 집을 4천만 달러에 사겠다고 8백만 달러를 계약금으로 걸었대.

글자를 찰흙으로 빚어 내려놓을 수도 있다고 했지요.

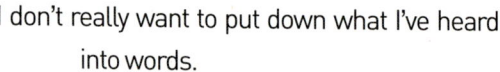

I don't really want to put down what I've heard into words.
내가 들은 걸 말로 표현하고 싶지 않아.

Don't put down a cell phone number if you can avoid it.
가능하면 휴대폰 번호는 적지 마.

Put down your name and address here, please.
이름이랑 주소 여기 적어주세요.

이름 얘기가 나왔으니 명단에 이름을 올려놓는 그림도 있습니다.

The principal put Laura down to teach one of the Latin Studies groups.
교장 선생님은 로라가 라틴 스터디 그룹 중 하나를 가르치도록 명단에 올렸다.

도서관 같은 곳에서 대기자 명단에 이름을 올리는 것도 됩니다. TV 프로그램에 출연 신청을 하는 것이나 제안 따위를 던져놓는 것일 수도 있습니다.

I went to the library and put my name down for a book.
나는 도서관에 가서 책을 예약했다.

She had no idea that her students had put her name down for a television show, *Desperate and Dateless*. 여선생은 학생들이 〈애인이 없어 절망적인 사람들〉이란 TV 프로그램에 자신의 이름으로 출연 신청을 했다는 걸 전혀 알지 못했다.

We have put down a motion to express our serious reservations about the proposed introduction of electronic voting.

전자 투표 도입에 대해 우리가 얼마나 심각하게 우려하고 있는지 표명하는 안건을 제시했다.

뭔가 분류를 하려면 칸을 나눠 표시를 하고 해당 위치에 내려놓으면 되지요.

> He was bearded with an unpleasant face, and I'd put him down as being either a Russian or a Pole.
> 그는 거북스럽게 생긴 얼굴에 수염을 길렀으니 러시아나 폴란드 사람이라고 생각해.

여러 유형으로 칸을 나눠 구분을 해놓고 어떤 사람을 특정 유형의 칸에 내려놓는 그림을 그리면 됩니다.

> If you knew how much he hates women, you'd put him down as a misogynist. 그 사람이 얼마나 여자를 싫어하는지 알았다면 여성 혐오주의자라고 했을 거야.

원인 따위를 분석할 때 한 가지로 요약하는 그림이 될 수도 있습니다. 위에서부터 차근차근 귀납적으로 요약해 내려가는 거지요. 사실 여부와 관계없이 근거를 가지고 판단을 해서 추정하는 것뿐입니다. 상당히 많이 쓰는 표현이니 다양하게 익혀두세요.

> A study showed almost half long-term sickness can be put down to stress. 한 연구 결과에 따르면 장기 질병의 절반 가까이가 스트레스가 원인이라고 한다.
> I had nothing physically wrong with me so the weight loss was put down to stress.
> 내 몸에 특별한 이상은 없기 때문에 살이 빠지는 이유는 스트레스 때문으로 여겨졌다.
> A second fatal crash by a Chinese airline in less than a month is likely to dent passenger confidence but aviation experts have put the crashes down to coincidence.
> 한 달도 안 돼 중국 항공기가 두 번째 추락 참사를 빚었다는 건 승객들의 신뢰를 잃을 만한 일이지만 항공 전문가들은 두 추락 사건이 우연에 불과하다고 말한다.

13 put forward 앞으로 내어놓다

계획이나 아이디어 등을 남들이 볼 수 있도록 공개하는 그림입니다.

> Israel has put forward a plan for the stage-by-stage withdrawal of its troops that have occupied positions on the territory of the Palestinian Authority.
> 이스라엘은 팔레스타인 자치 지역에 주둔해 있던 군사를 단계적으로 철수하는 계획을 제시했다.
> During the summit, Qaddafi put forward an idea of modeling the African Union on the European Union.
> 정상회담에서 카다피는 유럽 연합을 본딴 아프리카 연합 구상을 밝혔다.

사람을 앞으로 내놓으면 후보 따위로 내놓는 것이 됩니다.

> Political parties in Arab countries seldom put forward female candidates. 아랍 국가의 정당들이 여성 후보를 내는 경우는 거의 없다.

14 put in 안으로 집어넣다

VCR에 비디오 테이프를 집어넣는 그림에서 출발하면 됩니다.

> Joy put the tape in his VCR and pressed the play button.
> 조이는 VCR에 테이프를 넣고 재생 버튼을 눌렀다.
> If you put a frog in boiling water, it'll jump right out. But if you put it in cold water and heat it up gradually, it'll just sit there and slowly boil to death. 끓는 물에 개구리를 집어넣으면 바로 튀어나온다. 하지만 찬물에 집어넣고 천천히 가열을 하면 개구리는 그냥 거기 앉은 채로 천천히 익어 죽는다.

in은 공간의 그림입니다. 공간이 있는 곳이라면 어디든 집어넣을 수 있습니다. 인형이나 해당 사물을 빚어 in의 공간으로 옮겨놓는 장면을 찍으면 됩니다. 문장 속에 등장하는 주어나 움직이는 대상에 집착하지 말고 한 발 떨어져서 순수한 전지적 작가 시점에서 바라보는 게 이해에 도움이 됩니다. 주차를 한다고 하는 것도 결국 주차장이라는 공간에 차를 집어넣는 겁니다.

I put my car in the parking lot and went into the hallway.
차를 주차장에 세우고 복도로 들어갔다.

이처럼 공간만 확실하면 어려운 다른 말을 쓰지 않더라도 많은 표현을 대체할 수 있습니다. '수감' 하는 것도 결국 감옥에 집어넣는 거지요.

I'll put you in prison someday! 언젠가는 감옥에 처넣고 말 거야!
Since the court agreed with the prosecution that Jones was a flight risk, they put him in jail.
재판부도 존스가 도주 위험이 있다는 검찰측 주장에 동의했기 때문에 그는 결국 수감됐다.

감옥에 넣기 전에 수갑을 채우는 것도 그럴 수 있습니다. 옷이나 장갑처럼 몸을 집어넣어 착용하는 건 모두 공간이 있다고 생각하거든요. 수갑도 손을 집어넣어 착용합니다.

The police will show up to put you in cuffs! 경찰이 나타나서 너 수갑 채울 거야!
No children should be put in an institution just to get help. People should get help in their homes, where their children belong.
도움을 준답시고 아이들을 수용 시설에 수용해서는 안 된다. 사람은 가정에서 도움을 받아야 한다. 아이들이 있어야 할 곳도 가정이다.
She was declared insane and put in a sanitarium.
그 여자 정신병 판정을 받고 정신병원에 수용됐어.

돈을 넣어놓는 은행도 공간, 계좌도 돈을 넣어두는 공간이니까 돈을 '예치한다' 거나 '입금한다'는 어려운 표현을 쓰지 않아도 '은행에 돈 집어넣는 것'이 가능합니다.

I will personally set up your account and put $500 in your account to get you started. 내가 직접 니 계좌를 트고 500달러를 착수금으로 넣어주지.

We put a lot of money in R&D to become a very innovative company.
매우 혁신적인 회사가 되기 위해 R&D에 돈을 많이 투자하고 있습니다.

어디에 돈을 투자하는 것도 같은 이치입니다.

You put your money in the stock market right at the peak.
상투 잡을 시기에 주식시장에 돈을 처넣었구만.

Why would you want to put all of your retirement funds in one high-tech stock? 왜 퇴직 자금을 몽땅 기술주 한 종목에 쏟아부으려고 하는데?

식물을 심는 것도 땅이라는 공간에 집어넣는 겁니다. 뿐만 아니라 책에도 내용을 집어넣지요.

They put in a lawn this year. It's new.
올해 잔디 깔았어. 새 거야.

They tore out the orange tree and put in flowers.
그들은 오렌지 나무를 없애고 꽃을 심었어.

Some people in the area affected by the flood will not put in crops this year. 홍수 피해를 입은 이 지역 일부 주민들은 올해 작물을 심지 않으려고 한다.

It's a nice story. You can put that in your book. 좋은 얘기다. 니 책에 써.

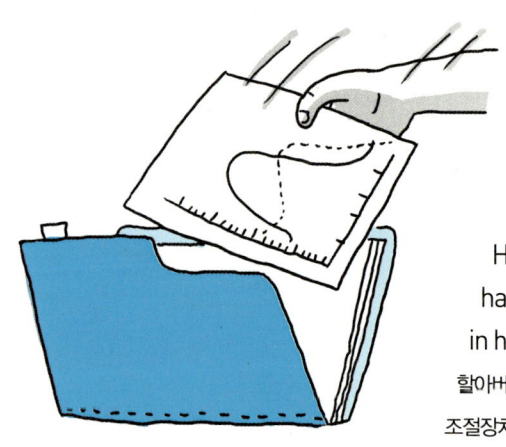

Don't forget to put that figures in your report. 그 그림들 보고서에 넣는 거 잊지 마.

심지어 사람 몸에도 뭔가를 집어넣습니다. 특정 상태도 공간이라고 생각하기 때문에 넣을 수가 있습니다.

He's 70 years old, and the closest thing that he's had to a vacation is when they put a pacemaker in him four years ago.
할아버지는 일흔이신데 휴가 비스무레한 거라고는 4년 전 심장박동 조절장치 수술받을 때 입원한 게 전부다.

The terrorist was going to put a bullet in Mike's head, so I had to shoot him first. 테러범이 마이크 머리에 총을 쏘려고 해서 내가 먼저 쏠 수 밖에 없었어.

You pull me out now and you put this whole operation in jeopardy.
날 지금 빼내면 작전 전체가 위태롭게 된다구.

You ever put my wife's life in danger again and I will kill you.
다시 한 번 내 아내를 위험에 빠뜨리면 죽여버릴거야.

She's stabilized, but the internal bleeding was severe. They put her in a coma until she recovers minimum metabolic function. 그녀는 안정을 되찾았지만 내부 출혈이 심해. 최소한의 대사 기능이 회복될 때까지 혼수상태에 빠뜨렸지.

I need you to put me in touch with a friend of yours.
자네 친구 하나랑 연결을 좀 해줬으면 하는데.

I don't want to do anything to put you in any more pain.
더 이상 당신을 고통에 빠뜨리는 일은 하고 싶지 않아요.

Who put you in charge? 니가 누구 덕에 책임자가 됐는데?

His words put me in a foul mood. 그 사람 말을 듣고 기분 잡쳤다.

Your father is my boss. Meeting you personally would put me in an awkward position with your father.
니 아버지가 내 상사야. 너랑 개인적으로 만나면 내 입장만 난처해진다구.

순위도 일정 범위를 묶어 공간을 만들 수 있지요.

In terms of raw body count, Hitler's crimes put him somewhere in the top ten mass murderers of history.
죽은 사람 수만 따진다면 히틀러는 역사상 가장 사람을 많이 죽인 상위 10위 안에 들지.

ESPN put Carl Lewis in the top 15 athletes of all time.
ESPN은 칼 루이스를 역사상 가장 뛰어난 15명의 체육인 중 하나로 선정했다.

지위도 공간이 보입니다.

Mob-controlled union votes put him in office.
그는 마피아가 밀어준 노조 표 덕분에 자리를 꿰찼지.

It's important to put in a president who represents all the people, not just some people.
일부가 아닌 모든 국민을 대표할 수 있는 대통령을 선출하는 게 중요다.

활자로 만들 수도 있습니다. 유언장에 집어넣을 수도 있구요. 수갑 얘기에서도 나왔지만 옷에도 공간이 있어 몸을 집어넣을 수 있습니다.

This book is my first attempt to put my thoughts in print.
이 책은 내 생각을 활자화하려는 첫 번째 시도다.

My father didn't want to put me in the will.
아버지는 날 유언장에 넣고 싶어하지 않았다.

My boyfriend said something about wearing a tie and my mind immediately put him in suit and tie and the image was nice.
남자친구가 넥타이 매는 얘기를 하길래 속으로 그 자리에서 넥타이랑 양복 입은 모습을 그려봤는데 썩 괜찮았다.

머리를 땋는 형태도 표현할 수 있습니다.

She's washed her hair and put it in a ponytail. 머리를 감고 뒤로 땋았다.

집안에 뭔가 설치하는 것도 결국 집어넣는 겁니다. 이 역시 현실 세계를 떠올리는 것보다 찰흙으로 장난감 집을 만들어놓고 이것저것 집어넣는 장면을 찍으면 이해가 빠릅니다.

If you are prepared to put in a new door, consider installing a peep hole for added security. 문을 새로 달려거든 보안 강화를 위해 문구멍도 설치해보라구.

There is a little apartment above the garage. One of my grandsons lived there for a while. I fixed it up, put in a bathroom, and a small kitchen.
차고 위에 작은 방이 있어. 손자 한 놈이 한때 거기서 살았지. 내가 수리를 하고 침실이랑 작은 부엌도 만들어 넣었어.

When you decide to put in a pool, the first step is to look over your property, and decide where it should be put and what shape. 수영장을

만들려면 우선 멀찍이 서서 대지를 본 다음 어디에 어떤 형태로 집어넣을 건지 결정해야 한다.

남이 하는 말에 내 말을 끼워넣을 수도 있지요. 끼어드는 겁니다. 제안이나 주문도 해당하는 공간에 집어넣어야 처리됩니다. 집어넣는 공간은 문맥에서 결정되겠지요.

"I don't think that's a good idea," put in Sam.
"좋은 생각 같지 않은데." 샘이 끼어들었다.

How dare you put in a request for me to undergo a psychiatric evaluation?
니가 어떻게 나보고 정신감정을 받으라는 요청을 할 수가 있지? (감정을 하는 해당 부서)

I put in an order almost a month before I need to receive the products.
물건이 필요하기 거의 한 달 전에 주문을 넣어놓지. (주문 받는 곳)

Cooperman reported his car stolen and put in an insurance claim for one million dollar.
쿠퍼맨은 차량 도난을 신고하고 백만 달러 보험금 지급을 신청했다. (보험회사)

request 등의 표현이 없어도 문맥에서 알 수 있는 경우도 있습니다.

I'll make it up to you and Jamie. I promise. I'll put in for a desk job.
제이미, 지금까지 잘못한 거 다 갚아줄게. 약속해. (경찰에게 위험천만인 현장 말고) 사무직 신청할 거야. (신청 받는 부서)

지금 하는 일에 시간이나 노력도 집어넣습니다.

I guess I'll have to put in for some overtime to get extra money.
시간외 근무라도 해서 돈을 좀더 벌어야 할 것 같아.

How can we have the same success personally as well as professionally when we don't put in a fraction of the time or effort?
시간이나 노력을 투자하지 않으면서 개인적으로나 직업 면에서 어떻게 남과 같은 성공을 바랄 수가 있지?

The Don dismissed Hagen and told him to come back to the house after supper. But to take his time and rest a little since they would put in a long night of discussion. 대부는 하겐에게 저녁을 먹고 다시 집으로 오라고 말했다. 하지만 밤늦게까지 할 얘기가 많으니까 오기 전에 충분히 시간을 갖고 조금 쉬라고 했다.

We put in 12-hour days at our professions. I think a personal life is more important, but we can't have one. 직장에서 하루 12시간씩 일을 한다구. 사생활이 더 중요한 건 사실이지만 그럴 여유가 없어. (하루 몇 시간씩 일하는지 직접 표현하기도 합니다.)

전화도 집어넣고 믿음이나 희망도 집어넣을 수 있습니다. 배도 항구에 집어넣을 수 있지요. 세상에 못 집어넣을 것이 글쎄, 있을까요?

I have put in a call to the doctor and they are to call me tomorrow.
의사한테 전화 넣었는데 내일 전화 준대.

When I put in a call to Lisa's cell phone and she answered, I heard chaotic street sounds.
리사 핸드폰으로 전화 넣어서 걔가 받았는데 길거리 소음이 장난 아니더라.

I used the pay phone in the lobby to put in an anonymous call to the police about the murder.
로비의 공중전화에서 살인 사건에 대해 경찰에 익명의 제보전화를 넣었다.

In the matter of love, one has to put faith in the beloved. So faith is not peculiar to religion; it is found in almost every activity of life.
사랑 문제에 있어서 누구나 사랑하는 사람에 대해 믿음을 가져야 한다. 그러니까 믿음이란 종교에만 있는 게 아니다. 거의 모든 일상생활 속에서 발견할 수 있는 게 믿음이다.

You should never put all your trust in one news source.
뉴스출처 하나만을 전적으로 신뢰해서는 안 된다.

We put little hope in the outcomes of the meeting.
회담 결과에 거의 희망을 갖고 있지 않습니다.

The damaged ship put in at the nearest port for repairs.
파손된 선박은 수리를 위해 가까운 항구에 정박했다.

15 put into 안에 집어넣다

in에 도착점을 가리키는 to가 붙은 게 into지요. 내부 공간이 도착점이라는 그림이 강조될 뿐 in과 크게 다르지는 않습니다.

She pulled two ten dollar bills from her purse and put them into an envelope. 지갑에서 10달러짜리 지폐 두 장을 꺼내 봉투에 넣었다.

If any of my personal stuff gets in your way when I'm on vacation, you just have someone box them and put them into storage.
내가 휴가 가 있는 동안 내 소지품이 걸리적거리면 누구 시켜서 포장해서 창고에 넣어두라고 해.

Even if a man is found begging in the streets it is not reason enough to put him into an institution.
거리에서 구걸을 했다고 해서 사람을 정신병원에 수용할 사유가 되지는 않는다.

Put one million dollars into this account. 이 계좌로 백만 달러 집어넣어.

Many are calling for the president to change his predecessor's policies that put women into combat areas. 여성을 전투 지역에 투입하도록 한 전임자의 정책을 현 대통령이 바꿔야 한다고 주장하는 이들이 많다.

It's time to put your plan into action. 계획을 실천에 옮길 때다.

A seizure like that could put him into a vegetative state.
저 정도 발작이면 식물인간이 될 수도 있어.

If you're in the market for a new car, don't let the purchase put you deeper into debt than is necessary.
새 차를 사려고 한다면 구입 비용 때문에 불필요하게 빚을 져서는 안 된다.

Women will either put a man into the category of 'friend' or 'lover', but not both.
여자들은 남자를 '친구', 또는 '애인' 하나로 구분하고 둘 다라고 여기는 경우는 없다.

Why don't you have some respect for those of us who put you into office? 당신을 선출해준 사람들을 어느 정도 존중해줘야 하는 것 아닌가?

What do you mean everything I do is illegal? I put a lot of money into legitimate places, like my restaurant.
내가 하는 게 몽땅 불법이라니? 합법적인 곳에도 많이 투자한다구. 내 식당처럼 말이야.

I just can't put my feelings coherently into words.
감정을 조리 있게 말로 표현할 수가 없네요.

The terrorists have launched a massive information war, trying to put fear into the American's hearts.
테러범들이 대규모 정보전을 펼쳐 미국인의 마음에 공포를 심어주려고 애써왔다.

The candidate tried to put much passion into his speech.
그 후보는 자신의 연설문에 열정을 담으려고 노력했다.

Encourage literally means 'to put courage into someone.' 격려한다는 건 말 그대로 누군가에게 용기를 불어넣는 걸 뜻한다.

The captain said he must put into the nearest port.
선장은 가까운 항구에 정박해야 한다고 말했다.

실제 행동으로 집어넣는 건 in에는 없는 그림입니다.

We've put a lot of manpower into finding the suspect, but we've come up with nothing. 용의자 찾는데 많은 인력을 쏟아부었지만 아무 것도 얻은 게 없다.

16 put off 떨어뜨려놓다

원래 붙어 있던 것을 떨어뜨려놓는 그림입니다.

Put your hands off me! 내 몸에서 손 떼!

사람을 차량에서 떼어놓으면 내려놓는 겁니다. 전기를 끊으면 꺼버리는 거지요. 몸에서 옷을 떼어내면 벗는 겁니다.

I asked the driver to put me off at the nearest stop.
가까운 정류장에 내려달라고 했다.
I put the lights off and started the movie. 불을 끄고 영화를 시작했다.
He put off his clothes and jumped into the pool. 옷을 벗고 수영장에 뛰어들었다.
The knights were never to put off their armor, except for the purpose of rest at night. 기사들은 밤에 쉴 때를 제외하고는 갑옷을 벗는 법이 없었다.

전지적 작가 시점에서 뭐든지 떼어놓을 수 있습니다.

If we go out of our way to put off the press, they'll know something's up.
언론을 떼어놓으려고 지나치게 애를 쓰면 기자들이 낌새를 챌 거야. (언론을 떠밀어서 가까이 못 오게 하는 그림입니다.)

이번에는 일거리에서 사람을 떼어놓는 그림을 쉽게 연상하실 수 있을 겁니다.

I saw my doctor and he put me off work straight away.
의사한테 갔더니 곧바로 일을 못하게 하더라구.
I read a book that describes in detail how manufactured burgers come about and, believe me, it's enough to put you off burgers for life.
가공한 햄버거가 어떻게 만들어지는지 자세히 묘사한 책을 읽은 적이 있는데, 날 믿어, 너 그거 보면 평생 햄버거 안 먹을 거야.

햄버거에서 떨어뜨려놓는 그림입니다.

My father's death put me off drinking for life.
아버지의 죽음으로 평생 술을 안 마시게 됐지.
The news has put me off my dinner.
그 소식을 듣고 저녁 먹을 생각이 싹 사라졌다.
(저녁식사에서 떼어놓는 그림이지요.)

Marking your belongings may put burglars off as it will make the belongings harder to sell, and can help the police investigate.
소지품에 표시를 해두면 도둑을 막을 수도 있다. 표시를 해둔 물건은 팔기도 힘들고 경찰이

수사를 하는 데도 도움이 되기 때문이다. (도둑을 멀리 떠미는 그림입니다.)

싫은 점 때문에 흥미나 엄두가 나지 않는 것도 멀리 떨어지는 그림입니다.

> I have attempted to read the book a number of times, but the old English puts me off. 몇 번을 그 책 읽어보려고 시도해봤지만 옛날 영어 때문에 정이 안 간다. (책이 씌어진 옛날 영어가 날 밀어내는 그림이지요.)
> The length of some songs on this album might put some listeners off. 이 앨범에는 긴 노래도 있어서 청취자들이 싫어할 수 있다.
> You shouldn't be put off by technical jargons. If you read a few paragraphs, you'll learn that it's very readable. 기술적인 전문용어 때문에 지레 겁먹을 건 없다. 몇 단락 읽어보면 꽤 읽을 만하다는 걸 알게 될 테니까.

사람한테서 떨어져 나오면 정이 떨어지는 거겠지요.

> His violence is starting to put me off him and is now affecting our marriage life as I'm finding him less and less attractive. 남편의 폭력성 때문에 정떨어지기 시작했고 남편이 갈수록 매력이 없어 보여 이제 결혼생활까지 영향을 미치고 있다.

정이 떨어지게 하는 뭔가를 명사형으로 나타낼 수도 있습니다.

> Too much advertising on a blog is a put-off for me. 블로그에 광고 너무 많이 하는 거 짜증나.
> The movie was rather good but too much foul language in it was a bit of a put-off for me. 영화는 꽤 괜찮았는데 욕이 너무 많이 나와서 조금 짜증났어.

하던 일을 중단하는 것도 행동 자체를 뒤로 미루는 것도 일이나 계획에서 멀어지는 그림입니다.

> Everything was fine at the beginning, until I started playing the guitar solo. Once I broke into my solo, I was put off by a loud thump coming from the door. 처음에는 모든 게 좋았다. 기타 솔로를 치기 시작했을 때가 문제였다. 솔로를 치기 시작하자 문을

쿵쿵 두드리는 소리에 연주를 멈춰야 했다.

시간상 멀리 떼어놓으면 미루는 겁니다.

> Tomorrow night is good, but uh, you know what? Why put off something till tomorrow that you can do right now?
> 내일 밤 좋지, 근데 있잖아. 뭐 하러 오늘 할 수 있는 일을 내일로 미뤄야 하지?
> She suggested that we put the wedding off for a bit. 결혼을 조금 늦추자고 했다.
> Incredibly, some people die prematurely because they put off seeing the doctor about a heart pain or a growing lump.
> 어처구니 없게도 어떤 사람들은 심장 통증이나 멍울이 커가는 걸 알면서도 의사한테 가기를 미루다가 조기 사망하기도 한다.
> Carlos can't be put off any longer. We'll have to deal with him one way or another as soon as possible.
> 카를로스 건을 더 이상 미룰 수 없어요. 어떻게 하든 빨리 처리해야 합니다.

'사람'을 시간이나 약속처럼 미룰 순 없겠지요. 그 사람과 해야 할 일, 관련된 일을 미룬다는 듯입니다. 문맥상 카를로스를 만나는 일일 수도 있고, 돈을 주는 일일 수도 있고, 심지어 죽이는 것도 가능합니다. 열쇠는 카를로스를 상대로 어떤 행동을 미뤄왔는지 문맥이 쥐고 있지요.

 put on 붙여놓다

어딘가에 붙여놓는 그림입니다.

> Don't put your feet on the desk. 다리 책상에 올려놓지 마.
> He put the glass upon the table and stood up.
> 그는 탁자에 잔을 올려놓고 일어섰다.
> Your son put a tack on the teacher's chair during class.
> 당신 아들이 수업 중에 선생님 의자에 압정을 올려놓았대요.
> Someone came up behind me and put his gun on my neck.

누군가 뒤에서 달려들더니 목에다 총을 들이댔다.
I'll never let you put your hands on my kids.
우리 애들한테 손 못 대게 할 거야.
Sometimes I put salt on oranges. It really brings out the flavor.
때로는 오렌지에 소금을 뿌려먹을 때도 있지. 맛이 진해지거든.

역시 전지적 작가 시점에서 뭐든지 붙여놓을 수 있습니다.

The mission of this program is to put more people on bicycles more often. 이 프로그램의 목적은 더 많은 사람이 자전거를 더 자주 타게 만드는 것이다.

프로그램이 사람을 들어서 자전거 위에 올려놓는 그림을 그려야 합니다. 만화 속 세계를 전지적 작가 시점으로 그리고 있으니까요.

My doctor put me on an anti-depressant, and I am feeling better. 의사가 항우울제를 처방해줘서 이젠 기분이 좋아졌어.

의사가 나를 약 위에 올려놓는 거지요. 식이요법 위에 올려놓기도 합니다.

The doctor put me on a diet high in protein, fruit and vegetables. Within a week my energy levels had improved.
의사가 단백질, 과일 및 야채가 풍부한 식이요법을 처방했다. 일주일만에 원기가 좋아졌다.
You should never put your picture on the Internet.
니 사진 절대 인터넷에 올려놓으면 안 돼.
How much video can I put on a DVD?
DVD 한 장에 동영상을 얼마나 담을 수 있어요?

인터넷이나 디스크에 뭔가 올려놓으면 거기에 저장을 하는 것이겠지요. 데이프에 올려놓아도 마찬가집니다.

I'll put his speech on a videotape and mail it to you.
그 사람 연설을 비디오 테이프에 담아서 우편으로 부쳐줄게.
Hey, I'm the one who put food on the table in this family!
야, 우리 집에서 밥벌이 하는 건 바로 나야!

식탁에 음식 올려놓는 그림이니 이해하기 쉽습니다.

Treat people well enough, eventually somebody will put you on television.
사람들을 잘 대해주면 결국 누군가 널 TV에 내보내줄 거야.
You Americans put a man on the moon. Why can't you build a democracy here overnight?
당신네 미국인들 달나라에 사람도 보냈잖수. 하룻밤 사이에 여기에 민주주의 국가 하나 건설해봐! (이렇게 달나라에도 올려놓을 수 있군요.)

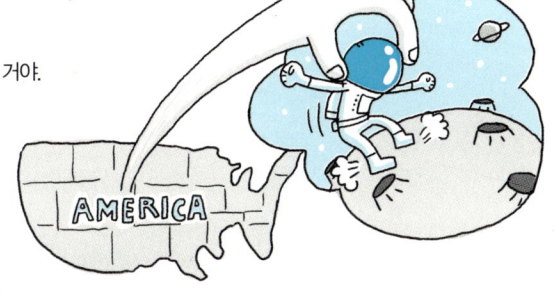

정말 만화적인 상상력이지요? 달나라에 사람을 보냈다는 얘기는 미국의 '능력'을 비꼬거나 할 때 자주 쓰는 말입니다. 달나라에 사람도 보냈는데 뭔들 못하겠냐는 투지요.

몸에 착용하는 건 뭐든지 갖다 붙일 수 있습니다. 옷은 물론이고 심지어 렌즈도 가능합니다.

Bundy removed his gloves and put on his jacket.
번디는 장갑을 빼고 재킷을 입었다.
Put on your contact lenses before applying makeup and remove the lenses before washing off your makeup.
콘택트 렌즈는 화장을 하기 전에 끼고 화장을 씻어내기 전에 빼야 한다.

얼음 주머니도 몸에 대는 거라 put on합니다. 이어폰도 귀에 꽂지만 결국 몸에 붙이는 거라 put on합니다. 립스틱 같은 화장품도 몸에 바르는 거라

마찬가지입니다. 우리는 향수를 뿌린다고 하지만 영어로는 몸에 닿는 개념으로 보아 put on을 씁니다.

Put on an ice pack. Ice decreases inflammation by decreasing blood flow to the injured area.
얼음 주머니 갖다 대봐. 얼음은 상처난 부위에 혈액 순환을 더디게 해서 염증을 막아주거든.

I put on earphones and turn up the music. 이어폰을 끼고 음악을 크게 틀었다.

John was putting on the Chap Stick the same way that women put on lipstick, including the bit with the piece of tissue. Gross.
존이 여자들 립스틱 바르듯이 챕스틱을 바르고 있더라구. 티슈 가지고 입술 찍어내는 짓까지 그대로 하더라니까. 웩.

You better put on some sunscreen. You look like you're getting burned.
선크림 좀 바르지 그래. 타는 거 같은데.

Do not put on too much perfume before a job interview. Apply two hours before the interview, if possible.
면접 보기 전에 향수 너무 많이 뿌리지 마세요. 가능하면 면접 두 시간 전에 뿌려요.

They checked all my clothes, put handcuffs on me, sat me down on a chair and began to beat me. 옷을 모두 뒤지고 수갑을 채우더니 의자에 앉히고 두들겨 패기 시작했다. (수갑을 우리는 채우지만 역시 몸에 닿는 겁니다.)

찰흙 인형에 찰흙을 덕지덕지 붙여 풍보를 만들어보세요. 그리고 표정을 짓는 것까지 가능합니다. 가면을 쓰는 그림을 그리는 것이지요.

Experts advise that ex-smokers need to make sure they do not put on too much weight after quitting. 전문가들은 금연을 한 사람들이 담배를 끊은 다음 살이 너무 많이 찌지 않도록 노력해야 한다고 충고한다.

> I put on a happy face, take a deep breath and go out and pretend all is well. 즐거운 표정을 짓고 숨을 깊이 들이쉰 다음 밖에 나가 아무 일도 없다는 듯 행동했다.
> I put on a smile, and tried to pretend that I was all right. 미소를 띠고 아무렇지 않은 듯 행동하려고 애썼다.

직접 표정을 짓는 게 아니라 그런 표정을 짓게 만들 수도 있죠. 그리고 말투도 가능합니다. 역시 마스크를 쓰듯 원래 사용하지 않는 말투나 억양을 사용하는 걸 말합니다.

> There are some memories that take us back in time and put a smile on our face. 과거를 생각하게 하고 얼굴에 미소를 머금게 하는 추억들이 있다.
> What the heck are you talking about? Why have you suddenly put on a Scottish accent? 무슨 소릴 하는 거야 대체? 왜 갑자기 스코틀랜드 억양을 쓰고 난리야?

특정 장소에 가져다 놓으면 정확한 의미는 그 장소의 속성에서 나옵니다.

> All of us want to put the dictator on trial.
> 우리 모두 그 독재자를 재판정에 세우고 싶어한다.
> I'm going to put that lying bastard on the stand someday!
> 언젠가는 저 거짓말 일삼는 나쁜 놈을 증인석에 세우고 말 거야!
> Sloane is a terrorist who's been put on Interpol's most wanted list.
> 슬론은 인터폴의 지명수배자 명단에 올라 있는 테러범이다.

사람을 일 위에 올려놓으면 off와 반대로 그 일을 시키는 겁니다.

> We need to backup this data. I will put Chloe on it right away.
> 이 데이터 백업해야 돼. 지금 당장 클로이에게 시킬게.

일을 사람 위에 올려놓아도 마찬가지 의미지만 부담을 지우는 뉘앙스가 됩니다.

> I am sorry to put this on you, but I didn't know who else to call.
> 너한테 부담 줘서 미안하지만 전화 걸 사람이 있어야지.

I guess I put too much pressure on myself because I wanted that gold medal too much. 금메달에 너무 집착해서 지나치게 부담을 가진 것 같아요.
You can't put all your problems on me, mom! 엄마, 모든 문제를 나한테 떠넘길 수는 없는 거잖아요!

개념 위에 올려놓을 수도 있습니다. 정확한 의미는 그 개념에서 나오지요.

We might have to put the wedding on hold. 결혼을 미뤄야 할지도 몰라.

hold는 움직이지 못하게 잡고 있는 개념이지요. 그 위에 올려놓으면 진행이 안 됩니다.

I'm going to put you guys on rotating shifts. 니네들 교대 근무 편성할 거야.
Police and government officials have been put on alert for incidents marking the third anniversary of the September 11 terror attacks in the United States. 미국의 경찰과 정부 관리들은 9.11 테러 3주년을 맞아 경계 태세에 돌입했다.

올려놓는 대상이 개념이 될 수도 있습니다.

With all the emphasis put on customer service these days, I am amazed at the poor service most businesses give.
요즘처럼 고객 서비스를 강조하는 때에 대부분의 기업들이 제공하는 형편없는 서비스에 놀란다.
If something is being given away for free, most people put little value on it. 뭔가 공짜로 나눠주면 대부분의 사람들이 별로 가치를 부여하지 않는다.
You want me to buy me out of this business? So you put a price tag on our friendship?
돈 주고 날 사업에서 쫓아내겠다고? 그러니까 우정에 값을 매긴다는 말이지?
We had no cash, so I had to put the groceries on my card.

현찰이 없어서 식료품을 카드로 긁어야 했다. (신용카드에 뭔가 올려놓으면 카드를 긁는 겁니다.)
Figure out how much money you can afford to put on your card each month, and do not exceed that amount unless there is a true emergency. 매달 얼마의 돈을 카드로 긁을 수 있는지 계산해서 정말 위급할 때가 아니면 그 한도를 넘지 말아야 한다.
You should always put your money on a winning horse.
이기는 말에 돈을 걸어야지. (돈을 올려놓는다는 것은 투자를 하는 것을 의미하죠.)
The authors of the articles are experienced scientists who have put many years on the subject, and therefore much of the discussions are quite advanced. 이 논문의 저자들은 해당 주제에 경륜이 있는 과학자들이라 대부분의 토론 내용이 꽤 수준이 높다. (시간을 걸어 투자하는 겁니다.)

자, 지치시면 안 됩니다. 나타낼 수 있는 표현들이 무한합니다. 불 위에 올려놓는 것일 수도 있습니다. 부착물을 설치하는 것도 가능합니다. 전기를 통하게 하거나 기계를 작동시키는 그림도 됩니다.

Don't leave. I just put on some tea. 가지 마. 차 올려놨어.
I'll put on a pot of coffee. We've got a long night's work ahead.
커피 한 주전자 올려놓을게. 오늘 밤늦게까지 일해야 되니까.
A burglar broke in last night. We'll have to put on a new lock or something. 어젯밤에 도둑이 들었어. 새 자물쇠를 달던가 해야지.
I pulled over to the side of the road and put my blinkers on.
차를 길가로 붙이고 깜빡이를 켰다.
It was raining hard. She put the wipers on and leaned forward to see better. 비가 심하게 내렸다. 와이퍼를 켜고 더 잘 보기 위해 몸을 앞으로 기댔다. (대부분의 방향 지시등은 손으로 밀어서 켜지요. 와이퍼도 마찬가집니다.)
The light turned red just as we reached it, and Lester put on the brake.
신호등이 빨간불로 바뀌었고 레스더는 브레이크를 밟았다.
He rose out of bed and put on some music.
침대에서 일어나 음악을 틀었다. (음악을 틀려면 오디오 전원을 넣어야지요.)

Ken, stop messing with the radio. Put on a Sinatra Christmas CD.
켄, 라디오 그만 만지작거려. (프랭크) 시나트라 크리스마스 CD나 틀어봐.

사람을 전화에 접촉시키면 통화를 하는 겁니다. 스피커 폰에 접촉시키면 다 들을 수 있도록 스피커로 말하게 만드는 거지요. 연극 따위를 무대에 올리는 것도 가능합니다. 탈 것에 사람을 올려놓을 수도 있지요.

Would you put your mom on the phone, sweetie? It's really important.
아가, 엄마 좀 바꿔줄래? 아주 중요한 일이란다.
Let me put you on speaker phone so everybody can listen to you.
다 들을 수 있도록 스피커폰으로 돌릴게.
My class went to a nursing home today to put on a play.
오늘 우리 반이 양로원에 가서 연극을 했다.
He walked me to the bus station and put me on the bus.
버스 정거장까지 배웅하고 버스를 태워줬다.
My father put me on this plane with you?
아버지가 너랑 나랑 이 비행기에 같이 태웠다구?

구어체로 감전시키듯이 사람을 놀리거나 골탕먹이는 그림을 그리기도 합니다. 그런 속임수를 명사형으로 쓸 수도 있습니다.

Are you really interested in my project or are you putting me on?
정말 내 프로젝트에 관심이 있는 거야, 그냥 놀리는 거야?
I'm not putting you on, I heard him say that he loves you with my own ears. 너 놀리는 거 아냐. 그 남자가 너 사랑한다고 하는 걸 두 귀로 똑똑히 들었어.
What? You're seeing the daughter of the President? You're putting me on, right? 뭐? 니가 대통령 딸이랑 사귄다구? 장난하는 거지, 그치?
What he has led us to believe is nothing but a put-on.
그 놈이 우리한테 믿게 만든 건 속임수에 불과했다.
His outward stubbornness is nothing but a put-on to hide a very sensitive soul.

그의 고집스러운 겉모습은 안에 감춰진 아주 여린 영혼을 숨기기 위한 속임수에 불과했다.

역시 구어체에서 on에 to까지 붙여 사람을 다른 사람에 붙여주면 소개를 시켜주는 겁니다. 사물에 붙여주면 이동시켜주는 것이고 행동 따위에 붙여주면 그 행동을 하게 만드는 겁니다.

This week, I wanna put you on to a young lady that I consider a personal friend. 이번 주에 내가 개인적으로 친구로 여기는 젊은 아가씨 하나 소개시켜줄게.
The bridge will put you on to Washington Street. 이 다리 건너면 윌 가에 닿는다.
Did you pick up on hip hop on your own or did somebody put you on to it? 너 혼자 힙합을 배웠니, 아니면 누가 가르쳐준 거니?

18 put out 밖에 내어놓다

안쪽에서 바깥쪽으로 이동시키는 그림입니다. 신체의 일부를 몸 쪽으로 당기면 in 바깥쪽으로 내밀면 out입니다. 사람만 뭔가 뻗는 게 아닙니다. 식물도 잎을 내놓을 수 있습니다.

Mom opened the front door to put out the milk bottles.
엄마가 현관문을 열고 우유병을 내놓았다.
Jack put out his arm and saved him from a fall.
잭은 팔을 뻗어 넘어져 다치는 걸 막았다.
Put your right foot in and put your left foot out.
오른발을 들이고 왼발을 내놓으세요.
Plants never stop growing, and put out new leaves to capture as much light as possible.
식물은 성장을 멈추지 않는다. 최대한 빛을 많이 받으려고 새 잎을 틔운다.
Our azaleas have already put out the buds that will turn into flowers next spring. 우리 진달래가 벌써 꽃봉오리를 터뜨려서 봄이 되면 꽃이 필 것 같아.

동물을 밖에 내놓을 수도 있습니다. 비유적으로 물건을 만들어 바깥세상에 내놓을 수도 있습니다. 출판물도 바깥 세상에 내놓습니다.

I put my dog out to pee, but when I bring him back in he pees in the house. 개 쉬하라고 밖에 내놓는데 집에 데리고 들어오면 또 싸.

We rode our horses to a nearby lake. I put them out to graze while my wife set up the tent.
말을 타고 근처 호수가에 갔다. 아내가 텐트를 치는 동안 말에게 풀을 뜯겼다.

Such companies give the legitimate companies who are striving to put out quality products, a bad name.
저런 회사들은 품질 좋은 제품을 만들려고 애쓰는 다른 기업들마저 욕먹게 만들지.

Judy put out a book of the humorous memories of her first world tour.
주디는 첫 세계여행의 재미있는 추억들을 책으로 엮어냈다.

일반에게 공개하는 건 모두 가능합니다.

We put out a statement yesterday following the meeting with more details. 어제 회담에 대한 더 자세한 내용을 담은 성명서를 발표했다.

We will put out a press release tomorrow. 내일 보도 자료를 발표할 것이다.

The government has put out an advertisement on TV promising a reward of more than one million dollars for information about the terrorists. 정부는 테러범들에 대한 정보를 제공하는 사람에게 백만 달러 이상의 포상금을 약속하는 TV 광고를 냈다.

불을 내놓으면 꺼뜨리는 겁니다. 담뱃불이나 담뱃불, 심지어는 전깃불도 이렇게 끕니다. 사람을 전기불 끄듯이 꺼버릴 수도 있습니다. 정신이 나가게 하는 것이지요.

Sometimes a fire needs to be lit in order to put out another fire.
때로는 불을 끄기 위해서 또 다른 불을 지펴야 할 때가 있다.

I ran over to the sink and got a glass of water to put out the fire.
싱크대로 뛰어가 물 한 잔을 떠서 불을 껐다.

I hate it when people put out their cigarettes on a tree.

나무에 대고 담배 끄는 사람들 보면 너무 싫어.

Put out the candles before you go to bed or if you leave the house.
잠자리에 들거나 집을 나설 때 촛불을 끄세요.

You should put the lights out when you are not using a room.
방을 사용하지 않을 때는 전등을 끄세요.

I had my appendix removed a week ago and until they gave me a shot to put me out for the operation, it hurt like hell. 일주일 전에 맹장 수술을 받았는데 수술하려고 마취 주사를 맞고 정신이 나갈 때까지 겁나게 아프더라구.

You're not thinking clearly. You've got to put her out of your mind. 너 지금 판단력이 흐려져 있어. 그 여자 잊어버려야 돼.
(어디서 밀어내놓는지는 of를 붙이면 되겠지요.)

Many bloggers think they are going to put CNN out of business. 자신들이 CNN을 망하게 할 수 있다고 생각하는 블로그 사용자들도 많다.

As mayor, I am prepared to start a revolution, the result of which might very well put me out of a job.
시장으로서 혁명을 시작할 준비가 돼 있다. 그 결과로 내가 자리에서 쫓겨나더라도 말이다.

배를 바다로 내어놓아 항해를 시작할 수도 있습니다.

As the boat put out to sea, the air grew cooler.
배가 바다로 나오자 공기가 차가워졌다.

19 put over 덮어놓거나 건네주다

손으로 귀나 입을 덮는 그림에서 출발합니다.

She put her hands over her ears to shut out the noise.
소음을 차단하려고 두 손으로 귀를 덮었다.

Phil and Linda both put their hands over their mouths, looking horrified. 필과 린다 모두 손으로 입을 막고 공포에 질린 모습이었다.

비유적인 그림도 이해가 어렵지 않습니다.

I put a roof over your head! Does that mean nothing to you?
누구 덕분에 니가 비 안 맞고 사는데? 그런 건 안중에도 없니?

지붕을 머리 위에 쳐준다는 건 비바람 걱정 안하고 편히 살 곳을 마련해줬다는 걸 말합니다.

아이디어를 가지고 사람 머리를 가로지르면(across) 이해시키는 것이라고 했지요. 아이디어를 건네줘도(over) 마찬가집니다.

It is extremely hard to put your ideas over in a foreign language.
외국어로 자신의 생각을 설명하기란 참 어렵지.

Rachel's voice was not audible and she seemed unable to put her speech over to the audience.
레이첼의 목소리는 잘 들리지 않아서 청중에게 연설 내용을 전달하는 데 어려움이 있는 듯 했다.

20 put through 통과시키다

장애물을 관통시키는 그림입니다.

The magician put a stick through a balloon from one end to the other without popping it. 마술사가 풍선을 터뜨리지 않고 나무 막대기를 통과시켰다.

You can't put a person through a hole that small. You can't put anything through it. 사람을 저렇게 작은 구멍으로 밀어낼 수는 없어. 아무것도 못지나가겠다.

I put my arm through Judy's and we walk towards our home. 주디랑 팔짱 끼고 집으로 향했다. (팔짱을 끼는 행위도 결국 팔을 다른 사람 팔 사이로 통과시키는 것이지요.)

총알이 사람을 관통할 수도 있습니다.

The men who have you in their sights have been instructed to put a bullet through your brain if you dial your cell or leave this table within 30 minutes. 널 주시하고 있는 저격수들은 니가 30분안에 핸드폰을 쓰거나 이 자리를 뜨려고 하면 머리를 쏴버리라는 지시를 받은 상태야.

총을 쏘는 것과 관련해서 put을 자주 쓰는데요. put in이나 into를 쓰면 총알을 몸에 집어넣기만 하는 그림입니다. put through를 쓰면 총알이 몸을 관통해서 밖으로 빠져나오는 그림까지 그리는 겁니다. 구체적인 그림이 그렇다는 거지 총으로 쏴서 맞추겠다는 의도는 똑같습니다.

Hey, you call me that again I'm going to put your head through the wall.
야, 또 한 번 나 그렇게 부르면 머리를 벽에 대고 부숴버리겠어.

사람 머리로 벽을 깨고 통과시키겠다는 건 우리와 좀 다른 만화적 상상력이지요. 실제로 어려움을 통과하는 그림일 수도 있습니다.

A : I'm sorry to put you through this, Jack.
B : Don't you ever say that to me. You of all people. I owe you my life.
A : 잭, 이런 일을 겪게 해서 미안하네.
B : 그런 말 다신 하지 마세요. 다른 사람도 아니고 당신이. 내 생명의 은인인데.

I need to know who has put me through this ordeal and why.
이런 시련을 겪게 된 게 누구 때문이고 왜 그랬는지 알아야겠어.

전화를 걸 때 연결되는 것도 가능합니다. 이 사람 저 사람 거쳐서 원하는 사람과 통화하는 그림입니다.

Yeah, it's Jack. Put me through to Erin. 응, 잭이야. 에린 바꿔줘.
If we are in a meeting, they will only put emergency calls through to us.
우리 회의중이라 급한 전화만 연결하게 돼 있어.
Wow, with this money, I could put all my kids through college.
와, 이 돈이면 우리 애들 몽땅 대학에 보낼 수 있겠다. (through에 관통의 그림이 있다 보니 어떤 과정을 마치게 할 수도 있습니다.)

Jane dropped out of college to put her boyfriend through medical school. 제인은 자기 남자친구 의대 보내려고 대학을 중퇴했어.

공작 기계를 통과하면 그 기계를 사용하는 겁니다. 시험도 통과시킬 수 있습니다.

I put the lamb through the meat grinder. 양고기를 고기 분쇄기에 넣고 갈았다.
Put the oranges through the blender at the highest speed for about 20 seconds. 오렌지를 믹서에 넣고 20초 정도 최고 속도로 돌리세요.
Our suspect Monty would be about thirty and weigh around two hundred twenty pounds. We'll have Interpol put that through their computers. 우리가 찾고 있는 용의자 몬티는 30세 정도고 220파운드 정도 나갈 거다. 인터폴에 컴퓨터 신원조회를 부탁해야겠어.
We put the new device through a series of rigorous tests.
새 기기는 엄격한 테스트를 거쳤다.
We will first put your business plan through a rigorous analysis.
먼저 당신의 사업계획서를 철저히 분석하도록 하겠습니다.

장애물을 뚫고 통과시켜서 성공하는 그림도 가능합니다. 예를 들어, 법안이 의회를 통과할 수도 있겠지요. 이때는 의회가 장애물이 되고 뚫고 지나가지 못하면 실패하는 겁니다. 장애물이 명확히 드러나지 않는 경우도 있는데 문맥에서 유추가 가능할 때입니다.

The other day I was reading in the *Air Force Times* that they are trying to put a bill through Congress which would give Veterans who have served in the Korean War or in Vietnam $50 a month for furthering their education. 얼마 전에 공군 잡지에서 읽었는데 한국 전쟁이나 베트남 전쟁에 참전했던 재향군인들이 공부를 계속할 수 있도록 한 달에 50달러씩 지원하는 법안을 의회에서 통과시키려고 노력 중이래.
His activities were not confined to New York; he put through big deals in Chicago and other American cities.
그 사람의 행동반경이 뉴욕에 국한된 건 아니었다. 시카고 등 다른 미국 도시에서도 큰 계약을 성사시켰다. (계약이 성사되지 못하도록 막는 여러 가지 장애물을 통과했다는 말입니다.)

21 put to 어딘가에 갖다 대놓다

가져다 놓는 도착점을 나타냅니다.

> I put a finger to his lips and hushed him.
> 나는 손가락을 그의 입술에 대고 그를 조용히 시켰다.
> You made your own decision! Nobody put a gun to your head.
> 니가 직접 내린 결정이야! 아무도 니 머리에 총 갖다 대지 않았다구.

개념을 갖다 댈 수도 있습니다. 그림을 하나 그려 벽에 걸고 제목을 갖다 붙이는 상황을 생각해보세요.

> When a face in a crowd gives you a nagging feeling that you know this person, one part of your brain has made a match between the face you are seeing and stored memories, prompting another part to try to put a name to the face.
> 군중 속에서 한 얼굴을 보고 아는 사람일지 모른다는 찜찜한 느낌이 들면 당신의 두뇌 한 부분에서 지금 보고 있는 얼굴과 저장된 기억간에 일치점을 찾았다는 말이고 다른 한 부분은 그 얼굴에 이름을 붙이려고 애쓰는 중인 거다.

> The shrink put a name to my problem — alien dysphoria. In other words, my self-image is not in sync with the planet I live on. 정신과 의사가 내 문제가 뭔지 이름을 붙여주더군. 외계인 정신 불안이래. 다시 말해, 내가 그리는 내 자신의 이미지가 내가 살고 있는 행성과 맞지가 않는 거지.

가격이나 수치를 매길 수도 있습니다.

How can you put a figure to the price of my children's lives?
어떻게 애들 목숨에 가격을 매길 수가 있지요?
I guess it's too early to put a figure to how much revenue we can generate. 우리가 얼마나 실적을 올릴지 수치로 나타내기엔 아직 너무 이르다.
The economy is quite unstable at the moment so we have not put a date to when we will increase the interest rates.
경제가 아직 꽤나 불안한 상태여서 언제 금리를 올릴지 날짜를 정하지는 않았다.

질문을 들이대는 것일 수도 있습니다.

Many of you are concerned about your weight and what you eat so we put some common questions to a food expert. 많은 분들이 체중과 음식에 대해 걱정을 하셔서 흔히 하는 질문 몇 가지를 음식 전문가에게 던져봤습니다.

어려움이나 돈, 시간 따위에 사람을 갖다 대면 그걸 겪거나 투자하게 만드는 겁니다. 주로 상대방에게 그렇게 하게 해서 미안하다는 인사말로 잘 씁니다.

The journey will put you to some expense. 이 여행하려면 경비가 좀 들거야.
I never meant to put you to so much trouble. Please forgive me.
이렇게 폐를 끼치려던 건 아니었는데 용서해주세요.
Could I put you to the trouble of rereading that brief last sentence?
맨 마지막 간단한 문장 하나 다시 읽어주실 수 있을까요?
I have put you to too much pain. I'm sorry. 폐를 너무 많이 끼쳐 미안합니다.
I hope it hasn't put you to too much inconvenience.
너무 폐 끼친 건 아닌지 모르겠네요.

22 put together 함께 모아놓다

따로 떨어져 있는 두 가지를 하나로 모아놓는 그림입니다.

Put two sticks together and you get a cross.
나뭇가지 두 개를 붙이면 십자가가 되지.

I put chairs together for the boys to sleep in the living room.
의자를 붙여서 아이들이 거실에서 잘 수 있게 해줬다.

퍼즐 조각을 한데 모으면 그 퍼즐을 맞추는 것이겠지요. 분해된 상태의 물건을 조립하는 것도 가능합니다. 목록도 하나 하나 항목을 모아 만들지요. 구성원을 한데 모아 조직을 만드는 그림도 가능합니다.

Trying to put puzzle pieces together without knowing what the finished picture looks like is extremely difficult.
완성된 그림을 모르고 퍼즐 조각을 맞추는 건 무지 어렵다.
As I put the gun together, it went off. 총을 조립하는데 발사가 됐어.
I have put together a list of fun and educational websites for kids.
아이들을 위한 재미있고 교육적인 웹사이트를 모아봤어요.
I am looking to put together a team to develop a new game.
새 게임을 개발할 팀을 구성하려고 해.
A committee has been put together to conduct the research.
연구를 시행하기 위해 위원회가 구성됐다.
If you're a prince, your job is to put together an army and lead it. If you're a commoner, your job is to find a leader. 당신이 왕자라면 당신이 해야 할 일은 군사를 일으켜 지휘하는 일이요, 평민이라면 지도자를 찾는 일이겠지요.

계획도 이 아이디어 저 아이디어 모아서 세웁니다. 푼돈을 모아 목돈을 만드는 그림도 되지요. 음식도 재료를 모아 만듭니다. 합쳐서 총계를 내는 그림도 가능합니다.

From his prison cell, he began to put together a plan that would not only return him to power, but crush his enemies as well.
감방 안에서 자신의 정권을 되찾고 적을 물리칠 방안을 수립했다.
We have now put together enough money to buy a house.
집을 살 정도로 돈이 모였다.
My mother was in the kitchen, humming as she put together an apple

pie. 엄마가 부엌에서 사과 파이를 만들며 콧노래를 흥얼거렸다.
You are still full from lunch, but you'll put together dinner and then eat when you're really not hungry. That is my point. You eat when you're not hungry and that's how you gain weight.
너 아직도 점심 먹은 거 안 꺼졌잖아. 별로 배도 안 고픈데도 저녁을 주섬주섬 차려먹는다구. 그게 내 말의 요지야. 배도 안 고픈데 먹으니까 니가 살이 찌는 거라구.
Finally I put my ideas together in a book.
여러 가지 아이디어를 한데 모아 책으로 묶었다.
I'm stronger than you three put together. 니네 셋 다 합쳐도 내가 더 세다.
We'll never catch him. The problem is he is smarter than all of us put together. 그 놈 절대 못 잡을 거야. 우리 다 합친 것보다 그 놈이 더 똑똑하다는 게 문제지.
The World Bank is larger and richer than many countries put together.
세계은행은 많은 나라들을 합쳐놓은 것보다 크고 돈이 많다.

23 put up 올려놓거나 바짝 붙여놓다

두 손을 위쪽으로 올리는 그림에서 출발하면 됩니다.

Everybody put your hands up now! 자 모두 두 손을 드세요!
Put your hands up against the wall. 두 손을 들어 벽에 기대.
I want you to put your hands up where I can see them.
보이는 데다 손 올려놔. (영화나 드라마에서 총을 든 범죄자에게 잘 쓰는 말입니다.)

굳이 번역에 나와 있지 않아도 어디로 무엇이 up하는 지 찾아내야 합니다.

My boyfriend put his hand up his T-shirt to simulate a beating heart.
내 남자친구가 손을 티셔츠 속으로 집어넣더니 심장 뛰는 흉내를 내더라구.

티셔츠에 단순히 손을 집어넣기만 한 것이 아니라 심장이 있는 곳까지 올려놓고 흉내를 냈다는 것이지요. 높은 곳에 올려놓는 것도 마찬가집니다.

Mom put me up on a chair so that I could look outside the window.
엄마가 의자 위에 올려주셔서 창 밖을 볼 수 있었어.

He put up the collar of his jacket and bowed his head, and hurried along. 그는 옷깃을 세우고 인사를 하더니 황급히 떠나갔다.

Rachel put her hair up in a ribbon to keep it out of her eyes.
레이첼은 눈 찌르지 않도록 머리를 올려서 리본으로 묶었다.

옷깃을 세우는 것도 깃을 올리는 겁니다.

수치를 위로 올려놓을 수도 있지요.

We decided to put the price up to 10 dollars per month for new customers but let the old customer to continue paying 5.
신규 고객은 매월 10달러로 가격을 올리고 기존 고객은 계속 5달러씩 내게 하기로 결정했다.

The owners of the building put the rent up to $220,000 a year.
건물주가 임대료를 연 22만달러로 올렸다.

침대 위에 올라가 자는 것처럼 잠자리를 마련한다는 그림을 그리기도 합니다.

The farmer put us up for the night. We all slept in the one big room with mattresses on the floor and there were goats and chickens running all around the place. 농부가 하룻밤 재워줬다. 우리는 모두 큰 방 하나에서 매트리스를 바닥에 깔고 잤는데 온통 염소랑 닭들이 뛰어다니고 난리였다.

They put me up in a nice hotel. 그들이 멋진 호텔에서 묵게 해줬어.

묵는 장소는 공간으로 생각하면 in이고 지도상의 한 지점으로 생각하면 at입니다. 이건 말하는 사람이 어떤 그림을 머리에 그리느냐의 차이일 뿐입니다.

Teri arrived in the early morning and put up at the Xanadu Hotel.
테리는 아침 일찍 도착해서 재너두 호텔에서 묵었다.

팔려고 내놓는 그림도 가능합니다. 뭔가 판다고 말뚝을 세워놓는 그림입니다. 실제로 집을 팔 때 집 앞에 'For Sale' 이라고 쓴 말뚝을 세워놓지요. 같은 맥락에서 담보로 제공하기도 합니다. 벽이나 담도 세워놓습니다.

Did you put our house up for sale? 네가 우리 집 팔려고 내놨니?
I had to put my house up as collateral and pull every penny from my savings to start up my business.
사업하려고 집을 저당잡히고 저축한 돈을 몽땅 털어야 했다.
If you want to put up a fence, wall or gate or other means of enclosure you may need a permit. 울타리나 벽, 큰 문 같은 폐쇄물을 세우려면 허가를 받아야할 걸.
As several vehicles slipped into the pit, residents themselves put up a barricade several meters ahead of the road.
웅덩이에 빠진 차량들이 있어서 주민들이 직접 그 도로 몇 미터 앞에 바리케이드를 세웠다.
It seems they put up a wall of silence in this office.
이 사무실 직원들은 침묵의 벽을 세워놓은 것 같아.

그런가 하면 건물을 통째로 세울 수도 있습니다. 표지판 따위를 세워놓을 수도 있습니다. 우산, 텐트도 세운다고 하지요.

You can't put up a building on leased ground. 임대한 땅에 건물을 지을 수는 없지.
I'm looking for a location where I can put up a beautiful new hotel.
아름다운 새 호텔을 지을 부지를 찾고 있어요.
We'll need to put up a notice that the site will be down for an hour.
사이트가 한 시간 동안 다운될 거라고 공지해야 돼.
Jackson put up a black umbrella to shade himself from the sun.
잭슨은 햇볕을 가리려고 검은 우산을 펼쳤다.
You can't put up a tent here. No tents are allowed in our parks due to the holes that they leave in the ground and the safety hazard they create.
여기 텐트치면 안 되요. 텐트 치면 땅에 구멍이 생기고 위험해서 공원 내에서는 못치게 돼 있습니다.

비유적으로 두 손을 들어 싸우는 그림을 그리기도 합니다.

The victim must have put up a fight, judging from the broken fingernails. 손톱이 부러진 걸 보면 피해자가 저항을 한 게 틀림없어.

Saddam surrendered without putting up a fight and admitted his
identity. 사담 후세인은 저항하지 않고 항복했고 자신의 정체를 시인했다.
The Iraqis put up some resistance but they lost a large number of tanks
and armored personnel carriers. 이라크군도 어느 정도 저항했지만 수많은 탱크와
장갑차를 잃었다.
We will not put up with racism.
인종차별은 참을 수 없다. (싸우는 것과 마찬가지로
꼿꼿이 서서 맞서는 그림입니다. 맞서는 대상을 with로
나타냅니다. 참는 거지요.)

The only reason I put up with your nonsense
is because of your father! 니 말도 안 되는 언행을
참아주는 유일한 이유는 니 아버지 때문이야!

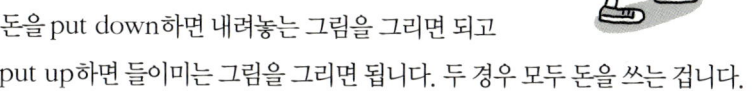

돈을 put down하면 내려놓는 그림을 그리면 되고
put up하면 들이미는 그림을 그리면 됩니다. 두 경우 모두 돈을 쓰는 겁니다.

Experienced investors are always willing to put up money to be a
partner in a profitable real estate transaction.
경험 있는 투자자들은 언제나 이익이 남는 부동산 거래에 파트너가 되려고 돈을 투자하지.
In the stock market, people actually put up money to buy and sell stock
based on convictions.
주식 시장에서 사람들은 실제로 믿음을 바탕으로 돈을 내 주식을 사고 판다.

제안이나 생각을 모두가 볼 수 있게 올려놓을 수도 있지요.

No one should ever be afraid to suggest a solution, or put up an idea for
debate. 해결책을 제안하거나 토론을 위해 안건을 상정하는 데 주저해서는 안된다.

후보도 내세웁니다.

All parties should put up honest men as candidates.
모든 정당이 정직한 사람을 후보로 내세워야 한다.

I put my face up to the window and looked in. 창문에 얼굴을 갖다 대고 안을 들여다 봤다. (up은 바짝 다가가는 그림도 있지요.)

업무에 바짝 붙여놓으면 그 일을 해야 합니다. 흔히 누군가를 꼬셔서 나쁜 일을 하게 만든다는 부정적인 의미로 사용됩니다.

My boss put me up to the task of building a website for the company.
사장이 회사 웹사이트 만드는 업무를 나한테 맡겼어.

Who put you up to this? 누가 이거 하라고 부추겼어?

My girlfriend of four years put me up to an armed robbery, and then turned the state's evidence against me. 4년된 여자 친구가 나를 부추겨서 은행 강도를 시키더니 나를 상대로 증언대에 섰어. (형사 사건에서는 검찰과 변호인이 맞서게 되지요. 이때 검찰측을 state라고 표현합니다. 나라를 상대로 재판을 벌이는 것이니까요.)

put

01 put someone behind bars

여기서 bar는 그냥 막대기가 아니라 철창을 말합니다. 철창 뒤에 사람을 넣어 놓으면 감옥에 가두는 겁니다.

> Billions of dollars are spent each year to put criminals behind bars.
> 매년 수십억 달러가 범죄자 수감 비용으로 쓰인다.

02 put one's foot down

발을 '쿵' 내려놓는 그림으로 단호하게 행동하는 겁니다. 어떤 행동을 하는 건지는 문맥 속에서 파악해야 합니다.

> I got fed up, put my foot down, made my displeasure very clear and went home. 너무 질려서 단호하게 불쾌한 감정을 보여주고 집으로 갔다.
> Sam wanted to get a part-time job to help out, but his father put his foot down. 샘은 아르바이트를 하고 싶어했지만 아버지께서는 단호히 안 된다고 하셨다.

03 put one's best foot forward

사람이 가진 두 발 중에도 먼저 보여주고 싶은 놈이 있다는 그림입니다. 좋은 인상을 보이려고 애쓴다는 겁니다.

> As long as I know that I have put my best foot forward in an interview, I should be proud of my results.

면접에서 최선을 다해 좋은 인상을 심어줬다면 결과에 만족해야 한다.
With the first album, I wanted to put my best foot forward, offer music that I could sing really well.
첫 앨범에서는 인상을 좋게 하려고 정말 잘 부를 수 있는 곡을 담았다.

04 put in a good word

말을 끼워넣는 그림인데요. 제3자에게 좋은 말을 해주는 겁니다.

During my internship, my boss at the Sun told me that she has friends in various media-related jobs and would be happy to put in a good word for me. 선에서 인턴으로 일하고 있을 때 상사가 미디어 관련 일자리에 아는 사람이 많다며 기꺼이 추천해주겠다고 하더군.

If the food and service are good, put in a good word for the restaurant to your friends. 음식과 서비스가 좋다면 친구분들께 식당 자랑 좀 해주세요.

05 put in an appearance

얼굴을 들이밀어 어딘가 나타나는 겁니다.

The ousted dictator has not put in an appearance lately — my guess is that he has already escaped the country.
그 축출된 독재자는 최근 모습을 드러내지 않고 있다. 내 추측컨대 벌써 이 나라를 뜬 것 같아.
I was drained by the long flight and annoyed that I had to put in an appearance the evening we arrived at one of those parties that grate on my nerves. 가뜩이나 장거리 비행으로 피곤한데 도착한 날 밤 신경 거슬리는 파티에 얼굴을 들이밀어야 한다는 게 짜증났지.
The now long awaited game that first made an appearance two years ago at E3 put in an appearance at this year's Consumer Electronics

Show in the Microsoft booth. 2년전 E3(게임 엑스포)에서 처음 선보여 오랜 시간 팬들을 기다리게 했던 게임이 올해 소비자 가전 쇼의 마이크로소프트 부스에 모습을 드러냈다.

06 put your foot in (your mouth)

발을 입에 집어넣으면 참 어처구니 없는 상황이겠지요. 문맥에 따라 해석하면 됩니다.

> You should really look at all aspects of a post before you put your foot in your mouth. Think before you keystroke.
> 글을 올리기 전에 모든 면을 제대로 살펴야 뒤탈이 없다. 키보드 두들기기 전에 생각을 해라.
> Bite your tongue before you put your foot in your mouth, only to later regret your actions.
> 성질 못이겨서 쓸데없는 말 하지 말고 이 꽉 물고 참아. 나중에 후회할 게 뻔하니까.
> I did put my foot in it! She'll never speak to me again.
> 그런 어처구니 없는 일을! 그 여자애 나랑 다신 말도 안 할거야.

07 put someone in one's place

사람은 모두 자기 위치가 있습니다. 여길 벗어나면 분수를 모르는 겁니다. 찰흙 인형을 한 줄로 세워놓았는데 하나만 삐죽 삐져나와 있으면 혼자 튀는 거지요. 다시 제자리에 집어넣으면 분수를 지키게 하는 겁니다.

> Just bring the kid here, and I'll put him in his place for good!
> 그 놈 이리 데려와. 다시 까먹지 않도록 분수를 알게 해줄 테니까.
> I had to put him in his place by gently reminding him that he was merely an employee of mine.
> 그가 내 직원에 불과하다는 사실을 부드럽게 상기시켜줘서 분수를 알게 했다.

08 put one's nose in something

남의 일에 참견을 하는 그림을 그려보면 코가 먼저 끼어듭니다.

Don't try to put your nose in other people's business.
다른 사람 일에 끼어들지 마.
Don't put your nose in things that don't concern you.
너랑 상관없는 일에 끼지 좀 마.

책에 코를 묻는 그림도 됩니다.

It is the perfect location to put your nose in a good book and enjoy the surroundings and relax. 좋은 책에 파묻혀 경치를 즐기며 쉬기 딱 좋은 곳이지.

09 put ideas into someone's head

원래 없던 생각을 누군가의 머리에 집어넣는 그림입니다. 부정적인 의미로 부추긴다는 뜻입니다.

Don't put ideas into the kid's head! He might actually try that with a human! 애 부추기지 매 사람한테 시험해볼래!

A : I'd appreciate it if you didn't put ideas into my daughter's head.
B : Seems to me that she's old enough to think for herself.
A : 내 딸한테 못된 생각 하게 만들지 않았으면 좋겠네요.
B : 내가 보기엔 이제 자기 나름대로 생각할 나이인 것 같은데요.

10 put words in one's mouth

남의 머리에 생각을 집어넣듯이 말을 집어넣는 경우도 있습니다. 남이 말하기에 앞서 먼저 그 사람이 뭐라고 할지 안다는 듯이 말을 내지르거나 하지 않은 말을 했다고 하는 경우입니다.

I didn't mean to put words into your mouth and I apologize if I did.
말을 가로챌 생각은 아니었는데 그랬다면 미안합니다.
I didn't put words in your mouth! I never said you said anything that you hadn't actually said!
하지 않은 말을 했다고 우긴다니! 니가 안 한 말 했다고 한 적 없어!
Stop putting words in my mouth. I didn't say I'd support you.
하지도 않은 말 했다고 떼쓰지 마. 난 너 지지한다고 한 적 없어.

11 put on an act

여기서 act는 행동이 아니라 연기를 말합니다. 평소 모습과 달리 연기를 하는 걸 말합니다. 의상이나 마스크를 쓰는 그림을 그리면 됩니다.

During an interview, there's no need to put on an act — just be yourself.
면접 볼 때 연기할 필요 없어. 있는 그대로 보여줘.
I think she has been putting on an act to try and get the sympathy vote.
그녀가 동정표 얻으려고 연기한 거라고 생각해.

12 put something through its paces

뭔가 거쳐야 할 단계를 모두 거치게 하는 그림으로 철저하게 능력을 시험하는 그림입니다.

The latest first person shooter on the PC right now, Quake 5 will put your 3D card through its paces. 가장 최근에 등장한 1인칭 슈팅 게임인 퀘이크 5는 당신의 3D 카드 성능을 구석구석 시험해줄 것입니다. (그만큼 게임의 사양이 높고 3D 카드를 잘 활용한다는 겁니다.)

I definitely put the car through its paces and there was no noise.
차를 철저히 테스트해봤는데 소음은 없었어.

13 put a stop[an end] to something

stop이나 end 모두 끝을 내는 것으로 뭔가에 종지부를 찍는 그림이지요.

Any domestic violence law should ideally put a stop to violence, give protection against future abuse and use punitive measures to combat continued domestic violence.
이상적인 가정폭력처벌법이라면 폭력을 근절하고 향후 학대로부터 피해자를 보호하고 계속되는 가정 폭력에 대처하기 위해 처벌 조치를 취해야 할 것이다.

Mankind must put an end to war or war will put an end to mankind.
인류가 전쟁에 종지부를 찍지 않으면, 전쟁이 인류에 종지부를 찍을 것이다.　　– *John F. Kennedy*

14 put something to good use

좋은 용도에 가져다 놓으면 유익하게 사용한다는 말입니다.

Born in the wrong place and at the wrong time, he knew too little to put his talents to good use.
잘못된 시기와 장소에 태어난 그는 자신의 재능을 활용할 방법을 거의 알지 못했다.
I want to put my money to good use instead of letting it go to waste in the confines of this town.
난 내 돈이 이 마을이라는 테두리 안에서만 썩어가지 않고 좋은 곳에 쓰이도록 하고 싶어.

15 put someone wise to something

누군가에게 정보를 줘서 알게 한다는 구어체 표현입니다.

Why didn't someone put me wise to this before?
왜 이전엔 아무도 내게 이걸 알려주지 않았지?
A friend put me wise to this trick. 내 친구가 이 속임수 가르쳐줬어.

16 put two and two together

원래 '2 더하기 2'라는 말로, 상황을 종합해보는 겁니다.

I put two and two together and came up with a pair of likely suspects.
상황을 종합해서 유력한 용의자 두 명을 골라냈다.
Finally, I have put two and two together and figured out what was really going on. 결국 상황을 이리저리 종합해서 실제 무슨 일이 벌어지고 있는 것인지 알아냈다.

17 put up or shut up

말만 하지 말고 실천을 하라는 구어체 표현입니다. 허세만 부리지 말고 직접 해보라거나 지금 하는 말의 근거를 대라는 그림이지요.

It is time for Sinn Fein to put up or shut up. The Northern Ireland community are sick and tired of their empty, opportunistic promises.
신 페인 당은 이제 자신들이 주장하는 바를 실천하던가 아니면 물러나야 한다. 북아일랜드 사람들은 그들의 알맹이 없고 기회주의적인 약속에 신물이 날 지경이다.

If you have evidence of what you just said, you should put up or shut up.
니가 지금 한 말 증명할 수 있으면 하고 아니면 말도 꺼내지 마.

18 put in one's two cents worth

과거 편지로 누군가에게 의견을 보낼 때 2센트짜리 우표를 붙인 데서 유래했다는 설도 있지만, 주로 자신의 의견이 보잘것없다고 겸손을 떨 때 2센트(two cents)에 비유를 합니다. 보잘것없다고 겸손을 떨며 의견을 말하는 그림이지만 실제로 보잘것없다는 건 아닙니다. 하지만 스스로를 낮추는 건 몰라도 남의 의견을 2푼어치라고 한다면 듣는 사람의 기분이 좋진 않겠네요.

I couldn't help but put in my two cents worth at the meeting.
회의에서 내 의견을 개진할 수밖에 없었다.

If you'd like to put in your two cents worth, we'd love to have it.
니 의견을 말하고 싶다면 들어줄게.

19 put one's money where one's mouth is

입이 있는 곳에 돈을 놓으라는 건 말로만 떠벌이지 말고 실천을 하라는 말입니다.

Donating funds to charity is a good opportunity to put your money where your mouth is.
자선단체에 돈을 기부하는 건 말로만 떠들지 않고 실천을 할 수 있는 좋은 기회다.

I wish all the people who talk like that would put their money where their mouth is. Maybe if they lived up to their words, things really would be different. 그렇게 말하는 모든 사람이 자신의 말에 책임을 졌으면 하는 바램이다. 그들이 자기가 내뱉은 말을 실천했다면 상황이 무척 달라졌을 것이다.

My business philosophy has always been to put my money where my mouth is. In the same way that I would never sell a product that I would not be happy to order myself, I back up each and every thing I sell with an iron clad money back guarantee. 내 비즈니스 철학은 언행일치이다. 내가 주문해서 만족스럽지 않은 제품은 팔지 않겠다는 것과 같은 맥락에서, 내가 파는 물건 하나 하나에 철저한 환불 보장 서비스로 품질을 뒷받침하고 있다.

20 wouldn't put it past someone

사람을 죽 세워놓고 "이 사람은 이런 일 할 사람이 아니야"라며 한 명씩 지나쳐 갑니다. 그러다가 앞에 있는 사람한테는 "이 사람은 그럴 수도 있어" 하는 그림입니다. 누군가를 지나치게 두지 않을 것이라는 말은 충분히 그 뭔가를 하고도 남을 사람이라는 거지요.

I never said they did hire hackers. I'm saying I wouldn't put it past them.
그 사람들이 해커를 고용했다고 말한 적은 없어. 그러고도 남을 사람들이라는 거지.

I would not put it past the Bush administration to stage a phony terrorist

attack at the cost of American lives for political gains.
부시 행정부는 정치적 이득을 위해 미국 국민의 생명을 희생해서라도 눈속임용 테러 공격을 자행하고도 남는다고 생각해.

21 Put that in your pipe and smoke it!

누군가 말도 안 되는 헛소리를 하거나 깨닫지 못하는 일이 있을 때 쓰는 표현입니다. 파이프에 넣고 담배 피우듯이 내가 하는 말 또는 니가 지금 하고 있는 어리석은 말을 곰곰히 곱씹어보라는 겁니다.

Last month, the World Health Organization indicated that 4.2 million people die every year from use of tobacco. To put it another way: every eight seconds of every day, one person dies somewhere in the world from using tobacco. Now, put that in your pipe and smoke it! 지난달 세계 보건기구는 매년 420만 명이 담배 때문에 죽는다고 밝혔다. 다른 말로 하면 매일 8초마다 한 명이 담배로 세상을 뜬다는 말이다. 자, 이 말이 뭘 뜻하는지 곰곰히 생각해볼 만하지 않은가!

South Korea actually would re-unite with them if it wasn't for U.S. meddling? Put that in your pipe and smoke it. Re-unite under the dear leader Kim Jong-il? You are dumber than a rock.
미국이 끼어들지 않으면 한국이 북한이랑 통일을 했을 거라고? 니가 지금 무슨 헛소리를 하는지 알고나 지껄여라. 친애하는 지도자 동지 김정일 아래서? 이 돌보다 멍청한 놈아.

Clinton, who was impeached, should be tried for treason for what he did to my country and to you. Had he done his job there would have been no September 11 or bombing in Bali. Put that in your pipe and smoke it!
클린턴 전 대통령은 우리 나라와 너 같은 국민에게 한 짓만으로도 반역죄인으로 다스려야 한다. 자기 할 바를 다했다면 9.11 테러나 발리 폭탄 테러 같은 일은 발생하지 않았을 테니까. 잘 좀 생각해보지 그래!

22　Don't put all your eggs in one basket.

계란을 한 바구니에 담지 말라는 속담으로 위험을 분산하라는 뜻이지요. 한 바구니에 담았다가 쏟아지면 모두 깨지니까요.

> You should avoid concentration risk; that is, don't put all your eggs in one basket or all your cash in one security. If you don't have enough money to purchase about a dozen different issues, you're better off taking a lower yield by getting into a professional managed mutual fund. 집중 투자의 위험을 피해야 한다. 다시 말해, 계란을 한바구니에 담지 말아야 하듯이 현금을 몽땅 한 종목의 주식에 투자해서는 안 된다는 것이다. 십여 개 종목을 살 만큼 돈이 많지 않다면 전문가가 운용하는 뮤추얼 펀드에 가입해서 저수익을 올리는 편이 훨씬 낫다.
>
> You can have your other job while working to build this business. Never put all your eggs in one basket.
> 이 사업을 준비하면서 다른 일을 할 수도 있다. 한 바구니에 계란을 몽땅 담으면 안 되니까.

23　You cannot put new wine in old bottles.

새 와인은 새 병에 담아야 한다는 말로 '새 술은 새 부대에' 라는 뜻입니다.

> New ideas never fit well in old thought structures. You cannot put new wine in old bottles.
> 새로운 아이디어는 기존의 사고 방식에는 잘 맞질 않지. 새 술은 새 부대에 담아야 하는 거라구.

*catch 잡아야 내 것이다!

여름날 산책을 하다 나무에 앉아 있는 잠자리를 봤습니다. 도망갈까봐 살금살금 다가가서 손으로 낚아챘습니다. — 놓치지 않고 내 것으로 만드는 catch의 그림입니다.

catch 의 기본그림은 잡는 것이지요. '나 잡아가라'고 가만히 있는 뭔가를 잡는 게 아니라 대부분 움직이는 뭔가를 잡습니다. 날아가는 공부터 택시나 비행기의 탈것 역시 움직이는 것을 잡는 겁니다. 여기서 더 나아가 스쳐 지나가는 소리도 잡을 수 있어서 '이해'를 하는 그림으로 사용되기도 합니다. 잡으면 내 것이 되지만 잡지 못하면 놓치고 만다는 뉘앙스를 갖고 있습니다.

흔히 동물만 잡을 능력이 있는 것으로 은연중에 오해를 할 수 있지만 영어가 늘 그렇듯 잡는 주체와 잡히는 객체에는 한계가 없습니다. 우린 덫에 걸리면 덫을 놓은 사람에게 잡히는 그림을 그리지만 영어로는 덫이 잡는 그림을 그리는 게 편합니다. 그래서 catch 는 1인칭 주인공 시점이 대부분입니다. 만화적 상상력으로 주인공이 돼보세요. 예를 들어, 안 쓰는 책상을 보면 먼지가 차곡차곡 쌓이는 게 보이지만 영어로는 책상이 먼지를 잡아내는 그림을 그려야 하기 때문에 내가 책상이 돼서 먼지를 잡아내는 만화 장면을 그리는 게 이해가 빠릅니다.

기본 형태

이어동사의 형태로 자동사가 되는 경우도 있지만 잡으려면 잡는 놈과 잡히는 놈이 있어야 하기 때문에 주로 타동사로 사용됩니다.

He caught my arm. 그가 내 팔을 잡았다.
His idea caught on. 걔 아이디어 떴어.

기본그림
catch

catch 01 난 고기를 맨손으로 잡을 수 있어.

움직이는 뭔가를 잡는 기본그림입니다. 잡으려는 의지가 있어야 할 수 있는 행동입니다. catch의 세상에서는 내가 왕입니다. 1인칭 주인공 시점에서 바라보세요.

It takes quite a while for you to teach your dog to catch a Frisbee.
개한테 원반 받기를 가르치려면 시간이 좀 걸리지.

Some fans come to the ballpark, hoping to catch a home-run ball. To them, a ticket to a game is akin to a lottery ticket.
일부 팬들은 홈런 공 잡으러 야구장에 오지. 그 사람들한테는 경기 입장권이 복권이나 같다니까.

Bundy swam for the shore, caught a branch, and finally pulled himself out of the river.
번디는 강 기슭으로 헤엄쳐가서 나뭇가지를 잡고 마침내 강물에서 빠져 나왔다.

> Frisbee는 던지기 놀이에 사용되는 공중에 잘 떠 다니는 동그란 원반을 말합니다.
>
> I can catch a fish with my bare hands.

catch 02 그 놈 주먹이 내 얼굴 바로 눈 옆에 꽂혔다.

칼이나 총알 등이 목표물에 닿는 장면을 그려보세요. 안 맞으려고 피하는 목표물을 칼 또는 총알이 잡는 그림이 됩니다. 화살을 쏘아 날아가는 새를 잡는 것과 다를 바 없습니다. 1인칭 주인공 시점으로 만화 속에서 칼이나 총알, 화살이 돼 보는 겁니다.

When I opened the door, a robber lunged at me with a knife. The knife caught me in the neck and I fell backwards on the floor. Luckily the

wound wasn't deep, though I still have the scar. 문을 열자 강도가 칼을 들고 덤벼들었다. 그 놈 칼이 내 목을 찔렀고 난 바닥에 뒤로 자빠졌다. 다행히 상처가 깊진 않았지만 아직도 흉터가 남아 있다.

He threw his sword at me. It caught me in the thigh, fortunately missing the major arteries, bones, and muscles, although it did hurt like hell. 그 놈이 칼을 나한테 던졌지. 허벅지에 꽂혔는데 다행히 주요 동맥이나 뼈, 근육은 비켜갔지만 겁나게 아팠어.

You know your father loves you, don't you? He would catch a bullet for you. 니 아버지가 널 얼마나 사랑하는지 알아? 날아가는 총알도 대신 맞아줄 거다.

A-ha! moment

Unfortunately for Becker, Hulohot was now on solid ground rather than in a lurching taxi. He calmly raised his weapon and fired. The bullet caught Becker in the side just as he stumbled around the corner out of range. 벡커에게는 안된 일이지만 홀로훗은 이제 흔들리는 택시가 아니라 딱딱한 바닥에 올라서 있었다. 그는 차분히 총을 들어 발사했다. 벡커가 막 모퉁이를 돌아 시야에서 사라지려는 순간 총탄이 그의 옆구리에 꽂혔다. — Digital Fortress (Dan Brown)

택시를 타고 주인공 벡커를 추적하던 킬러가 차를 버리고 뛰어나와 결국 일격을 가하는 장면입니다. 칼이나 총탄 등 날아가는 무기가 목표물 어딘가에 꽂히는 그림을 catch로 표현하는 겁니다. 칼이나 총탄의 관점에서 세상을 바라봐야겠지요?
비유적인 그림을 그리면 스쳐가는 표정도 잡을 수 있습니다.

His knuckles caught my face just beside my eye.

I turned and caught the astonished look on Judy's face before she could conceal it.

내가 돌아섰을 때 주디는 놀란 표정을 감추려 했지만 이미 내 눈에 들어온 후였다.

멍하니 쳐다보고 있는 표정을 잡는 게 아닙니다. 찰나의 순간을 놓치지 않고 잡아내는 그림입니다. 역시 움직임이 중요하지요.

His ears caught a faint cry for help coming from the house.
집안에서 도와달라는 희미한 소리가 그의 귀에 다다랐다.

소리 역시 마찬가집니다. 귀의 관점에서는 잡아내지 않으면 놓치고 듣지 못하겠지요.

I got home late and caught the last couple of minutes of the *X-Files*.
집에 늦게 들어와서 〈엑스 파일〉 끝에 몇 분밖에 못 봤어.

TV 드라마 같은 것도 흘러 흘러가지요. 잡지 않으면 못 봅니다. 지나쳐 가는 사람도 잡지 않으면 놓치고 맙니다.

We need to talk to Bundy. He has a meeting at 5:00 so we have half an hour to wait and catch him just before he goes to the meeting! 번디랑 얘기해야 돼. 다섯 시 모임이 있으니까 모임에 가기 전까지 그 사람 만나려면 30분 남았네.
If I could only catch a good husband. 좋은 남편 잡을 수 있으면 좋으련만.

여기서 catch는 무슨 나쁜 일을 해서 잡겠다는 것이 아니라 모임에 가기 전에 잽싸게 낚아채 만나야 한다는 그림입니다.

살면서 무수히 많은 사람들이 옆을 지나갈 겁니다. 그 중에 좋은 남편을 잡아낼 수 있어야겠지요.

catch 03 잡을 테면 잡아 봐.

안 잡히려고 애쓰는 뭔가를 잡는 그림입니다.

The cops don't catch a killer by sitting around and talking about stuff.
경찰들이 앉아서 탁상공론이나 하면서 도둑을 잡을 수 있나.

A-ha! moment

> Every time you turn on the TV to news of another school shooting, it's always a white kid who's conducting the massacre. Every time they catch a serial killer, it's a crazy white guy.
> 언제든지 TV를 켰을 때 학교에서 총기 난사사건이 있었다고 하면 꼭 학살을 저지르는 건 백인 아이다. 연쇄살인범을 잡아도 맨날 미친 백인 남자다.
>
> – *Stupid White Men and Other Sorry Excuses for the State of the Nation* (Michael Moore)

몰래 뭔가 하고 있는 걸 잡는 그림도 가능합니다. 하고 있던 행동을 분사 형태로 써주면 되지요.

I caught my sister reading my diary.
동생이 내 일기를 훔쳐보고 있는 걸 잡았다.

Jack says he caught you calling me stupid.
잭이 그러는데 니가 나보고 멍청하다고 했다던데.

I caught someone breaking into my car and had my pistol trained on him. 누군가 내 차에 침입하는 걸 보고 권총을 겨눴다. (여기서 train은 무기나 카메라 따위를 목표물에 겨누는 걸 말합니다.)

I caught myself feeling intimidated when the thug shot a glance at me.
깡패가 날 쳐다보자 순간 겁이 났다. (그럴 줄 몰랐는데 내 자신이 느닷없이 겁먹는 순간을 포착한 겁니다.)

The senator was caught on tape taking bribes from business people. 상원의원이 기업인들로부터 뇌물을 받는 장면이 테이프에 잡혔다. (직접 잡거나 보지 않고 기록으로 잡아낼 수도 있습니다.)

in the act를 쓰면 범행 현장을 잡았다는 걸 강조하는 겁니다.

Catch me if you can.

Police caught him in the act of breaking into my apartment.
경찰은 그 녀석이 내 아파트에 침입하는 현장을 덮쳤다.

If your boyfriend was cheating and you caught him at it, what would you do? 니 남자친구 바람피는 걸 현장에서 잡았으면 넌 어떡할래? (at이라는 전치만으로도 '현행범'이란 걸 강조할 수 있습니다.)

 **1시 비행기 타야 돼.**

탈것도 움직이는 걸 잡는 겁니다. 잡지 못하면 놓치지요.

Bundy had to leave early in the morning to catch a flight to D.C. for a conference. 번디는 회의 참석차 아침 일찍 워싱턴 행 비행기를 타고 떠나야 했다.

I headed to Union Station and caught a train to Baltimore.
유니언 역으로 가서 볼티모어 행 기차를 탔다.

You can catch a cab on the Fourth Street. It's a couple of blocks this way.
4번가에서 택시를 잡을 수 있어요. 이쪽으로 두어 블록 가면 됩니다.

차를 얻어 타고 가는 걸 catch a ride라고 합니다.

I live in Ilsan too, so you can catch a ride with me. I can pick you up on my way home. 나도 일산 사니까 내 차 타고 가도 되요. 집에 가는 길에 데리러 갈게요.

I need to catch a 1:00 flight.

 언제 맥주나 한잔 하지.

이벤트 역시 잡지 않으면 놓치고 맙니다.

Our daughter is going to a sleepover and my wife suggested that we should go out and catch a movie.
딸이 친구 집에서 자기로 했는데 아내가 밖에 나가서 영화나 보고 하더라구.

sleepover는 친구 집에 가서 자는 아이들 나름대로의 파티를 말합니다. 또 잡지 못하면 놓치는 대표적인 것이 '기회'지요.

I keep hoping her luck is going to change and she'll catch a break.
나는 쟤 운이 좋아져서 기회를 잡았으면 하고 바라지.

Let's catch a beer sometime.

 보도의 갈라진 틈에 뒤꿈치가 끼여서 넘어졌어.

우리말로 '걸리다'에 해당하는 상황의 그림을 그려보면 결국 잡히는 것이지요. 못에 옷이 걸리는 그림을 예로 들면 못이 옷을 잡는 것일 수도 있고 옷이 못을 잡는 것일 수도 있습니다. 영어로는 옷처럼 걸리는 주체가 잡는 그림을 그리기 때문에 catch가 전치사를 동원해 자동사 형태로 쓰이지만 복잡하게 생각할 것 없이 1인칭 주인공 시점에서 직접 붙잡는 그림을 그리면 됩니다. 우리말의 '걸리다'에 해당하는 그림은 접촉을 뜻하므로 전치사 on이, '끼이다'에 해당하는 그림은 공간 속에 들어가는 것이므로 in이 사용됩니다.

I stumbled and almost fell as I walked through my bedroom door and one of the heels caught on the threshold.
침실 문을 지나다 발뒤꿈치가 문턱에 걸려 넘어질 뻔했다. (뒷꿈치가 문턱을 잡는 그림)

The bottom of my shirt caught in the zipper.
셔츠 아랫부분이 지퍼에 끼었어. (셔츠가 지퍼를 잡는 그림)

I tripped when my heels caught on a crack in the pavement.

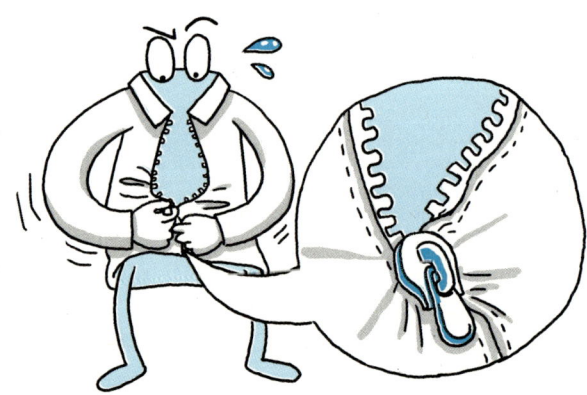

I lived in mortal fear of getting my pants caught in an escalator when I was a kid. 어렸을 때 에스컬레이터에 바지가 끼이는 죽음의 공포에 사로잡혀 살았다. (바지가 승강기를 잡는 그림)

On the first jump, the wind caught my parachute after I hit the ground and dragged me about 500 meters.
첫 낙하 때는, 바닥에 닿자마자 낙하산이 바람에 걸려 500 미터나 끌려갔다. (바람이 낙하산을 잡는 그림)

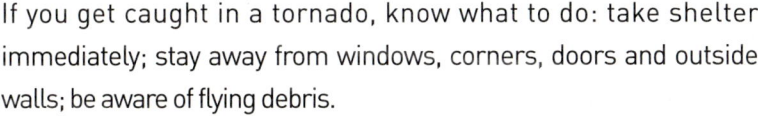

Ancient windmills had small sails that caught the wind to turn an axis that produced energy to grind grain.
옛날 풍차는 작은 돛으로 바람을 막아 축을 돌려서 곡물을 가는 동력으로 사용했지. (풍차가 바람을 잡는 그림)

If you get caught in a tornado, know what to do: take shelter immediately; stay away from windows, corners, doors and outside walls; be aware of flying debris.
돌풍의 위험에 처하면 이렇게 대처하세요. 즉시 대피처를 찾으세요. 유리창, 구석, 문, 외벽 등에서 떨어져 있어야 합니다. 날아다니는 파편을 조심하세요. (돌풍이 사람을 잡는 그림)

화재 역시 불에 잡히는 겁니다.

A dump truck caught fire and the driver was trapped inside.
덤프 트럭에 불이 붙어 운전자가 안에 갇혔다. (트럭이 불을 잡는 그림)

빛에 잡힐 수도 있습니다.

I noticed that I have really caught the sun on the tops of my legs and that I have got a sun-burned nose.
다리 위에도 햇볕에 많이 그을렸고 코도 많이 탔더라구. (사람이 햇볕을 잡는 그림)

The moon light caught her hair, making it glowing.
달빛이 머리를 비춰 윤기가 났다. (달빛이 머리를 잡는 그림)

바람을 다른 추상적인 그림으로 대체할 수도 있지요.

> The king found himself caught in a dispute between those who wanted to surrender immediately and those who wanted to hold out for better terms. 왕은 즉각 항복해야 한다는 신하들과 더 좋은 조건을 끌어내기 위해 버텨야 한다는 신하들 사이의 분쟁에 휩싸였다.

개가 사람한테서 감기 옮을 수 있나?

옷이 못에 걸리듯 동물이나 사람이 질병에 걸리는 경우지요. 병이 걸리는 주인공 관점으로 바라보면 됩니다.

> Why is it okay for blondes to catch cold? They don't have to worry about blowing their brains out.
> 금발은 왜 감기에 걸려도 괜찮을까? 코풀다가 뇌가 빠져나올 걱정은 안 해도 되니까.

금발은 머리가 나쁘다는 가정 하에 blonde joke의 한 가지로 blow one's brains out은 원래 코를 심하게 푼다는 말이지만 코를 너무 심하게 풀어 뇌가 빠져나온다는 말장난도 되지요. 금발은 뇌가 아예 없으니 그런 걱정 안 해도 된다는 것이지요.

> Generally healthy people do not catch pneumonia. So it is usually thought of as not being contagious.
> 일반적으로 건강한 사람은 폐렴에 걸리지 않는다. 그래서 전염되지 않는 것으로 여기곤 한다.
> 95% of adults have had chicken pox in the past and have immunity which means they cannot catch chicken pox again if they are exposed.
> 95%의 성인은 이미 과거에 수두에 걸린 경험이 있어 면역이 생겼기 때문에 수두에 다시 노출돼도 걸리지 않는다.

질병의 관점에서 말하기도 합니다. 질병이 사람을 잡기도 하지만 사람이 질병을 잡아 치유할 수도 있습니다. 두 경우 모두 catch를 씁니다

Can dogs catch a cold from us?

Heart disease is catching people at a younger age than ever.
심장병에 걸리는 나이대가 예전보다 낮아졌다.

Loss of vision caused by increased pressure within the eye affects those over 50. The key is catching it early – before there's irreversible damage to the optic nerve. 안압이 높아져 발생하는 시력 약화는 50대 이상에서 볼 수 있다. 중요한 것은 시신경에 돌이킬 수 없는 손상을 주기 전에 일찍 발견해 치유하는 것이다.

It is important to catch a tumor while it is still very small – before it damages any surrounding tissue or spreads to other parts of the body. 종양은 주변 조직에 손상을 주거나 신체의 다른 부위로 전이되기 전에 아주 작을 때 잡는 게 중요하다.

catch 08 그 사람은 관심 가는 일이 있으면 질문을 많이 하지.

관심 따위도 끊임없이 움직이지요. 눈 앞에 몇 명의 이성이 있는데 그 중 특히 눈길을 끄는 사람이 있다면 결국 내 관심이 다른 데로 가지 못하도록 사로잡는 그림이 됩니다.

One theory may catch your imagination and you become blind to other points of view. 한 가지 이론에만 관심이 집중돼 다른 관점에는 눈을 감아버릴 수도 있다.

catch와 함께 쓸 경우 imagination은 attention이나 interest처럼 관심을 끄는 것이지 상상력과는 거리가 멉니다.

Your appearance may catch her attention, but it takes personality and charm to sustain a woman's interest.
외모로 여성의 관심을 끌 수는 있을지 모르지만 결국 그 관심을 유지시키는 건 성격과 매력이지.

The president called for a war on drugs, which caught the mood of the time: Opinion polls showed that drugs were at the top of people's lists of worries. 부시 대통령이 마약과의 전쟁을 부르짖은 건 당시의 분위기를 잘 대변한 것이다. 여론 조사에 따르면 마약이 국민들의 걱정거리 1순위에 올라 있었다고 한다.

He asks lots of questions about things that catch his attention.

우리말로 시대상이나 분위기를 반영하거나 대변한다고 하는 경우도 잘 잡아내는 그림이지요.

His latest novel caught the mood of the 1980s perfectly.
그의 최근 소설은 1980년대 시대상을 완벽하게 그려냈다.

 catch 09 미안하지만 이름을 잘 못 들었는데.

소리도 움직이고 노력해서 듣지 못 하면 사라져버립니다. 누군가 이름을 말했는데 딴짓하다 듣지 못했거나 발음이 어려워 감을 못 잡았을 때 흔히 쓰는 말입니다.

When we introduced ourselves, I didn't catch his name though. I still don't know his name, because I forgot to ask when we parted.
우리 소개받았을 때 그 사람 이름을 잘 못 들었어. 아직도 이름을 몰라. 헤어질 때 물어보는 걸 까먹었거든.

His voice sounded clear enough. There was no doubt that he had spoken, but somehow I didn't quite catch what he said, nor even in what language he had said it.
그의 목소리는 충분히 명확했다. 무슨 말을 했다는 건 분명하다. 하지만 어찌된 일인지 난 그가 무슨 말을 했는지, 심지어 어느 나라 말로 했는지도 알아듣지 못했다.

I thought I heard something. I turned my head to catch the distant sound. 뭔가 들리는 것 같았다. 먼 곳에서 들리는 소리를 확인하기 위해 고개를 돌렸다.

소리처럼 눈길이나 뉴스도 스쳐 지나가는 그림이기 때문에 잡을 수 있습니다.

The doctor put my wife into intensive care. She was still conscious though, catching my eye and smiling at me from time to time until she fell asleep. 의사가 아내를 중환자실로 옮겼다. 하지만 아직 의식이 있어서 완전히 잠들기 전까지 나와 눈을 맞추며 가끔 미소를 지었다.

I tuned into the radio to catch news about the war in Iraq.
이라크 전쟁 관련 뉴스를 듣기 위해 라디오를 틀었다.

I'm sorry, but I didn't catch your name.

catch 10 개털 제거를 위해 만들어진 뒷자리용 특수시트커버지요.

언뜻 특이한 발상인 것 같지만 개털이나 먼지 따위를 제거한다는 것도 결국 잡아내는 그림에 불과합니다. 개털이나 먼지를 잡는 주인공이 돼보면 이상할 것도 없는 그림입니다.

> The dust filters catch dust and other particles in the air.
> 먼지 필터는 공기 중에 떠 있는 먼지 및 다른 부유물들을 제거한다.

뭔가 떨어져서 주위를 더럽힐 만한 건 모두 잡을 수 있습니다.

> I always pack my sandwiches in a plastic box and use the box as a tray to catch crumbs that may fall while I'm eating, then wipe them out.
> 난 언제나 샌드위치를 플라스틱 상자에 담아서 먹을 때 빵가루 떨어지는 걸 받아낼 쟁반으로 활용하지. 다 먹고 나서 털어내면 되니까.

> When using your oven you may want to place an aluminum foil under the bottom layer of meat to catch the drips.
> 오븐을 사용할 때 알루미늄 호일을 고기 맨 아랫단에 깔면 국물 떨어지는 걸 받아낼 수 있습니다.

This is a special back seat cover made especially to catch dog hair.

 catch 11 잠깐 숨 좀 돌리구.

힘을 많이 쓰면 호흡이 곤란하지요. 여기서 catch는 모자라는 숨을 들이마셔 고르는 그림입니다. 숨이 모자라면 조금이라도 더 잡아둬야 잘 쉴 수 있으니까요.

> I feel like a heavy weight is sitting on my chest and I find it hard to catch my breath. 헤비급 선수가 내 가슴 위에 앉아 있는 것처럼 숨쉬기가 곤란했다.

숨을 들이마시고 멈추는 그림만 그릴 수도 있습니다. 주로 놀라거나 해서 잠시 숨이 멎는 걸 말합니다.

> I reached out and stroked my dog that was sleeping. I heard his breath

catch at my touch.
손을 뻗어 자고 있는 개를 쓰다듬어줬다. 내 손이 닿자 놀라서 잠시 숨을 멈췄다.
Linda felt her breath catch at the thought of the dreadful sight.
린다는 그 끔찍한 장면을 떠올리자 숨이 멎는 듯했다.

> I need a minute to catch my breath.

She was so beautiful and my breath caught in my throat.
그 여자가 너무 아름다워서 숨이 턱 막혔다.

 우리는 공을 놓친 선수에게 야유를 보냈다.

catch의 명사형은 잡는 행위뿐 아니라 잡은 대상까지 지칭할 수 있습니다.

Most of the catch is frozen at sea and exported to Asia
잡은 고기는 바다에서 곧바로 얼려 아시아로 수출한다.
The hunters can find a good catch in this area—from birds to rabbits and bears. 새에서 토끼, 곰까지 이 지역에 좋은 사냥감이 많습니다.
The wider you cast your net, the more likely you are to get a good catch.
그물을 넓게 던질수록 고기를 많이 잡을 확률이 높지.

배우자도 잘 잡아야 한다고 했지요. 좋은 배우자를 a good catch라고 표현하기도 하지요. 함정이나 덫이 될 수도 있습니다. 구어체에서 특히 많이 사용됩니다.

She was beautiful and a good catch. 그녀는 참 아름답고 좋은 신부감이었지.
I do not trust companies or people telling me that something is free because there's always a catch.
뭔가 공짜라고 하는 회사나 사람은 절대 안 믿지. 언제나 함정이 있기 마련이거든.
They will get you into the directory for free! The catch is that your website has to be strictly non-profit. 웹 디렉토리에 공짜로 등록해준대! 문제는 등록하는 웹사이트가 절대 영리를 목적으로 해서는 안 된다는 거지.
There is a correlation between the quality of the job you obtain upon graduation and your level of self-confidence. The catch is that confidence comes with experience. 졸업해서 얼마나 좋은 직장을 얻느냐는 얼마나

> We jeered at a player who missed a catch.

자신감이 있느냐와 관련이 있지. 문제는 자신감이란 게 경험을 통해 얻어진다는 거야.

A-ha! moment

> "We got this one in yesterday. Bail was set at $100,000, and he didn't show up for a court appearance. If you could find him and bring him in, you'd get $10,000." I put a hand to the desk to steady myself. "Ten thousand dollars for finding one guy? What's the catch?" "Sometimes they don't want to be found, and they shoot at you. But that hardly ever happens." "어제 들어온 일거리인데. 보석금을 100,000달러 걸었는데 법정에 나타나질 않았어. 얘 찾아서 잡아오면 10,000달러 버는 거지." 난 넘어지지 않으려고 책상을 붙들었다. "한 놈 잡는데 1만 달러라구? 뭔가 딴 게 있는 거 아냐?" "가끔 잡히기 싫어하는 놈들이 있어. 그럼 총 쏴대고 그러지. 하지만 거의 그런 일은 없다구."
>
> – One for the Money (Janet Evanovich)

돈벌이가 궁한 주인공이 현상금 사냥꾼(bounty hunter)이 되려고 하는 장면입니다. 보석금의 1/10을 현상금으로 받을 수 있다는 말에 놀라지만 장점만 있지는 않을 것 같아서 하는 말이 What's the catch?지요. 흔히 너무 좋은 조건이어서 믿기 어려울 때 이 말을 씁니다. 100만원짜리 에어컨을 반값에 주겠다든가 하면 What's the catch?하게 되지요.

영어로 말해보기

1. 난 도망치려고 했지만 그 놈이 내 팔을 잡더니 바닥에 내동댕이쳤어.
2. 동생이 작은 돌을 던졌는데 내 눈에 맞아서 각막(cornea)을 다쳤다.
3. 어제 낯선 사람이 우리집 밖에서 사진 찍는 걸 잡았어.
4. 이런, 갈 시간이군. 비행기를 타야 돼.
5. 심야 영화나 한편 볼래?
6. 자전거 체인에 바지가 끼이면 통제력을 잃을 수 있지.
7. 폭풍우에 갇히면 가장 먼저 건물이나 자동차 안 등 피난처(shelter)를 찾아야 한다.
8. 그는 HIV 바이러스(the HIV virus)에 감염(infect)된 혈액을 수혈(transfusion of blood) 받아 에이즈에 걸렸다.
9. 아이들은 관심이 가는 주제에 가장 잘 반응한다.
10. 잭이 친구들을 너무 빨리 소개하는 바람에 이름을 듣지 못했다.
11. 소음이 심한 상태에서 애써 들어서 그런지(strain to hear) 그 여자가 무슨 말을 했는지 알지 못했다.
12. 종이 타월을 아기 입에 대고 침흘리는 걸 받아냈다.

1. I tried to run, but he caught my arm and threw me on the ground.
2. When my brother threw a small rock, it caught me in the eye and injured my cornea.
3. Yesterday I caught a stranger taking photographs outside our house.
4. Oops, time to go. I have to catch a plane.
5. You guys want to catch a late movie or something?
6. Getting your pants caught in the bike chain can make you lose control.
7. The first thing to do if you are caught in a storm is seek shelter, whether in a building or in a car.
8. He caught AIDS because he got a transfusion of blood infected with the HIV virus.
9. Kids respond best to topics that catch their interest.
10. Jack introduced his friends so fast that I didn't catch their names.
11. I didn't really catch what she said, as I was straining to hear over the noise.
12. I held a paper towel under the baby's mouth to catch drool.

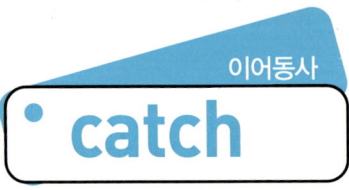

catch의 이어동사는 get 이어동사에 놓치지 않고 붙잡는 뉘앙스를 덧붙이면 대부분 해결됩니다.

01 catch on 꼭 붙잡다

잡거나 잡힌 다음 걸려 있는(on) 그림입니다. 우리말로 '걸리다' 라고 하는 상황이 기본그림이 되지만 우리말에 집착하는 것보다 잡는 주인공이 되는 것이 훨씬 이해가 빠릅니다.

Dan was running, dragging a rod. It caught on a bush and pulled him to a stop.
댄이 막대기를 끌며 뛰고 있었는데 숲덤불에 걸려서 멈춰 섰다. (막대기가 숲덤불을 잡는 그림)

When I jumped, my heels caught on the rope. I fell and heard one of my legs snap. I lay in agony on the ground for several minutes.
뛰려고 했는데 발뒤꿈치가 밧줄에 걸렸다. 넘어지면서 다리 한쪽이 부러지는 소리를 들었다. 몇 분 동안 고통을 참지 못해 바닥에 누워 있었다. (발뒤꿈치가 밧줄을 잡는 그림)

When I came out of the bathroom someone was fumbling at my front door, making scraping sounds at the lock. The door popped open but it caught on the security chain.
욕실에서 나왔을 때 누군가 자물쇠 긁는 소리를 내며 현관문을 만지작거리고 있었다. 문이 열렸지만 안전 체인에 걸렸다. (문이 안전 체인을 잡는 그림)

> security chain은 일정 간격으로만 문이 열리고 더 이상 열리지 않도록 문에 걸어두는 안전 장치를 말합니다.

누군가의 말을 이해하지 못하면 흘러가버립니다. 놓치기 전에 갈고리를 걸 듯 잡아서(catch on) 내 것으로 만들어야 이해할 수 있지요. 이해하는 데 시간이 걸린다는 뉘앙스를 갖고 있으며 이해의 대상은 to로 나타냅니다.

He is never quick to catch on to a good joke.
걘 언제나 농담 알아듣는 데 시간이 좀 걸리지.

Even the dimmest kid will catch on to your poor plan.
아무리 멍청한 애라도 니 그 형편없는 음모는 눈치챌 거다.

After a while, she finally caught on to the fact that her husband was dead. 시간이 좀 지나자 드디어 그녀는 남편이 죽었다는 사실을 받아들였다.

Eventually even the most die-hard fans will catch on to what a scumbag he really is.
결국은 아무리 골수팬이라고 해도 그 놈이 얼마나 쓰레기 같은 인간인지 알게 될 것이다.

I'm such an idiot. I should have caught on when she started going to the gynecologist four or five times a week.
나 참 바보지. 아내가 산부인과에 일주일에 네다섯 번씩 드나드는 데도 감을 못 잡았다니.

잡는 대상이 드러나지 않는 경우도 있습니다. 일반인 모두를 잡는 그림이지요. 그만큼 인기를 끈다는 말입니다.

Internet advertising began to catch on in the late 1990s.
인터넷 광고는 1990년대 후반 인기를 끌기 시작했다.

처음에는 인터넷이 몇 명 잡지 않았지만 시간이 갈수록 (on) 잡는 사람이 늘어나는 그림입니다.

The first known Christmas card was made in 1843 but was not printed until 1846. The idea finally caught on and became popular in the 1860s. 처음으로 선보인 크리스마스 카드는 1843년에 만늘어졌지민 1846년까지 인쇄물로 나오진 않았다. 결국 사람들이 관심을 갖기 시작했고 1860년대에 유행하게 됐다.

02 catch out 잡아 끌어내다

잡아서 밖으로 내보내는 그림입니다. 야구에서 공을 잡아(catch) 타자를 죽여서 경기장 밖으로 내보내는(out) 그림을 그리면 이해하기 쉽습니다.

> The majority of the test questions are easy but a couple of them are designed to catch you out.
> 시험 문제 대부분이 쉽지만 몇 개는 꽤나 어려워서 덫이 될 수도 있지.
> Job interviewers may throw a series of difficult questions at you and try to catch you out.
> 면접관들이 얼마나 잘 대처하는지 보려고 여러 가지 어려운 질문을 던질 수도 있어.

어려운 문제나 질문을 함정이나 덫이라고 생각할 때 빠져나가지 못하고 걸려들면 문제를 틀리거나 면접에서 떨어지겠지요.

> In the week leading up to the Athens Olympic Games, several competitors were caught out by drug tests and sent home.
> 아테네 올림픽을 한 주 앞두고 몇몇 선수들이 약물 시험에 걸려 본국으로 돌아가야 했다.

약물 시험이 금지 약물을 복용한 선수들을 잡아내는 그림을 그릴 수 있지요.

> His lies were caught out by CCTV footage which showed him walking into the store holding a gun.
> 총을 들고 상점에 걸어들어가는 장면이 CCTV에 찍혀 그의 거짓말이 들통났다.
> Many investors were caught out by the stock market crash between 2000 and 2003.
> 많은 투자가들이 2000년에서 2003년 사이 주식시장 폭락으로 덜미를 잡혔다.

catch out만으로도 주식시장 폭락으로 돈을 모두 잃고 시장을 떠나야 했다(out of the market)는 그림이 그려져야 합니다.

03 catch up 잡아 바짝 다가가다

up은 일직선을 놓고 볼 때 먼 곳에서 가까운 곳으로 다가오는 그림입니다. 밧줄을 잡고 당기면서 다가오는 그림을 그리면 이해하기 쉽습니다.

Oh, I forgot my keys. You go first. I'll catch up with you.
열쇠를 까먹고 안 가져왔네. 너 먼저 가. 금방 따라갈게.

누군가를 먼저 보내고 따라가려면 그만큼 거리를 줄이는 그림이지요. 거리를 밧줄로 생각하고 조금씩 잡아당겨서 상대방에게 다가가는(up) 그림을 그리면 됩니다. 상대방은 with뿐 아니라 to로도 나타낼 수 있습니다. 거리를 좁혀 함께 할 수도 있고 도착점으로 그릴 수도 있으니까요.

If we walk a bit faster, we can catch up to him before nightfall.
조금 더 빨리 걸으면 해지기 전에 그 사람 따라잡을 수 있을 텐데.

Jim is in Seoul already? Wow, he is a hard man to catch up with.
짐이 벌써 서울에 있다구? 와, 그 사람 참 따라잡기 힘드네.
Suddenly Judy broke into a run and caught up with Bundy.
갑자기 주디가 달리기 시작하더니 번디를 따라잡았다.
Now let's catch up to that truck! 저 트럭 따라잡아!
I couldn't understand what he was saying, so I blinked a few times as my brain tried to catch up with my ears.
그가 하는 말을 이해할 수 없었다. 내 머리가 귀에 들리는 소리를 따라잡으려고 애쓰는 동안 눈을 몇 번 깜빡였다. (귀로는 소리가 들리는데 머리가 따라가지 못한다는 말)

사람만 따라잡는 건 아닙니다.

It seemed that destiny finally had caught up with us. We had no food left.
결국 운명의 덫에 걸린 것 같아. 식량이 모두 떨어졌어.

운명에서 벗어나려고 애를 썼는데 결국 따라잡힌 그림이지요.
비유적으로 모자란 것을 보충하는 그림도 그릴 수 있습니다. 모자라는 것을 잡아다 채우는 그림입니다.

I haven't slept for days. I'd like to catch up on my sleep.
며칠 동안 못 잤어. 잠 좀 자두고 싶어.
He plans to catch up on his paper work so as to have everything cleared away for the meeting on Friday.
금요일 회의에 장애가 될 만한 일이 없도록 그간 미뤄왔던 서류 업무를 모두 해치울 생각이다.
Bundy and I had some coffee in the office as we caught up on the gossip. 번디랑 나는 사무실에서 커피를 마시며 밀린 이야기를 나눴다.

문맥에서 보충하는 대상을 찾아내야 하는 경우도 있습니다.

Hi, Peter. We should catch up sometime, buddy.
야, 피터. 언제 만나서 회포나 풀자구, 친구.

단순히 잡혀 있는 그림을 강조하는 의미로도 사용됩니다. 여기서 up은 강조의 그림입니다. 그냥 listen이라고 해도 될 것을 잘 들으라고 강조하려고 'listen up'이라고 하는 것처럼 말입니다.

It'll take a while before Sean gets here. He says he is caught up in traffic.
숀이 도착하려면 시간이 좀 걸릴 거야. 차가 막힌대.
I'm sorry that I didn't call you. I got caught up at work.
전화 못해서 미안해. 일이 산더미라.

언제나 그렇듯 추상적인 개념에 잡혀 있을 수도 있습니다.

I guess I was caught up in the past that I didn't realize it was time to move on. 과거에 사로잡혀 앞으로 나아가야 할 때라는 걸 깨닫지 못한 것 같아.
Hearing the news, Bundy was caught up in a series of conflicting emotions. 그 소식을 듣고 번디는 여러 가지 상반된 감정에 사로잡혔다.

01 catch someone off guard

off guard라면 방어자세(guard)에서 떨어져 나온(off) 그림으로 무방비 상태를 말하겠지요. 방어자세를 취하지 않고 있으면 쉽게 잡히지요. 잡히는 입장에서 뜻밖의 일격을 당하는 그림입니다.

> When the referee started the fight, my opponent came running in and caught me off guard and gained a point.
> 심판이 경기를 시작하자마자 상대가 달려 나와 무방비상태인 나를 쳤고 1점을 따냈다.
> As I shook his hand, I stated my name. But his response completely caught me off guard. Before I could finish saying my name, he cut me off saying, "I know who you are. I read your blog."
> 악수를 하고 내 이름을 말했다. 그런데 그 사람 반응이 뜻밖이었다. 내 이름을 다 말하기도 전에 말을 자르더니, "누군지 알아요. 당신 블로그 읽고 있거든요."라고 했다.
> My cousin caught me off guard when he asked what I am getting my Mom for Mother's Day. 어머니의 날에 엄마한테 무슨 선물을 할 거냐고 사촌동생이 묻는데 당황스러웠다. (전혀 생각도 안하고 있었으므로)

catch someone by surprise라고 해도 같은 말입니다.

> Homesickness has caught me by surprise. I find myself yearning for home more and more these days.
> 뜻밖에도 향수병에 시달리고 있다. 요즘 들어 고향을 그리는 마음이 갈수록 깊어진다.

02 to be caught short

뭔가 부족한 상태로 잡히는 그림이지요. 꼭 필요할 때 뭔가 없어서 당황하는 그림입니다.

Bundy and I went to lunch and I was caught short and had to ask Bundy to pay the bill. 번디랑 점심 먹으러 갔는데 돈이 모자라서 번디보고 내라고 했지.
He's a walking supply store, and you never have to worry about being caught short when on the road with Bundy. 번디는 걸어다니는 보급소라고 할 수 있지. 번디랑 여행을 가면 뭔가 모자라는 걸 걱정할 필요가 없어.

부족한 대상을 with로 나타낼 수 있습니다.

Ever been caught short with an empty gas cylinder? After all, there's no way of telling how much is left and it can so easily run out halfway through a barbecue or much worse, on a cold winter's day when you're using your gas heater. 가스통에 가스가 없어서 난감한 적 있지요? 얼마나 가스가 남았는지 알 방법이 없어서 바비큐 해먹는 도중에 가스가 떨어지기도 하고 더 심한 경우 추운 겨울날 가스 히터를 쓰다가 낭패를 볼 수도 있지요.

03 catch some rays

햇볕을 쬔다는 구어체 표현입니다.

I went to the park to catch some rays. 햇볕 쬐러 공원에 나갔다.

04 catch some Z's

영어로된 만화를 보면 '쿨쿨' 잠자는 모습에 Z를 그려놓지요. 여기서 유래한 구어체 표현입니다.

You look tired. Catch some Z's. 피곤해 보인다. 눈 좀 붙여.

05 catching

형용사형으로 사용되는 경우로 문맥에 따라 정확한 의미는 달라지지만 모두 '잡는다' 는 기본그림에서 출발합니다. 질병이라면 전염되는 걸 말하겠지요. 비유적으로 즐거움이나 웃음, 두려움, 하품 따위가 전염된다고 하기도 합니다.

Some of my friends kept away from me because they were afraid my disease was catching. 친구 중 일부는 내 병이 전염될까 두려워 가까이 오기를 꺼렸다.
A lady who was fishing with her family, shouted with glee as she had a catch – a tiny one, but her excitement was catching and we laughed along with her. 가족이랑 같이 낚시를 나온 한 여인이 아주 작은 고기를 잡고 어찌나 좋아하며 소리를 지르던지, 우리들도 덩달아 신이 나서 함께 웃었다.

Though death had never worried me much, Jessica's fear was catching, and I shivered with cold. 난 죽음을 그다지 걱정해본 적이 없는데 제시카의 두려움은 내게도 전염되는 듯 했고, 난 한기를 느끼며 몸을 떨었다.

Her laughter was catching, and after a few moments they were both half out of their seats and gasping for air between bursts of laughter. 그녀의 웃음은 전염이 돼서 조금 지나자 둘 다 자리에서 반쯤 일어나 숨이 막힐 정도로 웃음을 터뜨리고 있었다.

Scientists have proved that if you see someone yawning, or read the word, you are likely to do it too. After months of research the experts discovered yawning is catching, and if one person does it there is a 60% chance others around him would too. 과학자들은 누군가 하품하는 걸 보거나 하품이라는 단어만 읽어도 하품을 할 가능성이 있다는 걸 증명해냈다. 몇 달 동안 연구를 해본 결과 하품은 전염이 된다는 걸 발견했고 누군가 하품을 하면 주변 사람도 하품을 할 확률이 60%라고 한다.

02 to be caught short

뭔가 부족한 상태로 잡히는 그림이지요. 꼭 필요할 때 뭔가 없어서 당황하는 그림입니다.

> Bundy and I went to lunch and I was caught short and had to ask Bundy to pay the bill. 번디랑 점심 먹으러 갔는데 돈이 모자라서 번디보고 내라고 했지.
> He's a walking supply store, and you never have to worry about being caught short when on the road with Bundy. 번디는 걸어다니는 보급소라고 할 수 있지. 번디랑 여행을 가면 뭔가 모자라는 걸 걱정할 필요가 없어.

부족한 대상을 with로 나타낼 수 있습니다.

> Ever been caught short with an empty gas cylinder? After all, there's no way of telling how much is left and it can so easily run out halfway through a barbecue or much worse, on a cold winter's day when you're using your gas heater. 가스통에 가스가 없어서 난감한 적 있지요? 얼마나 가스가 남았는지 알 방법이 없어서 바비큐 해먹는 도중에 가스가 떨어지기도 하고 더 심한 경우 추운 겨울날 가스 히터를 쓰다가 낭패를 볼 수도 있지요.

03 catch some rays

햇볕을 쬔다는 구어체 표현입니다.

> I went to the park to catch some rays. 햇볕 쬐러 공원에 나갔다.

04 catch some Z's

영어로된 만화를 보면 '쿨쿨' 잠자는 모습에 Z를 그려놓지요. 여기서 유래한 구어체 표현입니다.

You look tired. Catch some Z's. 피곤해 보인다. 눈 좀 붙여.

05 catching

형용사형으로 사용되는 경우로 문맥에 따라 정확한 의미는 달라지지만 모두 '잡는다' 는 기본그림에서 출발합니다. 질병이라면 전염되는 걸 말하겠지요. 비유적으로 즐거움이나 웃음, 두려움, 하품 따위가 전염된다고 하기도 합니다.

Some of my friends kept away from me because they were afraid my disease was catching. 친구 중 일부는 내 병이 전염될까 두려워 가까이 오기를 꺼렸다.
A lady who was fishing with her family, shouted with glee as she had a catch — a tiny one, but her excitement was catching and we laughed along with her. 가족이랑 같이 낚시를 나온 한 여인이 아주 작은 고기를 잡고 어찌나 좋아하며 소리를 지르던지, 우리들도 덩달아 신이 나서 함께 웃었다.

Though death had never worried me much, Jessica's fear was catching, and I shivered with cold. 난 죽음을 그다지 걱정해본 적이 없는데 제시카의 두려움은 내게도 전염되는 듯 했고, 난 한기를 느끼며 몸을 떨었다.

Her laughter was catching, and after a few moments they were both half out of their seats and gasping for air between bursts of laughter.
그녀의 웃음은 전염이 돼서 조금 지나자 둘 다 자리에서 반쯤 일어나 숨이 막힐 정도로 웃음을 터뜨리고 있었다.

Scientists have proved that if you see someone yawning, or read the word, you are likely to do it too. After months of research the experts discovered yawning is catching, and if one person does it there is a 60% chance others around him would too.
과학자들은 누군가 하품하는 걸 보거나 하품이라는 단어만 읽어도 하품을 할 가능성이 있다는 걸 증명해냈다. 몇 달 동안 연구를 해본 결과 하품은 전염이 된다는 걸 발견했고 누군가 하품을 하면 주변 사람도 하품을 할 확률이 60%라고 한다.

06 catch-22

Joseph Heller의 동명 소설에서 유래한 말로 이러지도 저러지도 못하는 상황을 말합니다.

It's a catch-22. Tell a man you love him and he starts backing up. Tell him you don't and he's a lovesick puppy. 진퇴양난이라니까. 남자한테 사랑한다고 말하면 슬금슬금 도망가고, 사랑 안 한다고 하면 상사병 걸린 강아지처럼 행동하니까.

It cannot be proven that something does not exist. This is why in a court of law the defendant is presumed innocent unless proven guilty based on the evidence. Iraq was caught in a catch-22 situation where they needed to either prove the impossible or be attacked if they couldn't. 뭔가 존재하지 않는다는 걸 증명하는 건 불가능하다. 그래서 법정에서는 증거에 따라 유죄가 입증되기 전까진 피고인이 무죄라고 추정하는 것이다. 이라크는 이러지도 저러지도 못하는 상황에 처해 있었다. (핵무기가 없다는) 불가능한 사실을 증명하거나 반대로 증명을 못하면 공격을 받을 수밖에 없었으니까 말이다.

Many banks are caught in a catch-22 situation: Their customers are demanding greater online access to a broader range of financial services, yet as banks make their services available online to customers, they're also making them available to thieves. 진퇴양난에 빠진 은행들이 많다. 고객들은 더 다양한 금융 서비스를 온라인으로 처리할 수 있게 되길 바라지만 은행들의 입장에서는 고객들에게 온라인 서비스 폭을 늘릴수록 도둑들에게도 문을 열어주는 결과가 되기 때문이다.

07 catch-all

모든 걸 다 잡아낼 정도로 광범위하다는 말입니다.

Latin music is a catch-all term for a number of diverse styles from different regions and countries in Latin America. 라틴 음악이란 남미의 여러 지역과 나라에서 유래한 다양한 음악 스타일을 아우르는 광범위한 용어이다.

08 eye-catching

말 그대로 눈길을 끈다는 뜻이지요.

A multitude of buttons, icons and symbols will help you create an eye-catching web site.
버튼이랑 아이콘, 기호들을 다양하게 사용하면 눈길을 끄는 웹 사이트를 만들 수 있지.

An eye-catching resume that stands out above all the others may be your best shot at getting noticed by a prospective employer. 다른 이들에 비해 월등히 뛰어난 눈길을 끄는 이력서를 만드는 게 고용주 눈에 드는 가장 좋은 방법일 것이다.

09 catch-as-catch-can

특별한 규칙 없이 마구잡이로 잡고 싸우는 레슬링에서 유래한 말로 닥치는대로 뭔가 대충 한다는 말입니다.

In catch-as-catch-can wrestling, all holds are permitted.
마구잡이 레슬링에서는 어떤 방식으로 싸워도 된다.

It's kind of catch-as-catch-can with the parking. I would suggest getting there as early as you can. 주차는 되는대로야. 될 수 있으면 일찍 가는 게 좋을 걸.

We'll have to get very little sleep for about a month and eat catch-as-catch-can. 한 달 정도는 잠도 잘 못 자고 먹는 것도 대충 때워야 할 거야.

*cut 자르면 줄어든다

은행에 가려고 보니 마감 시간이 얼마 안 남았습니다. 길을 따라 가면 동네 반 바퀴를 빙 돌아가기 때문에 30분은 족히 걸립니다. 숲을 가로질러 시간과 거리를 절약하기로 했습니다. ― 거리와 시간을 잘라 줄여버리는 cut 의 그림입니다.

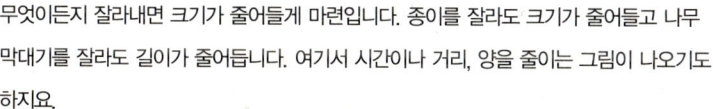

cut 의 기본그림은 자르는 겁니다. 길죽한 것을 둘로 자르는 것뿐 아니라 특정 모양으로 오려내는 것도 cut 이라고 하고, 잘라내거나 오려내서 완전히 분리시키지 않고 몸에 상처가 나듯 틈만 만드는 것도 cut 이라고 하지요.
무엇이든지 잘라내면 크기가 줄어들게 마련입니다. 종이를 잘라도 크기가 줄어들고 나무 막대기를 잘라도 길이가 줄어듭니다. 여기서 시간이나 거리, 양을 줄이는 그림이 나오기도 하지요.
또 뭔가 연속되는 것을 잘라 이어지지 못하게 하면 중단하는 그림이 됩니다. 전원을 끊거나 말을 끊는 것도 그래서 cut 을 쓰는 경우가 많지요.
cut 역시 자르는 입장에서 1인칭 주인공 시점으로 세상을 바라보는 게 문맥 이해가 빠를 경우가 많습니다.

기본 형태

자르는 대상이 있어야 하기 때문에 타동사로 많이 쓰지만 대상 없이 자르는 행위만 나타낼 때는 자동사로 사용되기도 합니다.

　The knife cuts well. 칼이 잘 든다.
　Cut a string 10 centimeters long. 줄을 10센티 길이로 잘라.

잘라서 누구에게 주는 건지 나타낼 수도 있습니다.

　Cut me a piece of the pie. 파이 한 조각 잘라줘.

자른 후의 상태를 나타낼 수도 있습니다.

　I cut my fingernails short. 손톱을 짧게 깎았다.

 **종이를 반으로 잘라.**

뭔가를 잘라 크기를 줄이는 가장 기본적인 cut의 그림입니다. 사람이 자르는 경우는 쉽게 이해가 가지만 사물이 자르는 경우는 1인칭 주인공 시점에서 만화적 상상력으로 주인공이 돼보면 이해가 빠릅니다.

Cut the blue wire and run like hell! You have 15 seconds before the bomb goes off! 파란색 전선을 자르고 얼른 튀어! 15초 있으면 폭탄이 터지거든!

사람이 자르는 경우는 시점을 고민할 필요도 없을 정도로 이해가 빠릅니다.

He is shot dead. The bullet cut the main artery in his leg.
총 맞아 죽었어. 총알이 다리의 동맥을 끊었거든.

총알이 이 장면의 주인공이지요. 총알의 관점에서 다리의 동맥을 자르는 그림입니다.

전치사 to를 사용해 어떤 형태로 자를지 나타내줄 수 있습니다. 동사를 사용해도 형태는 같습니다. 전치사인지 부정사인지 꼭 따질 필요는 없다는 겁니다.

Cut your picture to exactly 8×10 inches with scissors.
사진을 가위로 정확히 8×10인치 크기로 잘라주세요.

He cut the door to the desired length and sanded the cut end of the door. 문을 원하는 크기로 자르고 문의 잘린 면을 사포로 문질렀다.

Cut your picture to fit the size of your frame, and slide it in.
액자 크기에 맞게 사진을 잘라서 밀어 넣으세요.

in이나 into를 쓸 수도 있습니다.

Cut a sheet of paper in half.

This machine can cut a metal rod into 3 pieces in 5 minutes. At this rate, it'll take an hour for it to cut the metal rod into 36 pieces. 이 기계는 5분 안에 철심 하나를 3등분 할 수 있지. 이 속도라면 철심을 36등분 하는 데 한 시간이 걸릴 거야.
Here's the secret to this card magic trick. Ask a spectator to cut the pack in two and to place the half that they have cut, face down on the table and take the other half of the pack and place it on top of their half at a 90 degree angle to form a cross. 이 카드 마술 요령을 가르쳐줄게. 방청객 하나를 불러서 카드 더미를 둘로 나누라고 해. 그렇게 나눈 절반을 뒤집어서 탁자 위에 놓고 나머지 절반은 그 위에 90도 각도로 틀어서 십자가 형태로 만들라고 하는 거야.

자르면 크기가 줄어든다고 했지요. (자른다고 해서 꼭 칼이 필요한 건 아닙니다.)

The lawn mower cuts the grass in rainy conditions but it's recommended that you bring the mower inside in extreme weather conditions, such as torrential rain and storms.
이 제초기는 비오는 날에도 풀을 깎을 수 있지만 폭우나 폭풍우 같은 극심한 기후조건에서는 내부로 들여놓는 것이 좋습니다.

줄어든 상태를 나타내줄 수도 있습니다.

To keep your child from scratching, cut her fingernails and keep them clean. 아이가 할퀴는 걸 막으려면 손톱을 깎고 청결을 유지해주세요.
When I cut my hair short, my coworker who sits across from me didn't notice until he overheard someone else commenting.
내가 머리를 짧게 깎았는데도 내 앞자리에 앉은 동료직원은 누군가 언급하는 걸 듣기 전까진 전혀 눈치채지 못했다.
We had to cut the trip short when I caught the flu.
내가 독감에 걸려 우리는 여행을 중단해야 했다.

몸에 상처가 나는 것도 피부가 잘리는 것이지요.

The other day I was in the shower shaving my legs and I cut myself a little bit and I bled. 얼마 전에 샤워하면서 다리털을 깎다가 베어서 피가 흘렀다.

Open heart surgery describes any surgery that requires the heart to be cut open.
개심술이란 심장을 절개해 열고 해야 하는 수술을 말한다.

I used to cut my head open running into various things as a young child. I've still got a number of scars up there.
어렸을 때 여기저기 부딪혀서 머리가 깨지곤 했지. 아직도 상처가 몇 개 남아 있어.

잘려진 부위를 전치사 at으로 나타낼 수 있습니다. at은 콕 집어 한 지점을 나타내니까요.

She found a bag in her room. Curious, she looked inside and found a human hand cut at the wrist. 방안에서 가방을 하나 발견했다. 궁금해서 안을 들여다봤더니 손목에서 잘려나온 사람의 손이 들어 있었다.

실제로 자르는 게 아니라 개념상으로만 자르는 경우도 있지요. 이런 상황에서는 전지적 작가 시점을 동원하는 게 이해가 빠릅니다. 지도를 펴놓고 반을 뚝 잘라내는 겁니다.

The railway cuts the area into two sections, on one side lies the market area and on the other the residential area.
이 지역은 철도를 기준으로 두 구역으로 나뉜다. 한쪽은 상가지역이고 나머지 한쪽은 주택가다.
Judy cut me a big slice of cake. 주디가 나한테 케익을 크게 한 조각을 잘라주었다.
(자르는 대상과 잘라주는 상대를 모두 목적어로 써서 표현했습니다.)

cut 02 종이를 삼각형 형태로 잘라서 꼭지점마다 A, B, C 표시를 하세요.

특징 형태로 자르는 경우입니다. 우리말로는 오려내거나 조각을 하는 것도 영어에서는 cut 하나로 표현할 수 있습니다.

Cut a hole in the plastic top of the can for the kids to deposit money.
깡통 뚜껑은 플라스틱으로 돼 있으니 구멍을 내서 아이들이 저금을 할 수 있게 해주세요.

A-ha! moment

Okay, some tricks of the trade. Now, I've never been able to cry as an actor, so if I'm in a scene where I have to cry, I cut a hole in my pocket, take a pair of tweezers, and just start pulling.
자, 연기할 때 써먹을 만한 기술을 몇 개 알려드리지요. 난 배우이면서도 절대 눈물을 흘릴 수가 없었어요. 그래서 울어야 하는 장면에서는 바지 주머니에 구멍을 내고 집게를 가지고 다니면서 꼬집었지요.
― Friends Season 3 Episode 7, The One With The Racecar Bed

〈Friends〉라는 시트콤에서 가장 머리가 나쁜 캐릭터이자 삼류 배우인 Joey가 학생들에게 연기를 가르치며 하는 말입니다.

With a pointed knife, cut a star shaped opening around the stems of the pumpkins. 끝이 뾰족한 칼로 호박 줄기 부근에 별 모양의 구멍을 파내세요.
You can cut and paste text or graphics from one program to another.
한 프로그램에서 텍스트나 그래픽을 잘라내서 다른 프로그램에 붙여넣을 수도 있습니다.

재단을 하거나 조각을 하는 것도 말만 그럴듯하지 결국 자르는 겁니다.

The dress was cut too big over the chest area.
그 드레스는 가슴 부위가 너무 파였어.
His work table was cut from a large tree trunk.
그 사람이 쓰는 작업용 탁자는 커다란 통나무에서 조각해 만든 거래.

이빨이 자라나는 것도 살을 찢고 나오는 것이어서 그런지 cut을 씁니다.

If you've ever cut a wisdom tooth, you know the pain of cutting new teeth. 사랑니 나본 경험이 있다면 새 이빨이 나는 게 얼마나 아픈 건지 이해할걸.

Cut a triangle from a piece of paper and mark the three vertices as A, B, and C.

음악 앨범 역시 밀가루 반죽을 크게 빚어 만두피를 잘라내 듯 만드는 것이라 cut을 쓰지요.

> The band is returning to the U.S. to cut a new album.
> 그 밴드 미국으로 돌아가서 새 음반을 낸대.

계약이나 협약 따위를 도출해낼 때도 cut을 쓰는데 요리조리 다듬어서 애써 조각해내는 그림이기 때문입니다.

> South Korea, Japan and China all want Washington to cut a deal with Pyongyang and all dislike the talk of sanctions. 한국과 일본, 중국은 모두 미국 정부가 북한과 타협을 하길 바라지 그 누구도 제재 얘기가 나오는 걸 좋아하지 않는다.

 잘 드는 게 좋은 칼이지.

칼이라는 게 사람이 들고 자르는 것이지만 실제로 사물을 자르는 건 결국 칼이지요. 1인칭 주인공 시점에 가장 어울리는 경우입니다. 우리말로 칼이 잘 든다거나 '잘린다' 라고 해서 그런지 수동형으로 잘못 쓰는 경우가 많습니다. 1인칭 주인공 시점이니만큼 당연히 자동사겠지요.

> A sharp knife cuts well because the force applied by the hand acts over a very small area.
> 날카로운 칼이 잘 드는 이유는 손에서 힘이 전달되는 면적이 아주 작기 때문이지.
> She yelled out in pain as the sword cut into her armor and delivered a cut into her flesh. 검이 갑옷을 뚫고 살을 베고 들어가자 고통스럽게 소리를 질렀다.

A-ha! moment

> Miller : How was it done?
> Quinn : Thermal equipment of some kind.
> Weyland : Like yours?

A good knife cuts well.

> Quinn : More advanced. Incredibly powerful. I've never seen anything like it. I'm telling you. There's no team and no machine in the world that could cut to this depth in 24 hours.
> Weyland : Well, the only way we're gonna know for sure is to get down there and find out.
> 밀러 : 어떻게 한 거지?
> 퀸 : 일종의 가열장비 같은데.
> 웨이랜드 : 당신들이 쓰는 것처럼?
> 퀸 : 더 진보한 장비요. 엄청 강력해요. 이런 건 나도 본 적 없어요. 확실히 말해두자면 이 세상 어느 누구도 어떤 기계도 24시간내에 저렇게 깊이 파고들어가진 못해요.
> 웨이랜드 : 그럼 유일하게 알 수 있는 방법은 밑으로 내려가서 확인하는 것뿐이군.
>
> – Alien vs. Predator

피라미드 탐사를 갔는데 어젯밤에만 해도 없던 구멍이 생겼습니다. 외계인이 하룻밤만에 동그랗게 땅을 파고 들어간 흔적을 발견하는 장면입니다. 현대 지구의 기술로는 불가능한 작업이라는 건데 땅을 판 사람뿐 아니라 장비의 관점에서도 'cut to this depth' 처럼 능동형으로 쓴다는 걸 눈여겨봐야 합니다.

 진짜 빨리 운전하면 한 시간 정도 단축할 수 있을지 몰라.

잘라서 줄어드는 그림입니다. 거리나 양이 줄어든다는 데 초점을 맞추는 겁니다. 추상적인 개념이 많으니 전지적 작가 시점에서 바라보는 게 편하겠지요.

> The Congress passed two bills to cut the budget deficits over the following two years. 국회는 향후 2년 동안 예산 적자를 줄일 수 있는 두 가지 법안을 통과시켰다.
> Bring in more cash to sustain your lifestyle and cut the expenses. 현재 생활 패턴을 유지할 수 있도록 현금을 더 많이 벌어들이고 비용을 줄여라.

More IT firms in Korea look overseas to cut costs.
한국의 대부분의 정보기술 회사들은 비용 절감을 위해 해외 진출을 꾀한다.

가격이나 비율도 잘라서 낮출 수 있습니다.

Korean steelmakers cut prices by between 3 and 8 percent because of rising inventories.
한국의 철강업체들은 재고 증가를 이유로 3~8% 정도 가격을 낮추고 있다.
If we treat those drug problems we can cut the crime rate dramatically.
마약 문제에 잘 대처하면 범죄율을 대폭 줄일 수 있다.

지방이나 콜레스테롤도 줄일 수 있지요.

Substitute two egg whites for one whole egg in cooking and baking to cut the cholesterol and fat that lurk in yolks. 요리할 때 계란 하나를 통째로 쓰지 말고 계란 두 개의 흰자만 사용하면 노른자에 들어있는 콜레스테롤과 지방을 줄일 수 있다.

맛의 강도도 줄일 수 있습니다.

The olive oil helped to cut the saltiness of the bread.
올리브유를 넣었더니 빵의 짠맛이 많이 가셨다.

If you drive really fast, you might be able to cut an hour or so.

05 화재를 막으려면 전원을 차단해야 합니다.

연속성이 있는 무엇인가를 잘라버려 이어지지 못하게 하면 중단의 그림이 됩니다. 전선을 자른다는 말을 하지 않고 직접 전원을 자를 수도 있듯이 물길을 자른다고 하지 않고 물 공급을 잘라버릴 수도 있습니다.

Shortly after the accident regional administration cut water supply to the residential area. 사고 직후 지역 정부는 주택가로 들어가는 물 공급을 차단했다.

영화의 특정 장면을 잘라 들어내는 것도 가능합니다.

They had to cut the scene where a victim was running down the street on fire to get an R rating.
피해자가 불이 붙은 채로 길을 뛰어내려가는 장면을 잘라내 R 등급을 받았다.

수업시간을 빼먹고 땡땡이를 치는 것도 가능합니다.

She cut school with two of her closest friends and went drinking at the lake. 친한 친구 두 명이랑 학교를 빼먹고 호수에 가서 술을 마셨다.
Students cut classes for variety of reasons: social pressures, dull courses, bullying can lead to truancy.
학생들이 수업을 빼먹는 이유는 여러 가지다. 또래집단에서 느끼는 부담감, 재미없는 수업, 집단 괴롭힘 등이 모두 땡땡이로 이어진다.

> truancy는 허락 없이 학교를 빼지는 걸 말합니다.
> bullying은 강자가 약자를 괴롭히는 것으로 괴롭히는 쪽을 bully라고 하지요.

여기서 잠깐, 문맥이 얼마나 중요한지 다음 문장을 보고 되새겨보겠습니다.

A. Minors who cut classes often turn to Internet cafes during school hours.
B. Campus officials said they cut classes that were under-enrolled first.
C. Some schools will even cut classes so that students can go home earlier than World Cup match hours.

D. Community colleges might have to cut classes because of the governor's call for further budget cuts.

위의 네 문장에는 모두 cut classes가 나오지만 그 의미는 각각 다릅니다. cut classes가 '땡땡이치다'는 의미를 갖는 것으로 외웠다면 그냥 형태만 보고 모두 같은 의미로 해석하려는 고민을 하게 됩니다. 문맥을 염두에 두면서 class를 잘라 줄이는 그림을 그리고 있다면 문제가 없을 텐데 말입니다.

A. 땡땡이치는 청소년들은 수업시간에 대개 인터넷 카페에 간다. (문맥의 열쇠: 청소년이 제멋대로 class를 cut, 수업시간, 인터넷 카페)

B. 학교 담당자들은 수강 신청 미달 과목부터 폐강했다고 말했다. (문맥의 열쇠: 학교 담당자가 직접 class를 cut, 수강 신청)

C. 일부 학교는 월드컵 경기 시작 전에 집에 갈 수 있도록 수업을 단축한다고 한다. (문맥의 열쇠: 학교가 직접 class를 cut, 월드컵 경기, 하교)

D. 지방대학은 주지사의 추가예산 삭감 요구로 강의를 줄여야 할지도 모른다. (문맥의 열쇠: 지방 대학 스스로 class를 cut, 예산 삭감 요구)

결국, cut classes에 이런 각각의 의미가 존재하는 게 아니라 cut classes는 단순히 class가 cut되는 그림만 있는 것이고 정확한 의미는 문맥이 결정해준다는 겁니다.

줄을 잘라먹고 새치기 하는 그림도 그릴 수 있지요.

In France, I find that people will cut in line and no one will say anything to them. 프랑스에서는 새치기를 해도 주변 사람들이 아무 말도 안 하더군.

말을 중간에 잘라버려 잇지 못하게 하는 것도 이런 그림입니다.

I started to apologize for being late but he cut me short with a wave of hand. 늦어도 미안하다고 말하려는 순간 손을 내저으며 말을 잘라버렸다.

We need to cut the power first to prevent fire.

A : We have started down a slippery slope here.
B : Cut the euphemisms, man.
A : 미끄러운 경사로를 내려가기 시작한 것 같군.
B : 그렇게 곱게 돌려 말하지 좀 마.

Cut the sarcasm please, you really are just plain rude at times.
빈정거리지 좀 마. 너 어떨 때는 정말 버릇없다구.

말도 안 되는 소리를 누군가 할 때 조금 더 강하게 말을 끊으려면 cut the crap이라고 합니다. 말도 안되는 소리를 똥(crap)에 비유하는 것이므로 속어에 가깝습니다.

A : I'd appreciate a little more respect.
B : Cut the crap and give me my money!
A : 날 조금만 존중해줬으면 좋겠는데.
B : 헛소리 집어치우고 내 돈이나 내놔!

 개 잔해더미에 깔려 있다 구조돼서 죽 입원해 있어.

어딘가 끼이거나 갇혀서 꼼짝 못하고 있는 사람을 구해내는 그림입니다. 꼼짝 못하게 하는 뭔가를 잘라버리고 끌어내는 그림이지요.

Sam had to be cut from his car after it slammed driver's side-first into the wall. 샘이 벽에 운전석부터 들이받는 사고를 냈을 때 차 잔해를 부수고 그를 꺼내야 했다.

free나 loose를 써서 갇혀 있던 상황에서 구해내는 그림을 강조할 수도 있습니다.

He got one of his legs caught in a freight elevator, and we cut him free with a hacksaw. 화물 승강기에 그의 발 한쪽이 걸려 쇠톱으로 잘라 구해냈다.
We cut him loose from the tree he was chained to.
그를 묶여 있던 나무에서 풀어줬다.

He had to be cut from the wreckage and has been in hospital since.

I finally decided to cut myself loose from my nicotine addiction, but the thought of gaining unsightly pounds is keeping me from beginning my non-smoking life. 드디어 니코틴 중독에서 벗어나기로 결정했다. 하지만 보기 싫게 살이 찔 걸 생각하니 금연 생활을 시작하기가 겁이 난다.

비유적으로 계약이나 구속 따위에서 풀어주는 그림에도 쓰입니다.

The record company cut the singer loose from his contract after disappointing sales of his album.
앨범 판매량이 시원치 않자 음반 회사가 그 가수와의 계약을 파기했다.

cut 07 로스트란 2인치 이상 두께로 자른 쇠고기 덩어리로 주로 오븐에 넣어 요리한다.

cut을 명사로 사용하면 잘라놓은 부분이나 수치의 감소를 의미합니다.

I got a cut of beef that was unbelievably tough last night. Even small bites took lots and lots of chewing.
어제밤에 엄청 질긴 고기 덩어리를 먹었는데 조금만 떼어내도 얼마나 많이 씹어야 했던지.

Place the melted chocolate in a small, self-sealing bag. Using scissors make a small cut in the corner of the bag and drizzle on the bread making a decorative pattern. 녹인 초콜릿을 작고 밀봉이 되는 봉투에 넣으세요. 가위로 봉투 귀퉁이를 잘라 빵위에 초콜릿을 흘려서 장식을 해줍니다.

We need cuts in spending. Everyone knows money is very tight and getting tighter.
지출을 줄여야 합니다. 다들 알듯이 돈이 현재도 빠듯하지만 갈수록 더 빠듯해질 겁니다.

OPEC representatives are expected to approve a cut of at least 1.5 million barrels a day despite appeals from the United States and the European Union. 석유수출국기구(OPEC) 대표들은 미국과 유럽연합의 호소에도 불구하고 하루 150만 배럴 생산량 감축을 승인할 것으로 보인다.

cut을 명사로 써서 수치를 줄인다고 할 때 동사는 make를 씁니다.

A roast is simply a cut of beef thicker than 2 inches that is typically cooked in the oven.

We will continue to make cuts in administrative expenditures and to implement efficiency measures.
앞으로도 계속 관리비 지출을 줄이고 효율성을 제고하기 위한 조치를 취해나갈 겁니다.

몸에 난 상처로도 쓰이며 옷 등의 재단 상태를 나타내기도 합니다. 머리를 자르는 행위도 cut입니다.

I suffered cuts and bruises this afternoon when I fell while mountain biking on my ranch.
오늘 오후에 목장에서 산악 자전거 타다가 넘어져서 여기저기 찢기고 멍 들었어.
Carry was complaining about a cut on her leg a few days ago and now she says it got infected.
캐리가 며칠 전에 다리에 상처가 났다고 투덜대더니 이젠 곪았다는군.
A shampoo costs from $25 ~ $50, and a cut and blow-dry starts as low as $27. 샴푸는 25~50달러이고 커트랑 드라이는 27달러로 아주 저렴한 가격부터 있습니다.
The cut of her dress enhances her physical beauty giving additional emphasis to her feminine charms.
그녀의 드레스는 여성적인 매력을 강조함으로써 아름다운 몸이 돋보이도록 재단됐다.
He expected to be judged by his actions, not by the cut of his suit, and applied the same standard to his friends. 그는 자신이 입은 옷이 아닌 행동에 의해 평가받을 것으로 생각했고 친구들에게도 똑같은 기준을 적용했다.

전체에서 잘려나온 한 부분으로 '몫'을 가리키기도 합니다.

If the company folds up, the stock represents your cut of whatever is left over after paying the creditors.
주식이란 회사가 문을 닫을 경우 채무를 갚고 남은 돈 중 돌려받을 수 있는 몫을 가리킨다.
I made a lot of money for you, boss. I want my cut.
제가 두목한테 얼마나 돈을 많이 벌어줬습니까? 제 몫을 주세요.

영어로 말해보기

1. 창틀(window frame)에 꼭 맞게 유리를 자르세요.
2. 의사들이 팔꿈치부터 팔을 잘라냈다.
3. 음식을 포장할(fold) 수 있을 정도로 큼지막하게 호일(foil)을 네모 모양으로 잘라내세요.
4. 휴가를 갔다 몸이 아파서 일찍 돌아와야 했다.
5. 시장은 취임(take office) 이래 범죄율(crime rate)을 절반으로, 살인사건 발생률(murder rate)을 70%나 줄였다.
6. 한국은행(the Bank of Korea)이 2년만에 처음으로 금리를 내렸다.
7. 샘한테 불을 끄라고 하고 비디오 테이프를 틀었다.
8. 돈이 더 들어오지 않는다면 회사를 살리는 길은 감원뿐이다.

모범답안

1. Cut the glass to the exact size of your window frame.
2. Doctors cut the arm at the elbow.
3. Cut a square of foil large enough to fold around the food.
4. I got sick and had to cut my vacation short.
5. Since taking office, the mayor has cut the crime rate in half, the murder rate by 70 percent.
6. The Bank of Korea cut interest rates for the first time in two years.
7. I told Sam to cut the lights and then played a videotape.
8. If the money doesn't come in, the only way to save the company will be cuts in staff.

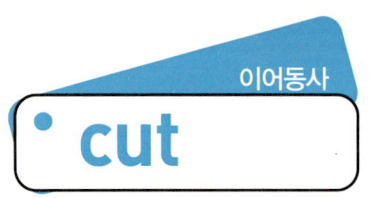

01 cut across 가로질러 자르다

기본적으로 자르는 방향을 가로지르는 것이지요. 거리를 가로지르면 단축하는 겁니다.

It's very important to cut across the grain of the meat. If you cut with the grain, your meat might be stringy.
고기의 결과 반대로 자르는 게 중요합니다. 결을 따라 자르면 고기가 질겨질 수 있습니다.

If we cut across this field right here, we'll be home in less than an hour.
들판을 여기서 가로질러 가면 집에 한 시간도 안 걸려 도착할 거야.

I cut across town and picked up Route 1. It was the middle of the day and traffic was light. 시내를 가로질러 1번 도로를 탔다. 한낮이어서 차가 별로 없었다.

I ran all the way, cut across the campus, and reached the classroom at 8:10 sharp, thinking all that is for my good fortune.
내내 뛰어갔는데 캠퍼스를 가로질러 강의실에 도착하니 딱 8시 10분이더라구. 다 내가 운이 좋은 거라고 생각했지.

항목별로 구분해놓은 것을 가로질러 잘라버리면 그 구분을 없애는 겁니다.

The values of Western civilization are values for all men; they cut across gender, ethnicity, and geography.
서구문명의 가치는 인간 모두를 위한 가치이다. 성별이나, 종족, 지역을 막론하고 말이다.

Bundy is licensed to practice law in several countries and has a broad experience that cuts across business, law and academia.
번디는 여러 나라에서 변호사 자격증을 가지고 있고 업계, 법조계 및 학계를 넘나드는 광범위한 경력의 소유자다.

02 cut away 잘라내다

The medic drew his knife and cut away the back of the wounded soldier's uniform to check the shrapnel wound. 의무병이 칼을 꺼내 유탄에 맞은 상처 부위를 확인하기 위해 부상당한 병사의 군복 뒷부분을 도려냈다.
A tiny knife is attached to the endoscope and is used to cut away sample tissue. 내시경에는 작은 칼이 부착돼 있어 샘플 조직을 잘라내는 데 사용한다.

영화에서 장면을 잘라 화면을 옮겨갈 때도 사용합니다.

Take a look at this stupid mistake. He lifted up his left hand, and they cut away to another shot. When they cut back to him, he had his right hand lifted up instead of his left. I can't believe it.
여기 멍청하게 실수해놓은 것 좀 봐. 이 사람이 왼손을 들고 있었는데 카메라가 다른 장면 찍고 돌아왔을 때는 왼손이 아니라 오른손을 들고 있다니까. 어처구니가 없어.

03 cut back 잘라서 줄이다 | 원래로 돌아오다

올라가던 것을 잘라서 뒷걸음질치게 만들면 줄어드는 것이지요.

We don't have much money left. We have to cut back all expenses.
돈이 얼마 안남았어. 경비를 모두 줄여야 돼.
I chose to cut back work to become a good mother.
좋은 엄마가 되려고 일을 줄였어.

타동사로 직접 줄이는 대상을 말할 수도 있지만 전치사 on으로 표현할 수도 있습니다.

If you are going to raise this child, you'll have to cut back on work.
이 아이를 키우려면 일하는 시간을 줄여야 합니다.
There are plenty of reasons to cut back on fat—most notably its

tendency to promote heart disease.
지방을 줄여야 하는 이유는 많다. 가장 중요한 이유는 심장병을 유발하기 때문이다.

Activists continue to urge Hollywood to cut back on smoking in movies.
운동가들은 영화계에 영화 속에 등장하는 흡연장면을 줄일 것을 촉구하고 있다.

얼마만큼 줄일지는 도착점을 나타내는 to로 나타냅니다.

I would like you to cut back on your drinking as much as you can – try to cut back to just 1 or 2 drinks once a week.
가능한 한 음주량을 줄이세요. 일주일에 한두 잔 정도로 줄여보세요.

back은 원위치로 돌아오는 그림일 수도 있습니다. 이 때 역시 돌아오는 도착점은 to로 나타내겠지요. 영화 장면을 설명할 때 영화를 만든 they가 주어가 될 수도 있지만 영화를 보는 입장인 관객이 주어가 될 수도 있습니다.

Just when the flashback was getting interesting, we cut back to the present. 과거 회상 장면이 재미있어질 때쯤 카메라가 현재로 돌아와버린다.

명사로 사용되면 '감소' 의 의미입니다.

While no cutbacks were announced publicly, more than 100 mechanics were being put on temporary leave.
공식적으로 발표된 감원은 없었지만 100명이 넘는 기능공들이 임시 휴직 상태에 놓였다.

04 cut down 잘라버리다 | 잘라서 줄이다

나무 따위를 잘라서 쓰러뜨리는 (down) 그림이 가장 기본입니다.

I am furious that the city decided to cut down almost all the mature trees in my neighborhood because of disease. The trees lining the street

were why I bought my house.
시에서 우리 동네 큰 나무들을 병에 걸렸다고 잘라버리기로 해 화가 난다. 이 거리에 나무들이 즐비해서 집을 산 건데 말이다.

cut back과 마찬가지로 잘라서 수치를 낮춘다는 의미일 수도 있습니다.

If you are alcoholic or have other medical problems, you should not just cut down on your drinking — you should stop drinking. 알코올 중독자라거나 다른 질병이 있다면 음주량을 줄이는 것만으로는 안 된다. 아예 술을 끊어야 한다.

By cutting down on waste we can save on the financial and environmental costs of both raw materials and waste disposal. The easiest way to do this is to cut down on the amount of packaging we buy and use. 폐기물을 줄이면 원자재 및 폐기물 처리에 드는 재정 및 환경 비용을 절약할 수 있다. 가장 쉬운 방법은 우리가 구입해서 사용하는 포장재를 줄이는 것이다.

05 cut in 자르고 끼어들다

말을 자르고 끼어드는 그림일 수 있습니다.

"We have to leave now! We should..." I started shouting when I saw Laura, but she cut in without letting me finish, "Just shut up!" "지금 떠나야 돼. 우린 말이야…" 내가 로라를 보고 소리치기 시작했지만 그녀가 말을 끊어버렸다. "닥쳐!"

다른 사람의 행동에 끼어드는 것도 cut in입니다. 끼어드는 대상에 on을 쓸 수 있지요.

At most American dances today, this is the accepted form for cutting in: When a man wants to cut in on a couple who are contemporaries or friends, he taps the man's shoulder or touches his arm, without comment, or perhaps with a short, "Cut, please." When he is cutting in on an older man, he goes up to the couple, bows to catch the older

man's eye and, without touching him, says, "May I cut in, please?"
대부분의 현대 미국 댄스에서 일반적인 끼어들기 방법은 다음과 같다. 동년배이거나 친구인 커플에 끼어들려면 남자의 어깨를 두드리거나 팔을 건드려 말을 하지 않고 의사를 밝히거나 짧게 '끼어들어도 되지요?'라고 말할 수 있다. 나이가 많은 남자를 제치고 끼어들려면 커플에게 다가가 나이가 많은 남자에게 인사를 해서 주의를 끈 다음 신체 접촉 없이 '제가 끼어들어도 될까요?'라고 정중히 물어야 한다.

06 cut into 자르고 들어가다

안쪽으로 깊숙이 자르고 들어가는 그림입니다.

If you do not have a thermometer, you will have to cut into the meat during cooking and look at it to check for doneness.
온도계가 없으면 요리하는 중에 고기를 자르고 속을 봐야 얼마나 익었는지 확인할 수 있다.
I reached the top of the gate but the barbed wire cut into my hands and thighs and I was unable to get into a position where I felt safe to jump to the other side.
문 위까지 올라갔지만 철조망에 손과 허벅지가 찔려 안전하게 넘어갈 만한 자세를 잡지 못했다.

꼭 실제로 칼로 베듯이 자르진 않더라도 비슷한 아픔을 주는 경우에도 사용합니다.

The old plastic bag had no shoulder strap and its metal handle began to cut into my hand. 낡은 비닐가방에 어깨끈이 없어서 손으로 들고 갔더니 금속 손잡이가 손을 파고 들어가기 시작했다.

07 cut off 잘라서 떼어내다

단순히 손가락을 베는 게 아니라 완전히 잘라서 분리시키는 그림입니다.

잘라서 완전히 분리(off)해내는 그림입니다.

Why are you holding a knife? Are you going to cut off your finger or something? 왜 칼을 들고 있는데? 손가락이라도 자르겠다는 거야?

I picked up a knife and fork, cut off a piece of the meat and began to eat.
칼과 포크를 집어들고 고기 한 조각을 잘라서 먹기 시작했다.

In Roman times, when a fellow tried to bribe a public official, they would cut off his nose, sew him in a bag with a wild animal, and throw that bag in the river. 로마 시대에는 공직자에게 뇌물을 주려던 사람을 잡으면 코를 잘라내고 야생 동물과 함께 자루에 넣어 강물에 던져버렸다.

If the operation fails, I'm going to get cut off at the knees. I don't intend for that to happen. 수술이 실패하면 무릎 아래로 다리를 잘라야 돼. 그런 일 없길 바래.

비유적인 절단을 그릴 수도 있겠지요. 전지적 작가 시점에서 무엇이 어디서 분리돼 나오는지 그려야 합니다.

Harry's platoon is cut off and under attack.
해리 소대가 고립돼 공격을 받고 있다. (다른 부대에서 분리된 그림)

Randy got hit in the shoulder and cut off from his squad.
랜디는 어깨에 총상을 입고 분대에서 낙오됐다. (자기 분대에서 분리된 그림)

The police are blocking all the exits trying to cut off our escape. 경찰이 모든 출구를 막고 우리 퇴각로를 차단하려 하고 있어. (퇴각로에서 우리를 분리)

The U.S. forces were now cut off from their supplies.
미군에 대한 보급이 차단됐다. (보급품을 미군에서 분리)

I'm beginning to feel totally cut off from the world. 세상과 완전히 단절된 느낌이야. (나 자신을 세상에서 분리)

It was an eerie sensation to be alone in the tiny cockpit of an airplane, all senses cut off from the outside world.
비행기의 작은 조종실에 혼자 있으니 으스스했다. 모든 감각이 바깥 세상과 단절된 느낌이 들어서이다. (감각을 바깥 세상에서 분리)

움직이는 기계에 대해 사용할 경우 동력을 끊어 작동을 멈추게 한다는 말이고 이어지는 말을 잘라서 분리하면 끊어버리는 것이지요.

In an hour, the hospital plans to cut off her life support.
한 시간 후에 병원에서 생명 유지장치를 떼어낼 예정이다.
He cut off the engine and brought the car to a stop.
시동을 끄고 차를 멈췄다.
Susan rambled on and I had to cut her off with a wave of my hand.
수잔이 계속 주절대서 손을 저어 말을 끊어야 했다.

통화 중에 전화가 끊기는 것 역시 같은 그림입니다.

If you're cut off during a call, or couldn't hear the person on the other end, press '#' three times.
통화 도중 끊기거나 상대방 말소리가 들리지 않으면 '우물 정'자를 세 번 누르세요.

명사형으로 쓰이면 '단절', '감소'의 의미로 쓰입니다.

A cut-off of military aid is a step that will be seriously considered.
군사 지원의 감축도 심각하게 고려해볼 사안이다.
Cut-off scores are set as part of identifying the best qualified candidates for a position.
커트라인은 주어진 직위에 가장 적합한 후보를 가려내기 위한 수단으로 사용된다.

우리가 흔히 커트라인이라고 하는 것 역시 잘라내는 그림이므로 cut-off scores라고 합니다. 점수가 아니라 날짜라면 cut-off date가 됩니다.

The cut-off date for making room reservations has been extended to February 4, 2006. After this date, the hotel will not be able to guarantee space or the above rates. 방 예약 마감 시한이 2006년 2월 4일로 연장됐습니다. 이 날짜가 지나면 방 여유분이나 앞에 제시한 숙박비를 보장해드릴 수 없습니다.

원래 긴 바지인데 다리를 잘라내 만든 반바지를 cut-offs라고 합니다.

Men must wear a collared golf shirt and women may not wear cut-offs.
남자는 골프 셔츠를 입어야 하고 여자도 잘라낸 반바지를 입어서는 안 됩니다.

08 cut on 뭔가에 대고 자르다

자르는 것과 잘리는 것의 접촉 관계를 나타냅니다.

> Jim nearly cut himself on the knife he was using to chop the mushrooms. 짐은 버섯 자르던 칼에 베일 뻔했다.

09 cut out 잘라내다

우리말의 '도려내다'에 해당하는 말로 전체에서 일부를 잘라내는 겁니다.

> One of the nice things about a newspaper is that you can easily take a pair of scissors and cut out interesting stories or pictures and save them for later use. 신문이 좋은 이유 중 하나는 가위로 관심이 가는 기사나 사진을 잘라 보관해뒀다 나중에 쓸 수 있다는 거지.

> A report has it that a wife cut out her husband's eyes because she couldn't stand to have him look at other girls.
> 다른 여자 쳐다보는 걸 참지 못한 한 아내가 남편의 눈을 도려냈다는 기사가 났다.

> Sean fixed his black eyes on the nurse. "They can cut out anything they want except my heart. That belongs to you." The nurse laughed. "Flattery will get you everywhere."
> 숀은 검은 눈동자를 간호사에게 고정시켰다. "내 심장 말고는 뭐든지 도려내도 좋아요. 심장은 당신 거니까 안 되고." 간호사가 웃었다. "아부 하나로 뭐든지 하시겠네요."

cut off와 마찬가지로 기계의 동작을 멈추는 그림도 가능합니다. 기계의 동력이 전기가 나가듯 밖으로 나가버리는(out) 그림이지요.

> The device is designed to cut out the engine in an accident.
> 사고가 났을 때 엔진을 멈추도록 고안한 장치야.

자동사의 형태로도 쓰입니다.

When the engine cut out, we pulled over and smoke began to pour out from under the hood. 시동이 꺼져서 차를 세웠는데 본네트에서 연기가 피어올랐다.
After checking out the engines okay, we started down the runway. Just as we pulled into the air, the left engine cut out. 엔진에 이상이 없음을 확인하고 활주로를 달리기 시작했는데 공중에 뜨자마자 왼쪽 엔진이 나갔다.

빛도 연속성이 있어 직선으로 생각할 때, 빛을 잘라버리면 목표물에 닿지 못합니다.

The trees cut out the light and so any plants that grow in this area need to be able to grow without too much light. 나무 때문에 빛이 가려서 이 지역에서 자라는 식물들은 빛을 많이 받지 않고도 자랄 수 있어야 해.
All of a sudden I was cut out of the conversation.
갑자기 나만 대화에서 빠져 있었다. (잘려나온 출발점을 약한 분리를 나타내는 of로 표현합니다.)
I was being cut out of the program, shoved aside like unnecessary baggage. Or worse, like a liability. I went from hurt, disbelief to total fury in three seconds. 난 마치 번거로운 짐짝처럼 계획에서 밀려나고 있었다. 아니 그보다 심했다. 부담으로 느껴지는 듯했다. 상처받은 마음은 황당한 상태를 거쳐 3초 만에 결국 분노로 바뀌었다.

Did I mention that my father cut me out of his will?
아버지가 유언장에서 나 빼버렸다고 말했던가?

cut만으로도 헛소리를 그만두라는 말이 되지만 out을 덧붙여 강조하기도 합니다.

Could you please cut out the nonsense?
제발 헛소리 좀 집어치울래?
Why don't you just cut out this bullshit and tell me the truth? 되먹지 않은 소리 그만하고 사실을 말해줄래?

cut it out처럼 거시기 it을 써도 됩니다.

Cut it out, Vincent! What's wrong with you?
집어치워, 빈센트! 너 대체 왜 그래?

Gary, will you cut it out? You're beginning to sound like an idiot!
게리, 안 그만둘래? 이젠 바보가 얘기하는 것 같다.

사람을 조각에 비유해서 어떤 일을 할 수 있도록 만들어졌는지 여부를 따지기도 합니다. 예를 들어, 산을 오르는 체질이 아니라면 조물주가 그렇게 자신의 몸을 깎아(cut)주지 않았다는 거지요.

I don't think I'm cut out to be a mountain climber. Could we go back now?
난 역시 등산 체질이 아냐. 내려가면 안 돼?

10 cut through 자르고 지나가다

가위를 들고 종이를 자르는 그림을 그려보면 직선을 그리면서 종이를 관통하지요. 여기서 출발합니다. cut across처럼 가로지르기 때문에 거리도 단축됩니다.

I cut through the backyard and ran two blocks to Mary's house.
뒤뜰을 가로질러 매리의 집까지 두 블록을 뛰었다.

가로지르는 주체는 정해져 있지 않습니다. 직선 운동을 할 수 있는 것이라면 모두 가능하지요.

A burst of machine-gun fire cut through the trees.
기관총 탄환이 나무를 뚫고 지나갔다.

I stared down at the sea, watching the gentle splashing of the waves against the ship as it cut through the water. 바다를 내려다 보았다. 배가 물살을 가로지르며 나아가자 물결이 일어 뱃전에 잔잔히 부딪히는 걸 볼 수 있었다.

가로지른다는 건 전체를 아우른다는 말도 됩니다.

An earsplitting yell cut through the room. "Fire!"
귀를 찢는 듯한 외침이 방 전체에 퍼졌다. "불이야!"
A piercing pain cut through my thighs when I bent over grabbing my ankles. 몸을 수그려 발목을 잡았더니 찌르는 듯한 아픔이 허벅지를 타고 퍼졌다.

감정을 가로질러 가면 그 감정을 해치는 게 됩니다.

A-ha! moment

> Behind her, she could hear the raptors shaking the branches of the tree. They were still in the tree. She reached the door, and twisted the knob. The door was locked. It took a moment for the meaning of that to cut through her euphoria. The door was locked. She was on the roof and she couldn't get down. The door was locked.
> 뒤에서 랩터들이 나무를 흔드는 소리가 들렸다. 아직도 나무에 있었다. 문에 도착해 손잡이를 돌렸다. 문은 잠겨 있었다. (입구를 발견했다는) 기쁨도 잠깐, 곧 현재 상황의 의미가 섬뜩함으로 밀려왔다. 문이 잠겨 있었다. 그녀는 지붕에 있고 들어갈 수가 없다는 얘기였다. 문이 잠겨 있는 것이다.
> – *Jurassic Park (Michael Crichton)*

건물 입구를 찾았다는 즐거움을 euphoria라는 과장된 말로 표현했는데 이걸 관통해버리면(cut through) 결국 그 감정이 깨져버리는 걸 말합니다.

11 cut up 완전히 잘라버리다

전치사 up의 완전한 그림에 해당합니다.

When you receive a new credit card, cut up the old one before you throw it away. 새 신용카드를 받으면 예전 것은 완전히 잘라서 버리세요.

> Judy cut up slices of chicken, sprinkled salt and pepper over them and browned the chicken in hot oil.
> 주디는 닭을 조각내서 소금과 후추를 뿌린 다음 뜨거운 기름에 노르스름해질 때까지 튀겼다.

일반적인 상처가 아니라 큰 상처를 표현할 때도 씁니다.

> He had a lip that was badly cut up, and I think the nerves were cut.
> 그 사람 입술이 심하게 찢어졌더군. 신경이 잘린 것 같아.

> I had busted ribs and I was all cut up and bloody, but I didn't feel anything. 갈비뼈가 나가고 여기저기 베여서 피범벅이었지만 아무 감각이 없었다.

비유적으로 마음의 깊은 상처 역시 표현할 수 있습니다.

> I was really cut up when I broke up with my girlfriend about three and a half years ago, but life has moved on.
> 3년 반 전쯤 여자친구랑 헤어졌을 때 마음의 상처가 깊었지만 이겨냈지.

잘게 잘라 분류하는 그림이 될 수도 있습니다. 분류된 상태는 into로 나타냅니다.

> This book is cut up into chapters and in each chapter there is a new story with new characters.
> 이 책은 여러 장으로 구분돼 있는데 각 장마다 새로운 등장인물이 나와서 내용이 달라진다.

학습 흐름을 끊고 말썽을 부리는 것도 cut up한다고 합니다. 특히 수업 중에 엉뚱한 소리를 해서 친구들을 웃기거나 하는 학생을 가리키는 겁니다. 명사형으로도 쓸 수 있지요.

> Students are more likely to cut up in class when they're bored.
> 학생들은 지루할 때 말썽을 부릴 가능성이 크다.

> Jack was a real cut-up and would have us in stitches.
> 잭은 진짜 웃기는 녀석이라 우리를 배꼽잡게 하곤 했지.

01 cut something[someone] down to size

적당한 크기로 잘라서 줄이는 그림에서 출발합니다.

If the cables are too long, you can always cut them down to size.
케이블이 너무 길면 적당한 크기로 잘라서 줄일 수 있습니다.

The growth in the size and cost of government is totally unjustified, which is why we will cut it down to size. 크기나 비용 면에서 정부가 비대해지는 것은 옳지 않다. 그래서 작은 정부를 만들려고 하는 것이다.

자기 분수를 모르고 행동하는 사람의 크기를 줄이면 원래 모습으로 돌려놓는 겁니다.

He could take a person with a huge ego and cut him down to size in an instant. 그 사람 아무리 거만한 자라도 한순간에 분수를 되찾게 만들 수 있는 사람이지.

02 cut corners

정해진 코스대로 가면 거리가 머니까 모퉁이를 돌지 않고 직선 코스로만 가는 경우도 나타냅니다. 원칙을 지키지 않고 대충 때우는 그림이지요.

If you are cooking a meal and run out of an important ingredient, do you cut corners? 요리를 하는데 중요한 재료가 떨어지면 대충 때우는 성격인가요?

You don't want to cut corners on your company's security.
회사 보안 문제에서만큼은 대충이라는 걸 원하진 않겠지요.

Some companies seem to have cut corners to get their products out ahead of time. 일부 회사들이 제품을 일찍 내놓기 위해 부실하게 만든 티가 난다.

긍정적으로 보면 지름길로 가는 것이니까 낭비를 줄이는 것일 수도 있습니다.

The only way they could make real extra money was to cut corners.
진짜 여유돈을 버는 유일한 방법은 절약을 하는 것뿐이다.

Fast food chains cut corners every possible place they can to maintain high profit margins.
고수익 구조를 유지하기 위해 패스트푸드 체인점들은 가능한 모든 곳에서 경비를 줄인다.

03 cut it

거시기 it을 사용해 뭔가를 자를 수 있다, 없다를 나타내는 경우입니다. 자를 수 있으면 능력이 되는 거고 그렇지 않으면 능력이 못 미친다는 거지요. 거시기 it은 당연히 문맥에서 그 의미를 파악해야겠지요.

If she can't cut it, she's out. Understood?
걔 능력에 부치면 자를 수밖에. 이해하지?

Dial-up doesn't cut it anymore. The most recent survey of students in our school district indicated that nearly 90% of them had computers in their homes and the vast majority of those had connections to the Internet. 전화를 직접 거는 모뎀은 이제 쓸모가 없다. 우리 학교 지역 학생들을 상대로 한 가장 최근의 여론조사에 따르면 거의 90%의 학생들이 집에 컴퓨터가 있고 그 상당수가 인터넷에 직접 연결돼 있다고 한다.

His singing is technically excellent, but somehow he fails to cut it in comparison to the many great other names. 그의 노랫소리는 기교 면에서는 나무랄 데 없지만 어딘가 모르게 다른 훌륭한 가수들에 비해 모자라는 부분이 있다.

04 cut no ice with someone

얼음이 아주 딱딱해서 깨지지 않는 것처럼 누군가에게 전혀 영향을 미치지 못한다, 통하지 않는다는 의미로 쓰이는 관용표현입니다.

So all this talk about how bad Hussein is — all of which is true, no doubt — cuts no ice with me. 후세인이 얼마나 나쁜 인간인지 말들이 많은데 그게 모두 틀림없는 사실이란 것도 알지만 난 아무런 감흥이 없다.

The soldier confessed and pleaded for his life, saying he gave way after torture but this cut no ice with the general. He ordered the soldier to be executed. 병사는 사실을 털어놓고 살려달라고 빌었다. 고문을 당해 어쩔 수 없이 정보를 불었다고 했지만 장군에겐 통하지 않았다. 병사를 처형하라고 명령한 것이다.

The well-established fact that people who lose weight on crash diets gain the weight back in a short time cuts no ice with us, because we're different. 벼락치기로 다이어트를 해서 살을 빼면 머지 않아 다시 살이 찐다는 건 이미 잘 알려진 사실이지만 우리에겐 해당 사항 없다. 우린 다르니까.

05 have one's work cut out for someone

옷을 만들 때 내가 직접 재단을 하면 편할 텐데 남이 재단을 해줘서 옷감의 여유가 없이 빠듯한 상황에서 만들어야 한다는 데서 유래한 표현으로 버겁고 어려운 일이 기다리고 있는 그림입니다.

My goal in math is to be in the top 5 at the end of the semester and I know that I have my work cut out for me. 학기말에 수학에서 5등 안에 드는 것이 목표라 쉬운 일이 아닐 것이다.

Journalists of the United States have their work cut out for them. Are they up to the task of exposing truth even when that means challenging the powerful? 미국 언론인들에게 버거운 일이 기다리고 있다. 그들이 권력에 도전해서 진실을 밝혀낼 수 있을까?

06 cut one's losses

사람은 손해보는 걸 싫어해서 이미 손해를 보고 있는 상황이라면 뻔히 더 손해볼 줄 알면서도 조치를 취하지 못하지요. 손해를 감수하고 과감히 패배를 인정하는 그림입니다.

It's not too late to cut your losses. Sell your stock.
아직도 손절하기에 늦지 않았어. 주식을 팔아버리라구.

No one wins every time. You have to learn how to cut your losses and live to fight again another day. 늘 이길 순 없는 거야. 손해를 감수하더라도 지는 게임은 깨끗이 포기하고 다음을 기약하는 법을 좀 배우라구.

> 자신이 산 주식의 가격이 떨어져서 손해를 보고 있지만 추가적인 손해를 보지 않기 위해 과감히 주식을 파는 전략을 '손절' 또는 '손절매'라고 합니다.

07 cut someone a break[some slack]

한 조각 잘라주는 그림인데요. 그 조각에 해당하는 것이 '기회' 이거나 '여유' 인 경우입니다. 한번 봐준다는 의미로 쓰는 구어체 표현이지요.

Even though the cop ticketed you that day something you haven't considered is the fact that he cut you a break with regards to your vehicle. If you would have been rude to the officer then you might have been saying goodbye to your truck! It would have been towed.
싸질 떡지를 뗐지만 그래도 차를 생각하면 널 봐준 거라는 걸 잊지마. 경찰한테 무례하게 굴었으면 니 트럭하고는 빠이빠이 했어야 할 거야. 견인당했을 테니까.

몸에 꼭 끼는 옷을 입거나 밧줄로 꽁꽁 묶여 있다면 운신할 수도 없고 답답하겠지요. 이런 걸 잘라서(cut) 몸을 움직일 수 있게 여유(slack)를 주는 cut someone some slack입니다.

> Ask nicely and maybe I'll cut you some slack.
> 좋은 말로 부탁하면 봐줄지도 모르지.
> Cut her some slack, Tony. She's under a lot of strain.
> 토니, 걔 좀 봐줘. 요즘 엄청 스트레스 받고 있다구.

08 cut loose with something

묶여 있던 것을 잘라서 풀어주는 그림이지요. 참고 있던 것을 발산한다는 구어체 표현입니다.

> The kid cut loose with a brief, but surprisingly long-ranged stream of urine. 아이가 오줌을 싸는데 잠깐이지만 오줌발이 엄청 멀리 가더라구.
> Unable to hold back any longer, my husband cut loose with a belly laugh that is uniquely his.
> 남편은 더 이상 참지 못하고 뱃속 깊은 곳에서 터져나오는 그 특유의 웃음을 터뜨렸다.
> The angry driver cut loose with an endless series of four-letter words.
> 화가 난 운전사는 육두문자를 끝없이 뱉어냈다. (특히 마구 뿌려대는 뉘앙스가 강합니다.)
> The enemy soldiers cut loose with artillery, machine-gun, and rifle fire, everything they had.
> 적군은 대포, 기관총, 소총 등 가지고 있는 무기를 전부 쏟아붓는 듯 했다.

09 cut to the chase

chase는 쫓아가는 행동을 말합니다. 준비운동 없이 곧바로 달리기 시작하는 그림입니다.

> Well, I'm running out of time, so I'll cut to the chase.

시간이 촉박하니까 본론만 말할게.
Let's skip the sound bites and cut to the chase.
미사여구 건너뛰고 본론으로 들어가지요.

10 a cut above someone[something]

수준을 재는 눈금이 있다고 할 때 한 눈금 위에 있는 그림이라 그만큼 잘났다는 말입니다.

He has a certain edge to him as a film director that makes him a cut above the rest in many respects.
그는 영화감독으로서 특별한 면이 있다. 그 덕분에 여러 가지 측면에서 남다르다.

When getting interviewed for a job, you simply have to accept that you are entering a competition and, in order to win, you have to convince your audience, that is, the employer, why you are a cut above the rest.
면접을 볼 때는 이기기 위한 경쟁에 참여하고 있다는 사실을 받아들여야 한다. 청중에게, 즉 고용인에게 왜 자신이 남들보다 나은지 설득시켜야 한다는 말이다.

11 cut-and-dried

원래 꽃을 잘라서 말리는 데서 비롯된 말입니다. 꽃을 말리면 형태가 그대로 보존되는 데서 틀에 박히거나 고정돼 있다는 그림이 나옵니다.

They make wonderful cut-and-dried flowers as well as potpourri.
멋있게 말린 꽃과 포푸리를 만들어 팔아.

Sometimes an ending that is not cut-and-dried works better.
틀에 박히지 않은 마무리가 효과가 더 좋을 때가 있지.

There are no cut-and-dried rules on feeding pets
애완동물 밥먹이는 데 특별히 정해진 규칙이 있는 건 아니다.

12 Don't cut off your nose to spite your face.

내 얼굴에 화가 난다고 해서 코를 잘라 분풀이를 하지 말라는 말입니다. 자신에게 해가 되는 걸 뻔히 알면서 분을 참지 못해 어리석은 행동을 하는 경우를 빗대어 하는 속담입니다.

> Don't cut off your nose to spite your face. Don't say no to something you would like because you are stubborn.
> 손해볼 짓 하지마. 단지 고집 부리느라고 뻔히 갖고 싶은 걸 필요 없다고 할 이유는 없다고.
> You want the economy to be sour just because you don't like the president? You're out of a job, man! Don't cut off your nose to spite your face. 대통령이 싫어서 경제가 엉망이 됐으면 좋겠다고? 넌 직장도 없잖아, 임매! 화난다고 돌부리 걷어차면 니 발만 아프지!

If you play soccer, you find that it is necessary to make frequent changes in direction or that you need sudden bursts of speed as you dribble or pass the ball. The studs help your feet to grip the grassy surface. The greater measure of friction allows for more propulsion. Depending on the condition of the field or the skills of the player, the shoe will have 6, 12, 35, or 53 studs. In particular, studded shoes are made to prevent slippage for a certain type of lawn and are longer than other studs. Many high school and college students whose school fields use 12-studded shoes, because they can be used on any type of surface, either grass or bare ground, 5-studded shoes are preferred. Beginners start of the higher number of studs provides amateur players with greater stability on the ground and breaks less the ankles. soccer shoes for everyday wear! Considering the high possibility of injury due to falls or injury to ankles, is recommended that use of the shoes be limited to the soccer field. Women's Soccer?In 16th entury England, women played soccer as much as men did. The first formal tournament was held 18th century; a team of married women against a team of unmarried women in Scotland, The st international tournament was held in England in 1920 between France and England and drew in over 10,000 spectators to the event. In Korea, Kim Hwa-Jib coached the first

동사는 진화한다

03*

draw 끌어당겨 늘이자!

pull 홱 잡아당겨!

hold 한 번 잡으면 놓지 않는다!

keep 지금 이대로가 좋아!

fix 꾹 눌러둬!

set 자리 잡아줘!

동사는 진화한다

기본동사도 그 수가 많지만 이어동사까지 더해놓으면 도전할 엄두가 나지 않는다고 말하는 분들이 많습니다. 여기에 이디엄 및 관련 표현까지 욕심을 부리자면 금방 지치기 쉽지요. '기본 동사, 이어동사, 관련표현'들이 무찌르지 못할 십만대군처럼 보일지 모르지만 착시현상에 불과하다는 걸 깨닫는다면 어둠이 걷히고 햇살이 비칠 겁니다. 왜냐하면 여러분이 차곡차곡 쌓아나가야 하는 건 실제로 기본동사뿐이기 때문입니다.

이어동사는 이미 고정된 숫자의 전치사 그림에 새로운 기본동사의 그림을 합쳐놓은 것에 불과하지요. 앞에서도 이미 이어동사의 수를 대폭 압축할 수 있는 방법을 살펴봤습니다. 예를 들어, run의 이어동사를 이미 1권에서 살펴본 go의 이어동사에 접목해보면 run의 이어동사를 익히는 데 들이는 노력과 시간은 대폭 줄어든다고 했지요. 이디엄이라는 것도 대부분 동사의 '기본그림 + 이어동사 + 관용적인 표현'의 조합으로 이뤄집니다. 예를 들어 다음과 같은 이어동사 형태의 관용표현을 배웠다고 가정해보세요.

Keep the boat on an even keel.

이 문장의 공부방법을 권장하고 싶지 않은 방법부터 바람직한 방법 순으로 나열하면 다음과 같습니다.

A. 'keep something on an even keel = 무엇인가의 균형을 유지하다' 라고 관용표현 사전에 나온 그대로 수동직으로 받아늘인다.

B. keel이 무엇인지 사전에서 찾아보고 'on an even keel = 흔들리지 않고 순조롭게

진행되는 모습'이라는 것을 파악한 후 여기에 keep의 기본그림을 더한다.
C. keel이 무엇인지 사전에서 찾아 기본그림을 이해하고, 'keel의 기본그림 + 전치사 on의 기본그림 + even의 기본그림'으로 on an even keel을 이해한 다음 keep의 기본 그림과 합쳐본다.
D. C와 같은 방법으로 keep something on an even keel의 그림을 그리고 keep이라는 기본동사를 다른 동사로 바꿔가며 응용을 해본다.

A, B, C에서 멈춘다면 사실 한 가지로 열을 알 기회를 놓치는 겁니다. D가 가장 바람직한 방법이지요. 우리는 호모 사피엔스이니 사고능력을 발휘하면 됩니다. on an even keel에서 단순히 문자 그대로 '균형을 잡는' 그림이 아니라 배가 흔들리지 않고 둥둥 떠 있거나 순조롭게 앞으로 나아가는 그림, 또는 조금 응용을 해서 체조선수가 평균대 위에 서서 균형을 잡고 있는 그림을 그릴 수 있다면 자신이 알고 있는 기본동사 또는 앞으로 배워나갈 기본동사의 그림과 접목해서 표현력을 무한정 늘려나갈 수 있습니다.

on an even keel의 성격과 어울릴 수 있는 균형을 유지하는 동사라면 무엇이든지 가능하겠지요. be, keep, float, live, remain, ride, settle, stand, stay 등을 몽땅 가져다 쓸 수 있다는 말입니다. 게다가 배를 물에 띄우거나 평균대에 체조 선수를 올려놓을 수 있는 동사(bring, place, put, get)라면 전지적 작가 시점에서 무엇이든 올려놓을 수 있겠지요. Keep the boat on an even keel. 하나로 다음처럼 무수한 표현을 거저 얻는다는 겁니다.

Get the boat back on an even keel. / Put the boat on an even keel.
The key is to bring your blood sugar back on an even keel by ensuring you maintain a good balance of protein.
The unstable relationship may finally have a chance to be set on an even keel.
Some of them were not accustomed to the joys of sailing fast on an even keel.
An egalitarian society may be compared to a ship that floats on an even keel.
The cargo rarely weighs more than 75 pounds so the car rides on an even keel.
By the middle of next week, transatlantic relations will be back on an even keel even if deep down below the waters remain as murky as ever.
Japan-South Korea relations remained on an even keel, still riding the waves of success from the past two summits.
You just got to try to work hard and stay on an even keel every day and trust in what you do.
Cotton prices stand on an even keel. After the slump that the industry witnessed over the last few months.
The force of the collision nearly Capsized Kiowa, but as the vessels parted she settled back on an even keel.
I prefer to live on an even keel.

동사는 진화한다

저 두꺼운 이어동사 사전과 이디엄 사전에 나오는 대부분의 항목들이 이렇게 중복됩니다. 이런 식으로 압축을 하면 절반 이상 줄어들지요. 사전의 두께나 항목의 수는 착시현상일 뿐이고 원리를 이해하면 압축 방법이 보인다는 말입니다. 이 압축의 원리는 기본 동사라고 해서 예외가 아닙니다. 1권에서 설명한 것처럼 go와 come, bring과 take를 상대 동사의 개념을 동원해 살펴보면 동사를 이해하기 위한 노력과 시간이 훨씬 줄어듭니다.

또 한 가지 방법이 제 3부에 제시하는 동사 진화론을 활용하는 겁니다. 아무런 관련도 없이 어지럽게 널려 있는 것처럼 보이는 동사들이 알고 보면 우리 인간들이 그런 것처럼 진화를 했다는 뜻입니다. 사람이 가장 기본적으로 하는 동작에서 좀더 정교한 동작으로 발달하는 것이지요. 예를 들어, 앞에서 살펴본 run이라는 동사는 조상이 누굴까요? 진화론에 따라 조상은 자손보다 원시적일 수밖에 없습니다. run의 직계 조상을 고르라면 walk가 가장 어울릴 겁니다. 달리기 전에 먼저 걷게 되니까요. 그럼 walk의 직계 조상은 또 누굴까요? go가 가장 가까울 겁니다.

I will go home. → I will walk you home. → I will run you home.
집에 간다. → 집에 바래다 준다.

run의 직계 조상이 go가 아니고 walk라고 생각하는 이유는 go에 타동사적 성질이 없기 때문입니다. go에 타동사직 성질을 붙여 진화한 모습이 walk라고 보는 게 타당하다는 거지요. 이처럼 go, walk, run은 같은 종족이라고 할 수 있습니다. 당연히 같은 성질을 갖겠지요. 그래서 기본그림과 이어동사의 그림이 비슷해진 겁니다. 진화론에 따라 go의 기본그림이 walk로, walk의 기본그림이 run으로 발달했다는 것만 염두에 두면 됩니다.

> Let me go through the details again. → Let me walk through the details again. → Let me run through the details again.
> Let me walk you through the details again. → Let me run you through the details again.
> 다시 한 번 살펴봅시다.

세부 사항을 다시 한 번 살펴보는 기본그림은 똑같습니다. go through에서 진화했기 때문이지요. walk through에서 run through로 진화하고, walk와 run은 타동사적 성질까지 발달돼 있기 때문에 walk you through / run you

동사는 진화한다

through가 가능하다는 진화 단계를 한눈에 알 수 있습니다. 한 가지 이어동사의 예를 들었지만 다른 전치사와 결합할 때도 역시 같은 원리가 적용됩니다.

조상과 자손의 관계가 있다면 형제 관계도 존재하겠지요. **3부**에서 살펴볼 draw와 pull이 여기 해당합니다. draw와 pull의 가장 기본적인 **그림**은 끌거나 당기는 겁니다. 그럼 조상이 누굴까요? 잡거나 당기려면 먼저 해야 하는 행동을 떠올리면 되겠지요. 잡아야 하니까 hold가 가장 가까운 직계가 될 수 있을 겁니다. hold의 조상까지 거슬러 올라가보면 모든 '소유' 그림의 아버지인 have가 등장할 것이구요. 그럼 일단 종족이 만들어졌으니 기본 성질을 이해할 수 있습니다.

I will have a car. → I will hold a car. → I will draw[pull] a car.
차를 가질 거다. → 잡고 있을 거다. → 끌거나 당길 거다.

draw와 pull은 상이한 점이나 발전된 형태보다 유사한 면이 많아 형제 관계로 보는 게 타당합니다. 뉘앙스만 조금 다를 뿐 문맥상 거의 호환이 되거든요.

The kid drew a toy truck. = The kid pulled a toy truck.

형제 관계에 있는 두 동사의 미묘한 차이를 알고 호환이 되는 부분과 되지 않는 부분만 가려내면 형제 관계의 동사는 정말 거저 먹기라고 할 수 있습니다. 위의 문장의 경우는 우리말로 '장난감 트럭을 끌었다.' 와 '장난감 트럭을 당겼다.' 에서 느끼는 뉘앙스 차이 정도밖에 없기 때문에 서로 호환이 된다고 봐도 무방합니다. 끌거나 당기는 뉘앙스의 문장은 서로 호환되는 경우가 많다는 것이지요.

I drew a rabbit out of a hat. = I pulled a rabbit out of a hat.
토끼를 모자에서 꺼냈다.

He drew a gun on me. = He pulled a gun on me. 그는 나한테 총을 겨눴다.
The car was drawing into the parking lot. = The car was pulling into the parking lot. 차가 주차장으로 서서히 들어왔다.

하지만, draw에 있는 '길이가 늘어나는 그림에서 발전해 무엇인가 길게 늘어지거나 연장되는 그림' 이 pull에는 없기 때문에 이런 문맥은 서로 호환이 되지 않습니다.

The ending of the movie was drawn out too long.
영화의 끝 부분이 지나치게 늘어졌다.

호환이 되는 부분과 되지 않는 부분은 기본그림을 이해하면 어렵지 않게 구분할 수 있습니다. draw에 고무줄 늘어지는 뉘앙스가 있고 pull에는 없다는 것만 알아도 앞에 나온 문장에 pull을 쓰지 않는 이유를 이해할 수 있지요. 사실, 두 동사가 완전히 똑같다면 둘 중 하나는 존재 이유가 없겠지요. 아무리 형제라도 각자 개성이 있는 것과 같습니다.

조상은 같은데 워낙 멀리 떨어져 살아서 따로 노는 사촌 성격이 강한 놈들도 있습니다. 역시 3부에서 다루는 hold와 keep, fix와 set이 그런 경우입니다. hold와 keep은 언뜻 외관상 구별이 안 될 정도로 비슷하지만 호환이 되는 문맥보다는 따로 노는 문맥이 많아서 아예 따로 익히는 편이 낫습니다. 그래도 같은 조상에서 출발하기 때문에 종족의 고유 특성만큼은 유지한다는 장점이 있지요. hold와 keep의 조상은 역시 '소유' 개념의 대부인 have라고 할 수 있습니다. 그래서 문장 형태가 너무도 닮았지요.

동사는 진화한다

I will have the boat in place. → I will hold[keep] the boat in place.
Have him still. → Hold[Keep] him still.

set과 fix도 마찬가지입니다. set과 fix는 앞에서 살펴본 put을 조상으로 두고 있지만 직계 형제라고 할 수는 없고 사촌에 가깝습니다. 무덤덤하게 손으로 옮기는 그림(put)에서 제자리를 찾아놓거나(set), 고정을 시켜놓는(fix) 정교한 움직임으로 진화를 한 경우지요. 그래서 hold나 keep처럼 문맥상 겹치는 부분은 그리 많지 않지만 put의 특성을 물려받아 그 형태가 유사합니다.

I put my eyes on her. → I set[fixed] my eyes on her.

결론적으로, 새로운 기본동사를 공부할 때는 조상을 찾아내 원시적인 밑그림과 형태에 대한 도움을 얻고, 형제 관계에 있거나 사촌 관계에 있는 동사를 묶어 살펴보면 노력과 시간을 절반 이상 줄일 수 있다는 겁니다.

*draw 끌어당겨 늘이재!

한여름에 방이 너무 더워 에어컨을 켜고 햇볕을 가리려고 커튼을 잡아당겨 쳤습니다. — 뭔가를 천천히 끌어당겨 늘이는 draw의 그림입니다.

draw에는 두 가지 그림이 있습니다. '그림 그리기'라는 첫 번째 그림의 경우는 그다지 고민할 게 없지요. 신경써야 할 부분은 두 번째 그림인 '끌어당기기'입니다. draw는 무거워서 끌기 힘들거나 안 끌려오는 걸 줄다리기를 하듯 잡아당기는 그림입니다. 그런 의미에서 draw는 앞으로 살펴볼 pull과 비슷합니다. draw와 pull의 가장 큰 차이점이라면 draw에는 고무줄처럼 잡아당겨 늘이거나 줄이는 그림이 있다는 겁니다. pull은 강하게 확 잡아당기는 느낌이 강하고 draw는 천천히 끄는 느낌이 강합니다. 우리말의 '끌다'에 해당하는 게 draw라면, '당기다'에 해당하는 게 pull이라고 할 수 있지요. 끌거나 당기거나 결과는 마찬가지이기 때문에 draw는 pull과 대체해 쓸 수 있는 경우가 많습니다. 하지만, 잡아당겨 고무줄처럼 늘이고 줄이는 문맥은 draw만 가능하고 pull은 사용하지 않습니다.

추상적인 그림으로는 매력을 발산하거나 해서 눈길을 끌거나 자석이 철을 끌어 당기는 힘처럼 draw와 pull에도 그런 힘이 있습니다. 스스로 움직이는 경우도 있지만 이 역시 밧줄을 잡아당겨 힘겹게 전진하는 모습처럼 천천히 움직이는 느낌입니다.

기본 형태

그림을 그리거나 당기는 대상이 있어야 하기 때문에 대부분 타동사로 사용됩니다.

The kid drew a picture of a dragon. 아이가 용 그림을 그렸다.
The kid drew a toy truck. 아이가 장난감 트럭을 잡아당겼다.

무슨 그림을 그리는지 나타내지 않고 이어동사 형태로 그리는 행위만 나오거나 스스로 움직여 다가오는 경우에는 자동사로 쓸 수 있습니다. 누군가에게 그림을 그려주는지 나타낼 수도 있습니다.

He drew on a paper bag. 종이 봉투 위에 그렸다.
The car drew nearer. 차가 가까이 다가왔다.
The kid drew me a picture of a dragon. 아이가 나한테 용 그림을 그려주었다.

기본그림 draw

draw 01 세 살짜리 아들이 내 그림을 그렸더라구.

draw의 첫 번째 그림인 정말 그림을 그리는 경우입니다. 단순하기 때문에 크게 고민할 게 없지요.

The Egyptians drew on walls. 이집트 사람들은 벽화를 그렸다.

그리는 대상을 나타내지 않고 단순히 그림을 그리는 행위만 나온 경우입니다.

He drew a treasure map so he could find his treasure again.
그는 보물지도를 그려서 나중에 보물을 찾을 수 있게 했다.
Look, I drew a sketch about how we're going to build a raft.
봐, 내가 뗏목을 어떻게 만들지 스케치를 해봤어.
Bundy drew me a rough map of the town in the dirt with a stick.
번디는 흙 위에다 나무 막대기로 마을 지도를 대충 그려줬다.
How many times should I explain that to you? Do I have to draw you a picture, stupid? 몇 번이나 설명해야 되냐? 그림이라도 그려주련, 멍청아?

여러 번 말했는데 못 알아들을 경우 쓰는 굳어진 구어체 표현입니다. Do I have to draw a picture for you?는 Do I have to paint you a picture?나 Do I have to paint a picture for you?라고 해도 같은 말입니다.

Do I have to paint a picture for you? Draw first and THEN shoot!
어떻게 더 쉽게 설명해주냐? 총을 먼저 뽑고 그 다음에 쏘라구!

My three-year-old son drew a picture of me. 앞 문장에 나온 draw는 끌어당기는 그림의 draw입니다. 비유적인 의미로도 쓸 수 있습니다.

We have to draw a clear distinction between right and wrong.
옳고 그름을 확실히 구분해야지.

It hardly makes sense to draw a comparison between this movie and the one we saw last week. 이 영화랑 지난 주에 본 영화랑 비교하는 건 말도 안 되지.

Journalists should not abuse freedom of speech; they should draw a line between objective information and black PR.
기자들은 언론의 자유를 남용해서는 안 된다. 객관적인 사실과 흑색 선전은 분명히 구분해야 한다. (아예 선을 긋기도 합니다.)

draw a line과 draw the line은 구분해야 합니다. a line은 단순히 새로운 선을 그어 구분하는 것이지만, the line은 이미 머릿속에 담아두고 있는 선을 뜻하며 그 선을 넘으면 안 된다는 뜻이니까요.

You are welcome to post articles on this bulletin board. But, unlike many people on the Internet, I have a high standard. I draw the line at foul language. 이 게시판에 글을 올려도 됩니다. 하지만 인터넷의 다른 사람들과 달리, 난 기준이 좀 높습니다. 욕을 하는 건 용납하지 않습니다.

A-ha! moment

> Cloning technology had been used for some time to increase agricultural production and to achieve biomedical advances in the treatment of cancer, diabetes, and other disorders. It held great promise for producing replacement skin, cartilage, and bone tissue for burn and accident victims, and nerve tissue to treat spinal cord injuries. I didn't want to interfere with all that, but thought we should draw the line at human cloning. 복제 기술은 녹작물의 생산성 향상과 암, 당뇨병 등의 질병을 치료함에 있어 생의학적 성과를 이뤄내기 위해 사용돼 왔다. 화상 등 사고 피해자들을 위한 대체 피부, 연골 및 골세포를 만들거나 척추 손상 환자를 치료하기 위한 신경 조직을 생산하는 데도 미래가 밝다. 이런 분야에 간섭하고 싶은 마음은 없지만 인간 복제만큼은 용납해서는 안 된다고 믿었다.
>
> – My Life (Bill Clinton)

줄기세포(stem cell) 연구에 대해 미국은 특히 종교적, 윤리적 논란이 많지요. 클린턴 전 대통령의 자서전 중 일부입니다. draw a line과 draw the line은 이처럼 확연히 구분해줘야 합니다. draw a line은 구분선을 뜻하고, draw the line은 제한선이니까요.

draw 02 말을 물가로 끌어갈 수는 있어도 강제로 물을 마시게 할 수는 없지.

끌어당기는 그림입니다. 말이 끌려오지 않으려는 걸 애써 끌고가는 그림이지요. 똑같이 draw a horse로 표현한다 해도 문맥에 따라 의미가 전혀 다를 수 있습니다.

> My youngest daughter can draw a horse with remarkable clarity: saddle and all.
> 우리 막내딸은 안장 같은 것까지 전부 다 놀라울 정도로 자세하게 말을 그려낸다.

그림을 그리는 건지 끌어당기는 건지는 역시 문맥을 보고 판단해야 합니다.

> Strength in Archery is not only the muscle power required to draw a bow, but also to maintain balance and stay steady as you aim.
> 궁술에서 힘이란 활을 당기는 근육의 힘만 뜻하는 게 아니라 겨냥을 할 때 균형을 잡고 안정감을 유지할 수 있는 힘도 가리킨다.

> As the drought dragged on through the summer, we had to draw water from underground storage tanks.
> 여름 내내 가뭄이 계속돼 지하 저장탱크에서 물을 끌어올릴 수밖에 없었다.

우물에서 물을 긷듯이 누군가에게 목욕물을 받아줄 수 있습니다.

> Would you like me to draw you a bath? You'd feel so much better.
> 목욕물 받아줄까? 훨씬 기분이 좋을 텐데.

> It was a warm August day with lots of air conditioners drawing power.
> 8월의 더운 여름날 무수히 많은 에어컨들이 전력을 끌어다 쓰고 있었다.

You can draw a horse to water, but you can't make it drink.

모자라는 전원을 앞다퉈 끌어다 쓰는 그림이 그려져야 합니다.

　Bundy drew heavily on a cigarette and blew the smoke high into the air.
　번디는 담배를 깊이 빨아들이고 허공 높이 연기를 내뿜었다.

단순히 담배를 피우는 게 아니라 조금이라도 더 연기를 들이마시려고 애써 빨아들이는 그림입니다. 비슷하게 숨을 들이마시는 것도 공기를 빨아들이는 것이지요.

　Judy drew a short breath as if he was startled at my question.
　내 질문에 놀랐다는 듯 주디는 짧게 숨을 들이마셨다.
　The boss drew a seething inhalation, clearly preparing to launch into a reprimand. 사장은 씩씩거리며 숨을 들이마셨다. 호통치려는 기세가 역력했다.
　Could you draw the blinds? It's much too bright in here.
　블라인드 좀 쳐줄래? 여기 너무 밝다.

블라인드나 커튼도 끌어당겨서 이동을 하지요. 커튼은 젖혀놓으면 번데기처럼 쪼그라든 모습이 됩니다. 이걸 끌어당겨 늘이면 커튼을 치는 게 되지요. draw 자체에는 주로 커튼을 늘이는 그림만 있기 때문에 젖히는 그림은 묘사를 해주는 게 보통입니다.

　Draw open the curtains. 커튼 젖혀.

뭔가 늘이는 draw의 뉘앙스는 여기서 출발합니다.

　Do not draw out the 'l' sound too long.
　'l' 소리를 너무 길게 늘이지 마세요.

숨겨져 있던 것을 끄집어내는 것도 가능합니다.

　Have you ever seen a magician draw a rabbit out of a hat?
　마술사가 모자에서 토끼 끄집어내는 거 본 적 있어?
　We are going to draw a name from a hat and we are going to get that person a gift. 모자에서 이름을 추첨해서 당첨자에게 선물을 줄 겁니다.

총집이나 칼집에서 꺼내는 그림도 있지요.

How dare you draw a gun on me? I'm your superior officer!
감히 내게 총을 겨누다니? 난 니 상관이야!
When he saw that Brutus, too, had drawn his dagger, Caesar covered his head with his toga and sank to the ground, reproaching him in Greek with the words "You, too, my child?" 브루터스 역시 단검을 뽑아든 걸 보자 시저는 그리스어로 "브루투스 너마저?"라고 꾸짖으며 토가로 얼굴을 감싸고 바닥에 주저앉았다.

피를 뽑는 것도 결국 피를 끌어당겨 밖으로 나오게 하는 겁니다.

The knight lowered his sword slowly until its point touched my forehead. It drew a droplet of blood.
기사가 천천히 검을 내려 칼 끝이 내 이마에 닿았다. 핏줄기가 흘러내렸다.
Nurses are going to draw a little bit of everybody's blood to find out who's infected by the virus and who's not.
간호사들이 모든 사람의 피를 조금씩 뽑아서 누가 바이러스에 감염됐는지 확인할 겁니다.

영양분을 끌어오는 것도 가능합니다.

A parasite is an organism that lives on or in and draws nourishment from another organism.
기생충은 다른 유기체 표면이나 내부에 기생하면서 영양분을 빨아먹는 미생물이다.

은행이나 현금인출기에서도 돈을 뽑지요.

Bundy drew sufficient cash from his personal bank account to pay for my tuition. 번디는 개인 예금계좌에서 현금을 인출해 내 등록금을 대줬다.
I went downtown, drew some cash from an ATM and entered a nearby mall. 시내로 가 현금인출기에서 현금을 뽑아 가까운 쇼핑몰로 들어갔다.

여기서 돈을 정기적으로 벌거나 받는다는 의미로 발전합니다.

You need to draw more than a thousand dollars a month and you get to

keep one third of the fees you generate.
한 달에 3천 달러는 벌어와야 돼. 그 수수료 중에 1/3이 니 몫이구.
I drew three dollars a week as unemployment insurance, so I was making as much not working as I was working.
실직 보험금을 일주일에 3달러씩 받았으니까 일할 때나 안 할 때나 비슷하게 번 거지 뭐.

A-ha! moment

Murtaugh : Be my guest! Go on, if you're serious!

Rigs : You shouldn't tempt me.

Murtaugh : Put it in your mouth! You might slip, not kill yourself. Under the chin is just as good! You're not trying to draw a psycho pension. You really are crazy.

Rigs : I'm hungry. I'm going to get something to eat.

머토프 : (총을 쏴보라고 부추기며) 맘대로 해보라구. 진심이면 한번 해봐.

릭스 : 부추기지 말아요.

머토프 : 입에다 넣고 쏴! 빗나가서 안 죽을 수도 있으니까. 턱 밑에다 대고 쏴도 되구! (릭스가 총을 입에 넣고 정말 방아쇠를 당기려 하자 손가락을 집어넣어 발사를 막으며) 정신병 흉내내서 연금이나 타려는 게 아니군. 진짜 미친 놈이잖아.

릭스 : 배고파요. 뭐 먹으러 갈래요.

— *Lethal Weapon*

자살 충동을 느끼는 형사 Rigs와 한 조가 된 선배 Murtaugh 형사가 죽을 테면 죽어보라고 으름짱을 놓는 장면입니다. 실제로 총을 입에 넣고 방아쇠를 당기려하자 마지막 순산에 믹으면서 놀라는 장면이지요. 연금을 타는 것도 draw를 쓴다는 걸 눈여겨 보세요.

draw 03 니가 이 사건에 연루돼 있다고 해서 내가 관심을 갖고 사건을 맡게 된 거야.

비유적으로 사용되는 경우입니다. 사건에 관심을 갖고 이끌려가는 그림이지만 결국 사건이 끌어당기는 겁니다.

Beautifully dressed, she drew admiring glances from the holiday crowd filling the main streets. 어찌나 예쁘게 차려입었던지 휴일 거리를 메운 사람들 시선을 사로잡았지.

시선을 사로잡거나 넋을 잃고 쳐다보게 만들면 그만큼 그 사람 관심을 끌어당기는 것이지요.

The band visited nearly every state in the U.S. and drew record crowds. 그 밴드는 미국의 거의 모든 주를 돌았는데 가는 곳마다 기록적인 청중이 모여들었다.

관심을 끌어다가 옮겨놓을 수도 있습니다. 도착점이 등장하니 당연히 to를 쓰겠지요.

Bundy drew our attention to the fact that the traditional role of the police had to expand to meet the problems arising from the prevalence of drug misuse. 번디는 마약 남용이 만연해 발생하는 문제를 해결하기 위해서는 전통적인 경찰의 역할을 확대할 필요가 있다는 사실을 강조하며 주의를 환기시켰다.

우리 관심을(our attention) 끌어다가(draw) 어떤 사실(to the fact)에 가져다 놓으면 알게 되겠지요. 힘이나 감정을 이끌어낼 수도 있습니다.

Where do you draw strength and inspiration from in times of trouble? 어려울 때 어디서 힘과 영감을 얻으시나요?

The fact that you were involved in this case was what drew me to this case.

He drew great comfort from his wealth and spent very little on even the barest of necessities. 그는 자신의 부에서 큰 위안을 얻었고 아무리 기본적인 생필품이라 하더라도 헛되이 돈을 쓰지 않았다.

결론이나 반응 따위도 이끌어내지요.

To draw any conclusion at this time would be unsafe and leave the possibility of a catastrophic error of judgment. 이 시기에 결론을 낸다는 건 안전하지도 못할 뿐더러 엄청난 재앙을 가져올 판단 착오의 가능성도 없지 않다.
President's proposals drew a fierce resistance when presented to the National Assembly. 대통령의 제안은 국회에 제출하자마자 강력한 저항에 부딪혔다.
Her remarks drew a negative response from the reporters.
그녀의 말은 기자들로부터 부정적 반응을 이끌어냈다.

draw 04 마감시한이 다가오자 난 당황하기 시작했다.

스스로 움직여 다가오는 경우입니다. 밧줄을 잡고 언덕을 오르듯 천천히 다가오는 그림입니다.

As spring drew near, fragrant wildflowers bloomed across the field.
봄이 다가오자 향기로운 들꽃이 들판 전체를 덮었다.
I shouted as I drew level with Jack's car.
잭의 차와 일직선이 되자 난 소리를 질렀다.
The train was drawing into the station, almost coming to a stop.
기차가 역으로 들어와 거의 정지했다.

역으로 들어오는 선 공간을 그리기 때문에 into를 썼지만 도착점은 대부분 to를 사용해 나타낼 수 있습니다.

As the knight drew near to the castle, he saw a giant standing at the gate. 기사가 성에 가까이 다가갔을 때 성문에 거인이 서 있는 걸 봤다.

As the deadline drew near, I began to panic.

When he drew near to the girl she uttered a cry and came towards him.
그가 여자아이 곁에 다가가자 여자아이가 비명을 지르며 그에게 달려갔다.

draw to a close라고 하면 천천히 종착점으로 다가가는 그림으로 끝이 난다는 말이겠지요.

Stocks rallied on Wall Street as investors grew hopeful that the interest rate tightening cycle might soon draw to a close.
월 가에서는 금리 인상 주기가 곧 막을 내릴 것이라는 기대감에 주가가 급등했다.

As the days of summer draw to a close, parents soon will send their children back to the classrooms for the start of another school year.
여름방학이 끝나가면서 부모들은 이제 다음 학년을 위해 아이들을 교실로 돌려보낼 것이다.

뭔가를 끌어다 멈추게 할 수도 있지요.

It came time to draw the meeting to a close and no group consensus had been reached. 회의를 끝낼 때가 됐는데도 합의를 이끌어내지 못했다.

draw 05 일본에서는 우리가 잘했는데 중국에서는 비겼다.

줄다리기의 그림입니다. 서로 당기는 힘이 같아서 비기는 그림입니다.

The Korean team drew their match with Japan 3:3.
한국 팀은 일본 팀과 3대3 동점으로 비겼다.

We won five matches, drew one and lost one.
우리는 다섯 경기를 이겼고, 한 경기 비기고 한 경기 졌다.

In Japan we did well, in China we drew the match.

draw 06 행운의 당첨자는 제비뽑기로 가려졌다.

명사형의 draw는 당기는 그림에서 출발합니다. 제비뽑기도 그 중 하나지요.

The company will pick the 10 most popular food products every month to send them to 100 customers chosen in a draw. 회사에서 매달 가장 인기 있는 식품 10개를 선정한 다음 제비뽑기로 당첨된 100명의 고객에게 보내준다.

뭔가 관심을 끌어당기는 것에도 draw라고 합니다.

> India has become a big draw for venture capitalists around the world.
> 인도는 전세계 벤처 투자가들에게 큰 인기를 끌게 됐다.
>
> The hotel has an indoor pool, which is a huge draw for the kids.
> 그 호텔엔 실내 수영장이 있는데 아이들한테 큰 인기지.

담배를 빨아들이는 행위도 명사형으로 가능하지요.

> The commander took a long draw on his cigarette, looked up at the sky and then leveled his gaze at me.
> 사령관은 담배를 깊게 빨아들이더니 하늘을 한 번 쳐다보고 시선을 내게로 돌렸다.
>
> It is generally believed that a perfectly played game of chess will always result in a draw. 일반적으로 양쪽 모두 완벽하게 체스를 두면 비길 수밖에 없다고들 믿는다. (비기는 경기도 draw라고 합니다.)

그림에 해당하는 draw의 명사형은 drawing입니다.

> My seven-year-old son is very good at drawing.
> 우리 일곱 살짜리 아들 녀석은 그림을 참 잘 그리지.

The lucky winners were chosen in a draw.

영어로 말해보기

1. 그는 날아다니는 용 그림을 그렸다.
2. 사실(fact)과 허구(fiction)는 구별을 해야지.
3. 다른 건 다 봐줄 수 있는데(slide), 거실에 쓰레기 나뒹굴고 소파 밑에 음식 먹은 접시 내버려두는 건 절대 못 참아.
4. 강도가 총을 뽑아 나를 향해 쐈다.
5. 너무 목이 말라서 위험을 무릅쓰고(venture) 오래된 우물에서 물을 길었다.
6. 그는 시가(cigar)를 빨아들이며 고개를 끄덕였다.
7. 수확기(harvest)에 아버지 밑에서 열흘을 일하며 하루 5달러씩 받았다.
8. 그는 정부에서 한 달에 20달러씩 연금을 받는다.
9. 우리가 주말 축제(weekend festival)를 개최했는데(host) 만원(capacity crowds)이었어.
10. 우리가 한국인이라는 사실에서 용기를 얻을 수 있을 것이다.

모범답안

1. He drew a picture of a flying dragon.
2. You should draw a line between a fact and a fiction.
3. I can let anything slide, but I draw the line at trash on the living room floor and dirty dishes under the sofa.
4. The robber drew a gun and fired at me.
5. He felt so thirsty that he ventured to draw water from the old well.
6. He nodded as he drew on a cigar.
7. I worked for my father for ten days during harvest and drew five dollars per day.
8. He draws twenty dollars a month from the government as his pension.
9. We hosted a weekend festival which drew capacity crowds.
10. We may draw courage from the fact that we are Koreans.

형제 동사인 draw와 pull은 당연히 이어동사에서도 대부분의 의미가 겹칩니다. draw의 이어동사를 공부한 다음 pull의 이어동사를 보면 대부분 거저먹는다는 느낌을 받을 겁니다.

01 draw ahead 끌고 나아가다

끌어당겨 앞으로 움직이는 그림입니다.

The faster runners began to increase the pace and soon drew ahead of the rest of the pack. 빠른 주자들은 속도를 높여 다른 선수들을 제치고 앞으로 나아갔다.

I quickened my step and drew ahead of my companions. 빨리 걸어 동료들보다 앞서갔다.

02 draw away 끌어당겨 멀어지다

출발점에서 멀어져가는 그림입니다.

With a small jolt, the train slowly drew away from the station.
조금 흔들리더니 기차가 역에서 멀어져갔다.

As the van drew away, Judy waved goodbye to me in the back seat.
자가 멀어져가사 주니가 뒷자리에서 작별인사를 했다.

몸을 움츠리는 것일 수도 있습니다. 고무줄처럼 늘었다 줄었다 하는 draw의 개성입니다.

> She shuddered and drew away, wrapping her arms tightly around herself against the bite of the wind.
> 바람이 너무 차가워 두 팔을 꼭 껴안고 몸을 떨며 움츠러들었다.

뭔가를 끌어당겨 떨어뜨리는 그림이 될 수도 있습니다.

> Cell phones and other in-vehicle devices can often draw attention away from processing the information necessary for the safe operation of a vehicle. 핸드폰 등 차 안에서 기기를 사용하면 주의가 산만해져 차량의 안전운행에 필요한 정보를 제대로 처리하지 못할 수가 있다.
> Make sure your socks are absorbent so that they can soak up and draw moisture away from the foot.
> 흡수력이 좋은 양말을 신어서 발에서 수분을 빨아들여 완전히 흡수할 수 있어야 합니다.
> The objective of this smear campaign is to draw fire away from the presidential candidate.
> 이 흑색선전 전략의 목적은 대통령 후보한테 쏠려 있는 포화를 다른 곳으로 돌리기 위한 것이다.

03 draw from
어디로부터 끌어당기다 | 뭔가를 보고 그리다

어디에서 끌어오는지를 from으로 나타내는 그림입니다.

> USB cameras draw power from the USB port.
> USB 카메라는 USB 포트에서 전원을 끌어 쓰지.

그림을 그리는 경우라면 뭘 보고 그리는지를 from으로 나타냅니다.

> In this test, students are to draw realistically from photographs and should include as many details as possible. 이 시험에서는 학생들이 사진을 보고 사실적인 그림을 그려야 하는데 최대한 세밀하게 묘사를 해야 한다.

He's good at drawing. You should look at him drawing portraits from photographs. 걔 그림 참 잘 그려. 사진 가지고 초상화 그리는 걸 한번 봐야 돼.

04 draw back 뒤로 끌다

고무줄을 당겼다가 놓아서 되돌아가게 하는 그림을 그리면 됩니다.

> We're going to draw back to the 2nd Street. 2번 가로 되돌아간다.
> The man pushed up the sleeves of his robes and took out a stick. All the kids drew back against the wall as one. 남자가 예복의 소매를 걷어부치고 회초리를 꺼냈다. 모든 아이들이 하나같이 담벼락으로 뒷걸음질쳤다.

아이들은 원래 벽에서 떨어져 나와 있는 상태였지만 겁을 집어먹고 도망치듯 뒷걸음질을 치는 모습은 마치 고무줄을 잡아당겼다 놓았을 때 되돌아가는 것처럼 그려져야 합니다. 뒷걸음질을 치다 벽에 걸려(against) 더 이상 가지 못하는 것이지요.

> Laura saw a young man shooting a police officer in the street. She drew back from the window, and gasped for air.
> 로라는 한 청년이 거리에서 경찰을 총으로 쏘는 걸 목격하고 창에서 떨어져 숨을 몰아쉬었다.

역시 창문에서 튕겨져 나오는 듯한 그림을 그려야겠지요. 스스로 움직이지 않고 외부의 힘에 의해 당겨지는 모습이 될 수도 있습니다. 손을 빼는 걸 예로 들면 손을 내놓았다가 제자리로 돌려놓는 그림이지요.

> When I kissed on the back of her hand, she drew back her hand and slapped me in the face. 내가 손등에 입을 맞추자 그녀는 손을 빼더니 뺨을 때렸다.

물론, 제자리가 아니라 정말 뒤쪽으로 빼는 것일 수도 있습니다.

> I winced as Bundy drew back his hand for another blow.
> 번디가 한 대 더 치려고 손을 뒤로 빼자 난 움찔했다.

명사형으로 쓰면 단점이라는 뜻이 되는데 단순한 단점이 아니라 장점도 있는데 아쉬운 점이라고 할 때 주로 씁니다. 앞으로 잘 나가다가 뒤로 당겨지는 것을 말하니까요.

> Overall, it's a good movie, but the story of the film is a drawback. It's too predictable and slow. 전반적으로 괜찮은 영화지만 스토리가 좀 그렇지. 너무 뻔하고 느려.
> It's a fantastic motel. There are some cockroaches, indeed, but that is the only drawback.
> 죽여주는 모텔이야. 바퀴벌레가 좀 있긴 하지만, 그게 유일한 단점이라구.

05 draw down 밑으로 끌어내리다

> The man in cloak drew down the mask over his face.
> 망토를 입은 사내는 복면을 눌러썼다.

복면을 머리 위에서부터 아래로 끌어내리는 그림입니다.

> He drew down his pants and jumped into the water.
> 바지를 내리더니 물에 뛰어들었다.

아래로 누르는 그림을 그릴 수도 있습니다. 누르는 대상은 on으로 표현합니다.

> A guy in front of me suddenly turned and drew down on me with his pistol and demanded that I hand over my money.
> 내 앞에 있던 남자가 갑자기 돌아서더니 총으로 나를 제압하고 돈을 달라고 요구했다.
> A stupid man came into the store full of customers and fired a few shots in the air. Immediately a cop inside drew down on this would-be robber, along with about 10 other customers.
> 손님으로 가득한 상점에 어떤 멍청한 사내가 들어오더니 공중에 총을 쏴댔다. 순간 안에 있던 경찰 한 명과 10여 명의 손님들이 힘을 합쳐 강도짓을 하려던 사내를 제압했다.

수치를 끌어내리면 줄이는 것이겠지요.

Since the late 1980s, we drew down the Air Force from what was in the neighborhood of 600,000 active duty officers to where we are today, just a little over 350,000.
공군에서 1980년대 후반 이후 60만 명에 달하던 현역 장교 수를 현재 35만 명까지 끌어내렸다.

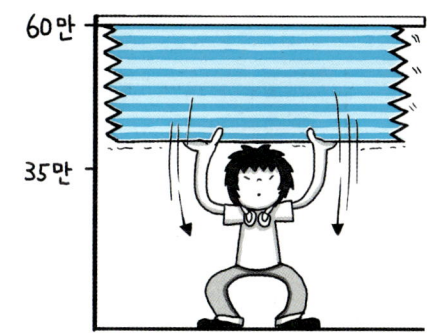

돈도 끌어내려 금액을 줄일 수 있습니다. 단순히 사용하는 그림일 수도 있지만 부정적으로 쓰이면 부당하게 갉아먹는 그림이 될 수도 있습니다.

The project drew down $20,000 support from the National Heart Foundation Fund. 그 프로젝트는 국립심장재단 기금에서 2만달러의 지원을 받았다.
The organization drew down federal funds in excess of immediate needs in violation of federal cash management requirements. 그 단체는 연방 현금 관리규정을 어기고 연방 기금을 과도하게 남용했다.

06 draw in 끌어들이다 | 움츠러들다

안쪽으로 끌어당기는 그림에서 출발합니다.

She closed her eyes and drew in a deep breath.
눈을 감고 숨을 깊이 들이쉬었다.
When I saw him pulling out a knife, I drew in a swift breath and dodged.
칼을 꺼내는 걸 보고 잽싸게 숨을 들이쉰 다음 피했다.

스스로 안쪽으로 들어올 수도 있지요.

A frantic rush got me onto the platform just as the train was drawing in.
열차가 들어오자 황급한 마음에 플랫폼으로 급히 움직였다.

07 draw into 끌어들이다

끌어들여 안쪽 어딘가에(to) 가져다놓는 그림입니다.

Draw air into the syringe by pulling the plunger back.
손잡이를 잡아당겨서 주사 바늘에 공기를 주입하세요.

사람을 끌어다놓을 수도 있겠지요.

A hot new product will not only sell for top dollar, it will draw customers into electronics stores, where they'll buy other things as well.
멋진 신제품이 최고가에 팔리는 것은 물론이고 손님들을 전자상가로 끌어들여 다른 물건까지 사게 만들 것이다.

A well-placed photo or illustration has the power to draw viewers into your site. 사진이나 그림을 잘 배치하면 사이트에 방문객을 끌어들일 수 있다.

Al Qaeda recently has threatened to draw Washington into another war — in Yemen. 알 카에다는 최근 미국을 또다른 전쟁으로 끌어들이겠다고 협박한 바 있다. 바로 예멘에서 말이다.

On a numerous occasions, US defense officials taunted the dictator in what seemed to be an effort to draw him into public.
몇 차례에 걸쳐 미국 국방부 관리들은 독재자를 놀리는 듯한 발언을 했다. 아마도 그를 공식 석상에 끌어내려는 노력의 일환인 듯 하다.

08 draw off 끌어당겨 떨어뜨리다

He drew off his shirt and tossed it over to the bed.
셔츠를 벗어 침대 위에 던졌다.

셔츠가 몸에서 스르르 떨어져나가는 그림을 그려야겠지요.

She drew off her shoes, and hurled them at John. 신발을 벗더니 존에게 던졌다.

출발지에서 떨어져 멀어져가는 그림을 그릴 수도 있습니다. away를 썼을 때와 같습니다.

The front seat passenger in the car reached into her bag and brought out a small container and as the car drew off, tossed it through the open window onto a pile of rubbish. 차가 출발하자 앞쪽에 앉은 사람이 가방에서 작은 용기를 하나 꺼내더니 창문을 열고 쓰레기 더미 위에 던졌다.

away랑 다른 점이라면 분리의 그림이 있기 때문에 어디선가 빠져나오는 상황도 그릴 수 있다는 겁니다.

I felt the bumps as the car drew off the main road.
간선도로에서 빠져나오자 차가 덜컹거리는 걸 느낄 수 있었다.

draw만으로도 피를 뽑는 걸 나타낼 수 있지만 off를 붙이면 몸에서 피가 분리되는 그림까지 그리는 겁니다.

In an effort to ease the burden on the patient's heart and lungs, they drew off some of his blood and then infused only the red cells back to him over a period of several hours. 환자의 심장과 폐에 부담을 줄이려는 노력의 일환으로 피를 뽑아내서 적혈구만 분리해 몇 시간 동안 재주입했다.

09 draw on
끌어당겨 가까워지다 | 어딘가 대고 빨아들이다

담배에 입을 대고(on) 연기를 빨아들이는(draw) 그림을 그리면 이해하기 쉽습니다.

Bundy, drawing on his cigar, examined the old book with curiosity.
번디는 시가를 빨며 그 낡은 책을 호기심 어린 눈으로 살폈다.

비유적으로 우물에서 물을 긷는 등 자원을 활용하는 그림을 그릴 수 있습니다.

As a writer, I draw on my own experiences and I also get ideas from

reading books, magazines.
작가로서 난 내 실제 경험에서도 소재를 찾고 책이나 잡지에서도 아이디어를 얻는다.

Drawing on her varied business backgrounds, Judy will take our company into new markets that we believe have great potential.
다양한 사업 경험을 바탕으로 주디는 잠재력이 큰 새로운 시장으로 우리 회사를 이끌 것이다.

작가 또는 사업가로서 능력을 뒷받침해주는 힘의 원천이 되는 그림입니다. 영양분을 빨아들이는 그림을 그리면 이해가 쉽지요.

When writing your essay, you may draw upon a variety of documented sources, including direct and indirect quotations from interviews, published material, and online sources. 에세이를 쓸 때 대담이나 출판 자료, 온라인 자료 등에서 직간접적으로 인용을 하는 등 문서화된 자료를 활용해도 됩니다.

문서화된 자료에서 얻은 소재가 에세이의 양분이 되는 그림입니다.

점점 다가와 닿는(on) 그림이 될 수도 있습니다. 예를 들어, 밤이 다가온다면 결국 우리와 접촉하는 것이지요.

As the evening drew on, the wine she was drinking began to have an effect on her. 서서히 저녁이 되면서, 포도주의 술기운이 느껴졌다.

천천히 다가오는 그림이어야 합니다.

As the summer months draw on and temperatures rise, we remain concerned about the failures to provide clean water supplies and adequate sanitation services to civilians in many parts of Iraq.
여름철이 다가오고 온도가 올라가면서 이라크 도처의 민간인들에게 깨끗한 물과 충분한 위생 서비스를 제공하지 못하는 것에 대해 걱정하지 않을 수 없다.

10 draw out 밖으로 끌어내다 | 끌어당겨 늘리다

draw in의 반대로 밖으로 끌어내는 그림입니다.

We reached the station just as the train was drawing out.
열차가 떠나고 있을 때 역에 도착했다.

어디서 끌어내는지는 out of 또는 from으로 표현할 수 있겠지요.

As you draw power out of a battery, its voltage will start to decay.
배터리에서 전원을 끌어 쓰면 충전량이 줄어든다.

The theory of exorcism holds that once the demon has been drawn out of the body it can be vanquished by the power of prayer. 퇴마 이론에 따르면 일단 악마를 육신에서 끌어낸 다음 기도의 힘으로 물리칠 수 있다고 한다.

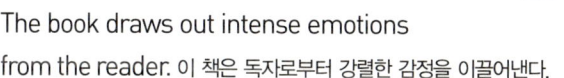

The book draws out intense emotions from the reader. 이 책은 독자로부터 강렬한 감정을 이끌어낸다.

All the characters in the book display the extraordinary strength and vision required to draw good out of bad situations.
이 책의 모든 등장인물들은 불리한 상황을 뒤집는 데 필요한 놀랄 만한 힘과 비전을 보여준다.

움츠러든 사람을 끌어내는 그림이 될 수도 있습니다. 말수가 적은 사람을 달래는 그림을 그려보세요.

If he seems nervous, try to draw him out by making conversation. 불안해 보이면 말을 좀 시켜서 달래보라구.
Here's a tip for interviewing someone as a journalist. When a subject rambles or is unclear in his answers, draw him out by putting the onus on yourself. "I'm sorry, but I don't understand"; "That's not quite clear to me. Could you give me an

example?" If he still fumbles, move on to another topic, and try the original question later, from a different direction. Don't make the subject feel he is unable to get his point across, no matter how hard he tries.

기자로서 누군가랑 인터뷰할 때를 위한 조언을 하나 해주지. 인터뷰 대상이 중언부언하거나 대답이 명확치 않으면 기자 자신한테 문제가 있는 듯 떠넘겨서 최대한 편하게 해줘야 돼. "죄송한데 잘 이해를 못하겠는데요?", "확실히 이해가 안 가는데 예를 하나 들어주시겠어요?" 하는 거지. 여전히 횡설수설하면 다른 주제로 넘어갔다가 나중에 다른 방향에서 원래 주제를 다시 거론하라구. 그 사람이 자신이 아무리 노력해도 자기 의사를 전달하지 못하고 있다는 느낌을 갖게 하지 마.

역시 draw in과 반대로 끌어당겨 길게 늘이는 그림이 가능합니다.

Pronounce each word slowly, drawing out each sound.
각 단어를 천천히 소리를 길게 늘이면서 발음하세요.
"What sounds do you hear in 'hot dog'?" the teacher asked, drawing out the sound of the letter "h". h자를 길게 늘여 발음하면서 "hot dog이라는 단어에서 어떤 소리가 들리지요?"라고 선생님이 물으셨다.
I really liked the movie, *The Lord of the Rings – The Return of the King*, but the ending was drawn out too long.
영화 〈반지의 제왕 – 왕의 귀환〉 정말 좋았는데 끝 부분이 너무 지루하게 늘어지더라.

형용사형으로 길게 늘어지는 걸 묘사할 수도 있습니다.

I don't like drawn-out goodbyes. 작별인사 하면서 질질 끄는 거 질색이야.

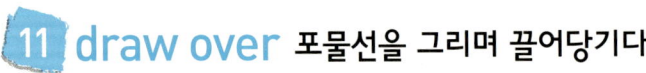 11 draw over 포물선을 그리며 끌어당기다

이불 덮는 모습을 그려보면 되겠지요.

I drew the sheet over my face and soon fell asleep.
이불을 얼굴까지 뒤집어쓰고 곧 잠들었다.

12 draw together 끌어당겨 모이게 하다

서로 다른 곳에 있던 무언가를 끌어다 모으는 그림입니다.

The memorial service was moving and drew us together as a nation.
추도식이 워낙 감동적이어서 온 국민이 하나가 됐다.
Judy's interest in computer science was what drew us together.
컴퓨터공학에 대한 주디의 관심 덕분에 우리가 만났지.

스스로 움직여 하나가 될 수도 있습니다.

We drew even closer together as a family in the face of adversity.
역경 속에서 우리는 더 친밀한 가족이 됐다.
Bundy came from a family that had taught him the value of hard work. It was difficult for me to keep up with him, but as we served together, we drew close together as companions.
번디는 근면성실의 가치를 가정교육을 통해 배운 녀석이었지. 그래서 같이 복무하면서 번디를 따라가기란 여간 어렵지 않았지만 그 와중에 우린 동료로서 더 가까워졌어.

13 draw up 완전히 끌어당기다 | 끌어올리다

up은 단순히 위쪽이 아니라 일직선의 한쪽 끝을 향하는 그림이지요. 세워놓든 뉘어놓든 끝 쪽으로 움직이는 건 모두 up이 됩니다. 거리가 줄어들어 가까워지는 것도 up입니다.

He drew up a chair. I thought he had meant to attack me with the chair.
그가 의자를 끌어당겼다. 난 그 사람이 의자로 날 치려는 줄 알았지.
With a squeal of brake, a car drew up at the front door of our house.
끽 하는 브레이크 소리와 함께 차 한 대가 우리집 현관에 멈춰섰다.
Two men on a motorcycle drew up alongside Jim's car and as it pulled up at traffic lights they fired a number of shots at point blank range.

신호가 바뀌어 차를 세우자 짐의 차에 오토바이를 탄 두 사내가 다가오더니 직사거리에서 총을 발사했다.

위쪽으로 끌어올릴 수도 있습니다.

He moved toward the house, drew himself up to the window and looked inside. 집에 다가가 창문에 바짝 몸을 붙이고 안을 들여다보았다.

창문에 바짝 다가가는 것일 수도 있지만 창문이 위쪽에 있다면 몸을 창문까지 올리는 그림이겠지요.

He drew himself up to his full height and stared at me.
천천히 일어서더니 나를 쳐다봤다.

앉아 있을 땐 몰랐는데 누군가 일어서서 보니 덩치가 큰 겁니다.
목록을 만든다고 생각해보세요. 차곡차곡 항목을 쌓아올려야 합니다. 여기서는 그림을 그리는 draw입니다.

At the end of ten hours of study, he sat back to consider what he had learned and drew up a short list. 10시간을 공부하고 나서 잠시 쉬면서 지금까지 배운 것을 곰곰히 생각하고 짧은 목록을 만들었다.

계획서나 법안을 만들어도 꼼꼼히 그려나가야 합니다.

We drew up a business plan and looked at whether it would be financially feasible. 사업 계획서를 작성하고 경제적으로 가능할지 타당성을 검토했다.
The Japanese government drew up a draft law concerning additional taxes and presented it to the National Diet, but it did not pass. 일본 정부는 추가적인 세법 초안을 만들어 의회에 제출했지만 통과되지 못했다.

draw

01 the drawing board

그림을 그리는 판이지요. 설계도면을 그리는 작업대를 말합니다.

> The U.S. military had a plane capable of Mach 6 flight, and it was no longer on the drawing board. It was in the skies overhead.
> 미군에겐 마하 6의 속도로 날 수 있는 비행기가 있었다. 게다가 이미 설계 단계도 넘어선 것이었다. 내가 머리 위 하늘을 날고 있는 걸 봤으니까. — *Deception Point (Dan Brown)*

설계판으로 되돌아가면 설계부터 다시 시작한다는 말입니다.

> We're in deep trouble. If it's a design problem, we have to go back to the drawing board. If it's only a fabrication problem, we have to change the production lines. Either way, it's months.
> 큰일났어. 설계 문제라면 처음부터 다시 시작해야 되고, 제조 과정상의 문제라면 생산라인을 바꿔야 한다구. 어찌 됐건 몇 달은 걸릴 거야. — *Disclosure (Michael Crichton)*

02 beat someone to the draw

여기서 draw는 총을 뽑는 그림으로 석양의 무법자처럼 총집이 둘 중 누가 먼저 총을 뽑는가를 그리면 됩니다.

> The bad guy goes for his gun, and that empowers the good guy to beat him to the draw and fire the first shot.
> 악당이 먼저 총에 손을 가져가지만 주인공이 먼저 총을 뽑아 선방을 날리지.

Sony beat us to the draw in signing a deal with Samsung.
소니가 우리를 제치고 삼성과 계약을 했다.

03 quick on the draw

여기서 draw는 총을 뽑는 상황입니다. 서부시대에는 총잡이 최고의 덕목이 총을 빨리 뽑는 것이었지요.

There was a new gunfighter in town, and he was quick on the draw.
마을에 새 총잡이가 등장했는데 총 뽑는 속도가 빨랐다.

Johnny was old, and he was slow on the draw. But he was still paid some small cash to do the gun spinning tricks. 자니는 늙고 총 뽑는 속도가 느렸지만 그나마 총 돌리는 기술이 있어 얼마간의 현금을 손에 쥘 수 있었다.

비유적으로 행동이 빠른 걸 묘사할 때 사용합니다. 반대로 행동이 느리다고 할 땐 quick 대신 slow를 써서 slow on the draw라고 하면 되겠습니다.

India, which has been a victim of terrorism for 15 years, is quick on the draw and offers unqualified support to the U.S. effort, including possible use of Indian territory for any action the Americans may contemplate.
15년간 테러의 피해국이었던 인도는 미국이 원하는 어떤 조치라도 영토를 활용할 수 있도록 하는 등 신속하게 나서 미국의 노력에 전폭적인 지원을 아끼지 않고 있다.

04 draw a blank

공백을 끌어당긴다는 말은 아무리 머리를 쥐어짜도 생각이 안 난다는 말입니다.

They asked me Susan's phone number, but I drew a total blank.
수잔의 전화번호를 물어봤는데 전혀 기억이 나지 않았다.

05 draw a short straw

여기서 straw는 제비뽑기 할 때 쓰는 끈을 말하는 것으로, 짧은 걸 뽑았다면 진 겁니다.

None of tonight's duty pilots wanted this flight because everyone wanted to keep watching the soccer match on TV, but I drew a short straw. 오늘 당직 조종사 중에 이번 비행을 하고 싶어하는 놈이 없었지요. 다들 TV에서 축구 보길 원해서. 제비뽑기에서 내가 졌어요.

I always draw a short straw or lose a coin flip or a quick round of rock-paper-scissors!
난 항상 제비를 뽑아도 지고, 동전 던지기를 해도 지고 가위바위보를 해도 진다구!

06 the luck of the draw

카드놀이에서 유래한 말로 복불복, 운에 해당하는 뜻입니다. 패를 나눠주는 걸 draw a hand라고 하는데 패가 잘 들어오면 이길 확률이 크지만 패가 나쁘면 질 가능성이 커지지요.

How well patients are treated in this hospital depends on the luck of the draw. 이 병원에서 환자가 병을 얼마나 잘 치료받느냐는 복불복이지.

Sometimes, whether you receive bulk spam e-mail is just the luck of the draw. Target addresses are often generated at random, or constructed from common usernames and domains. 대량 스팸 메일을 받는 게 운인 경우도 있지. 받는 사람 주소를 임의로 만들어내거나 흔한 이름과 도메인으로 생성하는 경우가 많거든.

Current evidence indicates that the current dominance of Homo Sapiens is just the luck of the draw. Only 30,000 years ago there may have been four distinct human species walking the planet.

지금까지 증거만으로도 현재 호모 사피엔스가 지구를 지배하는 건 순전히 운인 거야. 겨우 3만 년 전만 해도 지구상에 확연히 구분되는 네 가지 인간 종이 있었거든.

07 drawn

몸이나 얼굴이 길게 늘어져 보이면 지친 것이겠지요.

His wife had died not long before. He looked drawn, sitting in front of the television watching football.

아내가 죽은 지 얼마 되지 않아서인가. 텔레비전 앞에 앉아 축구를 보고 있는 그의 모습이 초췌해 보였다.

She looked drawn and tired and there were dark circles beneath her eyes.

그녀는 초췌하고 피곤해 보였다. 눈 밑에는 다크써클까지 있었다.

08 drawing power

끄는 힘을 말합니다.

The swing of the earth away from the sun is being continually overcome. By an immense drawing power it steadily holds the earth where it can pour down its wealth of warmth and light and life into it.

태양에서 벗어나려는 지구의 힘은 언제나 제어를 받고 있다. 태양은 엄청난 인력으로 지구를 안정적으로 붙잡고 온기와 빛을 쏘아주며 생명을 불어넣고 있다.

Oscar winners have drawing power.

오스카 수상 배우들은 흡인력이 있지. (비유적인 표현이죠.)

09 One has to draw the line somewhere.

이 문장 그대로도 쓰지만 one을 다른 사람으로 바꿔가며 쓸 수도 있습니다. draw the line에서 나온 말로 한도 끝도 없이 허용할 수는 없으니 어느 선에서 끊어야 한다는 거지요.

> One has to draw the line somewhere in how far one goes in terms of loan guarantees. 보증을 서주는 데도 한도가 있어야지.
> I gladly accept critiques for my work, but one has to draw the line somewhere. You don't call me names! 내 작품에 대해 비평하는 거야 얼마든지 받아줄 수 있지만, 그것도 한계가 있는 거지. 욕을 하다니!
> I agree that we have to help the poor. But you have to draw the line somewhere. You just can't let everyone in the house.
> 가난한 사람을 도와야 한다는 데는 이견이 없다구. 하지만 그것도 정도껏 해야지. 모든 사람을 집에 들여놓을 수는 없잖아.

*pull 홱 잡아당겨!

여동생이 또 내가 숙제 안 하고 게임이나 한다고 엄마한테 고자질을 했습니다. TV를 보고 있는 여동생이 너무도 얄밉습니다. 뒤로 딴 머리채를 홱 잡아당기고 싶을 정도입니다. — 끌려올 정도로 강하게 잡아당기는 pull의 그림입니다.

> pull은 앞에서 살펴본 draw와 그림이 비슷합니다. draw가 천천히 힘들여 끄는 그림이라면 pull은 홱 잡아당기는 그림입니다. 굳이 따지자면 그렇다는 것이고 pull과 draw는 '잡아 끄는' 그림이 거의 같기 때문에 상당 부분 서로 바꿔 쓸 수 있을 정도로 닮았습니다. pull은 당김의 정도와 속도가 훨씬 강하다는 정도만 새겨두면 됩니다. 우리말의 '끌다'는 draw, '당기다'는 pull에 가까운 뉘앙스입니다. 잡아당긴다고 하면 뭔가를 내 쪽으로 끌어오는 그림만 그리기 쉬운데 끄는 주체와 끌려가는 객체는 전지적 작가 시점으로 바라봐야 합니다. 차를 천천히 멈춰 세우는 것도 견인차 따위가 끄는 게 아니라 내가 운전을 하는 것이지만 결국 운전자가 운전 행위를 통해 차를 끌고 목적지에 멈춰 세우는 것이기 때문에 draw나 pull을 쓰기도 하는 거지요.

기본 형태

당기는 것과 당겨지는 것이 있어야 하기 때문에 주로 타동사로 사용하지만, 스스로 당겨서 끌려가는 그림도 그릴 수 있어 이어동사의 형태로 자동사도 가능합니다.

He pulled my ears. 내 귀를 잡아당겼다.
A car pulled into the parking lot. 차 한 대가 주차장으로 들어왔다.

pull 01 여동생 머리 그만 잡아당겨!

draw와의 차이를 보여줍니다. 오빠가 여동생 머리를 홱 잡아당기는 그림에는 pull이 어울립니다. 두 여인이 머리 끄댕이 잡고 싸우는 모습에 draw를 쓰면 어색하거든요. 그만큼 속도와 힘이 필요하니까요. 머리를 잡아뽑는 경우에도 pull이 어울립니다.

You have two guys in a ring, and the rules are: there are no rules. So you can like, bite, and pull people's hair and stuff. Yeah, anything goes.
두 사람이 링 위에 있는데 규칙은 이거야. 규칙이 없다는 거. 그러니까 물고, 머리 끄댕이 잡아당기고 별짓 다 해도 돼. 그래, 뭐든지 통한다니까.

Stop pulling your sister's hair!

머리를 잡아당겨 뒤로 묶는 그림도 가능합니다. 머리 잡아 묶는 것 역시 draw를 써도 되지만 pull만큼 많이 사용되진 않습니다.

> Honey, I'd love you to pull your hair back. 여보, 난 당신 머리 뒤로 묶는 게 좋던데.
> You're too alive for a perm. It's not you. You should pull your hair back.
> 당신은 파마하기에는 너무 생기 넘치거든. 파마는 안 어울려. 머리를 뒤로 올려 묶는 게 좋아.
> I drew my hair up into a ponytail. 머리를 뒤로 올려 묶었다.

이빨을 휙 잡아 빼는 건 pull의 그림을 참 잘 그려주는 상황입니다.

> I am having my wisdom teeth pulled tomorrow. I am scared to death of it. 내일 사랑니 빼기로 했어. 무서워 죽겠어.

못을 잡아서 뽑아봅시다.

> A. I want those nails pulled.
> B. I want those nails drawn.

A가 못을 휙 뽑아버리는 뉘앙스라면 B는 천천히 끌어서 빼내는 뉘앙스라고 할 수 있습니다. 하지만 결국 결과는 똑같지요.

> Sophie carefully pulled open the door. No alarm sounded.
> 소피는 조심스레 문을 잡아당겨 열었다. 경보가 울리지 않았다.

문을 옆으로 잡아당겨 여는 그림입니다. 블라인드나 커튼 등도 이렇게 열거나 닫지요.

다른 말 없이 draw나 pull을 쓰면 블라인드나 커튼을 늘이거나 잡아당겨 닫아놓는 그림이 됩니다. 다른 상태를 나타내려면 관련 표현과 함께 쓰는 것이 보통입니다.

> Keep the curtains drawn[pulled]. 커튼 쳐놔.
> The doctor pulled open the screen and Ray followed him inside.
> 의사가 스크린을 걷었고 레이가 따라 들어갔다.
> Judy pulled a curtain aside to reveal a window, beyond which was a

large room. 주디가 커튼을 열자 창문이 보였고, 그 너머로 큰 방이 있었다.

진짜 힘이 느껴지는 경우를 보지요.

> I saw a Chinese man on TV who walks on eggs while pulling a car with his ears! TV에서 중국 사람이 계란 위에서 귀로 차를 끄는 걸 봤어!

> A : Give me the password, or I'll pull the trigger.
> B : Well, I think you better pull the trigger, because I don't give a damn!
> A : 비밀번호 내놔. 안 그러면 방아쇠 당긴다.
> B : 당길 테면 당기든가. 난 신경 안 쓰거든!

이 두 경우 역시 draw와 바꿔 써도 문제가 되지는 않지만 힘을 들여 당기는 그림이라기보다 천천히 끈다는 뉘앙스로 바뀌지요.

> You got a gun in your hand. Just draw the trigger back.
> 너 손에 총 들었잖아. 방아쇠 당기라구.

draw의 개성을 느낄 수 있습니다. 고무줄 늘이듯 하는 녀석이라 back을 써줘야 방아쇠를 어디로 당기라는 건지 알 수 있지요. pull the trigger는 거의 굳어지다시피 해서 다른 묘사를 해주지 않아도 알 수 있습니다. 그래서 방아쇠 당기는 경우는 draw보다 pull이 훨씬 자연스럽습니다.

A-ha! moment

> Mama, just killed a man, Put a gun against his head, pulled my trigger, now he's dead. Mama, life had just begun, but now I've gone and thrown it all away. Mama, ooh, didn't mean to make you cry. If I'm not back again this time tomorrow, carry on, carry on as if nothing really matters. 엄마, 나 사람을 죽였어요. 총을 머리에 대고 방아쇠를 당겼지요. 그랬더니 죽었어요. 엄마, 이제 막 삶을 시작했는데 내가 다 망쳐버렸어요. 엄마, 울리려고 그런 건 아닌데. 내일 이 시간에 제가 안 돌아오면 그냥 잘 사세요. 아무 일도 없었다는 듯이.
>
> – *Bohemian Rhapsody sung by Queen*

Queen의 노래인데 한때 금지곡이었던 이유가 사람 죽이는 얘기가 나온다는 것 때문이었지요.

> My father grabbed my arm and pulled me away from the fire.
> 불에 데일까봐 아버지가 내 팔을 잡고 끌어당겼어.
> As tired as I was, I could not fall asleep. I pulled a chair to the window and tried to doze, but couldn't stop thinking about what happened this afternoon.
> 피곤했지만 잠들 수가 없었다. 의자를 창가로 잡아당겨 잠깐 눈을 붙일까 했지만 오늘 오후 벌어진 일이 자꾸 떠올랐다. (당기기 전과 후의 위치를 나타내는 경우입니다.)

비유적으로 잡아당기는 그림도 가능합니다.

> In case of a fire, you need to pull down the wall to ventilate the heat.
> 화재가 발생하면 벽을 무너뜨려 열기를 빼내야 한다. (마치 종이벽이라도 되듯 아래로 잡아당겨 없애버리는 그림이지요.)
> Shivering, he pulled himself to his feet.
> 떨면서 애써 두 발로 섰다. (그냥 일어서는 게 아니라 일어나기 너무 힘이 드는데 누가 잡아당겨주듯이 일어서는 그림입니다.)

A-ha! moment

> The ping of an elevator pulled Langdon back to the present.
> 엘리베이터에서 '땡' 하는 소리에 랭던은 현실로 돌아왔다.   — *Angels & Demons(Dan Brown)*

여기서 ping은 엘리베이터가 멈춰설 때 나는 소리를 말합니다. 주인공 Langdon은 엘리베이터를 기다리며 과거에 있었던 일을 회상하고 있었는데 이 소리가 휙 잡아당겨 현재로 오게 만드는 그림입니다.

역시 draw에서와 마찬가지로 담배 따위를 빨아들이는 그림도 가능합니다.

> Ryan calmly pulled on his cigar before answering my question.
> 라이언은 침착하게 담배를 한 모금 빨고 나서 내 질문에 대답했다.

pull 02 마술 연습하고 있거든. 니 귀에서 동전 꺼낼 수 있어.

보이지 않던 것을 꺼내는 그림입니다. 잡아당기는 기본그림은 같아서 draw와 바꿔 쓸 수 있습니다. 당기는 느낌이 강하니 갑자기 확 꺼내는 뉘앙스가 강합니다.

> Mom has pulled a surprise present from the closet. Andy's opening it. He's really excited about this one.
> 엄마가 옷장에서 깜짝 선물을 꺼내셨어. 앤디가 열어보고 있는데 무지 신나 있어.

draw와 마찬가지로 무기를 들이대는 것도 pull을 씁니다. 주로 보이지 않게 감춰져 있던 무기를 꺼내는 그림입니다.

> He pulled a gun from his jacket then he shot my brother.
> 그 놈이 옷에서 총을 꺼내더니 형을 쐈어.
> The thug suddenly pulled a semi-automatic rifle from under his coat and opened fire. Several passersby tackled him before he could reload and, miraculously, nobody was injured. 깡패가 반자동 소총을 외투에서 꺼내더니 총을 난사했다. 행인 몇 명이 달려들어 재장전을 못하게 했고 기적적으로 아무도 다치지 않았다.

A-ha! moment

> Sgt. Jack : Can you tell me what happened?
> Lt. Exley : Appears 3 men held up a coffee shop. The guy at the register pulled a .38, so they killed him. Then they took everyone else out back and killed them too.
> 잭 경사 : (퇴직한 동료형사의 주검을 보고) 무슨 일이 있었던 거지?
> 엑슬리 경위 : 3명이 커피숍을 털었어. 계산대에 있던 사람이 38구경을 꺼내 들었나본데 죽여버렸시. 나른 사람들도 모두 뒤쪽으로 끌고 가서 죽여버렸구.   – *LA Confidential*

Jack이 오늘 퇴직한 동료 형사가 살해됐다는 소식에 병원으로 달려와서 Exley의 설명을 듣는 장면입니다. 여기서처럼 총을 숫자로 나타내는 경우가 있는데 총의

I've been practicing my magic tricks. I can pull a quarter out of your ear.

구경을 말합니다.

I needed something to write on and Judy pulled a scrap of paper from her sweater pocket and handed it to me. Without another word, I pulled a pen from my jacket pocket and started taking notes.
뭔가 쓸것이 필요했는데 주디가 스웨터 주머니에서 종이 쪽지를 꺼내 건네줬다. 아무 말도 하지 않고 나도 재킷 주머니에서 펜을 꺼내 메모하기 시작했다.

Bundy pulled a thick envelope from his suit and handed it to me.
번디가 양복 주머니에서 두터운 봉투를 꺼내 건네줬다.

He pulled a wrinkled business card from his pocket and handed it to me. 주머니에서 구겨진 명함을 꺼내 나한테 줬다.

He pulled a wooden folding chair from the wall and sat down near the bed. 나무로 된 접이식 의자를 벽에서 꺼내 침대 옆에 앉았다.

Jessica asked me a question as she pulled a cigarette from a pack on the table. 제시카는 탁자 위의 담뱃갑에서 한 가치를 꺼내면서 나한테 질문을 했다.

03 모자에서 토끼 꺼낼 수 있어?

마술쇼에서 모자 속에서 토끼를 꺼내는 모습입니다. 여기서 속임수를 쓰는 pull의 그림이 파생됩니다. 쇼를 하듯 '짠~' 하고 뭔가 속임수를 쓰며 상대방을 속이는 그림을 그리면 됩니다. 그래서 trick이니 stunt니 하는 말이 따라오곤 합니다. pull만의 개성입니다.

Bob just asked me to go to the movies. I think he's trying to pull a trick on me. He never asks me to do anything with him, so I figure he is trying to pull something. 밥이 금방 나한테 영화 보러 가자고 하더라구. 아무래도 장난치려는 것 같아. 나랑 뭐 같이 하자고 하는 적이 없거든. 그래서 뭔가 꿍꿍이가 있다는 생각이야.

Today my parents tried to pull a trick on me. They invited me to go for a ride in the car, but little did I know that they were taking me to the

dentist! 부모님이 오늘 나한테 속임수를 쓰려고 했어. 차 타고 놀러가자고 했거든. 치과에 가는지 누가 알았겠어!
If you pull a stunt like that again, you'd be in big trouble. 그런 꼼수 다시 쓰면 가만 안 둘 줄 알아.
Death would be too good for my husband if he pulled a stunt like that. 남편이 그런 속임수를 썼다면 죽어도 싸지.

속임수나 장난 따위가 아니더라도 '속았다'는 느낌이 들 정도로 예상하지 못한 뭔가를 성공적으로 해낼 때 역시 pull을 씁니다.

He told me straight to my face that he didn't do well, and yet he nearly pulled an A+. 나한테 시험 못 봤다고 대놓고 말하더니 글쎄 A+를 받았더라구!

예상하지 못했던 걸 '짠~' 하고 꺼내 보여주는 그림을 그리면 이해가 쉽습니다. 좀 특이한 경우로 유명한 사람이 등장하면 그 흉내를 내는 겁니다.

Keanu Reeves pulls a Superman and flies in the *Matrix Reloaded*. 키아누 리브스는 〈매트릭스 2(Matrix Reloaded)〉에서 슈퍼맨 흉내를 내며 날아다닌다.
Most professional soldiers are intelligent enough to know that if they pulled a Rambo on their enemies, chances are very high that that will result in a bullet lodged in their skulls. 대부분의 직업군인들은 적을 상대로 람보 흉내를 냈다가는 머리에 총알이 박히는 결과를 낳을 것이라는 정도는 충분히 알고 있다.
Kelly just pulled a Sharon Stone during the job interview. She crossed her legs and gave the interviewers a big peek! 켈리가 면접에서 샤론 스톤 흉내를 냈다. 면접관들한데 볼 테면 보라는 식으로 다리를 꼬았다나 어쨌다나!
I'm pretty stealthy for a big guy. I pulled a Batman and disappeared when my wife blinked. 난 덩치에 비해 꽤 날렵하다구. 아내가 눈 깜짝할 사이에 배트맨 흉내를 내면서 사라졌거든.

Can you pull a rabbit out of a hat?

pull 04 기사는 말을 멈추고 검을 꺼내들었다.

움직이는 물체를 잡아당겨 이동하거나 멈추는 그림입니다.

A taxi pulled to a halt beside me and a rear door opened.
택시가 내 옆에 멈춰서더니 뒷문이 열렸다.

자동차 운전을 묘사할 때 차가 아니라 사람이 직접 움직이는 것으로 말할 때가 많습니다.

When you pull out of the parking lot, take a left turn.
주차장에서 나오면 왼쪽으로 도세요.

스스로 멈추는 그림을 그릴 수도 있습니다. 굳이 따지자면 운전사가 끌어다 멈추는 것이지만 결과만 나타내는 것이지요.

When the train pulled to a halt at the platform, the three of us jumped aboard just before the doors slammed shut.
열차가 플랫폼에 멈춰섰을 때 우리 셋은 문이 닫히기 전에 뛰어올랐다.

My car pulls a little to the right and I hope the alignment job takes care of this. 내 차가 오른쪽으로 쏠리는데 얼라인먼트로 문제가 해결되면 좋으련만.

정말 누가 잡아당기듯이 운전할 때 핸들을 움직이지 않아도 오른쪽으로 쏠린다는 말입니다. alignment는 바퀴를 조율해 이런 문제를 바로잡는 자동차 정비 용어입니다.

pull만으로도 완전히 멈추는 그림이 가능합니다. 일정 등을 취소하는 경우에 씁니다.

The knight pulled his horse to a halt and drew his sword.

I'm really mad that they pulled the concert at the last minute.
막판에 콘서트를 취소하다니 진짜 열받네.

무대를 확 잡아 끌어내버리는 그림을 그리면 이해하기 쉽습니다. 전선을 잡아당겨서 뭔가를 끝내는 그림을 그리기도 합니다.

Why did ABC pull the plug on the show? 왜 ABC가 그 프로그램 폐지한 거야?
My mother went into a coma after the doctors pulled the plug on her life support system. 의사들이 생명유지 장치를 끊자 엄마가 혼수상태에 빠졌다.
Unless we show some progress, they're going to pull the plug on us.
진척을 보이지 않으면 우리한테 지원을 중단하겠대.
I guess it's time for us to pull the plug on our relationship.
이제 우리 관계 끝낼 때가 온 것 같다.

 기침을 심하게 해서 등 근육이 당겼어.

근육을 다치는 경우인데요. 근육을 무리해서 당기는 바람에 상처를 입는 경우입니다. draw 처럼 천천히 끄는 게 아니라 홱 당기는 거라 근육에 무리가 가는 겁니다. pull의 개성이지요.

I pulled triceps when Mike yanked me.
마이크가 심하게 잡아당겨서 삼두근을 다쳤어.
I have pulled a muscle just under my right shoulder blade and it is causing me some discomfort.
오른쪽 어깨뼈 바로 밑 근육이 당겨서 조금 불편해.
I had pulled a muscle picking up my 37-pound 2-year son. The doctor said that it must be a pulled muscle, so he sent me home with a muscle relaxant. 37파운드짜리 2살배기 아들을 들어올리다가 근육에 무리가 갔는데. 의사가 근육이 당긴 거라며 근육 이완제를 처방해줬어.

I pulled a muscle in my back from coughing.

06 **자료를 불러와야 할지도 모르니 노트북 가져와.**

자료도 꺼내기 전까진 숨겨져 있습니다. 이걸 끄집어내는 그림입니다.

I need you to help me pull some data off a hard drive.
하드 드라이브에서 자료 꺼내는 것 좀 도와주세요.

이 말은 단순하게 자료 찾는 것일 수도 있고 망가진 하드 드라이브에서 자료를 복구해내는 것일 수도 있습니다.

I pulled some data off a hard drive that we found hidden in Anderson's apartment. 앤더슨 아파트에 숨겨져 있던 하드 드라이브에서 일부 자료를 찾았어요.
Customer information is maintained in a database on our server, and can be pulled from the database when needed.
고객 정보는 우리 서버의 데이터베이스에 보관돼 있고 필요할 때마다 불러올 수 있다.

A-ha! moment

Sydney : You wanted to see me?
Sloane : Has Vaughn contacted you yet?
Sydney : I'd have mentioned it, don't you think?
Sloane : Sydney, we pulled Vaughn's phone records, and they indicate that he sent you an SM message to your cell. I would like to give you the benefit of the doubt and assume that it got lost in transmission and that you never received it.
Sydney : If you're looking to catch me in a lie, yes, I got the message. When Vaughn took off, as I've already told you, I tried to stop him. He hit me. He contacted me to tell me he was sorry.

시드니 : 보자고 하셨어요?
슬론 : 본이 아직 연락 안 했던가?
시드니 : 그럼 말씀드렸겠지요, 안 그래요?

Bring your laptop in case you need to pull data.

> 슬론 : 시드니, 본의 전화 기록을 뽑아봤어. 그랬더니 자네한테 핸드폰 메시지를 보냈더군. 자넬 믿어보고 싶네. 통신중에 사라져서 못 받았다고 말야.
> 시드니 : 내가 거짓말하는 걸 잡고 싶은 거라면, 네, 받았어요. 본이 도망쳤을 때, 이미 말씀드렸지만, 그를 막으려고 했거든요. 그랬더니 날 때렸어요. 미안하다고 말하려고 연락한 거예요.
>
> – *Alias Season 4 Episode 15, Pandora*

여주인공 Sydney가 독자적인 수사를 위해 상관에게 연락하지 않고 사라져버린 동료 첩보원인 Vaughn의 뒤를 봐주는 장면입니다. 전화 기록 따위를 끄집어내는 것도 pull을 쓴다는 겁니다.

 **연극은 만원이었다.**

역시 draw와 같은 그림으로 비유적으로 사람의 인기나 주의를 끄는 그림입니다. 천천히 끄는 그림이 있는 draw가 좀더 섬세하지요. pull은 덩치가 큰 경우에 활용하는 예가 많습니다. 눈길을 끈다거나 하는 섬세한 부분에는 draw가 어울리니까요.

Some of the city's older recreational facilities still pull the crowds.
도시의 일부 오락시설은 낡았지만 여전히 인기가 있다.
We're trying to pull new customers into the luxury-car area.
고급차 분야로 신규 고객을 끌어들이려고 노력중이다.
He can pull a lot of girls with his guitar.
갠 기타 하나로 수많은 여자들을 사로잡을 수 있지.

The play pulled a capacity crowd.

 밧줄을 홱 당겨 안전한지 확인했다.

pull을 명사로 사용하면 이처럼 한번 당겨보는 것에서 출발합니다.

Why does a child in a wagon seem to fall backward when you give the wagon a sharp pull? Because of the child's inertia, she tends to remain in place. 유모차를 홱 당기면 유모차 안에 있는 아이는 왜 뒤로 넘어지는 것처럼 보일까? 그건 아이가 제자리에 남아있으려고 하는 관성 때문이다.

인력이나 중력이라는 어려운 말도 알고 보면 당기는 것에 불과하지요.

The strength of the gravitational pull is proportional to the mass of the object. 중력의 크기는 물체의 질량에 비례한다.

As a spacecraft travels from Earth to the Moon, the gravitational pull of the Earth gets weaker and that of the moon increases.
우주선이 지구를 떠나 달로 여행을 하면 지구의 중력은 약해지고 달의 인력이 강해진다.

근육이 당기는 것도 명사로 표현할 수 있습니다. 근육이 당겨서 상처를 입는 것도 마찬가지입니다.

Tilt your head back, count to three, and then release. You should feel a strong pull on your chin and neck muscles. 머리를 뒤로 제끼고 셋까지 세고 다시 제자리로 옵니다. 턱과 목 근육이 강하게 당기는 걸 느낄 수 있어야 합니다.

A groin pull is a common sports injury that is due to a strain of the muscles of the inner thigh.
사타구니 근육 당김은 허벅지 안쪽 근육에 무리가 가서 생기는 흔한 운동 부상이다.

영향력이나 인기도 됩니다.

He gave a sharp pull on the rope to ensure that it was secure.

If there's any group with a political pull in Washington that I hate, it's the National Rifle Association(NRA). They senselessly block or at least try to block so many gun-safety related pieces of legislation.
워싱턴 정가에서 정치적 영향력이 있는 단체 중 가장 싫어하는 건 전국총기협회(NRA)다. 무차별적으로 총기 안전 관련 법안을 막거나 막으려고 시도하기 때문이다.

I have long planned on teaching, and I feel a strong pull to return to the classroom.
오랫동안 교육자가 될 계획을 세워왔는데 교실로 돌아가고 싶은 충동이 강하게 일고 있다.

Not only is Arnold married to a Kennedy, he's also a part of Hollywood which gives him a lot of pull. 아놀드 (슈와츠제네거)는 케네디 가문의 사위일 뿐 아니라 할리우드 인사이기도 하기 때문에 연예계의 지지가 대단하다.

또 '매력'을 다른 말로 하면 '유혹'이 됩니다.

Some riders glanced at their newspapers or thumbed a paperback. Many gave in to the pull of sleep and the rhythmic rocking of the train and nodded off. 일부 승객은 뉴스를 보거나 소설책을 넘기고 있었다. 많은 이들은 열차의 규칙적인 흔들림 속에 잠의 유혹에 빠져들어 졸고 있었다.

자동차의 쏠림 현상도 됩니다.

When a front tire blows, expect a sharp pull to one side but don't hit the brakes — that's the last thing you should do. 앞 타이어가 터지면 한쪽으로 쏠리게 되지만 브레이크 밟지 마세요. 절대 하지 말아야 할 행동입니다.

숨이나 마실 것을 길게 들이키는 것도 가능합니다.

Nancy grabbed a bottle from the table, took a long pull of alcohol and passed it to her lover.
낸시는 탁자에서 술병을 들어 술을 길게 쭉 들이킨 후 애인에게 넘겨줬다.

She took a long pull on her cigarette, picked the photo up and looked long at it. 담배를 한 모금 길게 빨더니 사진을 집어들고 계속 쳐다봤다.

영어로 말해보기

1. 커튼 좀 쳐줘.
2. 어린 놈이 칼을 꺼내 들더니 돈을 달라더군.
3. 주머니에서 돈다발(a stack of bills)을 꺼내 사내에게 값을 치렀다.
4. 슈퍼맨 흉내를 내며 모두가 보는 앞에서 강철 파이프를 구부러뜨렸지.
5. 길가로 차를 대세요.
6. 데이터베이스에서 이미지를 불러와서 실시간으로 보여줍니다.
7. 태국(Thailand)은 아름다운 해변이 많아 관광객이 많이 온다.
8. 그 사람 정치적 영향력이 있는 친구들이 많아.

모범답안

1. Would you please pull the curtains shut?
2. The kid pulled a knife on me and demanded money.
3. I pulled a stack of bills from my pocket and paid the man.
4. I pulled a Superman and bent a steel pipe for all to see.
5. Pull over to the side of the road.
6. We pull images from a database and display them real-time.
7. Thailand pulls a lot of tourists thanks to its beautiful beaches.
8. He has a lot of friends that have political pull.

draw의 이어동사에서 draw의 개성만 pull의 개성으로 바꿔놓으면 되겠지요.

01 pull ahead 앞으로 잡아당기다

잡아당겨서 앞서 나가는 그림입니다.

> Dogs that are aggressive to stimuli (*e.g.* children, other dogs), and those that have the urge to chase (*e.g.* joggers, cyclists) are likely to pull ahead in an attempt to chase.
> 자극(예: 아이들이나 다른 개들)에 공격적으로 반응하는 개들이나 쫓아가려는(예: 조깅하는 사람이나 자전거 타는 사람) 욕구가 강한 개들은 주인을 앞으로 잡아당기는 경우가 많다.
> I quickened my pace and pulled ahead of Judy.
> 발걸음을 재촉해서 주디를 앞서나갔다.

차를 끌고 갈 수도 있지요.

> I hit the gas and pulled ahead of him by about three meters.
> 액셀을 밟아 3미터 정도 앞서나갔다.

비유적으로 앞서나갈 수도 있습니다.

> After fifteen minutes, the Korean team pulled ahead by two goals.
> 15분 정도 지나서 한국 팀이 2골 앞서나갔다.
> BMW continues to pull ahead of Mercedes with 7% sales rise in February. 2월에도 7%의 매출 승가로 BMW가 메르세데스 벤츠를 계속 앞서나갔다.
> Notebook sales in May pulled ahead of desktop buys in the United States. 미국에서는 5월 노트북 판매가 데스크탑 수요를 앞질렀다.

According to the latest returns, with sixty-two percent of the votes counted, Senator Sexton is beginning to pull ahead.
최근 개표 결과에 따르면, 62%가 개표 완료된 현재 섹스턴 상원의원이 앞서기 시작했다.

먹는 것도 앞서갈 수 있습니다.

Chris started off in a hurry and pulled ahead of me by three burgers.
크리스가 서둘러 먹기 시작하더니 나보다 햄버거를 3개나 더 많이 먹었다.

02 pull apart 잡아당겨 분리시키다

양쪽으로 잡아당겨 분리시키는 그림입니다. 우리가 흔히 '펴다' 또는 '벌린다'고 하는 것도 이 그림입니다.

Slowly pull your legs apart until they are in the furthest straddle position you can get to. 발을 최대한 많이 벌려 기마자세를 취하세요.

When playing the guitar, pull your fingers apart as far as possible to develop a bigger span and to develop independence.
기타를 칠 때 손가락을 최대한 넓게 벌려서 이동범위를 최대한 넓게 하고 손가락이 제각기 따로 움직일 수 있게 해야 한다.

The two women were punching and clawing at each other as four guards came running up. It took the guards five minutes to pull them apart. Both women were taken to the hospital.
두 여자가 때리고 할퀴고 있는데 경비원 네 명이 달려왔다. 결국 5분이 지나서야 둘을 떼어놓을 수 있었다. 두 여자 다 병원에 실려갔다.

비유적으로 분해하는 것일 수도 있습니다.

The police caught the thieves who pulled apart my car to resell the parts. 부품을 팔아먹으려고 내 차를 분해한 도둑놈들을 경찰이 잡았다.

Martha is being pulled apart by too many tasks at hand.

마사는 할 일이 너무 많아 비명을 지르고 있다. (사람을 분해하면 너무 바빠서 사지가 찢겨나가는 비유적 그림을 그려야 합니다.)

My children needed a mother, yet they needed to be supported financially — I was pulled apart by trying to do both and feeling as if I was failing.
아이들한테는 엄마도 필요하지만 경제적으로도 먹고 살게 해줘야 했다. 이 두 가지를 하느라 가랑이가 찢어질 지경이었지만 아무래도 제대로 못하고 있다는 느낌이었다.

03 pull around 잡아당겨 돌려놓다

누군가의 어깨나 귀를 잡고 돌리는 그림을 그리면 됩니다.

I grabbed Jack and pulled him around to face me.
잭을 잡고 내 쪽으로 몸을 돌렸다.

차를 빙 돌려 끌어다 놓는 그림도 됩니다.

You are now looking at the back of our building. Pull around the front of the building and park.
지금 건물 뒤쪽을 보고 계시거든요. 건물 앞쪽으로 빙 돌아 오셔서 주차하세요.

When you travel around objects on a horse, remember that you're not to pull him around them, and remember to keep the speed constant. 말을 타고 가다 장애물을 만나 돌아갈 때도 말을 잡아당겨 장애물을 피하게 하면 안 되며 속도도 일정하게 유지해야 한다는 걸 명심하세요. (고삐를 잡아당겨 장애물을 피하도록 빙 돌아가게 만드는 그림입니다.)

사람을 잡아당겨 빙빙 돌리면 괴롭히는 것이지요.

They push and pull their kid around, smack him, and speak cruelly to him whenever it serves their purpose. 그 사람들 애를 이리저리 내두르지 않나, 때리질 않나, 지들 좋을 대로 험한 말도 서슴지 않는다구.

04 pull aside 옆으로 잡아당기다

주로 사람을 옆으로 끌어내서 남들이 보지 못하도록 말을 하거나 행동을 할 때 씁니다.

Joe pulled me aside and handed me some money.
조가 날 옆으로 잡아끌더니 돈을 주더라구.

05 pull at 뭔가를 잡아당기다

여기서 at은 잡는 위치를 나타냅니다. at이 없어도 되지만 at을 쓰면 잡는 위치를 강조하게 됩니다.

Stop pulling at my hair! 머리 좀 그만 잡아당겨!
I pulled at his arm, but he jerked free.
그의 팔을 잡아당겼는데 흔들어서 빠져나갔다.
He pulled at his ear and thought for a moment, then asked me another question. 귀를 잡아당기면서 잠시 뭔가 생각하더니 다른 질문을 했다.

They pounced on him, scratched his face, pulled at his beard, and punched at his eyes.
그 사람한테 달려들어서 얼굴을 할퀴고 수염을 잡아당기고 눈을 주먹으로 때렸어.

The woman pulled at my shirt and used abusive language as she demanded I let her pass the door.
그 여자가 문으로 들어가게 해달라고 내 셔츠를 잡아당기면서 욕을 해대는 거야.

The thumb and index finger of his right hand pulled at the skin on the back of his left hand. 오른손 엄지와 검지로 왼쪽 손등의 살점을 잡아당겼다. (at의 그림이 조금 더 구체적인 경우입니다. 엄지와 검지로 손등 살점을 당겨보면 피부가 끌려오는 위치가 조금 더 명확하지요.)

The river swept him along faster and faster, and began to pull at him, sucking him down and down, deeper and deeper, into darkness.
강물이 더 빠르게 그를 휩쓸며 잡아당기기 시작했고, 결국 아래로 아래로 더 깊이 빨려들어가다 어둠 속으로 사라졌다.

06 pull away 잡아당겨 멀리 데려가다

원래 있던 위치에서 잡아당겨 멀어지게 하는 그림입니다.

Bundy pulled Judy gently away from the edge and back into his arms.
번디는 주디를 조심스레 가장자리에서 잡아당겨 다시 품에 안았다.

When I told him the truth, he pulled away slightly and stared at me.
사실을 말해주자 살짝 몸을 멀리하더니 나를 노려봤다.

She pulled her eyes away from the street to look at me.
거리에서 눈을 떼 나를 바라봤다.

자동차 역시 잡아당길 수 있습니다.

As the taxi pulled away from the train station, I took out the ticket and started to run. 택시가 기차역에서 멀어지고 있을 때 난 기차표를 꺼내 달리기 시작했다.

앞서나가는 그림도 됩니다.

> For the entire first half of the race, the top six runners pulled away from the rest of the pack.
> 경기 전반 내내 선두 여섯 명의 주자들이 나머지 주자들을 따돌리고 앞서 나갔다.

07 pull back 뒤로 잡아당기다 | 제자리에 놓다

> With one hand the enemy pulled back my head clutching my hair. I saw the bayonet in the other hand going down on my neck. 적군이 한 손으로 내 머리카락을 잡아 고개를 뒤로 젖혔다. 다른 한 손으로 내 목을 향해 대검을 내려치려는 걸 봤다.
> Laura pulled back the sleeve of her sweater, displaying a bruised forearm. 로라가 스웨터 소매를 뒤로 젖혀 멍이 든 팔뚝을 보여줬다.
> The door was locked. He pulled back and prepared to hurl himself against it. 문이 잠겨 있었다. 그는 몸을 뒤로 빼서 돌진할 준비를 했다.
> Her blond hair was pulled back. 금발 머리를 뒤로 묶었다.

원래 있던 자리(back)로 되돌려 놓는 그림도 됩니다.

> I pulled back the curtain and pushed down the blinds.
> 커튼을 젖히고 블라인드를 내렸다.
> He pulled his bloodied hand back from his forearm, which was bleeding profusely. 피범벅이 된 손을 이마에서 떼자 피가 솟구쳤다.

군 병력을 뒤로 빼면 후퇴하거나 철수하는 것이지요.

> A : Everybody pull back!
> B : What about Elias? If we pull back, he'll be cut off.
> A : 모두 후퇴!
> B : 엘리아스는 어쩌구? 우리가 후퇴하면 고립될 거야!
> Israeli troops pulled back from the outskirts of the Gaza Strip,

concluding a relatively small-scale raid they began Friday night.
이스라엘군은 가자 지구 외곽에서 철수함으로써 금요일 밤에 시작된 비교적 소규모 공격을 마무리했다.

08 pull down 아래로 잡아당기다

She walked over to a shelf and pulled down a small book.
선반으로 걸어가더니 작은 책을 내렸다.
Alan looked up, blinking in the sunlight. He pulled down his sunglasses, and wiped his forehead with the back of his hand. 앨런은 하늘을 쳐다보며 눈이 부셔 눈을 깜박였다. 선글라스를 눌러쓰고 손등으로 이마를 닦았다. (선글라스를 머리 위에 올려놓고 있다가 아래로 잡아당겨 쓰는 그림입니다.)

마스크를 눌러 쓸 수도 있지요.

There were three men there, ski masks pulled down over their faces. They held automatic weapons.
스키 마스크를 눌러쓴 세 명의 사내가 기관총을 들고 있었다.
It's too bright in here. May I pull down the blinds?
너무 밝은데 블라인드 치면 안 될까? (블라인드가 아래로 잡아당기는 형태여야 말이 되겠지요.)
I carried my son into the bathroom, pulled down his pants and set him on the toilet. 아들을 욕실로 데려가서 바지를 벗기고 변기에 앉혔다.

자료를 끌어내릴 수도 있습니다. 인터넷에서 다운로드 받는 그림을 곰곰이 생각해 보세요. 왜 pull down을 쓸 수 있는 건지.

You might find something interesting in the data we're pulling down off the Internet. 인터넷에서 받고 있는 데이터에서 흥미로운 걸 발견할지도 모르지요.
I regularly pull down close to 20 Giga bytes of movies a day on a 20M line. 20메가 회선으로 하루 평균 20기가 바이트 영화를 다운로드 받아.

비유적으로 잡아당겨 부숴버리는 그림도 됩니다.

A statue of Saddam Hussein was pulled down by a U.S. military vehicle as a few hundred Iraqis watched, becoming television's chief image of the fall of the regime. 수백 명의 이라크인들이 지켜보는 가운데 미군 차량 한 대가 사담 후세인의 동상을 철거하는 모습은 TV에서 정권 붕괴의 주된 상징적 이미지가 됐다.

When the old church was pulled down, only the clock tower remained to show where it stood.
낡은 교회가 철거된 이후 시계탑만 남아 교회 자리를 지켜주고 있다.
Next day, the wolf returned, and he said to the pigs that if they didn't open the door, he would pull down the house.
다음 날 늑대가 돌아와서 돼지들에게 문을 열지 않으면 집을 부숴버리겠다고 말했다.

pull down이 구어체에서는 돈벌이를 한다는 의미로도 사용됩니다. 어딘가 돈이 쌓여 있는데 그걸 조금씩 잡아당겨 내리는 그림을 그리면 이해하기 쉽겠지요.

He's a lawyer pulling down a $1,000 an hour, and I hate him for that.
한 시간에 천 달러씩 버는 변호사야. 그래서 꼴보기 싫지.
Most panhandlers are what I would call professionals — meaning they do this as a job. I read somewhere that the average panhandler can easily pull down $200 a day. 대부분의 거지들이 내가 보기엔 직업거지야. 동냥이 직업이라는 거지. 어디선가 읽었는데 거지가 하루 평균 200달러를 번다고 하더라구.
A: How much do you pull down a shift? How much? B: $250.
A: Well, let me tell you what, I'll make it $600 if you drive me around the city.
A: 교대 운전하면 얼마나 버는데? 얼마? B: 250달러요.
A: 이렇게 하지. 내가 600달러 줄 테니까 나 데리고 시내 좀 돌자구.

09 pull for[against] 순방향[역방향]으로 잡아당기다

잡아당기는 방향을 나타냅니다. 순방향이면 for, 역방향이면 against겠지요.

Dogs will pull for a treat.
개들은 먹을 걸 향해 당기게 마련이다. (=먹을 걸 향해 간다.)

Dogs will naturally pull against a collar.
개들은 목줄 반대 방향으로 잡아당기게 마련이다.

He is pulled against his will into a nonsensical deal.
자신의 의사와 반대로 말도 안 되는 계약을 했다.

이 사람의 의지는 이쪽으로 가려고 하는데 전혀 다른 방향으로 끌어다 계약을 하게 만드는 그림입니다. 누군가와 함께 뭔가를 잡아당기는 것일 수도 있습니다. 비유적으로 지지 또는 반대를 나타내는 것이지요.

Everyone in this office is pulling for you. Good luck!
사무실 직원들 모두 널 응원하고 있어. 잘해봐!

Your friends and neighbors are all pulling against you. What happened?
네 친구랑 이웃 모두 널 반대하고 있어. 무슨 일이야?

I used to pull for the Dodgers, but I have been hugely turned off by their poor performance lately.
얼마 전까지 다저스를 응원했지만 최근 들어 너무 못해서 정 떨어졌어.

10 pull in[into] 안으로 잡아당기다

When standing, pull in your chin and stomach.
서 있을 때 턱이랑 배를 집어넣어.

턱이나 배도 힘을 줘서 안으로 잡아당겨야 들어가지요. 잡아당겨 길이를 줄일 수도 있습니다.

I pulled my belt in two notches to hold my trousers up.
바지가 내려가지 않도록 벨트를 두 구멍 더 당겼다.
He pulled me into his arms and began to kiss me. 나를 잡아당겨 껴안더니 키스를 했다. (into를 사용하면 잡아당겨 안으로 집어넣는 그림을 그리게 됩니다.)
He pulled the gear into drive and the car started forward.
기어를 D에 넣자 차가 앞으로 나아가기 시작했다.

차를 잡아당겨 어딘가 들어가는 그림도 가능합니다.

I pulled into the parking lot across the building.
건물 건너 주차장에 차를 몰고 들어갔다.
I slowed down and pulled into the right lane.
속도를 늦춰 오른쪽 차선으로 들어섰다.
As the train pulled in, I said goodbye to my friends.
열차가 들어오는 걸 보고 친구들에게 작별인사를 했다.
I dropped into the passenger seat and fastened my seat belt. I watched my wife pull into traffic, and then closed my eyes and slept. 조수석에 앉아 안전벨트를 맸다. 아내가 차들 사이로 끼어드는 걸 보고 나서 눈을 감고 잠을 잤다.

잡아당겨 특정 행동을 하게 만드는 그림도 가능합니다. 행동을 공간의 개념으로 보는 것이지요. 1권에서 배웠던 break의 다음 문장과 비교해보면 이해가 쉽습니다.

He broke into a run. 느닷없이 달리기 시작했다.

Linda took my hand and pulled me into a run, saying, "Run for your life!"
린다가 내 손을 잡고 달리면서 말했다. "목숨 걸고 도망쳐!"

당연히 어떤 상태로 끌고 갈 수도 있겠지요.

One of her friends pulled Nancy into a financial disaster.
친구 하나 때문에 낸시는 재정이 파탄지경에 이르렀다.

사람을 안으로 잡아당길 수도 있습니다.

The candidate traveled all over the country with a rock band, which he used to pull in a crowd.
그 후보는 청중을 끌어모으기 위해 록 밴드를 데리고 전국을 돌았지.

The cops pulled John and me in for questioning and put us in separate rooms. 경찰이 심문한다고 존과 나를 잡아들이고 서로 다른 방에 집어넣었어. (문맥상 경찰서 안으로 사람을 잡아당기면 체포하는 겁니다.)

돈을 끌어모으는 것도 가능합니다.

The movie pulled in $1 million on its Wednesday opening.
이 영화는 수요일 개봉 당시 백만 달러를 벌어들였다.

11 pull off 잡아당겨 떼어놓다

뭔가에 붙어있는 것을 잡아당겨 떼어내는 그림에서 출발합니다.

I pulled off the road and stopped in a rest area.
도로에서 빠져나와 휴게실에 들렀다.

May paused to pull off another piece of pizza and continued to talk.
메이는 피자 한 조각을 더 떼어낸 다음 말을 이었다.

I pounced on my cousin and started to beat the living daylight out of him with punches and kicks. Unless my aunt hadn't pulled me off him, I might have killed him. 사촌동생한테 달려들어 주먹과 발로 죽도록 패기 시작했다.

삼촌이 뜯어말리지 않았으면 죽였을지도 모른다.
They had to pull me off the stage because I didn't want to leave after winning the award. 나는 상을 받고 무대를 떠나고 싶지 않았기 때문에 다른 사람들이 끌어내려야 했다.

비유적으로 떼어내는 그림도 되겠지요.

You don't have to meet Bristow. You're being pulled off the Bristow case. 브리스토 만날 필요 없어. 자넨 브리스토 사건에서 손 떼게 됐으니까.
The U.S. Food and Drug Administration(FDA) pulled the diabetes drug Rezulin off the market. The problem with the drug was toxicity to the liver. 미 식품의약청(FDA)은 당뇨병 치료제인 레줄린 판매를 금지시켰다. 간에 치명적인 독성을 갖고 있기 때문이다. (시장에서 떼어내면 유통을 못하게 막는 겁니다.)

어디서 떼어내는지 문맥을 통해 파악해야 할 때도 있습니다. 가장 먼저 몸에서 떼어냅니다. 벗는 것이지요.

He pulled off his coat and threw it in the corner. 외투를 벗어 구석에 던졌다.
The motorist pulled off his helmet and stared at me in a threatening manner. 오토바이 운전자가 헬멧을 벗더니 위협적으로 날 노려봤다.
I spotted the train about to leave the station. I saw my husband about to board and I ran to catch up with him. The train pulled off just as I approached it. 역을 막 떠나려는 기차가 보였다. 남편이 열차에 오르려는 걸 보고 따라잡으려고 달려갔지만, 다가가자마자 열차가 떠나버렸다.

위 예문은 열차가 역에서 떨어져 나가는 것처럼 차량이 출발할 때 출발지에서 분리되는 그림을 그리는 경우입니다. 전혀 다른 그림으로 뭔가 성공시킬 수도 있습니다. 미사일 같은 것을 성공적으로 땅에서 떨어뜨려 발사하거나 안 떨어지는 뭔가를 제대로 떼어내는 그림을 그리면 됩니다.

The United States pulled off a stunning upset victory over heavily favored Portugal, 3:2 in Suwon, Korea.
한국 수원에서 미국팀은 대부분이 우승을 점쳤던 포르투갈에 놀랍게도 3대2 역전승을 일궈냈다.
The company has pulled off a remarkable deal that made Wall Street sit up and take notice.
그 회사는 월 가가 깜짝 놀라 주목할 정도로 대단한 계약을 성사시켰다.
This guy pulled off a daring daylight robbery without a hitch. So, why was he caught? It was the clothes. The bozo wore a shirt bearing the name of the company he worked for as well as his own name, written right over the shirt pocket.
이 놈이 백주대낮에 과감하게 강도질을 성공한 것까진 좋았어. 근데 왜 잡혔냐구? 옷 때문이지. 이 멍청한 놈이 글쎄 주머니 바로 위에 지 이름이랑 회사 이름이 새겨진 셔츠를 입고 있었거든.

12 pull on 붙잡고 당기다 | 잡아당겨 붙이다

잡아당기는 대상과 접촉하는 그림입니다. pull at을 쓸 때와 크게 다르지 않습니다.

I pulled on the rope, drawing it tight. 밧줄을 잡아당겨 팽팽하게 만들었다.
When doing sit-ups, never pull on your neck or head, because that can cause injury.
윗몸 일으키기 할 때는 다칠 수 있기 때문에 목이나 머리로 잡아당기지 말아야 한다.

잡아당겨 붙이는 그림은 옷을 입는 걸 생각하면 됩니다. 청바지를 끌어당겨 몸에 붙이면 입는 거지요.

I dashed into the bedroom, whipped off the skirt and pulled on my jeans. 침실로 뛰어들어가서 서츠를 벗고 청바지를 입었다.
Dressed as though headed out on an arctic expedition, I pulled on my gloves and headed out the door.

북극 탐험이라도 하려는 차림새로, 장갑을 끼고 문을 나섰다.

담배를 입에 대고 빨아대는 그림도 됩니다.

I pulled on the cigar and blew up rings.
시가를 흠뻑 빨아들였다 내뿜으며 도너츠 모양을 만들었다.

13 pull out 잡아당겨 밖으로 끌어내다

안에 있던 것을 잡아당겨 밖으로 끌어내는 그림에서 출발합니다.

Sandy stepped out of the elevator, pulled out her phone, and tried Jack again. 샌디는 엘리베이터에서 나와 핸드폰을 꺼내 들고 잭에게 다시 전화를 걸었다.

He turned to the table and pulled out a large chart, spreading it out for me. 탁자로 가서 커다란 차트를 꺼내서 내게 펼쳐 보였다.

Anderson came into the house. He pulled out his gun, and then started shooting. 앤더슨이 집으로 들어와서 총을 꺼내 들고 쏘기 시작했다.

Ray pulled out a sheet of paper and unfolded it.
레이가 종이 한 장을 꺼내 펼쳤다.

Judy pulled out her hand mirror and checked her make-up.
주디는 손거울을 꺼내 화장을 매만졌다.

I pulled out two $100 bills and paid the mechanic.
100달러짜리 지폐 두 장을 꺼내 수리공한테 줬다.

The wife told police that her husband pulled her out of bed by her hair, hit her several times in the hallway and pushed her down the stairs.
부인이 경찰에게 말하기를 남편이 머리채를 붙잡고 침대에서 끌어냈다는 거야. 그러더니 복도에서 몇 대 때리고 계단에서 밀어버렸대. (어디서 끌고 나오는지는 of로 나타낼 수 있습니다.)

When he pulled her suitcase out of her taxi, the latch broke and everything fell into the gutter.
택시에서 가방을 끌어냈더니 고리가 부서져서 안에 있던 게 몽땅 수채통에 빠져버렸다.

차를 끌어내 밖으로 나오는 그림도 됩니다.

> The other morning, I noticed a cricket hanging on to my driver's side window as I pulled out of the garage on my way to work. 얼마 전 아침에 출근하려고 주차장에서 차를 끌고 나오는데 운전석 창문에 귀뚜라미가 앉아 있는 걸 봤어.
>
> Dan stood watching helplessly as the train slowly pulled out of the station. With it went the love of his life, Sarah. 댄은 열차가 천천히 역을 떠나는 걸 바라볼 수밖에 없었다. 열차와 함께 평생 사랑인 사라도 떠나갔다.

인터넷에서 자료를 끌어내리듯(pull down) 끄집어낼 수도 있습니다.

> At first, I was totally at a loss, but soon jumped on the Internet and pulled out piles of information on prostate cancer.
> 처음에는 어쩔 줄 몰랐지만 곧바로 인터넷에 접속해서 전립선암에 대한 수많은 자료를 찾아냈지.

비유적으로 몸을 잡아당겨 빼거나 빠져나오는 그림이 될 수도 있습니다.

> The U.S. pulled out of the 1997 Kyoto Protocol agreement on global warming, ultimately signed by 178 other countries.
> 미국은 최종적으로 178개국이 서명한 지구 온난화에 대한 1997년 쿄토 의정서에서 탈퇴했다.
>
> He pulled out of the presidential race after spending $30 million of his own money. 자비 3,000만 달러를 쓰고 나서야 대통령 선거에서 후보 사퇴를 했다.
>
> Speculation that Sean Connery is retiring from acting has begun after the Scottish actor reportedly pulled out of his latest film project.
> 최근 영화 프로젝트를 포기했다는 보도가 나오면서 숀 코네리가 연기생활을 그만두는 게 아니냐는 추측이 돌기 시작했다.
>
> Any helpful suggestion that could pull me out of this mess will be appreciated. 이 어려움을 빗어나게 해줄 만한 제안이 있으면 고맙게 받아들이겠습니다.

군대를 빼면 철군하는 것이겠지요.

> We need to pull our troops out of the area. 그 지역에서 군대를 철수해야 됩니다.
>
> April 30, 1975. The fall of Saigon. Although American ground troops had

officially pulled out of Vietnam two years earlier, this day represents the end of the brutal war. 1975년 4월 30일. 사이공 함락. 미국 지상군은 공식적으로는 이보다 2년 전에 베트남에서 철수했지만 바로 이 날이 끔찍했던 전쟁의 종전일이다.

철군은 pull out을 명사로 써서 표현할 수 있습니다.

> The pull-out of Nigerian troops would be gradual.
> 나이지리아 군의 철수는 점진적으로 이뤄질 것이다.

14 pull over 잡아당겨 덮다

이불을 잡아당겨 얼굴을 덮는 그림에서 출발합니다.

> She smiled back at me and pulled her blanket over her head.
> 나한테 미소를 짓더니 담요로 다시 얼굴을 덮었다.
> I pulled my pillow over my head and clamped my hands to my ears to shut out the noise and go back to sleep.
> 소음을 차단하고 다시 잠들기 위해 베개로 얼굴을 덮고 두 손으로 귀를 막았다.

차를 끌고 약간 거리가 떨어진 곳으로 이동하는 그림도 됩니다.

> Would you just pull over and stop the car? 차를 길가에 대 주시겠습니까?
> Will you please pull over to the curb? 갓길에 차를 대 주실래요?

pull over만으로도 길가에 차를 대라는 말이 됩니다.

> Something's wrong with the car. I think we better pull over.
> 차가 좀 이상해. 차 세우는 게 좋겠어.
> FBI radioed the cops to pull over the suspicious car. FBI는 무전으로 경찰에게 수상한 차량을 멈춰 세우도록 했다. (누군가가 차를 세우도록 하는 그림입니다.)
> Rachel got pulled over for speeding. She forgot her license so now I have to bring it to her. 레이첼이 속도위반으로 경찰에 걸렸대. 면허증 안 가지고 갔다고 해서 지금 가져다 줘야 돼. (문맥만으로 경찰이 차를 세웠다는 그림을 그릴 수 있습니다.)

15 pull through 잡아당겨 뚫고 지나가다

뭔가 잡아당겨 어딘가를 관통해 끌고 가는 그림입니다. 바늘구멍을 통과하는 실을 떠올리면 이해하기 쉽지요.

Pull a string through the hole. Knot the end, so the string doesn't slip through the hole. 구멍을 통과해 줄을 잡아당기세요. 끝을 묶어 고리를 만들면 다시 구멍으로 빠져나가지 못하겠지요.

Installation of a wireless LAN is quick and easy; technicians are no longer needed to pull cables through the walls and ceilings, therefore saving you time and money. Just plug it in, and you're ready to go! 무선랜 설치는 빠르고 간단하다. 벽이나 천장을 뚫고 케이블을 설치하기 위해 기술자가 필요하지도 않기 때문에 시간과 돈을 절약할 수 있다. 무선랜을 끼우기만 하면 준비 끝!

비유적으로 어려움을 헤치고 나가는 그림이 가능합니다.

The doctor said there's a good chance that your father will pull through. 의사가 그러는데 아버지가 회복할 가능성이 크대.

질병이나 어려움을 긴 터널로 보면 됩니다. 그걸 어렵사리 낑낑대며 뚫고 지나가는 겁니다.

I am confident that despite the agony he's feeling right now, he will pull through this. 지금은 고통을 느끼겠지만 곧 극복할 수 있을 거라고 믿어.

I promise we're going to pull him through. 꼭 회복시킨다고 약속할게요. (극복하게 도와주는 입장에서는 잡아당기는 주체가 되지요.)

16 pull together
함께 잡아당기다 | 잡아당겨 한데 모으다

혼자가 아니라 함께 잡아당기면 훨씬 일이 수월하겠지요.

> I hope we are able to all pull together over the next few days until the rescue team arrives for us.
> 앞으로 며칠간 구조대가 올 때까지 우리 모두 힘을 합칠 수 있으면 좋겠네요.

부품을 한데 모아 완성품을 만드는 그림이 될 수도 있습니다.

> His strong management skills have really helped pull a powerful team together. 그 사람 강력한 관리 능력 덕분에 막강한 팀을 구성할 수 있었어.
> We need a leader who will pull a divided nation together.
> 분열된 나라를 하나로 만들어줄 지도자가 필요해.
> Having a theme helps pull a party together. You can decorate easily with a theme and play themed games.
> 주제를 선정하면 파티를 준비하는 데 도움이 된다. 주제가 있으면 장식하기도 편하고 해당 주제에 맞게 게임을 즐길 수도 있기 때문이다.
> I am trying to pull together a book on leadership.
> 리더십에 대한 책을 하나 쓰려고 하는 중이야.
> Pull ideas together from different sources and make them into your very own business idea.
> 다양한 소스를 통해 아이디어를 취합해서 자신만의 사업 아이디어를 만들어내야 한다.

비유적으로 정신이 흩어지면 제정신이 아닌 겁니다. 어려움이 있더라도 정신을 모아 집중을 해야 침착하게 사태에 대응할 수 있겠지요.

> Life is tough. Now you pull yourself together. You do whatever it takes.
> 삶은 고달픈 거야. 이제 정신 바짝 차리라구. 필요한 건 뭐든지 해야 돼.
> You've got to pull yourself together! Your wife can't see you like this!
> 정신 좀 차리라구! 니 마누라가 이런 꼴을 보면 안 되잖아!

Don't panic, man. I want you to take it easy. I want you to pull yourself together. 당황하지 말라구, 친구. 침착해. 정신 바짝 차리라구.

17 pull up 잡아당겨 바짝 다가가다 | 위로 잡아당기다

내렸던 바지를 잡아당겨 올리는 그림에서 출발합니다.

I flushed the urinal, pulled up my pants, and got out of the bathroom.
변기 물을 내리고 바지를 올린 다음 화장실을 나왔다.
I will pull up the dead grass and weeds from your lawn.
잔디밭에서 죽은 잔디랑 잡초 뽑아줄게.
When I fell, Judy took my hands and pulled me up.
내가 넘어졌을 때 주디가 손을 잡아 일으켜줬다.
Chris lay down on his bed. He pulled up the blanket and slipped the headphones over his ears. At least they blotted out the sound of the jet.
크리스는 침대에 누웠다. 담요를 끌어올리고 헤드폰으로 귀를 막았다. 그렇게 겨우 제트기 소음을 막았다.

가까워지는 것도 up이라고 했습니다.

She pulled me up to her and kissed me.
그녀는 나를 끌어당겨 키스를 했다.
Pull up a chair next to me.
의자 갖고 내 옆에 와서 앉아.
Why don't you pull up around the corner over there? 저 모퉁이 돌아서 세워줄래? (어딘가 가까이 다가가서 차를 세우는 그림입니다.)
Judy, will you pull up in front of that drugstore? I have to get something.
주디, 저 약국 앞에서 세워줄래? 뭐 좀 살 게 있어.

I turned my car into the parking lot. Jackie was there parked in her car. I pulled up behind her, got out, and rapped on her window. 주차장으로 차를 돌려 들어갔다. 재키가 차 안에 앉아 있었다. 바로 뒤에 차를 대고 창문을 두드렸다.

우물에서 물을 퍼올리듯 보관해뒀던 자료 등을 뽑아 올리는 그림도 됩니다.

Chloe, I want you to pull up all the surveillance tape from every exit in this building. I want you to focus on the last 10 minutes.
클로이, 이 건물 모든 출구 감시카메라 기록 좀 뽑아줘. 최근 10분에 초점을 맞추라구.

Keying into the cell phone's menu, Fache pulled up the list of recently dialed numbers and found the call Langdon had placed.
파쉬는 핸드폰 메뉴로 들어가서 최근 통화목록을 뽑아내 랭던이 걸었던 통화내역을 찾아냈다.

– *The Da Vinci Code (Dan Brown)*

Are you near a computer? I was pulling up an article on my laptop, but it crashed. Would you please go to the website and pull it up for me?
지금 컴퓨터 근처에 있어? 노트북으로 기사 하나를 뽑아보려고 했는데 컴퓨터가 죽어버렸어. 그 웹 사이트에 가서 기사 좀 뽑아줄래?

멱살을 잡고 사람을 들어올려 다그치는 그림도 가능합니다. 비유적으로 혼을 낸다는 말이지요.

My teacher pulled me up on every little thing I did wrong.
아무리 사소한 것이라도 잘못한 게 있으면 선생님은 날 혼냈다.

01 pull strings

여기서 말하는 줄은 인형놀이 할 때 인형에 연결해서 조정을 하는 줄을 말합니다. 비유적으로 영향력을 행사하는 것이지요. 우리말로 '빽 쓴다'에 해당합니다.

Puppeteers pull strings to please their audience.
인형극 하는 사람들은 줄을 잡아당겨 관객을 즐겁게 한다.

I'll call Marvin in a few hours. He can call his brother, a district attorney. Maybe he can pull some strings with the police. We have to prevent Jack from being arrested. 몇 시간 있다 마빈한테 전화할게. 걔가 검사인 형한테 전화해줄 거야. 그 형이 경찰에 힘을 써줄 수 있을지 몰라. 잭이 구속되는 건 막아야 돼.

The minister admitted he pulled strings to get his son into college.
장관은 아들을 대학에 보내려고 영향력을 행사했음을 인정했다.

Could you pull some strings with your buddies on Wall Street and get us a few shares of the company?
월 가에 있는 친구들한테 빽 좀 써서 그 회사 주식 좀 사게 해줄 수 없어?

02 pull one's weight

자기 몸무게는 자기가 지탱하는 걸 말합니다. 제 몫을 다하는 것이지요.

It's absurd that a group member who hasn't pulled his weight on your

project team gets the same grade as the rest of the team members.
프로젝트 할 때 제 몫을 다하지 않은 멤버가 다른 사람들이랑 똑같은 점수를 받는 건 말이 안돼.
I learned at a very early age that the most important thing is to be independent and to pull my own weight economically. 아주 어렸을 때 이미 독립을 해서 경제적으로 내 몫을 하며 사는 게 가장 중요하다는 걸 깨달았다.

03 pull rank

원래 군대에서 쓰는 말로 계급을 들이미는 겁니다. 우리나라 군대 속어에 '계급이 깡패' 라는 말이 있지요. 군대에서는 계급을 가장 먼저 따지니까요.

I hate to pull rank, but I'm ordering you to go.
계급 따지는 건 싫지만 가라고 명령할 수밖에.
You heard me. Don't make me pull rank on you, kid.
내가 하는 말 들었잖아. 계급 들먹이게 만들지 마, 임마.

04 pull one's leg

간단히 장난을 치는 그림입니다. 가만 있는 사람 다리를 잡아당기는 그림이지요.

I know he was pulling my leg all this time, but I didn't want to spoil it for him so I played along. 그 녀석이 내내 장난치는 건 줄 알긴 했지만 재미없을까봐 계속 놀아줬지.

특히 상대방이 하는 말이 믿기지 않을 때 놀리는 거 아니냐고 되묻는 표현으로 쓰기도 합니다.

You will give me a job? Are you pulling my leg?
나한테 일자리를 주겠다구? 나 놀리는 거 아니지?

05 pull a fast one

pull a trick에 해당합니다. 별 부담없이 쓸 수 있는 구어체 표현입니다.

Michael pulled a fast one on us and we fell for it.
마이클이 '뻥끼'를 쳐서 우리가 속아넘어갔지.

When architect Sir Christopher Wren designed the interior of Windsor Town Hall near London in 1689, he built a ceiling supported by pillars. After the city authorities had inspected the finished building, they decided the ceiling would not stay up and ordered Wren to put in some more pillars. England's greatest architect didn't think the ceiling needed any more support, so he pulled a fast one. He added four pillars that did not do anything — they don't even reach the ceiling. The optical illusion fooled the municipal authorities, and today the four sham pillars amuse many a tourist.

건축가 크리스토퍼 렌 경이 1689년 윈저 타운 홀 내부를 설계했을 때 그는 4개의 기둥으로 천장을 받치도록 했다. 시 당국이 완공된 건물을 보고 그 기둥만으로 천장을 지탱할 수 없을 것으로 판단해 렌에게 기둥을 더 설치하라고 지시했다. 영국 최고의 건축가인 그는 천장에 더 이상 지지물이 필요치 않다고 생각해 눈가리고 아웅하는 전략을 썼다. 아무 쓸모없는 4개의 기둥을 추가한 거다. 이 기둥들은 천장에 닿지도 않는다. 이런 착시현상은 시 당국자들을 속여 넘겼고 오늘날 4개의 가짜 기둥은 관광객들의 눈요깃감이 됐다.

06 pull an attitude

pull a trick, pull a stunt, pull a fast one과 같은 그림에서 출발하는 구어체 표현입니다. attitude는 그냥 '태도'가 아니라 건방진 태도를 말하지만, 단순히 건방지다고 하기엔 부족하고 자기 나름대로 소신을 가지고 누가 뭐라 하든 폼을 잡는 건데 남이 보기에는 '짝다리(?) 짚고 서 있는 모습'으로 비춰지기 일쑤지요.

If you pull an attitude, you will only make things worse on yourself.
건방지게 굴면 상황이 너한테 불리해져.
Are you trying to pull an attitude with me? 너 지금 나한테 건방떠는 거냐?

실제로 어떻게 건방을 떠는지 나타내줄 수도 있습니다.

I am always nice to people and I hate it when people pull an attitude that they're better.
난 사람들한테 늘 잘하는데 지들은 나보다 낫다는 듯 으스대는 거 보면 짜증나.
How dare he pull an attitude like he was some kind of a gangster.
어디서 지가 무슨 갱이라도 되는 것처럼 건방떨고 난리야.

07 pull the rug out from under someone[something]

사람이 카펫 위에 서 있는데 그걸 당겨보세요. 자빠집니다. 느닷없이 당한다는 뉘앙스도 강합니다.

Everything seemed great, then Linda pulled the rug out from under our relationship. 모든 게 다 잘 돼가는가 싶었는데 린다가 느닷없이 우리 관계를 끝내버렸지.
I needed the extra bit of money to tide me over but by stopping it they pulled the rug out from under me, in effect putting a stop to my business. 난관을 헤쳐나가려면 돈이 더 필요했지만, 돈줄을 막아 나를 무너뜨렸어. 결국 내 사업 자체를 파산시킨 거다.
Halfway through the novel, the author pulled the rug out from under his own novel by revealing that the whole story and its characters were all nothing more than a dream. 소설 중반쯤 가면 저자가 전체 내용뿐 아니라 등장인물도 모두 꿈에 불과했다는 걸 드러내면서 자기 소설을 망가뜨리지.

08 pull up stakes

옛날에 말뚝을 박아 영역 표시를 한 데서 비롯된 말입니다. 이 말뚝을 잡아당겨 뽑아버리면 그 곳을 떠나는 겁니다.

> The government says each year about one-and-a-half million U.S. households pull up stakes and move.
> 정부에 따르면 매년 150만 미국 가구가 이사를 한다고 한다.
> In the 1990s, many American companies pulled up stakes and moved to lower-wage countries.
> 1990년대에 많은 미국 기업들이 짐을 싸서 저임금 국가에 둥지를 틀었다.

09 pull the wool over one's eyes

이불을 잡아당겨 누군가의 눈을 가리면 아무것도 못 보겠지요. 속이는 겁니다.

> Lynne pulled the wool over all our eyes, and I, for one, feel like a complete fool. 린이 우리 모두를 속인 거야. 나만 해도 완전히 바보가 된 기분이라구.
> As most people in the country are workers I could never understand how Bush succeeds in getting many votes. Either they've successfully pulled the wool over most voters' eyes or most voters aren't too bright. 이 나라 대부분 사람들이 근로자인데 어떻게 부시가 그렇게 많은 표를 얻는지 이해할 수가 없어. 유권자 눈을 가리는 데 성공한 것이거나 대부분 유권자들이 그다지 똑똑하지 못해서일 게야.

> For years now companies have pulled the wool over Congress's eyes telling them they need these foreign workers because technical people here "don't have the skills we need." 수년 동안 기업들은 미국 내에는 "자신들이 원하는 기술을 가진 기술 인력이 없기 때문에" 외국인 노동자들이 필요하다고 의회를 속여왔다.

* hold 한 번 잡으면 놓지 않는다!

어린 아이가 어제 엄마를 따라 시장에 갔다가 엄마를 잃어버려 호되게 고생을 했습니다. 오늘은 엄마 손을 꼭 붙잡고 다닙니다. — 한 번 잡으면 놓지 않는 hold 의 그림입니다.

비틀즈의 노래 중에 "I wanna hold your hand!"라는 곡이 있지요. hold 의 그림을 참 잘 그려줍니다. 사랑하는 사람을 보면 손을 잡고 싶지요. 너무 좋아서 손을 꼭 잡으면 놓고 싶지 않습니다. 꼭 잡은 다음 놓고 싶지 않은 그 사람의 손… 바로 hold 의 기본 그림입니다. hold는 단순히 잡는 행위에서 한 발 더 나아가 잡은 상태를 유지한다는 그림입니다. 그래서 잡는 행위뿐 아니라 have처럼 소유할 수도 있고 어떤 상태를 유지할 수도 있습니다. 언제나 그렇듯이 보이는 것만 hold 할 수 있는 게 아니라 보이지 않는 추상적인 것도 hold 할 수 있습니다. 믿음도 잡고 놓지 않을 수 있어서 hold a belief 같은 말을 쓰게 됩니다. hold 와 앞으로 살펴볼 keep은 문맥보다는 그 사용 형태가 더 유사한 경우입니다. 사촌에 가깝기 때문에 hold 의 문장 유형을 눈여겨 보면 keep의 문장 유형과 유사하다는 걸 느낄 수 있습니다.

기본 형태

자동사와 타동사 모두 사용합니다. 타동사는 쉽게 이해할 수 있습니다. 잡으면 잡히는 게 있어야 하니까요.

　　He held me by the hand. 내 손을 잡았다.

잡고 있는 상태를 표현할 수도 있습니다. keep과 뉘앙스만 다르고 유형이 같습니다.

　　Hold him still. 못 움직이게 잡아.
　　Keep him still. 계속 못 움직이게 해.

자동사로 사용될 때는 주어가 잡혀 있는 상태를 유지하는 그림입니다. keep 역시 비슷한 유형이 있습니다.

　　Your lies won't hold. 니 거짓말 들통날 거야.
　　The milk will keep. 우유가 신선한 상태를 유지할 거야.

거짓말의 효과가 유지되는 상태를 hold로 그려주는 겁니다. 자동사는 '붙잡고 늘어져서 버티는' 그림을 그리면 이해하기 쉽습니다.

 01 신발끈 매는 동안 가방 좀 들어줄래?

가장 기본적인 hold의 그림입니다. 꼭 붙잡고 놓지 않는 거지요. 잡고 있는 상태를 '유지한다'는 걸 잊지 마세요. 우리말로는 '들어줄래?' 라고 했지만 사실은 가방 좀 바닥에 떨어지지 않게 붙잡고 있어줄래? 의 의미입니다.

A-ha! moment

> Would you hold my hand If I saw you in heaven?
> 천국에서 널 만난다면 내 손을 잡아주겠니?　　— Tears in Heaven sung by Eric Clapton

Eric Clapton이 사고로 죽은 아들을 그리워하며 부른 노래입니다. 천국에서 죽은 아들을 만나면 얼마나 손을 잡고 놓고 싶지 않을지 느껴보세요.

> Hold the floss tightly against the tooth. Gently rub the side of the tooth, moving the floss away from the gum with up and down motions.
> 치실을 치아에 바짝 갖다 댑니다. 잇몸을 기준으로 아래위로 움직이면서 치아 측면을 부드럽게 문지르세요.

> I purposely try to position myself so that I can't see anyone approaching. Why? Because I hate to hold the elevator for anyone.
> 다가오는 사람을 볼 수 없도록 자세를 잡고 선다. 왜냐구? 난 엘리베이터 잡고 누구 기다려주는 거 싫거든.

Would you hold my briefcase for a moment while I tie my shoelaces?

엘리베이터 타러 갔는데 문이 닫힐 때 우린 "같이 가요!", "잠깐만요!"라고 외칩니다. 영어로도 간단히 Wait!할 수 있지만 흔히 Hold the elevator (for me)!라고 합니다. 엘리베이터 움직이지 않게 꼭 붙들고 있어달라는 거지요.

I'll have a Double Whopper, hold the onions, and a large Sprite.
더블와퍼 양파 빼고 하나하구요, 스프라이트 큰 거 하나 주세요.

햄버거 가게에 가서 하는 말입니다. 여기서 hold the onions 역시 양파를 꼭 붙들어두고 넣지 말라는 겁니다. 구어체 표현으로 음식물에서 뭔가 빼달라고 할 때 잘 씁니다.

What holds you from dating another woman?
왜 다른 여자랑은 데이트를 못하는 건데? (from 이하의 행동을 하지 못하도록 꽉 붙들고 있는 그림을 그려야 합니다.)

Bundy held his card against the door and it buzzed open. 번디가 문에 카드를 대자 삐 소리가 나며 문이 열렸다.

 철문을 고정시키고 있는 나사를 모두 풀었다.

꼭 붙잡고 놓지 않는 그림을 가장 쉽게 그려주는 예문입니다. 현재의 상태를 유지한다는 느낌이 강합니다. 그래서 still, steady, in place, up, down, open 등 붙잡았을 때의 상태를 나타내는 말이 뒤따라오는 경우가 많습니다. 여기서는

철문이 지금의 위치에서 벗어나지 않는 상태(in place)를 꼭 붙들어서 유지한다는 말이지요. keep과 바꿔써도 대부분 문제가 없는 문맥입니다. in만큼 상태를 잘 표현해주는 전치사도 없겠지요. 상태 역시 공간이니까요.

> His dazzling speech skills hold me in awe.
> 그 사람 현란한 말솜씨는 경외롭기까지 하다니까.

문맥상 현 상태를 유지할 수도 있습니다. 전화를 거는 상황이라면 기다려달라는 것이지요.

> I asked the caller: "Would you please hold while I get that information?"
> 전화 건 사람에게 말했다. "요청하신 정보를 찾는 동안 잠시만 기다려주시겠어요?"

형용사로 상태를 나타내는 건 더 쉽습니다.

> Most analysts believe that interest rates will hold steady at 4% over the next three months.
> 전문가들은 대부분 향후 3개월 동안 금리가 4%대에 머물 것으로 믿고 있다.
> Hold still! 움직이지 마! / 꼼짝 마!
> The guard held open the lobby door for me.
> 내가 나가는 동안 경비원이 문을 잡아주었다.
> I will hold you responsible for any damage caused by your friends.
> 니 친구들이 말썽 피우면 너한테 책임 물을 줄 알아.

문이 열려 있는 상태로 잡고 있는 것처럼 사람을 책임이 있는 상태로 붙잡아두는 그림도 되겠지요.

명사가 잡혀 있는 상태를 나타낼 수도 있습니다.

> We were held hostage by bank robbers for three days!
> 은행 강도들한테 3일 동안이나 인질로 잡혀 있었다구!
> To hold your reservation for more than a week, you need a deposit of $300. 1주일 이상 예약이 취소되지 않게 하려면 300달러를 예치해야 합니다.

I removed all the screws that held the metal door in place.

By law police are allowed to hold a suspect for 48 hours without bringing charges. 법에 따라 경찰은 구속영장 신청 없이 48시간 동안 강제 구금할 수 있다.

hold 03 그 사람이 회사 지분 51%를 갖고 있어.

꼭 붙잡고 놓지 않으면 내 것이 됩니다. 그래서 hold는 '소유'의 그림을 갖지요. have의 자손이니 당연한 겁니다.

> Many suspected that weapons of mass destruction were held at various sites in Iraq.
> 이라크 여러 곳에 대량 살상무기가 숨겨져 있을 것이라고 믿는 이들이 많았다.
> Lost items will be held for two weeks; after that time, all unclaimed items will be donated to a charitable organization. 분실물은 2주 동안만 보관합니다. 2주가 지나도록 찾아가지 않는 물건은 자선 단체에 기부합니다.

물질적인 것만 갖는 것이 아니라 추상적인 개념도 가질 수 있겠지요. 능력이나 기록도 가질 수 있습니다.

> Tom is not competent enough to hold the post of a director.
> 톰은 이사직을 수행할 만한 능력이 없어.
> He holds the Guinness record for eating the most Big Macs in one sitting. 쟤는 앉은 자리에서 빅맥 많이 먹기 기네스 기록 보유자야.

생각이나 믿음을 가질 수도 있지요.

> I haven't talked to her for several years, so I don't know if she still holds that absurd view on women's rights. 몇 년 동안 얘길 안 해봐서 그 여자가 여성의 권리에 대해 아직도 그런 터무니없는 생각을 하고 있는지는 모르겠군.
> Most terrorists hold the mistaken belief that their attacks will have an impact on America's resolve. 대부분의 테러분자들은 그들의 공격으로 미국의 의지를 꺾을 수 있을 것이라는 잘못된 믿음을 갖고 있다.

He holds a 51 percent share of the company.

view나 belief 등을 써서 명시하지 않더라도 문맥만으로 생각을 갖게 할 수 있습니다.

> It is widely held that parents play a significant role in encouraging students to learn a foreign language.
> 학생들이 외국어를 배우도록 하는 데 부모의 역할이 중요하다고 믿는 이들이 많다.
>
> The author of the book held that women live longer because they are less stressed, or they can react to stress more effectively than men.
> 책의 저자는 여자가 남자보다 오래 사는 이유가 스트레스를 덜 받거나 스트레스에 더 효율적으로 대처하기 때문이라고 주장했다.
>
> A quick scan of a newspaper will reveal that in America we really don't hold it to be true that all men are created equal.
> 신문을 슬쩍 훑어보기만 해도 미국인들은 만인이 평등하다는 말을 믿지 않는다는 걸 알 수 있지.

 다음 주에 회의를 가질 겁니다.

일정을 잡아놓는 그림입니다. 그래야 일정이 움직이지 않고 제자리를 지키겠지요.

> Intel will hold its fourth quarter earnings conference call next week.
> 인텔은 다음 주 4/4분기 실적 발표를 위한 기업 설명회를 갖는다.

conference call은 원래 '전화회의'란 뜻으로 임원 등 회사 관계자가 기관 투자가나 애널리스트 등을 대상으로 정해진 시간에 전화 또는 화상을 통해 회사 현황 등을 설명하고 질문에 답변하는 기업 설명회의 한 형식입니다. 다음 예문에서 a meeting만 a conference, a demonstration, an election, an inquiry, a rally, a referendum, a seminar, talks로 바꿔가며 읽어보세요.

> We will hold a meeting soon. 곧 모임을 가질 것이다.

날짜를 정해 시행하는 행사는 모두 일정을 잡을 수 있습니다.

We're holding a conference next week.

hold 05 그들의 공격이 거듭됐지만 우린 매번 버텨냈다.

꼭 쥐고 놓지 않는 그림으로 '버티는 상황'을 나타냅니다. 바닥은 버티지 못하면 꺼집니다.

Don't jump on the floor. It won't hold. 뛰지 마. 바닥이 꺼질 거야.

올가미는 버티지 못하면 풀어지지요.

The knot on the noose didn't hold and Bill crashed to the ground smashing his head on the table.
올가미 매듭이 풀려서 빌이 바닥으로 떨어지며 테이블에 머리를 부딪혔다.

접착제야 당연히 붙들고 늘어져야 하구요.

This new adhesive holds firmly and yet allows for removal or repositioning of the materials bonded. 이 새 접착제는 접착력도 우수하지만 접착한 물건을 다시 떼내거나 접착 위치를 바꿀 수도 있습니다.

날씨가 버티면 현재 상태가 꾸준히 유지되는 겁니다.

A-ha! moment

Captain Murphy : We've got three days to fix it. That's if the weather holds.
Ferriman : Why can't we tow it like it is?
Santos : It'd be like towing a 57 Cadillac with four flat tires.

머피 선장 : 선체를 고치는 데 3일밖에 시간이 없어. 그것도 날씨가 버텨준다면 말야.
페리맨 : 저대로 끌고 가면 안 되요?
산토스 : 펑크난 57년형 캐딜락을 견인하는 거랑 다를 바 없겠지.   – *Ghost Ship*

바다 한가운데서 보물이 가득한 유령선을 발견했는데 선체에 구멍이 뚫려서 수리하지 않으면 끌고 갈 수 없는 상황입니다. 캐딜락은 크고 무거운 차인데

Again and again they charged, but each time we held.

57년형 캐딜락은 차체도 낮아서 타이어가 몽땅 구멍이 났다면 견인 불가지요. 운이 못 버티면 나빠지는 것이겠지요.

> Your luck won't hold forever, dude. Sooner or later, your father will find out what you've done.
> 임마, 마르고 닳도록 운이 좋진 못할 거다. 아버지가 니가 한 짓 곧 알게 될 거야.

제안이나 계약 따위도 마찬가집니다.

> My offer still holds: Give me what I want and I give you what you want.
> 아직 내 제안은 유효하네. 내가 원하는 걸 주면 자네가 원하는 걸 주지.

 성인 몇 명의 무게도 버틸 만큼 밧줄이 튼튼하다.

버티는 그림의 연장선에 있습니다. 몇 명이 매달릴 만큼 튼튼하다는 것이나 그래도 안 끊어진다는 것이나 결국 같은 그림입니다. 수용 능력 등의 그림도 버티는 거라는 말이지요.

The rope is strong enough to hold the weight of several adults.

> The auditorium can hold 400 if chairs are set up theater style.
> 극장식으로 좌석을 배치하면 이 강당에 400명도 들어가.

> A DVD may hold more than two hours of high-quality video with Dolby Digital sound. DVD
> DVD 한 장에 두 시간이 넘는 고화질 동영상이랑 돌비 디지털 음향을 담을 수 있지.

hold 07 난 그녀를 잡았던 손을 놓고 뒤로 물러났다.

명사형으로 쓰는 hold는 예문에서처럼 잡는 행위에서 출발합니다. 손아귀로 꽉 쥐고 있는 그림을 그리면 됩니다.

I felt as if someone had a tight hold on my lungs and was violently squeezing every last ounce of air out of them. 누군가가 내 허파를 꼭 붙들고 우악스럽게 마지막 남은 공기 한 방울까지 쥐어짜는 것처럼 느껴졌다.

붙잡을 수 있는 대상을 뜻하기도 합니다. 꼭 손으로 잡는 것만 hold가 아니고 버티고 서 있을 곳도 hold입니다.

He tried to find a hold on the wall but couldn't find one.
벽에 붙잡을 곳을 찾았으나 찾지 못했다.
When I parked my car under the tree I heard what sounded like feet struggling to find a hold on the roof.
나무 밑에 차를 주차했더니 지붕에서 발디딜 곳 찾는 듯한 소리가 나더라구.

비유적으로 사용할 수도 있습니다.

Fear cannot find a hold in our minds.
공포는 우리 마음 속에 자리잡지 못할 겁니다.

I loosened my hold on her and backed away.

 ## 영어로 말해보기

1. 앞자리(the front seat)에 아기를 안고 타지 마세요.
2. 가방을 겨드랑이에 낀 채 황급히 방을 나왔다.
3. 소크라테스(Socrates)는 자신은 물론 그 누구도 남에게 자기 의견을 강요할 권리가 없다고 믿었다.
4. 정부는 이 비극적인 사건(tragic incident)을 그다지 중요하게 여기지 않는 것 같다.
5. 다음 달에 선거가 열릴 예정이다.
6. 날씨가 계속 좋아서 다음 날 아침 소풍을 갈 수 있었다.
7. 이 물탱크 몇 리터(liter)나 담을 수 있어요?
8. 정부는 방송(broadcasting)을 장악하고 있다.

 모범답안

1. Never hold a baby in your arms in the front seat.
2. He rushed out of the room holding the bag under his arm.
3. Socrates held that neither he nor anyone else had the right to force opinions on others.
4. The government doesn't seem to hold this tragic incident to be of any significance.
5. We will hold an election next month.
6. The good weather held and I was able to go on a picnic the following morning.
7. How much can this water tank hold in liters?
8. The government maintains a tight hold on broadcasting.

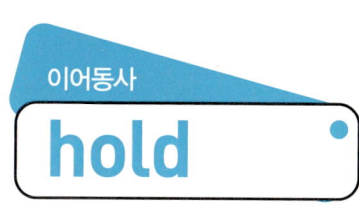

이어동사
hold

hold의 조상은 have라는 데서 착안해 have의 이어동사에 꼭 붙잡고 있는 그림을 추가해 이해하면 됩니다. keep과 사촌관계라 문맥도 서로 유사한 것이 많고 유형이 비슷하기 때문에 각 전치사별로 둘을 비교해가며 익히는 것이 좋습니다.

01 hold against 잡고 갖다대다

You need to hold your hand against the bandage. 손으로 붕대를 꼭 누르세요.

손을 잡고 붕대에 대고 있어서 떨어지지 않게 하는 그림입니다.

When I first saw her, I held my hand against my heart and felt it beating like crazy. 그 여자 처음 봤을 때 심장에 손을 대보니 미친 듯이 뛰더라구.
Hold your hand against your face like this to say someone's on the phone. 전화왔다고 알려주려면 얼굴에 손을 가져다 대고 전화하는 시늉을 하라구.
I held my gun against his head and pulled the trigger. 총을 그의 머리에 대고 방아쇠를 당겼다.

hold하는 행위가 뭔가에 반대의 힘을 가하기 위한 것일 수도 있습니다.

Robocop is a cop who will never hold a strike against the police force, never take a bribe, and never become corrupt in any way. 로보캅은 경찰에 해가 되는 파업을 하는 일도 없고 뇌물을 받는 일도 없고 절대 부패하지 않을 경찰이다.

누군가 나한테 반대되는(against) 감정을 갖는다면(hold) 나쁜 감정을 품는 것입니다.

Will you hold it against me if I don't come to your party?
내가 니 파티 안 가면 기분 나빠할 거야?
I hate this war but I don't hold it against the soldiers who participate because they have to. 이 전쟁을 혐오하지만 자기들도 어쩔 수 없어서 전쟁에 참여한 건데 병사들에게 앙심을 품고 있지는 않다.
She slowly reached out her hand and hoped he wouldn't hold this incident against her.
그녀는 조심스레 손을 내밀었다. 그가 이번 일로 자신에게 악감정을 품지 않길 바라면서.

02 hold at 한 지점에 잡아두다 | 특정 부분을 잡다

at은 콕 짚어 한 점이라고 했습니다. 그 지점을 잡거나 그 지점에 붙들어두는 그림입니다.

When drying your car, hold the towel at both ends and drape it over the wet surface. Pull it over the surface toward you.
차의 물기를 닦을 때는 수건 양쪽 끝을 잡고 젖은 표면 위에 넓게 펼쳐. 그리고 니 쪽으로 당기면 돼. (잡는 곳이 끝 부분이라는 걸 나타내는 경우입니다.)

When you begin to develop far-sightedness, you might need to hold a book at greater distances to bring fine print into focus.
원시가 되면 깨알 같은 글씨를 선명하게 보려면 일정 거리를 두고 책을 들고 있어야 할 때도 있다. (이번에는 한 지점에 잡아두는 그림입니다. 거리를 두고 그 지점에 묶어두는 것이지요.)

Flatten your hands against the dumbbell and hold it at arm's length over your chest. 아령에 손을 평평하게 펴서 댄 다음 가슴 위에서 팔 길이만큼 떨어뜨린다.
Many times we push away those we truly care about because of some behavior and we hold them at arm's length as though we are to "punish" them.
우리는 어떤 행동 때문에 우리가 정말 아끼는 사람들을 밀어내고 마치 '처벌'이라도 하듯 배척하기까지 할 때가 많다.

> hold someone at arm's length는 비유적으로 인간관계에서 거리를 둔다는 의미입니다.

He held the box at an angle so I had no idea what it contained.
상자를 내용물이 보이지 않는 각도로 잡고 있어서 뭐가 담겨 있는지 알지 못했다.
Hold a mirror at the child's eye level and encourage him to speak up.
아이 눈높이에 맞춰 거울을 들고 큰 소리로 말하도록 격려한다.
I wanted to run but his gun held me at bay.
도망가고 싶었지만 총으로 나를 꼼짝 못하게 했다.
We climbed up the mountain and held the attackers at bay throwing stones at them. 산으로 올라가 돌을 던져 공격하는 자들을 꼼짝 못하게 했다.

bay란 움푹 들어간 해안으로 이곳에 잡아 두면 꼼짝 못하겠지요. 여기서 유래한 관용표현입니다.

03 hold back 뒤로 잡아끌다

앞으로 나가지 못하게 뒤로 잡아끄는 그림을 그려야 합니다. 달리는 차가 급정거를 하면 아이들이 앞으로 튀어나가겠지요. 앞으로 나가지 못하도록 뒤로 잡아끄는 그림입니다.

When she hit her brake, she put her hand out to hold back her kids.
브레이크를 밟을 때 손을 내밀어 아이들을 붙잡았다.
When I saw him, I couldn't hold back the tears.
그를 봤을 때 눈물을 참을 수가 없었다. (감정이나 눈물이 진행되면 밖으로 표현되는 것이지요. 이걸 나가지 못하게 막으면 참는 그림이 됩니다.)
You don't hold back love. 사랑은 참는 게 아니야.
He won't let injury hold him back.
다쳤다고 가만히 있을 사람이 아니야.

비유적으로도 앞으로 나가지 못하도록 막는 그림이 됩니다.

Our business is still being held back by red tape.
관료주의 때문에 사업이 진척이 없다.

어떤 행동을 하지 못하도록 막는 그림일 수도 있습니다. 달려나가려는데 뒤에서 잡아끄는 그림이니까요. 못하게

막는 행동은 어디서 끌려오는지 출발지를 나타내야 하니까 from을 쓰면 되겠지요.

You should be able to hold yourself back from overeating in order to lose weight. 살을 빼려면 과식을 자제할 수 있어야 한다.
About 17 percent of black and Latino students were held back during the last school year. 약 17%의 흑인 및 라틴계 학생들이 지난 학년에 유급을 당했다. (학생을 앞으로 가지 못하게 잡아놓으면 유급당하는 게 됩니다.)

04 hold by 어딘가 잡다 | 옆에서 잡고 있다

잡는 위치를 나타낼 수 있습니다.

I held her by the waist, looked into her eyes and kissed her lips.
그녀의 허리를 붙잡고 눈을 바라본 다음 입을 맞췄다.
As your child sits on the bike, hold him by the shoulders and ask him to balance the bike.
아이가 자전거에 앉을 때 어깨를 붙잡고 자전거 균형을 잡으라고 일러준다.
I held the kid by his neck against the tree and screamed, "Where is my money?" 아이의 목을 잡아 나무에 몰아붙이고 소리쳤다. "내 돈 어딨어?"

잡고 옆에서 버티는 그림도 됩니다.

I still hold by what I said. 내가 한 말 여전히 유효하네.
I hold by what my parents taught me: That if you're not ready to have a baby, you're not ready to get married. 난 여전히 부모님이 가르쳐 준 걸 믿어. 아이를 가질 준비가 돼 있지 않으면 결혼할 준비도 돼 있지 않다는 걸 말이야.
It's not easy to hold by your values all the time, but you never seem to sacrifice them — not for anything, and that is truly admirable.
자신의 가치관을 늘 고수한다는 게 쉽지 않을 텐데 당신은 절대 그걸 희생시키는 일이 없군요. 무슨 일이 있어도. 정말 놀랍습니다.

05 hold down 잡아서 끌어내리다

일어나지 못하도록 잡아 누르거나 끌어내리는 그림입니다.

I try to sit up, but he holds me down with his hands.
일어서려고 해도 손으로 잡아 눌렀다.

아예 잡아 눕히는 경우도 있습니다. 제압을 하는 거지요.

The suspect was very big and it took four officers to hold him down.
용의자는 덩치가 커서 제압하는 데 네 명의 경관이 달라붙었다.

We had no anesthetic, so we decided we would hold the man down while the operation was being performed.
마취제가 없어서 수술을 하는 동안 남자를 움직이지 못하게 잡고 있기로 했다.

비유적으로 수치가 올라가지 못하도록 잡아 내리는 것도 가능합니다.

Small businesses have tried for many years to hold down the cost of health care. 몇 년 동안 소규모 기업들은 의료보험 비용을 줄이려고 애썼다.

성장을 막는 그림이 될 수도 있지요.

We strongly believe that a national conference aimed at addressing critical issues that have held down our country since independence is imperative.
독립 이후 국가 발전을 저해해온 중요한 문제를 다룰 국민회의가 필요하다고 굳게 믿습니다.

06 hold in 안으로 잡아당기다

안으로 잡아당겨 그 상태를 유지하는 그림입니다.

> Always hold your stomach in when you walk. 언제나 배를 집어넣고 걸으세요.
> Keep your chest out and hold your chin in. 가슴을 앞으로 빼고 턱은 당겨.

07 hold off 잡아서 떼어놓다

잡아서 분리시키는 그림입니다.

> I tried to hold the dog off him, but he got loose and attacked again.
> 개를 떨어뜨리려고 애썼지만 놓쳐서 다시 공격했다.

아예 다가오지 못하도록 하는 그림일 수도 있겠지요.

> I told my men to try and hold the rebels off but it was no use. We were overrun. 부하들에게 반군을 저지하라고 명령했지만 소용없었다. 점령당하고 말았다.
> The gunmen managed to hold off the police for about eight hours and plenty, plenty shots were fired.
> 총잡이들은 경찰을 여덟 시간이나 저지했고 수없이 많은 총탄이 발사됐다.

뚝 떨어뜨려놓는 그림일 수도 있습니다. 뭔가 미루는 것이지요.

> You might want to hold off meeting Jenny for a while. She's still mad at you. 제니 당분간 안 만나는 게 좋을 거야. 아직도 화나 있어.
> Being forced to hold off going to the toilet on a regular basis could be linked to a high incidence of prostate problems among bus drivers.
> 버스 기사들 사이에 전립선 질병 발병률이 높은 이유는 정기적으로 화장실 가는 걸 어쩔 수 없이 미뤄야 하기 때문인지도 모른다.
> I'll hold off killing you until I'm sure it's what my boss wants. 정말 두목이 원하는 일인지 확인할 때까지는 죽이지 않겠다.

08 hold on (to) 꼭 붙들다

떨어지지 않으려고(on) 붙들고 있는 그림입니다.

Please hold on. I'll put you through. 잠깐 기다리세요. 연결해드리겠습니다.
If you feel unbalanced, hold on to the mane and grip with your knees.
(말을 탈 때) 균형을 잃으면 갈기를 붙잡고 무릎을 꼭 붙입니다.
We gotta hold on to what we've got. It doesn't make a difference if we make it or not. We've got each other and that's a lot for love. We'll give it a shot!
우리가 가진 걸 잃지 않으면 돼. 해내든 못 해내든 그건 중요한 게 아냐. 우린 서로가 있잖아. 사랑은 그거면 충분하다구. 한번 해보는 거야!
— Living on a Prayer sung by Bon Jovi
Hold on to your dream, however hard it may seem.
아무리 힘들어도 꿈을 버리면 안 돼.
You should hold on to the traditions that we have made.
우리가 일궈놓은 전통을 지켜야 돼.

전화를 끊지 말고 기다리라고 할 때도 연결된 상태를 유지하는 것이기 때문에 on 이지요.

가난하지만 예쁘게 사는 한 커플의 사랑 노래지요. 꼭 붙들고(hold on to) 있는 그림은 이렇게 그리면 됩니다.

09 hold out 밖으로 잡아 끌어내다

잡아서 외부로 끌어내놓는 그림입니다.

Lift your leg and hold it out straight. 다리를 들어 쭉 펴세요.

몸 쪽으로 당기면 in이고 몸에서 멀리하면 out입니다.

Light a match in your right hand and hold it out at arm's length.
오른손으로 성냥을 켠 다음 팔을 쭉 펴서 들고 있어라.

운동 경기라면 in은 경기장 안이고 out이면 밖이지요. 경기에 기용하지 않으면 out입니다.

I wanted to hold him out until the next game but we got into a situation where I had to put him in.
다음 경기까지 출장시키지 않으려고 했지만 상황이 어쩔 수 없어 출전시켜야 했다.
My parents have decided to hold me out of school.
부모님이 나를 학교에 보내지 않기로 하셨지. (학교에서 out이라고 하면 학교를 안 가는 것이지요.)

강하게 버티는 그림이 될 수도 있습니다. 누군가 문을 부수고 들어오려는 걸 두 손을 벌려(out) 막고 있는 그림을 그리면 이해하기 쉽습니다.

Bundy ran faster and faster until he felt like he couldn't hold out any longer. 번디는 견디기 힘들다고 느낄 때까지 더 빨리 달렸다.
Unable to hold out any longer, they broke down the outer wall and gave themselves up to the enemy. 더 이상 버틸 수가 없어 외벽을 깨고 적에게 항복했다.
I resisted the temptation of smoking for two more days, but I couldn't hold out any longer. 이틀 더 흡연 욕구를 참았지만 더 이상 견딜 수가 없었다.

기다리면서 버티는 경우도 있겠지요.

If the company offers a merger, should I take it, negotiate, or hold out for a better offer? 그 회사가 합병 제안을 하면 받아들일까, 협상을 할까, 아니면 더 좋은 제안이 있을 때까지 버틸까?
$500 for your car? If you're not in a hurry, I'd suggest you hold out for a better offer. 차를 500달러에 사겠다구? 그런데 급하지 않으면 더 좋은 조건을 기다려보는 건 어떨까 하는데 말야.

손을 뻗는 그림만 그릴 수도 있습니다.

Rebel leaders held out an offer of negotiated settlement to the crisis.
반군 지도자들은 협상을 통해 위기를 타개하자는 제안을 해왔다.

협상안을 손에 들고 내미는 그림을 그리면 되지요.
누군가의 손에 닿지 못하도록 빼놓는 그림일 수도 있지요. 누군가가 모르게 한다는 겁니다.

You're holding something out on me. I can see it in your smile.
나한테 숨기는 거 있지. 니가 웃는 걸 보면 알 수 있어.

10 hold over 위에 잡고 있다

뭔가의 위에 잡고 있는 그림이 기본입니다.

Mom would hold a book over my head and read a story.
엄마가 머리맡에서 책을 들고 이야기를 들려주곤 했다.
The prisoners grabbed the warden and held him over a table.
재소자들이 교도소장을 탁자 위에 밀어붙여 꼼짝 못하게 했다.
Rub your palms to create heat and hold them over your eyes.
손바닥을 비벼서 열을 낸 다음 눈을 덮어주세요.

뭔가 꼬투리를 잡아 빌미로 삼는 그림도 가능합니다. 기회가 있을 때마다 '너 이거 잊었어?' 라며 과거 잘못을 머리 위에서 흔드는 그림이지요.

I know your secret and I will hold that over your head if I need to. You will not leave until 9 o'clock.
난 너의 비밀을 알아. 필요하면 그거 써먹을 거야. 9시까진 절대 못 떠나.

I have made mistakes in the past and there are those who would like to hold that over me as a reason to condemn me now. 과거에 실수한 게 몇 가지 있는데 그걸 아직까지 나를 비난하는 빌미로 삼는 이들이 있다.

Okay, okay, I said I was sorry a million times. God, you would hold that over me for centuries! 알았어, 알았어. 미안하다고 골백 번도 더 말했잖아. 너무한다, 평생 그걸 빌미로 써먹을래?

비유적으로 물에 빠지지 않도록 들어주는 그림을 그릴 수도 있습니다. 강을 건너게 해주는 그림을 그리면 이해하기 쉽지요. 버티게 도와준다는 겁니다.

I guess we need more money to hold us over the winter. 겨울을 나려면 돈이 더 필요해.

겨울을 강물로 생각해서 돈이 우리를 그 위에 들고 건너게 해주는 그림을 그리면 되겠지요.

A cup of coffee and a sandwich will hold me over till dinner time. 커피 한 잔이랑 샌드위치 하나면 저녁 때까지는 버티겠지.

He wasn't asking for a generic answer to hold him over. He wanted a response that would indefinitely quell his curiosity. 그는 일단 넘어갈 수 있게 해줄 그런 일반적인 대답을 원하는 게 아니었어. 자신의 호기심을 확실히 잠재울 수 있는 그런 답변을 원한 거야.

11 hold to 잡아서 붙이다

잡아서 어딘가에 갖다놓는 그림입니다.

You can pick up one of the shells and hold it to your ear, listening to the sounds of the sea that come from within it. 소라 껍질을 하나 집어서 귀에 가져다 대봐. 그 안에서 나오는 바다 소리를 들을 수 있을 거야.

벗어나지 못하도록 붙여놓는 그림이 될 수도 있습니다.

Write down everything you want to buy and think before actually buying them. That'll hold you to your budget.
사고 싶은 걸 몽땅 적은 다음 생각을 하고 나서 사. 그럼 예산을 넘기지 않을 거야.
Telling friends and family what you intend to accomplish helps hold you to your word.
친구나 가족한테 뭘 성취하려는지 말해두면 그 약속을 지키는 데 도움이 되지.

12 hold together 함께 붙여놓다

떨어지지 않도록 붙여놓는 그림입니다.

Nuts and bolts hold together cabinets, chairs, and even cars.
너트 및 볼트는 캐비닛, 의자 심지어 자동차를 조립하는 데도 사용된다.
Would this big table built with so many parts hold together just with glue? 부품이 이렇게 많이 들어간 이 큰 탁자가 접착제만으로 붙어 있을까?

비유적으로 흩어지지 않고 똘똘 뭉치는 그림을 그릴 수도 있습니다.

The people want a leader who can command respect and hold together the various factions in the country.
국민은 존경심을 불러일으키고 나라의 여러 파벌을 한데 모을 수 있는 그런 지도자를 원한다.
If you hold together, no enemy can come and break you.
한데 뭉치면 어떤 적도 우릴 분열시킬 수 없다.

자기 자신을 한데 모으지 못하면 제정신이 아닌 거지요. pull together와 그림이 비슷하지요?

Hearing the news, she collapsed against me, unable to hold herself together. 그녀는 그 소식을 듣자 버티지 못하고 나한테 쓰러졌다.
After the death of my wife, I couldn't hold myself together without constant prayers. 아내가 죽은 후 기도를 하지 않으면 견딜 수가 없었다.

I wanted to cry, but I didn't. I held myself together and finished dinner, came home and cried then.
울고 싶었지만 그러지 않았다. 차분히 견딘 다음 저녁을 다 먹고 집에 와서 그때 울었다.

13 hold up 잡아서 올리다

잡아서 위쪽으로 올리는 그림입니다.

Funny. Hold this paper up to the light. You can see through it.
재미있네. 이 종이 불에 비춰봐. 투명해.

Don't hold the kitten up to your face. It might scratch your face.
고양이를 얼굴 가까이에 대지 마. 할퀴면 어쩌려구.

My father held me up to the window so I could see what was going on outside. 아버지가 밖에서 벌어지는 일을 볼 수 있도록 나를 창문으로 잡아 올려주셨다.

비유적으로 여러 사람 앞에서 손으로 들고 보여주는 그림이 될 수도 있습니다.

The boss held me up as an example to the rest of the department.
사장이 부서 사람들에게 나를 본받으라고 했다.

My aunt often held me up as an example for their own children.
고모는 때로 자식들에게 나를 본받으라고 했다.

쓰러지지 않도록 지탱해주는 그림도 되겠지요. 위로 잡아 올리지 않으면 쓰러질 테니까요.

Your legs hold up your body. 다리로 몸을 지탱한다.

I need your love to hold me up. 내가 쓰러지지 않으려면 당신의 사랑이 필요해.

Hold him up under his armpits while he balances on his feet. This will help to strengthen your baby's leg muscles. 아이가 발로 균형을 잡으려 할 때 겨드랑이에서 아이를 잡아주세요. 그러면 아이의 다리 근육을 튼튼히 하는 데 도움이 됩니다.

진행하지 못하도록 잡고 있는 것일 수도 있습니다.

Sam, what's holding you up? It's been hours.
샘, 왜 이렇게 늦어? 벌써 몇 시간째야.

Unlike the poor people held up in their cars by the road maintenance, I sped off happily between the cars on a motorcycle. 도로보수 공사 때문에 차 안에 갇혀 옴짝달싹 못하는 가여운 사람들과 달리 난 오토바이를 타고 신나게 차 사이를 달렸다.

They didn't get very far before getting held up by a traffic jam.
얼마 가지 않아 교통체증으로 꼼짝하지 못했다.

명사형으로도 가능합니다.

I was stuck in a traffic jam that hadn't moved for more than half an hour. Looking out my car window I saw a kid. I asked him, "Hey, son, what's the hold-up?" 차가 너무 밀려 30분 동안 꼼짝을 안 했다. 차창 밖에 있는 한 아이를 보고 물었다. "얘야, 뭐 때문에 이렇게 막히니?"

강도가 들어와 두 손을 들라고 하는 그림도 있습니다.

The store has been held up on two previous occasions.
그 가게는 이전에도 두 번이나 강도를 당했다.

명사형으로도 씁니다.

No one was injured during a hold-up at the hotel.
호텔에서 발생한 강도 사건에서 다친 사람은 없었다.

버티고 서 있는 그림도 가능합니다.

My knees won't hold up to high-impact work. I can't run that far.
내 무릎은 충격이 강한 활동은 못 견뎌. 그렇게 멀리 못 뛴다구.

How did your brakes hold up? 브레이크 괜찮았어?

거짓말이나 잘못된 정보는 버티고 서 있지 못하겠지요.

We checked his alibi. It holds up. 그 사람 알리바이 확인했는데. 문제 없어.
None of your stories hold up! 니가 한 말 하나도 안 맞잖아!

01 hold a grudge against someone

grudge는 앙심을 말합니다. 나에게 해가 된다고 믿는 대상에 대해 나쁜 감정을 품는 걸 말합니다. 조상인 have와 바꿔 써도 됩니다.

It is very easy to hold a grudge against someone that has done some wrong to us. 우리한테 잘못한 사람에게 앙심을 품기 쉽지.
He doesn't hold a grudge against the professor who gave him an F during his freshman year. 1학년때 F 준 교수한테 앙심 같은 건 없다.
I am not against immigration, nor do I hold a grudge against anyone who is seeking a better life by coming to America. 난 이민을 반대하지도 않고 더 나은 삶을 찾아서 미국으로 건너오는 사람에게 반감도 가지고 있지 않다.
If you hold a grudge against the usage of "hot" to describe something that is pleasing, you should really disapprove of the usage of "cool" as well. 멋진 걸 묘사할 때 hot을 쓰는 게 마음에 들지 않는다면 cool 역시 쓰지 말아야 한다.

02 hold good

좋은 상태를 유지하는 걸 말합니다.

His advice will hold good for quite a long time.
그 사람 조언이 꽤 오랫동안 효과가 있을 거야.
These rules hold good for anyone at anytime.
이 규칙은 언제든지 누구에게나 적용된다.
This offer will hold good for sixty days from now.

이 제안은 지금부터 60일 동안만 효력이 있다.

03 hold true for someone[something]

여기서도 참인 건 저기서도 참이라는 그림입니다.

> Does the same hold true for humans? 사람한테도 해당되나요?
> Researchers say some of these findings may hold true for animals.
> 전문가들에 따르면 여기서 발견한 일부 사실은 동물에게도 해당된다고 한다.

04 hold one's end of the bargain

두 사람이 긴 막대기를 한쪽씩 나눠 들기로 합의하는 그림입니다. 한쪽이 꾀를 부리면 나머지 한쪽만 힘들겠지요.

> Because I paid you, I expected you to hold your end of the bargain. You have failed to do so.
> 내가 너한테 돈을 줬으니까 난 너도 니 약속을 지킬 줄 알았지. 근데 넌 안 그랬어.
> What can I say, keep up the good work, you hold your end of the bargain

and I promise you I'll hold up mine.
뭐 할 말이 있겠냐. 계속 잘해달라구. 니가 약속을 지키면 나도 약속은 지킬 테니까.

05 hold one's breath

숨을 쉬지 않고 참는 그림입니다.

You can't hold your breath while you're talking or singing.
말을 하거나 노래를 부를 때 숨을 참을 순 없지.
It's much harder to hold your breath under water.
물 속에서 숨 참기가 더 힘들지.

뭔가 놀랄 만한 일이 있을 때 '기대하라' 는 의미로 쓰기도 합니다.

Hold your breath. I've got some pretty big stuff planned!
기대하라구. 멋진 일을 구상중이니까.

부정문에서 쓰면 전혀 기대할 게 없다는 말로 가능성이 없다는 뜻입니다.

Cleaner Seoul air? Don't hold your breath!
서울 공기를 깨끗하게 한다구? 기대도 하지 마!
His apology would be nice, but I won't hold my breath.
걔가 사과하면 좋겠지만 기대는 안 해.
In an ideal world the city would do something to clamp down on crime, but I won't hold my breath.
이상적인 세상이라면 시에서 범죄를 막으려고 뭔가 해야겠지만, 난 기대 안 해.

06 hold your fire

총을 쏘지 않는 상태를 가리킵니다. 군경이 사격을 중지하라는 명령으로 사용하기도 합니다.

The commander yelled, "Hold your fire!" 사령관이 소리쳤다. "사격 중지!"
Take aim, but hold your fire. 겨냥은 하되 쏘지는 마.
Everybody hold your fire, I can see our soldiers all over the place.
모두 사격 중지. 전역에 우리 군사들이 보인다.

비유적으로 누군가 말로 마구 쏘아부칠 때도 씁니다.

Hold your fire, will ya? I can explain everything.
그만 좀 쏘아붙여, 어? 다 설명해줄게.

07 hold one's own

자신에게 기대되는 만큼은 지켜낼 수 있다는 말입니다. 자신도 뭔가 빠지지 않을 만큼 한다는 의미입니다.

They still are superior to me in Latin dance, but at least I can hold my own. 라틴 댄스에서 쟤네들이 나보다 훨씬 낫긴 하지만 나도 웬만큼은 해.
Bundy is the sort of person who can hold his own in a debate or discussion without becoming aggressive.
번디는 논쟁이나 토론에서 공격적이지 않으면서도 할 말 다 할 수 있는 사람이다.
I think I can hold my own in a one-on-one debate with anyone.
일대일로 누구랑 토론해도 지지 않을 자신 있는데.
I can't believe Jack couldn't hold his own against a 13-year-old in a chess game. 잭이 13살짜리랑 체스를 둬서 밀린다는 게 믿기질 않는군.

08 hold the fort

말 그대로 보면 적으로부터 요새를 지키는 겁니다.

I wasn't sure if I could protect my men from the heavy fire and hold the

fort. 부하들을 엄청난 포화로부터 보호하고 요새를 지켜낼 수 있을지 확신이 서지 않았다.
You have to hold the fort until the Calvary arrives.
기병대가 도착할 때까지 요새를 지켜야 하네.

남들이 자리 비울 때 사무실 따위를 지키는 그림으로 발전을 했지요.

Please hold the fort while I'm gone. 나 없을 때 자리 좀 지켜줘.
We'll hold the fort while you're gone. Have a nice vacation.
돌아올 때까지 우리가 알아서 할게요. 휴가 잘 보내요.
People have been complaining that no doctor is available around the area and I am the only one holding the fort.
이 지역에 의사가 없고 자리를 지키는 건 나뿐이라고 사람들이 난리다.

09 hold one's horses

경주마가 출발선에 서 있는 그림을 그리면 됩니다. 달리고 싶어 안달이 난 말을 붙잡고 참도록 하는 것이지요. 여기서 참는 그림이 나옵니다.

Judy was in a hurry to go someplace and her mom told her to hold her horses. 주디는 어딘가 바빠 갈 데가 있었는데 엄마가 서두르지 말라고 붙잡았다.
Please hold your horses, and I'll be with you in just a second.
서둘지 말고 기다려. 곧 따라갈 테니까.
Well, hold your horses, son, because this game is more complicated than you think. 서두르지 마라, 얘야. 이 게임은 니가 생각하는 것보다 복잡하단다.

10 hold one's liquor

술을 마셨는데 버티는 그림입니다. 술을 먹어도 별 탈 없다는 겁니다.

I can't hold my liquor. I don't really drink that much.

난 술 약해. 그렇게 많이 마시지도 않구.
I can drink two six packs and hold my liquor. 12캔 먹고도 버틸 수 있어.

six pack은 맥주 여섯 병 또는 여섯 캔을 한데 묶어놓은 걸 말합니다.

His one major fault was his inability to hold his liquor. Four beers and he would be rolling around on the floor.
그의 큰 단점 하나는 술에 약하다는 것이었다. 맥주 네 잔 마시면 바닥에서 뒹굴 정도였으니까.

11 hold on to one's hat[seat]

말을 달리거나 뚜껑 없는 차를 타는 그림을 그려보세요. 모자를 쓰고 있다면 날아가지 않게 붙잡아야겠지요. 비유적으로 놀라운 일이나 말을 할 테니 긴장하라는 뜻입니다.

Check this out. Now hold on to your hat because this is going to be big news: someone's always reading your e-mails behind your back!
이것 좀 봐요. 엄청난 뉴스니까 귀기울여 들으라구요. 누군가 늘 당신 모르게 당신 이메일을 읽고 있다는 사실!

빨리 달릴 테니 안장이나 의자에서 떨어지지 말라는 그림으로 hat 대신 seat을 쓰기도 합니다. 의미는 같습니다.

As if this wasn't enough, hold on to your seat, I am even going to give you a 10% discount!
그 뿐만이 아닙니다. 놀랄 일은 이제부터니까요. 여기다 10% 할인까지 해드린다니까요!

12 hold water

물통에 물이 새지 않는 그림입니다. 꼭 붙들고 있으니까요. 부정문에서 비유적으로 버티지 못할 것이라는 뜻입니다.

Your reasons for firing employees don't hold water.
직원들을 해고한 이유가 타당하질 않군요.
His lies won't hold water much longer.
그 사람 거짓말 오래 가지 못할 거야.

13 get hold | take hold | keep hold

hold를 명사로 써서 잡는 과정을 묘사하거나 잡은 상태를 유지하는 그림을 그리는 경우입니다. get hold는 잡게 되는 과정에 초점이 맞춰져 있습니다.

Somehow you need to be able to get hold of that certificate.
어떻게 해서든 그 자격증을 따야 돼.
What Bush really wants in Iraq is to get hold of that oil!
이라크에서 부시 대통령이 진짜로 원하는 건 원유지!
"Where did you get hold of that idea?" he asked, after studying them carefully a few moments.
그들을 얼마간 찬찬히 훑어본 다음 "어디서 이런 아이디어를 얻었지?"라고 물었다.

정말 잡지는 않더라도 눈에 띄는 것도 get hold of someone이라고 할 수 있습니다.

Listen, if I ever get hold of you, I swear I'll kill you!
잘 들어, 다시 한 번 내 눈에 띄면 죽을 줄 알아!

take hold는 붙잡고 늘어지는 그림이 강합니다.

Gently take hold of your ankles. 부드럽게 발목을 잡으세요.
The opportunities are waiting for you to take hold of. The choice is yours.
기회는 널려 있다. 잡기만 하면 된다. 선택은 니가 하는 거다.
How will you know when reform is beginning to take hold?
개혁이 언제 자리를 잡을지 어떻게 알 수 있을까요?

keep hold는 잡은 상태를 유지하는 것이지요. keep은 잡는 행위가 없고 단순히 소유 또는 상태 유지만 하는 것이기 때문에 hold와 합쳐져야 잡는 행위를 나타낼 수 있다는 걸 보여줍니다.

If I'm eating or drinking anything, I keep hold of any litter until I find a bin and can dispose of it properly.
뭔가 먹거나 마시면 쓰레기통을 찾아 제대로 버릴 수 있을 때까지 쓰레기를 보관합니다.

When I fall off my horse, I always keep hold of the reins.
말에서 떨어질 때 언제나 고삐를 놓지 않지.

A word of warning though, pickpockets are active in this area, so make sure that you keep hold of your money.
방심하지 말라구. 이 지역엔 소매치기가 많아. 그러니까 돈 단단히 챙기라구.

14 on hold

뭔가를 잡아두는 그림입니다.

Place an existing call on hold to answer a new call.
새로 걸려온 전화를 받으려면 지금 통화중인 상대를 보류상태로 놓으세요.

The nuclear talks are put on hold till after elections.
핵 회담은 선거 이후로 미뤄졌다.

15 leave someone holding the bag

두 명이 강도질을 했는데 한 명이 도망갔습니다. 나머지 한 명이 돈가방을 들고 있다면 책임을 혼자 다 뒤집어쓰겠지요.

My husband John has left me holding the bag for everything. I have a $1,200 mortgage payment on my $1,600 salary. 남편 존이 나한테 책임을 다 떠넘겼지요. 1,600달러 버는데 1,200달러 주택융자금을 내야 하니 말이에요.

Scully had no idea where he had gone or what he was doing. She knew only that he had taken off and left her holding the bag for packing up the remaining mountain of paperwork.
스컬리는 그 사람이 어디서 뭘 하는지 전혀 알지 못했다. 아는 거라곤 그저 그가 어디론가 사라졌고 산더미 같은 서류 업무를 혼자 떠맡아야 한다는 사실뿐이었다.

It just pisses me off that he got to leave and left me holding the bag.
그 놈 도망가고 내가 다 뒤집어써야 한다니 열받네.

piss off는 열받게 만든다는 속어로 구어체에서 흔히 씁니다.

16 no-holds-barred

bar는 금지하는 겁니다. 어떤 잡는 행위도 금지하지 않는다면 제한이 없다는 겁니다.

It was a no-holds-barred competition in which two combatants try to pound each other into submission. 두 격투기 선수가 서로 치고받아서 항복을 받아내면 그만인 어떤 제약도 없는 마구잡이 경기였다.

The dictator seems to have no intention to stop his no-holds-barred campaign to maintain power.
독재자는 정권을 유지하려는 시도를 물불 가리지 않고 계속할 것으로 보인다.

17 can't hold a candle to someone

누군가 어두운 데서 뭔가 할 때 옆에서 보조 역할을 하며 촛불을 들고 있는 그림이 hold a candle to someone입니다. 그런데 누구는 어두운 데서 일을 하는데 촛불조차 들고 있지 못한다면 그 사람에 비해 워낙 형편없다는 것이지요. 현격한 능력 차이를 나타낼 때 씁니다.

With the exception of a few good actors and actresses, most of today's stars can't hold a candle to the old legends of Hollywood past. 몇몇 좋은

배우들을 빼고는 요즘 스타들은 과거 할리우드의 전설과 같은 배우들만 하려면 어림도 없지.

I've used them both, and based upon personal experience, PCs running Windows XP can't hold a candle to the elegant user experience provided by a Macintosh running MacOS 9.

난 두 개 다 써봤지만 개인적인 경험에 비춰볼 때 윈도우 XP 돌리는 PC는 MacOS 9 버전 돌리는 매킨토시 컴퓨터 근처에도 못 가지.

Those American animation films you mentioned? Oh, come off it, the films you described can't hold a candle to stuff produced even a decade ago in Japan. 니가 말한 미국 만화영화들? 야, 집어치워, 니가 말한 영화들은 일본에서 10년 전에 만든 애니보다도 못해!

*keep 지금 이대로가 좋아!

처갓집에서 잘 익은 김치를 얻어왔습니다. 여름이라 금새 시어버리기 십상이니 집에 오자마자 김치 냉장고에 넣어두었습니다. 김치 냉장고 덕분에 여름 내내 시지 않은 김치를 먹을 수 있었습니다. — 현 상태를 유지하는 keep 의 그림입니다.

김치를 가장 맛있는 상태로 유지할 수 있는 동사를 선택하라면 주저할 것 없이 keep 을 골라야 합니다. keep 의 기본그림은 뭔가의 상태를 일정하게 유지하는 것이기 때문입니다. 행동을 반복하는 것에 keep 을 사용하는 이유도 바로 그 행동의 반복 상태를 유지하는 것이기 때문입니다. have, get, take, hold 처럼 '소유'의 그림으로 이어지는 것 역시 갖고 있는 상태를 유지하려는 것이기 때문에 가능합니다. keep 을 제대로 이해하려면 이처럼 '주어진 상태 유지'라는 그림에서 출발해야 합니다. 우리가 흔히 알고 있듯 '소유'의 개념부터 시작하면 오히려 keep 을 이해하는 데 방해가 됩니다. hold는 붙잡아서 소유하게 되는 과정까지 그리지만 keep 은 그런 과정은 생략하고 갖고 있는 상태만 그릴 수 있기 때문이지요. 따라서 상태 유지라는 그림에서도 keep 이 hold보다 원시적이라는 걸 알 수 있습니다.

문장을 만드는 형태는 hold와 마찬가지로 have가 조상이기 때문에 hold와 keep 은 사촌 관계를 유지합니다. 잡는 과정이 필요하지 않은 문맥이라면 hold가 keep 과 호환될 수 있겠지요.

기본 형태

상태를 유지하려는 대상이 있어야 하기 때문에 주로 타동사로 사용합니다. 자연스럽게 상태를 설명하는 말이 뒤따라 오지요.

You should keep it safe. 안전하게 보관해둬.
Hold it safe. 안전하게 꼭 붙들고 있어.

소유의 그림 역시 소유 대상이 있어야 합니다.

You may keep it. 가져도 돼.
You may hold it. 붙들고 있어도 돼.

스스로 상태를 유지하는 경우 자동사로 쓰일 수 있습니다. 문맥에서 쉽게 어떤 상태인지 유추가 가능합니다. 김치라고 하면 맛있는 상태(시지 않은 상태)가 유지되는 것이겠지요. hold가 상태를 유지하는 그림과 유사합니다.

Kimchi keeps in the fridge for months. 김치는 냉장고에 넣어두면 몇 달 가지.
Your lies won't hold in the long run. 나중에는 거짓말이 들통날 거다.

 01 우유를 냉장고에 넣어두면 일주일은 상하지 않을 거야.

우유가 현 상태를 유지하는 건 상하지 않는 겁니다. keep의 가장 기본적인 그림인 상태 유지를 뜻합니다. 문맥을 통해 또는 상식적으로 어떤 상태를 유지하는 것인지 드러나는 경우입니다.

The steak will keep until tomorrow.
스테이크가 내일까지는 갈 거야. (상하지 않을 거야.)
Fresh raw chicken will keep in a home refrigerator for two to three days. 신선한 날 닭고기를 가정용 냉장고에 넣어두면 2~3일은 갑니다.
"Well, the leftovers won't keep," Jack said sadly, dumping the plate.
"애고, 남은 음식 결국 상할 거야." 잭이 접시를 비우며 아쉽게 말했다.
Leftover cooked chicken will keep up to 4 days in the refrigerator and up to 3 months in the freezer.
먹다 남은 닭고기는 냉장고에서는 4일, 냉동실에서는 3개월 동안 상하지 않는다.

A-ha! moment

> President : We don't yet know enough about what we're dealing with to make any kind of intelligent judgments.
> Connie : Luckily the press is making up their own story for now. But that's not gonna keep.
> 대통령 : 아직 무슨 일이 벌어지고 있는지 올바른 판단을 할 수가 없다는 게 문제야.
> 코니 : 다행히 언론도 제멋대로 추측만 난무해요. 하지만 오래 가진 못할 거예요.
> – *Independence Day*

The milk will keep for about a week in the refrigerator.

세계 도처의 대도시에 외계에서 온 거대한 비행선이 떠 있습니다. 그들이 왜 왔는지 뭘 하려는지도 모릅니다. 언론에서도 억측을 해대고 있습니다. 미국 대통령은 사태 파악을 제대로 못하는 걸 걱정하고 보좌관인 Connie는 다행히 언론도 혼란에 빠져 있으니 정부가 사태를 파악할 시간을 벌 수 있겠지만 그런 상태가 오래 가지는 못할 것이라고 대통령에게 조언을 하는 겁니다. keep만으로 나타낼 수 있는 그림입니다.

keep 02 우산 쓴다고 몸이 안 젖는 건 아니지.

어떤 상태로 유지하는지 문장 자체에 나타내는 경우입니다. 몸을 dry하게 유지해준다는 건 두 가지 의미가 가능합니다. 대표 예문에서처럼 몸이 젖지 않는 것은 같지만 땀을 발산시켜서 건조하게 하는 것일 수도 있고 비 등 물기가 침투하는 걸 막아주는 것일 수도 있으니까요.

An umbrella doesn't really keep you dry.

This suit will keep you dry, but not warm.
이 옷은 방수가 잘 되지만 (또는 통기성이 있지만) 보온은 안 돼.

To keep you dry and to help stop you smelling, you can use an anti-perspirant. 몸을 젖지 않게 하고 냄새를 막으려면 땀억제제를 사용하면 된다.

이처럼 상태를 묘사하는 것이다 보니 가장 편하게 쓸 수 있는 것이 형용사입니다.

Measures are being taken to keep the city clean.
도시를 깨끗하게 유지하기 위한 조치를 취하고 있다.

You sweat a lot when you work out; if you don't keep your body clean and cool you will become weak, dizzy, or dehydrated.
운동을 하면 땀을 많이 흘리기 때문에 몸을 청결히 하고 시원한 상태로 유지하지 않으면 힘이 빠지거나 어지럽고 탈수증세를 보일 수도 있다.

To keep well during winter, it's essential to keep warm.
겨울 내내 건강하려면 몸을 늘 따뜻이 하는 게 가장 중요하다.

Our children need to hear about the thousands and thousands of wonderful people who are working day and night to keep us safe.
우리를 안전하게 지켜주기 위해 불철주야 애쓰는 수많은 사람들에 대해 우리 아이들에게 얘기해줄 필요가 있다.

She sat in the door of the tent, watching the moons and trying to keep awake. 깨어 있으려고 달을 바라보며 텐트 입구에 앉아 있었다.

Erratic sleep patterns can disrupt your inner clock and keep you awake.
불규칙적인 수면 습관은 생체시계를 망가뜨려 잠이 못 들게 할 수도 있다.

Valium is used to keep the patient calm.
발륨(신경안정제)은 환자를 진정시키는 데 사용된다.

School, work and friends have kept me busy.
학교와 일, 친구들 때문에 정신이 없다.

A magic show was performed which kept the kids occupied.
마술쇼에 아이들이 정신을 빼앗겼다.

Bring a few toys to keep your baby occupied during the trip.

여행하는 동안 아기가 가지고 놀 만한 장난감을 몇 개 가져가세요.
Whatever the game she played, none gave her pleasure or kept her amused for long. She was unable to concentrate.
무슨 놀이를 하든 오래 재미를 느끼지 못했다. 집중을 하지 못했다.
Gandalf told Frodo to put away the Ring and keep it secret.
(반지의 제왕에서) 간달프는 프로도에게 반지를 맡기고 비밀로 하라고 말했다.
Donald sweats as he tries to keep still with an ever increasing number of itchy ants crawling all over him. 도날드는 몸 위를 간지럽히며 기어가는 개미 수가 늘어갈수록 움직이지 않으려고 애쓰며 땀을 흘리고 있다.

hold still의 그림이 스쳐 지나가지요? 상태 유지의 그림이 비슷하기 때문입니다. 방향을 유지하는 것도 keep으로 표현할 수 있습니다.

I told him to keep left in order to make a left turn at the next traffic light.
다음 신호등에서 좌회전 할 수 있도록 계속 왼쪽에 있으라고 했다.

말하지 않는 상태를 유지할 수도 있습니다.

Bruce, you need to learn to keep your mouth shut. You talk too much.
브루스, 입 닥치고 있는 연습 좀 해라. 넌 말이 너무 많아.
Please keep quiet and put your mobile phones into vibration in the library. 도서관에서는 조용히 하고 휴대폰은 진동 모드로 놓으세요.

비유적으로 입을 다물 수도 있습니다.

I will not keep quiet as I watch scheming men profit economically and politically from blood shed by others. 남들이 흘린 피에서 경제적, 정치적 이득을 취하는 모리배들을 보면서 입 다물고 있지는 않을 것이다.
He had his ankle sprained, which kept him indoors for weeks.
발목을 삐어서 몇 주 동안 집에 틀어박혀 있었다.

움직이는 것을 특정 상태에 묶어둘 수도 있습니다. 상태를 나타낼 때 공간 전치사 in을 쓴다는 걸 주목하세요. have나 hold도 잘하는 짓입니다.

You may use treats to keep the dog in a stay but cease the treating if the dog gets too excited and breaks the stay.
먹을 걸 줘서 개한테 '기다려'를 시킬 수 있지만, 개가 먹을 것을 보고 너무 흥분하거나 '기다려' 상태를 깨면 먹을 걸 주지 말아야 한다.

This diet may not be exciting but is all that the dog needs and will keep the dog in good shape.
먹을 게 변변치 않아 보이지만 개한테는 필수적인 영양소가 다 들어 있어 건강하게 해준다.

stay는 개를 훈련시킬 때 움직이지 않고 가만히 있게 하는 겁니다. 특히, 음식물을 앞에 두고도 먹지 않고 기다려야 하기 때문에 개의 참을성을 기르는 훈련이지요.

 그 여자한테 계속 메일 보내는데 답장이 없어.

행동을 반복하는 상태로 유지하는 경우입니다. 메일을 한두 번 보냈다면 keep을 쓰지 않겠지요. 마치 기계가 돌아가듯 반복을 하기 때문에 keep을 씁니다. 다음 예문을 보고 반복의 의미가 어디서 출발하는지 느껴보세요.

Keep the engine running. I won't be long. 시동 끄지 마. 금방 올 거야.

자동차 엔진이 돌아가는 상태로 유지하라는 말입니다. 엔진이 회전하는 상태를 머릿속에 그리면 반복 행동 역시 쉽게 이해할 수 있습니다.

When checking transmission fluid, keep the engine running, and parking brake on. 미션오일 점검할 때는 시동을 켠 채로 사이드 브레이크를 채워놓는다.
Indeed, it is the continued support of my friends and family that has kept me writing, even when I felt my fire had gone out for the last time.
내가 마지막 불꽃마저 꺼졌다고 느꼈을 때도 계속 글을 쓸 수 있게 해준 것은 친구와 가족의 끊임없는 격려였다.

단순히 '계속 글을 썼다'는 표현이 아니라 기계적으로 글 쓰는 행위를 반복하는 그림을 그릴 수 있어야 합니다.

It's not a depressing movie and there is enough comedy to keep you smiling throughout.

I kept e-mailing her but got no reply at all.

우울한 영화가 아니다. 영화를 보는 내내 미소짓게 만들 만큼 충분히 웃긴 내용이 많다.
All the characters in this book will keep you laughing. I found this book to be totally readable and very funny.
책 속 등장인물들 때문에 계속 웃게 돼. 이 책 정말 잘 읽히고 재미있었어.

I'm sorry to have kept you waiting. Some unexpected business came up. 기다리게 해서 미안해요. 엉뚱한 일이 생겨서.

<u>스스로 행동을 반복할 수도 있습니다.</u>

He kept writing at night while holding a day job at a restaurant.
낮에는 식당에서 일하고 밤에는 계속 글을 썼다.
He kept thinking about what his wife said to him.
아내가 자신에게 한 말을 계속 되뇌었다.

A-ha! moment

> McClane : Drop it dickhead! It's the Police!
> Terrorist : You won't hurt me.
> McClane : Yeah, why not?
> Terrorist: Because you're a policeman and there are rules for policemen.
> McClane: Yeah, that's what my captain keeps telling me.
>
> 맥클레인 : 총버려, 돌팅아! 경찰이다!
> 테러범 : 당신 날 해치진 못할 걸.
> 맥클레인 : 엉? 왜 안 되는데?
> 테러범 : 넌 경찰이잖아. 경찰은 지켜야 할 규칙이 있잖아.
> 맥클레인 : 엉, 우리 반장이 맨날 그 소리 하지.
>
> – Die Hard

기관총을 든 테러범의 머리에 권총을 들이대며 주인공이 하는 말입니다. 말을 안 들으니까 계속 반복해서 얘기하게 되는 거지요. 잔소리하는 것도 결국 keep telling하는 겁니다.

> Turn right and keep walking. You'll find a supermarket.
> 우회전해서 계속 걸어. 슈퍼마켓이 보일 거야.

 중요한 파일은 두 번째 하드디스크에 보관하지.

고이 간직하는 그림을 그리는 경우 역시 물건의 가치를 유지하는 것에 지나지 않습니다. 중요한 파일을 고이 간직하는 건 중요도를 지키기 위한 것이고 아무렇게나 나뒹굴면 더 이상 중요하지 않겠지요.

> Keep bottles of wine in a cool place away from direct sunlight and heat until they're ready to be served.
> 서빙할 때까지 와인병은 직사광선과 열을 피해 서늘한 곳에 보관하세요.

와인은 그렇게 해야 맛이 변하지 않고 유지되겠지요.

His wife was dead and he wanted someone to keep house.
그는 아내가 죽자 집을 돌볼 사람을 구했다.

여기서 keep house는 집을 소유하는 게 아니라 집의 상태를 유지하는 걸 말합니다.

사람을 특정 장소에 묶어두는 것 역시 그 상태를 유지하는 것에 지나지 않습니다.

He was kept in hospital under observation for one more day and was then discharged. 하루 더 입원한 상태로 관찰하고 돌려보냈다.

She was kept in jail until she died there. 죽을 때까지 감옥을 나오지 못했다.

생명체를 유지하는 그림도 가능합니다.

Our family grows vegetables and grains, and keeps cows and chickens.
우리 가족은 채소랑 곡식을 기르고 소랑 닭도 키워.

I don't think I can afford to keep a wife and children just yet.
마누라랑 애들 먹여 살릴 여유가 없어.

뭔가 잊어버리지 않으려면 기억을 유지해야 하지요. 그래서 기록을 남깁니다.

Keep a record of what you eat, how much you eat, and when you eat.
무엇을 얼마나 언제 먹는지 기록하세요.

With any drug treatment you should keep a record of the drugs you are taking. 약물치료를 할 때는 복용하는 약물을 기록해둬야 한다.

일기를 쓰는 것도 하루하루의 기억을 잊지 않기 위해서지요.

Rutherford B. Hayes kept a diary from age twelve to his death at age 70 in 1893. He was one of only three presidents to keep a diary while in office. 러더포드 B. 헤이즈는 12살 때부터 1893년 70세의 나이로 세상을 떠날 때까지 일기를 썼다. 임기 중 일기를 쓴 세 명의 대통령 중 하나였다.

I keep important files on a second hard disk.

It is important to keep detailed account of any trip either just to make it an unforgettable memory or to make a lot of money out of it by publishing a book!
자세한 여행기록을 남기는 게 중요하다. 잊지 않을 추억으로 남기기 위해서도 그렇고 책을 내서 많은 돈을 벌기 위해서도 그렇다.
I keep an account of all my receipts. 모든 영수증을 장부에 기록한다.

05 빌린 책 얼마나 가지고 있을 수 있어요?

소유의 그림을 가진 keep은 원래 자기 것이 아니었던 것을 잠시 보유하고 있는 데서 출발합니다. 그 상태를 계속 유지해서 갖게 되는 거지요. 예를 들어, 가게에 들어가서 물건을 사고 돈을 낼 때 잔돈은 점원이 잠시 가지고 있는 상태지만 점원의 것은 아니지요. 손님이 잔돈을 가지라고 하면 비로소 갖는 상태를 계속 유지해서 소유하게 됩니다. 이 그림에서 출발합니다.

> When you go to the grocery store, you don't tell the cashier to keep the change. 식료품점에 가서 계산원한테 잔돈 가지라고 하지 마세요.
> If cab fare comes out to $16, I might give the driver $20 and tell him to keep the change.
> 택시비가 16달러가 나오면 20달러를 주고 잔돈은 가지라고 할 수도 있지.
> We made a deal: he kept my car and I kept the money that I owed him.
> 타협을 했다. 그는 내 차를 갖고 나는 그 사람한테 빌린 돈을 갖기로.

여기서는 차를 담보로 돈을 빌린 경우입니다. 처음에는 차도 그 사람 것이 아니었고, 돈도 내 것이 아니었지만 그 상태를 유지하자고 타협을 해서 결국 자기 소유가 되는 것이지요.

How long may I keep the books I borrow?

약속을 지킬 수 없으면 예정일 이전에 취소해주세요.

약속도 지켜야 의미가 있지요.

I promised I would come to you and I have kept my promise.
다시 올 거라고 약속했고 그 약속을 지켰다.
I was unable to keep my appointment with the dentist as I had a car accident. 차 사고가 나서 치과 약속을 지키지 못했다.

특정 시간대를 유지할 수도 있습니다.

Most restaurants here keep late hours. 여기 식당은 대부분 늦게까지 해요.
Because club personnel normally keep late hours, the best time to call is late morning/early afternoon, don't call at 8 a.m., no one will be there in most cases. 이 클럽 직원들은 대개 늦게까지 일하기 때문에 아침 늦게 또는 오후 일찍 전화 거는 게 좋다. 아침 8시에 전화하면 대부분 받는 사람이 없다.

명절을 지내는 것도 같은 이치입니다.

Keep Christmas in your own way, and let me keep it in mine.
넌 니 방식대로 크리스마스 지내, 난 내 식대로 지낼 거니까.
When did we start to keep Valentine's Day?
우리가 언제부터 밸런타인 데이 지켰지?

If you cannot keep your appointment, you need to cancel before the scheduled date.

 시계가 어떻게 시간을 맞추지?

1초에 한 번씩 똑딱 소리를 내면서 60초까지만 세보세요. 잠시라도 딴 생각을 하면 어디까지 셌는지 시간을 맞추기 힘들 겁니다. 일정한 간격을 유지해야 시간이나 박자도 맞출 수 있지요.

A-ha! moment

> Vaughn : This watch belonged to my father. It's broken now, but it used to keep perfect time. And when he gave it to me, he said "You could set your heart by this watch." It stopped October 1. The day we met.
> 본 : 아버지 시계야. 지금은 망가졌는데 예전엔 칼 같이 맞았지. 아버지가 이걸 나한테 주실 때 "심장박동도 이 시계에 맞출 수 있을 거다."고 하셨어. 이게 10월 1일 멈췄어. 우리가 만난 날.
> – Alias Season 2 Episode 8, Passage Part 1

대단한 말장난이자 사랑 고백이라고 할 수 있습니다. 〈Alias〉라는 첩보물 드라마의 여주인공 Sydney에게 CIA 요원 Michael Vaughn이 하는 말입니다. Sydney를 처음 만난 날 신기하게도 아버지가 자신에게 준 시계가 멈췄다는 겁니다.

PCs keep time in two ways: using a hardware and a software clock.
PC는 두 가지 방법으로 시간을 맞추지, 하드웨어 및 소프트웨어 시계로.

컴퓨터에서 keep time이라고 하면 단순히 시간을 맞추는 것만 의미하지는 않습니다. 컴퓨터 시계를 박자삼아 부품들이 오케스트라를 연주하듯 동기화돼 돌아가거든요.

Does your watch keep good time? 니 시계 잘 맞냐?

시간을 잘 지키는 것도 됩니다.

Students are encouraged to keep good time. Late arrival at the start of the class or return from breaks is disruptive to the class as a whole.
학생들은 시간을 잘 지켜야 한다. 수업 시작시 늦게 도착하거나 쉬는 시간 끝나고 늦게 들어오는 건 전체 수업에 방해가 되기 때문이다.

이처럼 keep time이라고 하면 시간을 맞추는 것도 되지만 박자를 맞추는 것도 됩니다.

How the hell do you keep time while soloing?
솔로 칠 때 어떻게 박자를 맞춰요?

How do clocks keep time?

Most musicians and singers rely on their drummers to keep time for them. 대부분의 음악가나 가수들은 드럼 연주자를 중심으로 박자를 맞춘다.

keep 08 영국에서 바텐더로 일하면 친구도 사귀고 생계비도 벌 수 있지.

명사형의 keep은 생계 유지를 위해 필요한 비용 또는 지켜내야 할 본거지 등의 의미로 쓰입니다.

The philosophy of our family is that, if you're old enough to walk and carry a bucket, you're old enough to work and earn your keep.
우리 가족의 철학은 걸어서 양동이를 나를 수 있는 나이가 되면 일을 해서 생계를 꾸릴 나이가 됐다는 것이다.

Our house was our castle and our keep. 우리 집이 곧 우리의 본거지였다.

You can make friends and earn your keep as a bartender in Britain.

영어로 말해보기

1. 날씨가 더워서 고기가 오래 가지 못할 텐데.
2. 목욕이나 샤워를 매일 해서 몸을 청결하게 해라.
3. 나이든 사람들은 감기 들지 않으려면 몸을 따뜻하게 하는 게 중요하다.
4. 당황하지 말자. 정부가 우리를 안전하게 지켜줄 거야.
5. 운동을 과격하게 하면 잠을 못 자게 하는 호르몬이 나온다.
6. 요즘 뭐 하길래 그렇게 바빠?
7. 계속 액셀(accelerator)을 밟아 시동이 꺼지지 않도록 했다.
8. 영화 보는 내내 웃음을 멈출 수 없을걸!
9. 그 주 내내 잠자리에 들 때마다 똑같은 생각을 하곤 했다.
10. 그 사람 부상이 심해서 석 달 동안 입원했다 퇴원했어.
11. 약속 지킬게. 때가 됐다고 생각하면 돌아올 거야.
12. 독서 기록을 남겨라.
13. 대학생들은 늦게 자는 경향이 있기 때문에 야식(snacks)이 필요하다.

모범 답안

1. The meat won't keep long in this warm weather.
2. Bathe or shower daily to keep your body clean.
3. It is essential that older people keep warm to avoid colds.
4. Don't panic — the government will keep us safe.
5. Vigorous exercise causes your body to produce hormones that can keep you awake.
6. What are you doing these days that's keeping you so busy?
7. I had to keep my foot on the accelerator to keep the engine running.
8. The movie will keep you laughing non-stop!
9. All that week I kept thinking about the same things when I went to bed.
10. His injuries were serious and he was kept in hospital for three months before being discharged.
11. I will keep my word, and will return when I think the time has come.
12. Keep a record of what you read.
13. Since college students tend to keep late hours, they need snacks.

hold의 이어동사에서도 설명했지만 keep은 have가 그 조상이고 hold가 사촌이라 두 동사의 이어동사에 keep만의 개성을 부여하면 이해하기 한결 수월합니다.

01 keep around 주변에 두다

원하면 언제든지 손이 닿는 가까운 곳에 두는 그림입니다.

Keep fruit around for a light snack. Try not to get into the habit of ordering pizza every night.
과일을 곁에 두고 가벼운 간식거리로 삼아라. 매일 피자 시켜 먹는 버릇 들이지 말고.

I have multiple parts for a computer, but nothing to complete a single piece. Most likely I will never complete any of it, but keep the parts around anyway, just in case. 컴퓨터용 부품을 여러 개 가지고 있지만 완성품 한 대를 조립할 정도는 안 된다. 아마 완성품을 만들 일은 없겠지만 혹시 몰라 갖고 있다.

Have dumpsters removed as soon as they are full and only keep them around when they are truly needed.
쓰레기통은 차는 대로 비우고 꼭 필요할 때만 주변에 둬.

To keep pets around and avoid asthma problems, pets should be kept out of bedrooms and any other areas where people sleep.
애완동물을 키우면서 천식 문제를 피하려면 애완동물이 침실 등 사람이 자는 곳에 들어오지 못하도록 해야 한다.

비유적으로 곁에 두지 않으면 그만큼 가치가 없는 겁니다.

It was one of those publications that most people wouldn't keep around after reading it. 대부분의 사람들이 읽고 나서 내다 버릴 그런 류의 책이었지.
Sure customers are your bread and butter but isn't it true that some customers simply cannot be pleased and it costs more to keep them around? 고객이 밥줄인 건 인정한다. 하지만 어떤 고객은 도저히 만족시키는 게 불가능해서 고객으로 삼는 게 비용이 더 드는 것도 사실 아닌가?

돈 안 되는 고객은 옆에 있어봐야(around) 손해니까 멀리하자는 그림이지요.

02 keep after 계속 쫓아다니다

after는 바짝 뒤를 쫓는 그림이 가능합니다. 바로 그런 상태를 유지하는 겁니다.

Many people keep after me for my autograph.
많은 사람들이 사인해달라고 쫓아다니지.

정말 쫓아다니지 않더라도 비유적으로 반복해서 잔소리를 하는 그림일 수 있습니다.

I'm going to keep after him every two minutes if he doesn't want to do his homework. 숙제 안 하면 2분마다 잔소리할 거야.
Another concern is I have to keep after my son to do anything.
내 아들 녀석한테 뭐 시키려면 꽁무니를 쫓아다녀야 하는 것도 걱정이다.
If I don't keep after Judy constantly to do things like laundry and dishes, she just won't lift a finger. 주디는 빨래, 설거지, 청소 같은 거 하라고 계속 잔소리하지 않으면 손가락 하나 까딱 안 한다니까.

긍정적 의미로 끊임없이 독려하거나 격려하는 그림도 가능합니다.

Give your dog one of his toys and offer him a treat and say 'drop'. If he doesn't drop the toy, keep after him but use a lot of motivation; put the treat right in front of his nose and repeat 'drop'. As soon as he drops the toy, give him the treat. 개한테 장난감 하나를 준 다음 먹을 것을 들고 '내놔' 라고 말한다. 장난감을 놓지 않으면 끈질기게 달라고 하되 충분한 자극을 줘야 한다. 먹을 것을 코앞에 갖다 대고 '내놔' 를 반복하고 장난감을 놓자마자 먹을 길 준다.

Julia, you keep after your husband. He needs someone to push him and you seem to be able to do it. 줄리아, 남편한테 끊임없이 자극을 주라구. 니 남편은 누군가 밀어줄 사람이 필요해. 넌 할 수 있어.

03 keep ahead 계속 앞서가다

When I was little, I used to have horrible nightmares of someone breaking in and chasing me from room to room as I tried to keep ahead of him. 난 어렸을 때 누군가 침입해 들어와 내가 앞서 도망치려 해도 방마다 날 쫓아다니는 끔찍한 악몽을 꾸곤 했다.

앞서 있으면 이겨내는 것이지요.

AMD is working hard to keep ahead of Intel in the race to provide more feature-filled processors.
AMD는 다기능 프로세서 생산 경쟁에서 인텔을 따돌리기 위해 애쓰고 있다.

Warning the Korean IT industry against complacency, Bundy said it needs to continuously innovate to keep ahead of other developing nations including China which are "eyeing a piece of the pie".
한국 정보기술 산업이 현실 안주를 하면 안 된다고 경고하며 번디는 끊임없는 혁신 노력으로 시장 점유율 확대를 노리는 중국 등 다른 개발 도상국들을 앞서나가야 한다고 주장했다.

The companies that can keep ahead of the competition by improving their production processes make profit.
생산과정을 개선해 경쟁사를 따돌리는 기업이 돈을 번다.

뭘 앞서는 것인지 문맥을 통해서만 나타나는 경우도 있지요.

To keep ahead in an increasingly competitive global economy, R&D is

essential.
갈수록 경쟁이 치열해지는 세계 경제 속에서 앞서나가려면 연구 개발은 필수적이다.

앞서나가면 뒤따라오는 것을 섭렵하는 것일 수도 있습니다.

What does worry him is having to keep ahead of the latest trends by continually producing new items for an ever-changing market.
계속 변화하는 시장에 내놓을 신상품을 지속적으로 만들어서 최신 유행을 앞서가야 한다는 게 그 사람의 걱정거리지.

Most of us must learn a great deal every day in order to keep ahead of what we forget. 까먹는 것 이상으로 머리에 담으려면 매일 많이 배워야 한다.

잊어버리는 양과 배우는 양을 비교할 때 잊어버리는 양에 앞서가지 못하면 점점 머릿속이 비어가겠지요. 그런 그림입니다.

04 keep apart 떨어뜨려놓다

분리된 상태를 유지하는 그림입니다. 자석에 붙어 있는 옷핀을 떼어내듯 말입니다.

Even death will not be enough to keep us apart. 죽음도 우릴 갈라놓지 못해.
The clean towels go in a blue basket and the used ones go into a red basket to keep them apart.
깨끗한 수건은 파란색 바구니에 넣고 사용한 수건은 빨간색 바구니에 넣어 분리한다.
Make sure that raw meat is completely wrapped and kept apart from ready-to-eat foods. 날고기는 잘 싸서 요리가 다 된 음식과 분리해둬야 한다.

스스로 떨어지는 그림도 됩니다. 어디서 떨어지는지 from으로 나타내겠지요.

During the feast the women keep apart from the men.
축제가 진행되는 동안 여자들은 남자들과 떨어져 지낸다.

05 keep at 한 곳을 집중 공략하다 | 일정 수준을 유지하다

속된 말로 한 놈만 패는 그림일 수 있습니다. 한 지점을 집중 공략하는 것이지요.

Keep at it! Persist in what you are doing!
한눈 팔지 말고 계속해! 하던 일을 꾸준히 하라구!

The police will keep at him until he pleads guilty.
경찰은 그가 죄를 인정할 때까지 다그칠 거다.

I enjoy your blog and hope you'll keep at it.
블로그 잘 보고 있습니다. 계속 잘하세요.

Just keep at your work and don't let small things bother you.
일에 집중하라구. 사소한 데 신경쓰지 말구.

She's not sure how long she'll keep at her music.
얼마나 오랫동안 음악을 계속할지 확신이 서지 않았다.

keep after처럼 잔소리하거나 쫓아다니는 그림도 가능합니다.

He's very lazy and slow, so you always have to keep at him.
게으르고 느린 놈이라 언제나 잔소리를 해야 합니다.

She would keep at me until I agreed with her that it was my fault, all my fault. 그녀는 내가 잘못했다고, 몽땅 잘못했다고 인정할 때까지 귀찮게 굴곤 했다.

역시 keep after처럼 끊임없이 자극을 줄 수도 있습니다.

Judy would keep at Bundy with many questions, and even follow him into the toilets. 주디는 심지어 화장실까지 따라가면서 번디한테 질문 공세를 퍼붓곤 했다.

I do urge everyone here, please, to continue to engage positively in this discussion and keep at us with your ideas and suggestions. 여기 계신 모든 분들이 토론에 적극적으로 참여해서 아이디어와 의견을 끊임없이 제시해주시길 바랍니다.

전혀 다른 그림으로 일정 수준에 묶어두는 것일 수 있습니다.

The government managed to keep the inflation at below 6% in 2005.

정부는 2005년 인플레를 6% 아래에 잡아둘 수 있었다.

We need to buy up as many soy beans as necessary to keep the price at $1 per kilo. 킬로당 1달러가 될 때까지 콩을 사들여야 한다.

It may be necessary to cut down his food ration to keep him at his optimum weight. 음식량을 줄여서 최적의 체중을 유지하도록 할 필요가 있다.

While it's important to keep the North Koreans at the negotiating table, it's also important that they don't dictate the terms of any agreement. 북한을 협상 테이블에 잡아두는 것도 중요하지만 어떤 합의 조건도 그들이 들이밀게 해서는 안 된다.

06 keep away 거리를 두다

멀찌감치 떨어져 있는 상태를 유지하는 그림입니다.

To keep away mosquitoes during picnics outdoors, burn weeds. 야외로 소풍을 갔을 때 모기가 가까이 못 오게 하려면 잡초를 태우면 된다.

Store these sheets in a suitcase to keep away the risk of moisture damage. 이 이불들 가방에 넣어 보관해야 습기로 훼손되는 걸 막을 수 있어.

Place candles where they will not be knocked over and keep them away from curtains and decorations. 초는 커튼이나 장식품에서 멀리 떨어뜨려 넘어지지 않을 만한 곳에 두어야 한다.

비유적으로 근처에 가지 못하도록 막는 것일 수도 있습니다.

Don't let your asthma keep you away from sports or activities you love. 천식에 걸렸다고 스포츠 등 좋아하는 활동을 멈출 필요는 없습니다.

스스로 떨어져 나와 있는 그림도 가능합니다.

> Keep away from those who try to belittle your ambitions. Small people always do that, but the really great make you believe that you too can become great.
> 당신의 야망을 경시하는 자들을 멀리 하라. 언제나 그런 행동을 하는 건 소인배들이며, 진정 위대한 사람은 당신도 위대해질 수 있다고 믿게 만든다.
> – *Mark Twain*
>
> In the event of an earthquake, if you are in a car, pull over to the side of the road and keep away from bridges and high-level roads.
> 지진이 났을 때 차 안에 있다면 갓길에 차를 세우고 다리나 고가도로를 피하라.

07 keep back 뒤로 가 있다

앞에 나오지 않고 뒤에 있는 그림입니다.

> Everyone, keep back! The tree can collapse anytime.
> 모두 물러서요! 나무가 언제 쓰러질지 몰라요.
>
> Tell bystanders to keep back at least 10 meters from the building.
> 행인들한테 건물에서 최소한 10미터 떨어지라고 해.

눈물이 나오지 못하도록 막는 것도 가능합니다.

> Bundy nodded and looked away from her, blinking furiously to try and keep back the tears that were threatening to spill over. 번디는 고개를 끄덕이며 얼굴을 돌렸다. 눈물이 흘러넘치려는 것을 눈을 연신 깜빡여 참으면서.

학생을 못 나가게 하면 유급시키는 겁니다. hold back과 같은 그림이지요.

> My son is competing with kids in his class that are sometimes 18 months older than him. Should I keep my son back a year? 아들이 학교에서 심지어 18개월 나이가 많은 아이들과 경쟁할 때도 있어요. 한 학년 유급시켜야 할까요?

다 쓰지 않고 남겨두는 것도 가능하지요.

We should keep back some money in case of an emergency.
비상시를 대비해서 돈을 좀 저축해둬야지.
Mom kept some food back for us. 우리 주려고 어머니께서 음식을 좀 남겨두셨다.
The Egyptians built dams to keep back water for dry seasons.
이집트인들은 건기에 쓸 물을 저장할 댐을 쌓았다.

똑같은 단어와 형태라고 하더라도 의미를 결정짓는 건 문맥이라는 걸 절대 잊어서는 안 됩니다. 다음 문장은 앞 문장과 형태가 같지만 의미는 전혀 다르거든요.

He has spent a year and about 40 thousand dollars trying to flood-proof his place. He raised the house about 5-feet, filled in the area with dirt and built a concrete wall to keep back water from a nearby wetland. 그는 1년 동안 4만 달러를 들여서 집에 홍수방지 설비를 했다. 집을 5피트 정도 높이고 주위를 흙으로 채웠으며 콘크리트 담을 쌓아 주변 습지에서 들어오는 물을 막았다.

이전 문장에서는 물을 다 쓰지 않고 뒷전에 남겨두는 그림이지만 여기서는 물이 전진하지 못하도록 뒤로 밀어내는 그림이어야 합니다.
비유적으로 사실 따위가 앞에 나오지 못하게 감추는 그림이 될 수 있습니다.

I don't keep anything back from you. I always level with you.
난 너한테 감추는 거 없어. 언제나 솔직하잖아.

08 keep down 밑으로 눌러두다

위로 올라오지 못하도록 하는 그림입니다.

Just as I was about to stand up, he pushed me down by my shoulders and kept me down.
일어서려 하자 그는 어깨를 잡아 나를 눌러 내리더니 일어서지 못하게 했다.
Flu kept me down for two weeks. 독감으로 2주 동안 앓아 누웠다.

계량화해서 수치가 커질 수 있는 건 모두 사용 가능합니다.

> I hope they keep down the price of gas. 휘발유 가격을 못 오르게 하면 좋으련만.
> What is the best way to keep down the temperature inside my computer? 컴퓨터 내부 온도가 올라가는 걸 막으려면 어떤 방법이 제일 좋을까?
> Measures should be taken to keep down the noise at bus terminals. 버스터미널 소음을 줄이기 위한 조치가 있어야 한다.
> Keep the volume down on your stereo! 오디오 소리 좀 줄여!

소리에 대해서는 거시기 it을 쓰기도 합니다.

> I called Security to ask them to try to keep it down. It was 3:00 a.m. and they were partying. 경비를 불러 조용히 시켜달라고 했다. 새벽 3시에 파티를 하다니.

성장을 막는 것도 가능하겠지요.

> If the stuff helped to keep down weeds, it might also help keep down the grass. 잡초 성장을 억제하는 물질이라면 잔디 역시 자라지 못하게 할 가능성이 있다.
> Good ventilation with a constant replenishment of fresh air will help keep down molds as well. 신선한 공기를 끊임없이 바꿔넣어 통풍이 잘 되게 하면 곰팡이 스는 걸 막을 수 있다.
> Exercise is the best way to keep down your weight. 몸무게 줄이는 데는 운동이 최고다.

비유적으로 부정문에 사용하면 발전을 막는 그림이 될 수도 있습니다.

> Acquiring knowledge to better ourselves is the only way to subvert a system that has kept us down. 지식을 습득해 자신을 발전시키는 것만이 우리를 억눌러온 체제를 전복시킬 수 있는 유일한 방법이다.
> His disability has never kept him down. 장애가 있다고 해서 물러서지 않았다.
> Don't let anyone ever keep you down. Keep your head up. 누구한테도 지지 말라구. 꿋꿋하게 살아.

뭔가 먹은 상태를 유지하려면 뱃속에 꾹 눌러둬야 하지요. 부정문에 사용하면 뭔가

먹지 못한다는 그림입니다.

He had flu symptoms for 4 days and was unable to keep down even water. 4일 동안 독감 증세가 있어 물 한 모금 넘기질 못했다.

09 keep from 분리된 상태를 유지하다

떨어뜨려놓고 다시 합쳐지지 못하도록 하는 그림입니다.

Nothing can keep me from you. 너한테서 날 떼어놓을 순 없어.

주로 감추거나 어떤 행동을 못하게 하는 상황에 활용합니다.

I didn't wish to keep the letter from you. 니가 편지 못 보게 하려던 건 아니었어.
You can't keep yourself from the truth. He's your father.
진실을 외면할 순 없어. 그 사람은 니 아버지니까.
As much as the family tried to keep the news from me, I knew I didn't have long to live.
가족들이 알려주지 않으려고 했지만 살 날이 얼마 남지 않았다는 걸 알고 있었다.
Nothing seems to keep me from imagining my wife's relationships with other men before our marriage.
결혼 전 아내의 다른 남자들과의 관계에 대해 상상을 안 할 수가 없다.
If I slip, the ropes will keep me from falling.
미끄러져도 밧줄 덕분에 떨어지지 않을 거야.
Don't let money problems keep you from learning skills.
돈 때문에 새로운 기술 습득을 게을리해서는 안 된다.

뭔가를 하지 않거나 참는 그림일 수도 있습니다.

What do you guys do to keep yourself from the booze?
니들은 술 끊으려면 어떻게 하는데?
It's impossible to keep from smoking when everyone around me is

smoking. 주변 사람이 다 피우는데 나만 담배를 안 피울 수가 없다.

뭔가 막는 것도 가능하지요.

How do I keep from becoming overweight? I'd say eat healthy foods, don't eat that much, and exercise.
어떻게 하면 비만이 안 될까? 건강하게 먹고 과식 안 하고 운동하면 되겠지.

How can I keep from injuring my back while lifting?
물건을 들 때 허리를 다치지 않으려면 어떻게 해야 될까?

How do I keep spammers from getting my e-mail address? Every day I get ten pieces of spam, and it is driving me up a wall! What can I do to keep from getting spam?
스패머들이 내 이메일 주소를 알지 못하게 하려면 어떻게 하면 될까? 매일 10통이나 되는 스팸 메일을 받아 돌아버리겠다. 스팸 메일 안 받으려면 어떡하면 되지?

Some people use condoms to keep from getting infected with HIV through sexual activity.
성생활을 할 때 HIV 바이러스에 감염되지 않도록 콘돔을 사용하는 사람들도 있다.

10 keep off 거리를 유지하다

접촉하지 않는 상태를 유지하는 그림입니다.

Keep off my backyard. / Keep off the grass.
뒷마당에 들어오지 마시오. / 잔디에 들어가지 마시오.

남의 영역이나 잔디에 들어가지 않고 있는 상태(off)를 유지하는 그림입니다.

If an ambulance, fire engine, police or other emergency vehicle approaches using flashing headlights, keep off the road.
구급차, 소방차, 경찰차 등 비상 차량이 전조등을 쏴대며 접근하면 길에서 비켜나 있어야 한다.

You shouldn't stop exercising if you want to keep off your lost weight.
빠진 살이 다시 찌지 않으려면 운동을 멈춰서는 안 된다.

살이 빠지면 몸과 분리(off)되지요. 이 상태를
유지하는 겁니다.

We did everything we could to keep him off drugs. 마약에 손대지 못하게 하려고 수단 방법을 가리지 않았다.

I figure the best thing we can do for our son is keep him off the streets and out of trouble. 우리 아들에게 해줄 수 있는 최선의 방법은 밖에 싸돌아다니지 못하게 해서 말썽 피우지 않도록 하는 거다.

범죄자를 거리에서 몰아내는 그림을 순서대로 그려봅시다.

We should get those criminals off the streets. → We took those criminals off the streets. → Now we need to keep those criminals off the streets.

거리에서 범법자들을 몰아내야 한다. → 몰아냈다. → 다시 발붙이지 못하게 해야 한다.

get을 쓰면 범법자를 마치 손으로 거리에서 떼어내는(off) 그림을 그려야 하고, take를 쓴다면 더 강하게 낚아채는 그림을, keep을 쓰면 이미 떨어져 나온 상태를 유지해서 다시 발붙이지 못하게 하는 그림을 그려야 하는 겁니다.
이처럼 어디서 off하느냐는 역시 상상력에 달려 있습니다.

His wife's death would not keep him off the stage.
아내의 죽음에도 불구하고 그는 무대에 설것이다.
They bribed him to keep him off the witness stand.
증인석에 서지 못하도록 뇌물을 썼다.
The mistake cost the player a broken shoulder that will keep him off the field for at least half the regular season.
그 선수는 실수로 어깨가 부러져 정규 시즌의 절반 이상의 경기를 뛰지 못하게 됐다.

11 keep on 끊이지 않고 계속하다

연결된 상태를 유지하는 것으로 뭔가 끊임없이 계속하는 걸 말합니다.
예를 들어, 길을 하나 골라 샛길로 빠지지 않고 죽 가는 그림을 그리면 이해하기 쉽습니다.

Keep on that road until you have reached a second traffic light where you turn left heading for the North.
이 길을 따라 죽 가다가 두 번째 신호등이 나오면 왼쪽으로 돌아 북쪽으로 향하세요.
Find out what interests you and keep on that subject.
관심이 가는 걸 골라서 꾸준히 해봐.
Hey, don't look back. Keep on moving. 야, 돌아보지 마. 계속 움직여.
If you don't interrupt the person, he keeps on talking. If you do interrupt him, he resents it and tension develops. 그런 인간은 말리지 않으면 말이 끝나지 않는다. 그렇다고 말리면 화를 내고 긴장감이 싹튼다.

keep on with로 써도 그림은 같습니다. 함께 죽 가는 그림이니까요.

Keep on with this road until you meet the next junction and then make a right turn. 이 길 따라 죽 가다가 다음 교차로 나오면 오른쪽으로 도세요.
The answer to weight loss is not a pill that will "melt away fat" while you keep on with the same habits that got you overweight in the first place.
체중 감량에 대한 해답은 '지방을 녹여버리는' 약이 아니다. 애초에 과체중이 되게 만든 식습관을 그대로 유지하면 아무 효과가 없기 때문이다.

누군가를 어딘가에 붙은 상태로 유지하는 그림도 가능합니다. 특정 지위를 주고 붙여두는 그림입니다.

I respect and value Judy's expertise greatly and will keep her on as my personal advisor. 주디의 전문지식을 높이 사서 계속 내 개인 고문으로 둘 생각이다.
I evaluated his record, his performance and his stature in the industry

and I elected to keep him on as manager.
그 사람 업계에서의 경력과 능력, 위상 등을 평가해보고 계속 관리자로 두기로 했어.

Even though Jack urged her to drop Reid, Julia decided to keep him on as his therapist.
잭은 레이드를 자르라고 했지만 줄리아는 계속 그에게 치료를 받기로 했다.

12 keep out 밖에 있다 | 내어놓다

외부 공간에 있는 상태를 유지하는 그림입니다.

Keep Out, Attack Dog inside. 출입금지. 사나운 개 있음.

외부인이 밖에 있는 상태를 유지라는 건 들어오지 말라는 말이지요.

Some say that Microsoft spends billions of dollars to keep out the hackers. 마이크로소프트가 해커의 침입을 막기 위해 수십억 달러의 돈을 쏟아 붓는다고 말하는 이들도 있다.

비유적으로도 막아낸다는 의미로 씁니다.

Farmers say they buy chicks from authorized sellers to keep out bird flu. 농가에서는 조류독감을 막기 위해 공인된 판매원한테만 병아리를 산다고 한다.

If you must keep pets in the house, at least keep them out of your child's bedroom. 애완동물을 집에 들여놓아야 한다면 아이들 침실만큼은 못 들어가게 하세요. (of를 붙여 어느 공간에서 몰아내는 건지 나타낼 수도 있습니다.)

The best armor is to keep out of range. 최고의 갑옷은 사정거리에서 벗어나는 것이다. (keep out of range라고 하면 사정거리(range) 밖에 있는 상태를 유지하는 겁니다.)

Don't leave cigarettes lying around. Keep them out of reach of children. 담배를 아무 데나 두지 마세요. 아이들 손이 미치지 않는 곳에 둬야 합니다. (reach는 손을 뻗어 닿는 영역을 말합니다. 여기서 벗어나면 건드리지 못하는 상태가 되지요.)

We need to try and keep the kids out of this argument.
애들은 이 논쟁에서 빼자구.

13 keep to 방향을 유지하다

달라붙어 있거나 방향을 틀지 않고 유지하는 그림입니다.

Keep to the leftmost lane until you come to the next traffic light.
다음 신호등 나올 때까지 제일 왼쪽 차선으로 붙으세요.

차선처럼 샛길로 빠지지 않고 죽 가는 그림이 중요합니다.

Home renovations should keep to original style to retain value.
집을 새단장한다고 해도 원래 스타일은 유지해야 가치를 잃지 않을 것이다.

Don't use too many images if you want your site to look good and try to keep to a single style across your website. 사이트를 보기 좋게 만들려면 이미지를 너무 많이 쓰지 말고 웹 사이트 전체를 한 가지 스타일로 통일해봐.

Keep to the script! Don't improvise! 대본 대로 해! 애드립 치지 말고!

결국 정해진 대로 지키는 그림도 되지요.

Some motorists complain that it is difficult to keep to the speed limit on highways. 일부 운전자들은 고속도로에서 속도 제한을 지키기 어렵다고 불평한다.

If you want to lose weight, it is best to separate eating from other activities, as this helps you keep to your planned eating for the day. 살을 빼고 싶으면 먹을 때랑 다른 활동을 구별하는 게 최선의 방법이다. 그래야 하루 정해진 끼니 때만 식사를 할 수 있기 때문이다.

자기 자신한테만 방향을 틀고 있다면 말수도 적고 내향적인 사람이겠지요.

When you're depressed you tend to keep to yourself.
사람이란 우울할 땐 내향적이 되기 쉽다.

You can't be popular if you keep to yourself all the time and never smile or talk! 항상 혼자 입 다물고 웃지도 않고 말도 안 하고 지내면 인기가 있을 수 없지!

Are you outgoing or do you keep to yourself? 외향적이세요, 내향적이세요?

뭔가 꼭 붙들고 말하지 않거나 보여주지 않는 그림도 됩니다. 품에 꼭 감추고 있는 그림을 그리면 됩니다.

Note which promises you keep to yourself and which ones you break. Patterns will begin to emerge. This is where you encounter the real value of goal setting. 어떤 약속을 지키고 깨는지 관심을 기울여보세요. 일정 패턴이 보일 겁니다. 바로 여기서 목표 설정의 진정한 가치를 찾을 수 있습니다.

If you had a secret you positively could not keep to yourself, who would you tell? 혼자만 알고 있을 수 없는 비밀이 있다면 누구한테 말할래?

No matter how justified your negative feelings toward a former employer or associate might be, keep them to yourself. Say something nice or nothing at all. 전 직원이나 동료에게 아무리 정당한 악감정을 품고 있다고 해도 입을 다물어라. 좋은 말만 해주거나 아무 말도 안 하는 게 낫다.

14 keep together 붙여두다

두 손을 꼭 잡고 있는 그림을 그리면 되겠지요.

You can use some wood glue to keep the pieces together.
이 부품들 붙이려면 나무 접착제 조금 쓰면 돼.

비유적으로 부서지지 않도록 꼭 붙들고 있는 그림도 됩니다.

Rich or poor, we will keep together and be happy as one.
돈이 많든 적든, 우린 헤어지지 않을 거고 하나가 되어 행복하게 살 거야.

Love will always keep us together, dear.
사랑으로 우린 언제나 하나가 될 거야, 여보.

Bundy and Judy make an awesome couple on the show, so keep them together!
(드라마를 보고) 번디랑 주디 너무 멋있는 커플이에요! 헤어지지 말게 해주세요!

My wife and I did all we could do to keep together our marriage of nearly 30 years. We talked and talked. We went to counselors. We tried, but we failed. 아내와 나는 거의 30년 동안 우리 결혼을 지켜내려고 무던히 애를 썼다. 대화도 수없이 나눴고 전문가한테 상담도 받았다. 노력했지만 결국 실패했다.

15 keep up 올려놓다 | 완전한 상태를 유지하다

계량화할 수 있는 뭔가를 수치가 큰 상태를 유지하거나 떨어뜨리지 않고 들고 있는 그림입니다.

> Keep your chin up, as if you were holding an orange between your chin and neck. 턱이랑 목 사이에 오렌지 끼우고 있는 것처럼 턱을 들고 있으세요.

잠 안 자고 버티는 것도 up의 그림입니다.

> I need to stay awake for the next 24 hours. What is the best way to keep me up? 앞으로 24시간 동안 깨 있어야 하는데 안 자고 버티려면 어떤 방법이 제일 좋을까?
> A good book will keep me up at night. 좋은 책을 읽으면 밤에 안 자게 되지.

품질을 떨어뜨리지 않고 유지하는 그림을 그려봅시다. 느슨해지려는 줄을 잡아 당겨 꽉 조이는 그림을 그리면 됩니다.

> Saudi Arabia vows to keep up the fight on terror. 사우디 아라비아는 테러와의 싸움을 늦추지 않겠다고 맹세했다.
> Keep up your exercise even when it's hot. 더워도 운동을 꾸준히 하세요.
> It must be hard at times to keep up your creativity of coming up with new stories. 새로운 이야기를 만들어내며 계속 독창적인 능력을 유지한다는 게 때론 쉽지 않을 거다.

일을 잘했다고 칭찬할 때 쓰는 표현도 모두 up이 들어가는데요. 일의 질을 높은 상태(up)로 유지하라는 겁니다.

Keep up the good [brilliant / great / awesome] work.
정말 잘했어. 계속 잘해주게.

The guitarist seemed struggling to keep up with the drummer.
기타 연주자가 드럼 연주자의 연주를 따라가기 버거운 것 같았다. (누군가 달려가면 그 뒤를 바짝 쫓는 그림이 keep up with someone입니다. up은 일직선의 한 쪽 끝에서 다른 쪽 끝으로 바짝 가까워지는 그림이 있으니까요.)

Wages for low-income workers are not rising fast enough to keep up with inflation. 저임금 노동자들의 임금은 인플레에 비해 너무 느리게 오른다. (인플레는 마구 달려가는데 임금은 헉헉거리며 기어가는 그림이지요.)

Online retail sites are struggling to keep up with consumer demand during the first week of the holiday shopping season.
온라인 상점들은 명절 쇼핑철 첫 주에 고객 수요를 맞추려고 애쓰고 있다.

I want to read all the error messages that my computer throws at me, but there are so many that I can't keep up.
컴퓨터가 쏟아내는 오류 메시지를 다 읽어보고 싶은데 너무 빨라 따라잡을 수가 없다.

Most Americans want to keep up with new and different technologies.
대부분의 미국인들은 새롭고 색다른 기술을 놓치지 않길 바란다.

16 keep with 누군가에게 맡겨두다

맡기는 대상을 with로 나타내는 그림입니다.

I've decided to keep the money with the bank. 돈을 은행에 맡기기로 했다.
Always keep your money with you while traveling.
여행할 때 항상 돈을 몸에 지니고 다니세요.

17 keep within 안에 가둬두다

특정 공간에 가둔 다음 못 나오게 하는 그림입니다. 제한하는 것이지요.

Diet is considered by doctors as one of the most effective ways to keep within a healthy cholesterol level. 의사들은 식이요법이 콜레스테롤 수치를 건강한 수준으로 유지하는 가장 효과적인 방법 중 하나라고 말한다.

You need to learn how to keep within your budget without compromising the quality of your life. 삶의 질을 포기하지 않으면서도 예산을 맞출 수 있는 방법을 배워야 한다. (예산의 한도를 벗어나지 않는 그림입니다.)

Officers must always remember that it is their duty to enforce the law fairly and impartially, and that in enforcing it must themselves keep within the law. 경찰관들은 법을 공명정대하게 시행하고 법을 시행함에 있어 자신들이 먼저 법을 지켜야 한다는 사실을 명심해야 한다.

법의 테두리 안에 있는 그림으로 이 테두리를 벗어나면 위법이겠지요. 규칙도 마찬가질 겁니다.

I have a simple set of rules which I try to keep within when dating women. 난 여자랑 데이트할 때 지키려고 하는 간단한 규칙들이 있어.

keep

01 keep company with someone

company는 누군가와 함께 있는 겁니다. 이 상태를 유지하면 곁에 있어주는 것이지요. 친구를 사귀는 것도 마찬가집니다. 좋은 친구냐 나쁜 친구냐에 따라 good/bad를 붙여 쓰기도 합니다.

If we keep company with people who are immoral or greedy, they will soon deprive us of our good habits.
비도덕적이거나 탐욕스런 사람들과 사귀면, 우리의 좋은 습성도 곧 빼앗기게 될 것이다.

Is it prudent for a girl of twenty to keep company with a man who is twenty years older than she is?
스무 살짜리 여자애가 스무 살이나 더 많은 남자와 사귀는 게 잘하는 짓이니?

My parents would always admonish me to keep good company. My dad specially had a favorite saying, "Show me your friends and I'll tell you who you are." 부모님께서는 좋은 친구를 사귀라고 늘 강조하셨다. "친구를 보면 그 사람 됨됨이를 알 수 있다."는 말은 아버지가 특히 좋아하는 속담이었다.

If you keep bad company, people will call you an unintelligent or bad person because of your bad company.
나쁜 친구를 사귀면 그 나쁜 친구 때문에 사람들이 너를 어리석거나 나쁜 사람이라고 할 것이다.

02 keep one's eyes open[peeled]

눈을 감지 않은 상태로 유지하라는 건 경계를 늦추지 않거나 주의하라는 말입니다. keep one's eyes peeled는 조금 속된 말입니다.

Keep your eyes open for unattended packages and bags and report them to authorities. 주인 없는 물품이나 가방을 주의깊게 살펴 당국에 신고해주세요.
You should keep your eyes peeled for opportunities like this.
눈 까뒤집고 이런 기회를 기다려야지.

keep an eye on someone[something] 또는 keep an eye out for someone[something]이라고 해도 같은 말입니다. 한쪽 눈은 꼭 뭔가를 지켜보라는 그림이니까요.

Keep an eye on me and nudge me if I fall asleep.
날 잘 살펴보고 있다가 잠들면 쿡 찌르라구.
Japan has launched at least 24 satellites to keep an eye on North Korea. 일본은 북한을 감시하기 위해 최소한 24개의 위성을 쏘아 올렸다.
As you drive, keep an eye out for the pedestrians.
운전할 때 보행자 조심하라구.
Besides getting your mail and newspapers when you're on vacation, your neighbors can keep an eye out for suspicious activity around your apartment and alert the police if they see any.
휴가철에 집을 비운 사이 우편물이나 신문 받아주는 것 말고도 이웃은 아파트 주변에서 수상하게 행동하는 사람이 있으면 경찰에 신고해줄 수도 있다.

03 keep one's fingers crossed

중지와 검지를 꼬고 있으면 행운이 깃든다는 깜찍한 미신으로, 행운을 빈다는 말입니다.

I'll keep my fingers crossed for you. 행운 빌어줄게.
Keep your fingers crossed for me that I don't lose my job today.
오늘 나 직장에서 쫓겨나지 않도록 행운을 빌어줘.

04 keep one's distance from someone[something]

거리를 유지하는 그림입니다.

Keep your distance from the car ahead. 앞 차와 거리를 유지하세요.

비유적으로도 사용됩니다.

Keep your distance from people who have colds, especially when they cough or sneeze.
감기 걸린 사람들을 멀리하세요. 특히 기침을 하거나 재채기를 할 때는요.

05 keep in touch

접촉(touch)한 상태를 유지하는 것입니다. 연락을 끊지 않고 유지하는 그림입니다.

It's been a pleasure meeting you. Let's keep in touch.
만나서 반가웠다. 연락하고 지내자.
I still keep in touch with high school and college friends.
아직도 고등학교랑 대학교 친구들이랑 연락하고 지내.

비유적으로 뒤쳐지지 않는 그림이 될 수도 있습니다.

The website will help you keep in touch with all the latest news on your favorite celebrities.
이 웹 사이트에서 니가 좋아하는 연예인에 관한 최신 뉴스를 빼먹지 않고 볼 수 있어.

06 keep someone in the dark

누군가를 어두운 상태로 유지하면 아무것도 모르게 하는 겁니다.

My husband kept me in the dark about his unhappiness, so I thought our marriage was working! 내 남편은 자신의 불행에 대해 철저히 비밀로 했어요. 그래서 우리 결혼이 아무 문제 없다고 생각한 것이지요!
His avoidance of doctors had apparently kept him in the dark about a perilous blood pressure problem, and he suffered a crippling cerebral hemorrhage in 1974. 병원 가길 싫어해서 위험천만한 혈압 문제를 까맣게 모르고 있었던 것이다. 결국 1974년 뇌출혈로 반신불수가 됐다.

07 keep in mind

마음 속에 담아두고 있는 그림이니 명심하라는 것이겠지요.

Keep in mind that these are my own translations, and you might translate them differently.
이건 내가 번역한 것이라는 걸 잊지 마. 넌 다르게 번역할 수도 있거든.
Here are some things to keep in mind when you are deciding whether or not to lease a car. 차를 빌릴 것인지 말 것인지 결정할 때 염두에 둘 사항들이야.
You should have as much information as possible about your audience, and you should keep it in mind as you prepare your speech.
청중에 대해 최대한 많은 정보를 갖고 연설을 준비하면서 항상 그 정보를 염두에 둬야 한다.

08 keep one's hands off

손을 뗀 상태를 유지하라는 겁니다. 손대지 말라는 거지요.

Keep your hands off my money! 내 돈에서 손 떼!
When riding a bike, keep your hands off the brakes. Why? Even slight use of the brakes at the inappropriate time can throw you off balance.
자전거 탈 때 브레이크에서 손을 떼야 한다. 왜냐구? 조금이라도 잘못된 순간에 브레이크를 조작하다간 균형을 잃고 넘어질 수 있기 때문이다.

09 keep one's shirt[pants] on

수영장에 가기도 전에 셔츠부터 벗는 성급한 그림을 그리면 됩니다. 서둘지 말라는 겁니다.

Keep your shirt on, Harry. We have plenty of time to catch the train.
해리, 서둘지 마. 기차 탈 시간 충분하다구.
Keep your shirt on. I'll be with you in a minute.
좀 기다려. 금방 갈게.

shirt 대신 pants를 쓰기도 합니다.

I don't think the DVDs will be out for a little while, so just keep your pants on for now. DVD가 나오려면 좀 걸릴 것 같으니까 애태우지 말고 기다리라구.

10 keep the lid on something

뚜껑을 닫아두는 그림입니다.

Keep the lid on until the pan is completely cooled.
냄비가 완전히 식을 때까지 뚜껑을 닫아두세요.

비유적으로는 사건을 은폐하는 것도 가능합니다.

Nixon couldn't keep the lid on Watergate.
닉슨 전 대통령은 워터게이트 사건을 은폐하지 못했다.

더 오르지 못하도록 막는 역할도 합니다.

> The Federal Reserve Board has recently boosted interest rates, which serves to keep the lid on inflation.
> 연방준비위원회는 최근 인플레를 막기 위해 금리를 올렸다.

11 keep someone posted

post는 누군가에게 소식을 알리는 겁니다. 소식을 알리는 상태를 계속 유지하면 끊임없이 알려주는 것이지요.

> Sign up for automatic e-mail notification and we will keep you posted on new products. 자동 이메일 알림을 신청하시면 신상품이 나올 때마다 알려드립니다.
> Please keep us posted on her condition. 그녀의 상태가 어떤지 계속 알려주세요.
> Keep us posted on how things are going.
> 일이 어떻게 진행되고 있는지 계속 알려주세요.

12 for keeps

잠깐 만져보는 게 아니라 갖는 그림입니다. 장난삼아 가지고 노는 정도가 아니라 영원히 고이 간직할 것이라는 진지함이 깔려 있지요.

> I am actually in a long term relationship with a guy. We're playing for keeps. 한 남자랑 오래 사귀고 있어. 끝까지 갈 생각이야.
> If you follow my advice whenever you have an urge to smoke, you will quit for keeps! 담배 피고 싶을 때 내 충고를 따르면 영원히 끊게 될 거야!
> I want this marriage for keeps and not just for one year or two.
> 난 이 결혼이 한두 해 가고 마는 게 아니라 영원하길 바래.

진지함이 우선시 되는 그림도 있습니다.

You think this is a game or something? The trial is for keeps!
년 이게 무슨 장난인줄 아니? 제대로 재판하는 거라구!

You better not mess with that guy. He plays for keeps.
쟤 건드리지 않는 게 좋아. 막 가는 애야.

사람의 부정적인 성격에 대해 사용하면 '막 가는, 끝장을 보는' 성격을 말합니다.

13 Finders keepers, losers weepers!

말 그대로 찾은 사람이 임자고 잃어버린 사람은 울게 된다는 건데요. '주운 사람이 임자' 라는 우리말과 일맥상통합니다. Finders keepers!라고만 쓰기도 합니다.

I found a wallet with money in it. I don't care who it belongs to. Finders keepers, losers weepers!
돈이 든 지갑을 주웠어. 누구 건지 신경 안 써. 주운 놈이 임자지 뭐.

*fix 꾹 눌러둬!

칠판에 테이프로 일정표를 붙여놓았는데 자꾸 떨어집니다. 압정으로 단단히 고정시킵니다. — 움직이지 못하도록 고정시키는 fix의 그림입니다.

fix는 다시 움직이지 못하게 원하는 자리에 고정을 시키는 그림입니다. 실제로 사물을 고정시키는 것일 수도 있고 시선과 같이 보이지 않는 것을 특정 위치에 고정시키는 것일 수도 있습니다. 문제가 생기는 건 제자리를 지켜야 할 것들이 제 위치를 벗어나기 때문입니다. 문제를 해결하려면 제위치를 찾게 해줘야겠지요. 그래서 문제를 해결할 때도 fix를 씁니다.

뭔가 고장이 나는 것 역시 문제와 마찬가지로 부품들이 제 할 일을 다 못하기 때문인 거니까 제자리를 찾아 고정시켜주면 되지요. 이 때 역시 fix를 씁니다. 뭔가 준비를 하는 경우도 머릿속에 이미 정해진 그림대로 행동하는 것을 말하고, 음식을 준비해 만들어주는 것도 원하는 자리에 해당 음식을 가져다놓는 그림에 지나지 않습니다. 한 발 더 나아가 운동 경기 등에서 결과를 이미 고정시켜 놓으면 조작을 하는 것이지요. 이 때 역시 fix를 쓸 수 있습니다.

fix와 set은 앞에서 살펴본 손으로 하는 짓의 아버지인 put을 조상으로 두고 있습니다. 손으로 뭔가 옮기는 그림을 좀더 정교하게 자리를 잡고(set) 여기서 좀더 나아가 고정시키는 그림(fix)으로 발전시킨 것이기 때문입니다. 당연히 세 동사의 쓰임새가 비슷해서 형태상으로는 큰 차이가 없습니다. 하지만 기본적인 문맥과 형태상의 유사성만 있기 때문에 fix와 set은 사촌지간으로 여기는 게 낫습니다.

기본 형태

고정을 시키는 대상이 있어야 하기 때문에 타동사로 사용되며 누군가에게 음식을 만들어준다는 의미로 사용될 때는 만들어주는 대상과 음식이 한꺼번에 나올 수 있습니다.

I'll fix a shelf to the wall. 벽에 선반을 달 거야.
Let me fix you something to eat. 뭐 먹을 것 좀 만들어줄게.

fix 기본그림

 01 내 차에 선루프 다는 데 얼마나 들어요?

가장 기본적인 움직이지 않도록 고정시키는 그림입니다. 대부분 set과도 호환이 되지만 아예 움직이지 못하도록 고정을 하는 그림에는 fix가 더 어울리며 set은 제자리를 찾는 뉘앙스가 fix보다 강합니다.

I fixed my camera on a tripod to take a self-timer picture of the family.
삼각대에 카메라를 고정시키고 셀프 타이머로 가족사진을 찍었다.

A ventilator is fixed into the wall by steel bolts.
환풍기가 쇠볼트로 벽에 고정돼 있다.

It is also a good idea to fix a catch on the fridge door so that a child can't get their fingers trapped, or even worse, climb inside. 냉장고 문에 걸쇠를 달아 어린아이 손이 끼이거나 안으로 들어가는 것을 막는 것이 좋다.

The director threatened me that he would fix a tape on my mouth unless I stopped giggling during rehearsals. 감독이 내가 연습할 때 키득거린다고 조용하지 않으면 입에 반창고를 붙여버리겠다고 협박하더군.

How much does it cost to fix a sunroof on my car?

Let's see if you can fix a bayonet on the end of your rifle properly.
소총 끝에 제대로 대검을 착검할 수 있는지 어디 한번 보세.

bayonet 소총에 다는 대검

누군가를 총으로 겨냥하는 것도 고정시키는 그림이 될 수 있습니다.

He turned and fixed his machine gun on me.
그가 돌아서더니 기관총을 내게 겨눴다.

가격표를 가져다 붙여 가격을 고정시킬 수도 있지요.

If you fix the price below the market level, i.e., make an article cheaper, demand will almost always increase. At the same time it will become less profitable to produce the article, and supply will decrease.
가격을 시장 수준 이하로 고정시키면, 즉 물건 가격을 내리면 수요는 거의 대부분 증가하게 된다. 동시에 그 물건을 생산해봐야 이윤은 갈수록 줄고 따라서 공급은 감소하게 된다.

비유적으로 가치를 부여하는 것도 가능합니다.

It's hard to fix a value on something this valuable.
이렇게 값진 것에 가격을 매길 수가 없지.

환율제도에도 환율 변화를 시장경제 원리에 맡기는 변동 환율제(flexible[floating] exchange rate system)와 고정시켜놓는 고정 환율제(fixed[pegged] exchange rate system)가 있지요.

Under a fixed exchange rate system, nations agree to fix a value on their currency in terms of the dollar. 고정 환율제도는 당사국간에 달러 대비 자신들의 통화를 일정 가치 수준으로 묶어놓기로 합의하는 것이다.

특정 시각이니 날짜도 고정시킬 수 있습니다.

The military talks would gain momentum if both sides fix a date for the next round.
군사회담은 양측이 다음 회의 날짜를 정하기만 한다면 탄력을 받을 수 있을 텐데.

If the senator cannot speak immediately, be sure to fix a time when it

would be convenient to call back.
상원의원이 지금 당장 통화하기 곤란하다면 언제 다시 전화해도 될지 꼭 시간을 정하라구.

시선도 고정시킵니다.

My wife took her glass and fixed her frightened eyes on me.
아내가 잔을 들고 내게서 겁먹은 눈을 떼지 못했다.

시선을 고정시키는 건 당연해서 빼버리고 어떻게 쳐다봤는지만 나타내기도 합니다.

Jim fixed Nancy with a frown. 짐이 눈살을 찌푸리며 낸시를 쏘아봤다.

낸시를 frown하는 표정으로 꼼짝 못하게 만드는 그림을 그리면 되는 것이지요. 언뜻 어려워 보이지만 낸시를 다음처럼 바꿔보면 이해가 쉽습니다.

Jim fixed a board with a nail. 짐이 나무판을 못으로 고정시켰다.
John fixed me with a direct stare, which made her feel as if I had something to feel guilty about.
존이 대놓고 째려보더라구. 내가 뭐 죄책감이라도 느낄 짓을 했다는 듯이 말야.

마음을 고정시키면 흔들리지 않고 뭔가를 하는 것이겠지요.

Judy fixed her mind on the task before her.
주디는 주어진 업무에 온 마음을 쏟았다.

A-ha! moment

> Vittoria made some comment, but Langdon did not hear. His mind was fixed on the double doors before him, wondering what mysteries lay beyond.
> 비토리아가 뭔가 말했지만 랭던은 듣지 못했다. 그의 마음은 온통 자신의 눈 앞에 놓인 이중문에 쏠려 있었다. 이 문 너머에 무슨 미스터리가 숨어 있을 것인가.
>
> – *Angels & Demons (Dan Brown)*

온 정신을 어디엔가 고정시키고 있으면 주변에서 뭐라고 해도 듣지를 못하지요. 마음이나 머릿속에 고정시키면 어떻게 될까요? 두고두고 기억이 날 겁니다.

> Writing things down helps fix them in your mind, and helps you put your ideas in order. 필기를 하면 기억에 오래 남을 뿐 아니라 아이디어를 정리하기도 쉽지.
> The show had too many characters. Every time one of their names was mentioned, I tried to fix it in my head, but by the next scene I had forgotten again which one was which. 그 프로그램은 등장인물이 너무 많아. 사람 이름 말할 때마다 기억을 해두려고 노력하는데 다음 장면 넘어가면 누가 누군지 다 까먹어.

특징 따위도 고정이 됩니다. 한번 정해지면 움직이지 않으니까요.

> Sex characteristics are relatively fixed. Emphasis on relative! Because there are instances when sex can be altered. Generally, sex characteristics are fixed while gender characteristics are interchangeable, changeable and changing.
> 생물학적 성의 특징은 비교적 정해져 있다고 할 수 있다. 비교적이란 말에 주목! 그 이유는 성이 바뀔 수 있기 때문이다. 일반적으로 성의 특징은 정해져 있지만 남녀간 특징은 뒤바뀌기도 하고 바뀌기도 하고, 또 바뀌고 있다.

sex는 남성과 여성을 나누는 생물학적 기준입니다. 성전환 수술을 하지 않는 이상 바뀔 수 없지요. gender란 예를 들어 사회적으로 나누는 성별입니다. 남자가 할 일, 여자가 할 일 등 성별로 구분할 때 쓰는 기준이어서 sex와는 다릅니다.

이 문제 해결할 수 있어?

문제가 생기거나 고장이 나는 건 제자리를 벗어나거나 부품들이 제멋대로 움직이기 때문이라고 했지요. 두 가지 경우 모두 제자리를 찾아주면 문제가 해결됩니다. fix의 조상인 put과 사촌인 set도 비슷한 문맥에서 사용할 수 있습니다.

You need to put things right. → You need to set things right.
일을 바로잡아야 한다.

put과 set은 다시 움직이지 못하도록 고정을 시킨다는 뉘앙스가 약하기 때문에 다른 보조적인 표현(right)을 동원해야 하지만 fix는 이미 그런 뉘앙스가 포함돼 있기 때문에 혼자서도 잘합니다.

All the technology in the world can't fix our problem.
세상 모든 기술을 다 동원해도 우리 문제는 해결 못해.

To reformat your hard drive to fix this little problem is like chopping off your arm to fix a cut on your finger. 이 별것도 아닌 문제를 해결하겠다고 하드를 포맷하는 건 니 손가락에 생채기 났다고 팔을 잘라버리는 거랑 같아.

The battery's good, but the radio is dead. I think I can fix it, though.
배터리는 좋은데 무전기가 망가졌군. 그래도 고칠 수 있을 것 같아.

You'd better fix these typos in your report before handing it in.
보고서 제출하기 전에 오타 먼저 고치는 게 좋을 것 같은데.

I called a plumber to fix a leak in my ceiling coming from the upstairs bathroom shower. 위층 욕실 샤워기 때문에 천장 물 새는 걸 고치려고 배관공을 불렀다.

우리가 흔히 고장이라고 하지 않는 상황도 fix할 수 있습니다. 펑크난 타이어를 갈아 끼우는 것은 이해하기 쉽지요.

It is not too difficult to fix a tire on the side of the road, but it can take an hour or more of dirty, sweaty work if you do not have much practice.
길가에서 타이어 갈아끼우는 게 그리 어렵진 않지만 숙달되지 않았다면 한 시간 또는 그 이상을 기름때 묻혀가며 땀 뻘뻘 흘리고 일해야 한다.

Can you fix this problem? Just as you would use a patch to fix a hole in your pants, a software

patch fixes a little problem with a software application.
바지에 난 구멍을 헝겊조각으로 수선하듯 응용 소프트웨어에 생긴 작은 결함을 고치는 프로그램을 소프트웨어 패치(헝겊조각)라고 하는 것이다.

How long do you have to wear braces to fix a gap in your teeth?
이빨 사이 벌어진 틈 없애려면 치열교정기 얼마나 끼고 있어야 하는데? (치아 사이 벌어진 것도 제위치를 찾아줘야 정상이 됩니다.)

병이나 상처, 잘못된 화장, 머리도 고치지요. 버릇을 고쳐놓을 수도 있습니다.

The good news is that at this point I won't be requiring surgery to fix my broken back from the car accident last week. The bad news is that I'm stuck in this dumb brace for the next 5~6 weeks!
다행인 건 지금 상태론 지난 주 차 사고로 다친 허리 고치는 데 수술까지 할 필요는 없다는 거야.
문제는 이 짜증나는 보호대를 앞으로도 5~6주 더 끼고 살아야 한다는 거지!

I was really sick but the doctor fixed me right away.
무지 아팠는데 의사 선생님이 바로 낫게 해줬어.

Some people find it very rude to fix your makeup at the dinner table.
저녁 식탁에서 화장 고치는 걸 무례하다고 생각하는 사람들도 있어.

She smiled and tried to fix her hair with her fingers in the mirror.
미소를 짓더니 거울을 보며 손가락으로 머리를 매만졌다.

She wanted me to fix her hair in ponytails. 나보고 머리를 뒤로 묶어달라고 했다.
(머리를 어떤 형식으로 고정시키는지 in으로 나타낼 수 있습니다.)

Please, don't fix your hair in braids. Doesn't look good on you.
제발 머리 땋지 마. 너한테 안 어울려.

There's a real easy way to fix the kid. "Hello, Cable Company? I'd like to cancel my service. Yes, both cable and broadband."
아이들 버릇 고치는 거 진짜 간단해. "저기요, 케이블 회사지요? 케이블 끊어주세요. 그래요, TV랑 인터넷 둘 다!"

I'll fix them for messing up with my brother.
내 동생 이 모양으로 만들어놓은 놈들 가만 안 둘 거야.

cable 만으로 cable TV 를 나타낼 수 있으며 broadband는 광대역/초고속 인터넷(broadband Internet)을 줄인 말입니다.

애완동물에게 쓰면 새끼를 갖지 못하도록 중성화 수술을 했다는 의미가 됩니다.

Nari can't have puppies, you know. She's been fixed.
나리는 새끼 못 낳아. 수술했거든.

이처럼 잘못된 걸 고치는 데 있어 fix만큼 다재다능한 동사도 없습니다. 사람과의 관계에서 잘못된 것도 고쳐주거든요.

I'm trying to fix things with Nancy. We used to be real good friends.
낸시랑 화해하려고 노력중이야. 우린 좋은 친구였거든.

fix 03 샌드위치 하나 만들어줄래? 점심 먹을 시간이 없어.

준비를 하는 그림도 머릿속에 이미 정해진 대로 행동을 하는 것이고 음식을 만들어주는 경우도 원하는 자리에 음식을 가져다놓는 그림일 뿐입니다.

I went into the kitchen to fix a sandwich, but there was no bread left.
샌드위치 만들러 부엌에 들어갔는데 빵이 없었다.

For dinner I fixed steaks with salad.
저녁으로 샐러드를 곁들인 스테이크를 해먹었다.

He fixed a pot of coffee, and as he drank the first cup at the kitchen table he made an important decision.
커피를 한 주전자 끓여 부엌 식탁에서 첫 잔을 마시며 중요한 결정을 내렸다.

A-ha! moment

Fix me a sandwich, please. I don't have time for lunch.

Marge : You can sleep. It's early yet.
Husband : Gotta go?
Marge : Yeah.
Husband : I'll fix you some eggs.
Marge : It's okay, hon. I gotta run.
Husband : You gotta eat a breakfast, Marge.

> 마지 : 더 자요, 아직 일러요.
> 남편 : 가야 돼?
> 마지 : 네.
> 남편 : 계란 요리 좀 만들어줄게.
> 마지 : 괜찮아요, 여보, 빨리 가야 돼요.
> 남편 : 마지, 아침은 먹어야 하는 거라구.
>
> – Fargo

부부가 자고 있는데 새벽에 사건이 났다고 전화가 옵니다. 경찰서장인 임신한 아내는 남편에게 더 자라고 하지만 남편은 아침을 먹여 보내려고 애쓰는 장면입니다. breakfast에 관사가 붙은 건 일반적인 아침식사가 아니라 '아침이라는 건 먹어야 하는 것이다'의 의미로 대표 단수로 쓰인 겁니다.
일자리를 마련해주는 것도 같은 맥락입니다.

> When I came here my wife introduced me to the manager of a hotel and he fixed me with a job.
> 내가 이곳에 왔을 때 아내가 호텔 지배인한테 날 소개시켰고, 그 사람이 일자리를 마련해줬지.

04 fix 심판이 뇌물을 받고 경기를 조작했다.

결과를 정해놓고 경기를 치르게 한다는 건 결국 조작한다는 뜻이 되지요. 운동 경기뿐 아니라 여럿이 참가해서 순위를 결정짓는 것에는 모두 쓸 수 있습니다. 선거나 복권도 마찬가지지요.

> There are many ways these corrupt umpires use to fix a soccer match. A good example is to give a controversial penalty or allow an obvious offside to stand. 축구 경기를 조작하기 위해 부정한 심판이 쓸 수 있는 방법은 여러 가지다. 말도 안 되는 페널티를 주거나 명백한 오프사이드를 눈감아주는 것이 좋은 예다.

The opposition's bone of contention was that the election was fixed in favor of the ruling party.
야당이 문제삼는 핵심은 선거가 여당에 유리하게 조작됐다는 것이다.

Imagine a lottery where one billion people each bought a ticket. The chances of you winning are exactly 1 in a billion. Let's say that you win. How would you feel if someone claimed that the entire lottery was fixed just because someone he doesn't know won? 복권을 10억 명이 샀다고 쳐봐. 니가 당첨될 확률은 정확히 10억분의 1인 거야. 니가 이겼다고 해보자. 누군가 지가 전혀 모르는 놈이 복권에 당첨됐다고 복권 자체가 조작된 거라고 우기면 너 같으면 어떤 기분이겠니?

The referee took bribes to fix the match.

05 지구온난화 문제가 쉽게 해결될 수는 없지.

명사형으로 사용되는 fix는 해결책에서 출발합니다.

Something was definitely broken and no easy fix would help.
분명이 뭔가 고장났어. 간단히 해결될 문제가 아니야.

While a quick fix will make a problem go away in the short term, it can create more serious problems further down the road. 임시방편은 단기적으로는 문제를 해결할 수 있을지 몰라도 향후 더 큰 문제를 야기시킬 수도 있다.

중독성 물질을 먹거나 마시거나 하는 것도 fix라고 합니다. 예를 들어 커피 중독이나 니코틴 중독, 더 나아가 마약 중독이 돼 금단 현상이 오면 결국 해당 중독성 물질을 흡수해야 금단 현상이 해결되지요.

You're shaking like a leaf. You need a fix, don't you?
(중독물질이 몸에 부족해서) 사시나무 떨 듯 하고 있네. 너 한 방 필요한 거지?

커피 중독으로 커피를 오래 안 마시면 이상한 느낌이 드는데 이걸 커피를 마셔 해결하면 coffee fix라고 합니다.

There's no easy fix for global warming.

I don't feel right until I have a coffee fix first thing in the morning.
아침에 커피 한 잔 안 마시면 기분이 좋지 않아.

For us, the daily fix of caffeine is less a social pleasure than a survival necessity. 우리한테는 카페인을 매일 주입해주는 게 사회생활의 즐거움이라기보다는 생존을 위해 꼭 필요한 일이다.

니코틴 중독을 해결하려면 nicotine fix가 필요하지요.

Being nicotine-dependent is not easy to overcome. Your body is used to having a nicotine fix every few minutes. When this ceases to happen, your body starts to go into withdrawal and the craving for a smoke increases to a peak in about 20 minutes, and then slowly diminishes. Each time you light a cigarette you start the process all over again. You've done it tens of thousands of times and the pattern is very strong. It will take time to alter this pattern, but it can be done. 니코틴 중독은 극복하기 쉽지 않다. 몸이 몇 분마다 니코틴을 흡수하는 데 길들여져 있기 때문이다. 이걸 멈추면 몸이 금단 현상에 빠지게 되고 20분 정도가 지나면 흡연 욕구가 극에 달했다가 천천히 감소한다. 담배를 피울 때마다 이 과정이 처음부터 반복된다. 이미 수만 번 반복했기 때문에 굳어질 대로 굳어진 습관이다. 이 습관을 깨려면 시간이 걸리긴 해도 불가능한 건 아니다.

조작된 경기를 일컫기도 합니다.

When Joe, a Heavyweight was knocked out by Terry, in the second round, it was highly suspected that the match was a fix.
테리한테 헤비급 선수인 조가 2회 다운을 당하자 경기가 조작됐다는 의구심이 일었다.

The election was a fix, right from the start. 선거는 처음부터 조작된 것이었다.

영어로 말해보기

1. 실시간으로(in real time) 벌어지는 일을 녹화하기 위해 헬멧에 카메라를 달았다.
2. 모임 날짜를 정해야 해.
3. 그녀가 의심스럽다는 표정으로 날 쏘아봤다.
4. 몇 가지 문제를 해결하려고 짐을 데려왔어.
5. 이 핸드폰 좀 고쳐줄래?
6. 양말에 난 구멍 수선해줄게.
7. 경기는 미국 주자들에게 유리하도록 조작됐다.

1. I fixed a camera on my helmet to record events in real time.
2. We need to fix a date for the meeting.
3. She fixed me with a doubtful look.
4. I brought Jim in to fix a couple of problems.
5. Can you fix this cell phone for me?
6. Let me fix a hole in your sock.
7. The race has been fixed in favor of the American runners.

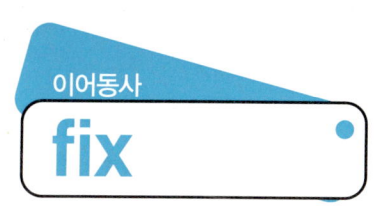

put이 조상이므로 put의 특성을 그대로 이어받습니다. 문장 형태도 거의 같지요.

01 fix on[onto] 표면에 고정하거나 고정시키다

어딘가에 접촉해서 고정시키는 그림입니다. 시선을 고정시킬 때 눈이 실제로 등장하지 않을 수도 있습니다. 일정을 고정하는 것도 됩니다.

Do not use glue to fix carpet onto the floor.
접착제를 사용해 카페트를 바닥에 고정시키면 안 됩니다.
The manufacturer fixed a label on their furniture giving his name and year of manufacture.
가구를 만든 사람이 가구에 자신의 이름과 제조년도를 알리는 라벨을 붙여놓았다.
Bundy was walking towards Judy in a casual way. Then I saw his eyes fix upon her.
번디가 주디한테 무덤덤하게 걸어갔어. 근데 주디한테서 눈을 떼지 못하더라구.
Judy turned her face in my direction. Her eyes seemed to fix on me. 주디가 내 쪽으로 얼굴을 돌렸다. 나한테 시선이 고정돼 있는 듯 했다.
We are still trying to fix on a date for the party. 아직도 파티 날짜 결정하려는 중이야.

한데 힘을 쏟자는 그림이 되기도 합니다.

Let's fix on making the possible happen rather than wasting time on what

can never happen.
가능한 일을 하는 데 힘을 쏟아야지. 불가능한 일에 시간 낭비하지 말고.

02 fix up 완전히 고정시키거나 고치다

기본적으로 fix만으로도 의미가 전달되지만 up으로 강조를 하는 경우입니다.

We waited for three hours for the doctors to fix her up.
의사들이 치료를 마치기까지 세 시간이나 기다렸다.
Bundy said he was going to fix up the car for you. 번디가 자동차 고쳐준대.
Added income allows us to fix up our homes, cover medical expenses, and provide an education for our children. 소득이 많아지면 집 문제도 해결할 수 있고, 의료 비용과 아이들 교육 문제 역시 처리할 수 있습니다.

마련해주거나 준비해주는 그림이 더 선명해지기도 합니다.

Judy can fix you up with a delicious frothy Cappuccino.
주디가 맛있고 거품이 많은 카푸치노 만들어줄 수 있을 거야.
What I'm going to do is fix you up with a temporary PC for a day or two while we fix your computer.
고객님의 컴퓨터를 수리하는 동안 임시로 사용하실 PC를 하루 이틀 정도 임대해드리겠습니다.
Go see Mr. Johnson. He might be able to fix you up with a job.
존슨 씨를 만나보게. 일자리를 마련해줄 수 있을지 몰라.

구어체에서는 사람과의 만남도 주선해줄 수 있지요.

Jane, can you fix me up with one of your friends?
제인, 니 친구 중 한 명 소개시켜줄 수 있어?
Recently, one of my friends fixed me up with a man she worked with.
최근에 친구 하나가 자기랑 같이 일하는 남자를 소개시켜줬어.

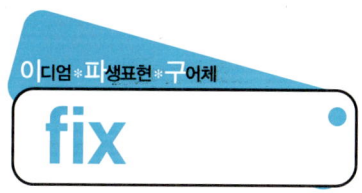

fix

01 in a fix

옴짝달싹할 수 없게 고정된 상태가 돼버리는 그림으로 곤경에 처한 걸 말합니다. 움직여서 곤란한 상태로 들어가는(into) 그림을 그릴 수도 있습니다.

The wind was blowing wild, and we were in a fix.
바람이 거세게 불어서 우린 곤경에 빠졌다.
I was in a fix to choose between two new models of cell phones.
새 휴대폰 모델 중에 뭘 고를지 난감했다.
If you ever get into a fix like your computer crashing, tech folks are there to help. 컴퓨터가 다운되는 상황 따위의 문제가 생기면 기술지원팀에서 도와줄 거야.

02 take[get] a fix

위치를 고정시키는 그림으로 뭔가의 위치를 정확히 파악하는 겁니다.

Bundy finally stopped and took a fix with the GPS. We were very close to the spot where we all got lost. 번디가 차를 멈추고 위치 추적시스템으로 위치를 파악했다. 우리가 길을 잃은 위치랑 굉장히 가까웠다.
The device is very reliable and generally takes just less than a minute to get a fix on your position.
이 기기 아주 믿을 만해. 니 위치를 확인하는 데 1분도 채 안 걸려.

비유적으로 여러 가지 중 하나를 집어내는 그림일 수도 있습니다.

The painter does so many styles well that one can't get a fix on his artistic personality. 그 화가는 워낙 많은 스타일을 소화하는 사람이라 그 사람 예술적 성향을 딱 꼬집어 말할 수가 없지.

03 to be fixing to do something

앞으로의 계획이나 준비 따위를 하는 구어체 표현입니다.

I was fixing to go to a meeting when Judy called.
주디가 전화했을 때 회의에 가려던 참이었다.
Dad and Mr. Smith locked their eyes, staring at each other, like they were fixing to start a fight.
아버지랑 스미스 씨는 서로를 쏘아보고 눈을 떼지 않았다. 싸움이라도 시작하려는 태세였다.
The guy raised a fist as if he was fixing to throw a punch.
펀치를 날리려는 듯 사내는 주먹을 들었다.
I'm fixing to retire next year. 내년에 은퇴할 계획이야.

04 fixed ideas

확고부동한 고정관념을 뜻합니다.

Older people have fixed ideas. 나이든 분들이 고정관념이 심하지.
Many usually have fixed ideas and fixed ways of doing things, but Bundy was trying to transcend those.
고정관념이나 틀에 박힌 사고방식을 가진 사람들이 많지만 번디는 이를 초월하려 애썼다.
Some people have fixed ideas about the sort of job that should be suitable for them and this often prevents them from finding a job that is actually suitable. 자신에게 적합한 일이 따로 있다는 고정관념을 가진 사람들도 있지만 사실은 이 때문에 정말 적합한 일을 못하는 경우도 있다.

05 fixed for life

1권에 나왔던 made for life와 마찬가지로 평생 안 움직이고도 먹고 살 만한 돈을 벌었다는 구어체 표현입니다.

> Seven series of *The X-Files* have left David Duchovny financially secure – "I'm fixed for life." He once, perhaps incautiously, remarked.
> 드라마 〈엑스파일〉의 주인공 데이빗 두코브니는 일곱 번째 시즌을 찍고 나서 금전적으로 안정이 됐다. 아마도 실수였겠지만 "평생 손가락 까딱 안 하고 살아도 될 정도로 벌었어요."라고 말한 적도 있다.

* set 자리 잡아줘!

외출했다 예쁜 꽃병을 하나 사왔습니다. 어디다 놓을까 고민하다가 식탁 위가 가장 어울릴 것 같아 거기 놓았습니다. — 자리를 잡아 주는 set 의 그림입니다.

> set 은 put보다 강하고 fix보다 약합니다. put이 별 생각없이 아무데나 둘 수 있는 그림이라면 set 은 어느 정도 정해져 있거나 어울리는 곳에 놓는 그림이고 fix는 특정 위치에 아예 고정시키는 그림입니다. 놓아둔 다음의 강도 면에서도 put은 언제든지 옮겨질 수 있지만 set 은 자리를 옮기면 어색해 보이고 fix는 고정된 상태라 꽤나 옮기기 힘들게 됩니다. 수치를 말할 때도 fix를 쓰면 고정을 시키는 그림이지만 set 이라고 하면 적당한 위치에 맞추는 그림이고, put은 제멋대로 움직일 수 있는 그림입니다. 똑같이 고정을 시키는 그림이라 해도 fix라면 고정시켜 움직이지 못하는 뉘앙스가 강하고 set 은 바로 그 위치가 제자리라는 느낌이 강합니다. 해가 지는 것을 set 이라고 하는 건 원래 해가 있던 자리로 돌아가는 그림 때문이라는 걸 염두에 두면 이해가 쉽겠지요.

기본 형태

자리를 잡아주는 대상이 필요하니 타동사로 주로 사용됩니다. 제자리를 잡아가는 그림이 될 때는 자동사로 쓰기도 합니다. 누군가에게 자리를 잡아줄 수도 있습니다.

I set the gun on the table. 총을 탁자에 내려놓았다.
The sun sets in the west. 해는 서쪽으로 진다.
I always set myself a new goal. 난 언제나 새 목표를 세운다.

set

 01 컵을 탁자에 내려놓으세요.

컵이 있어야 할 자리는 탁자라는 뉘앙스가 실려 있지만 손으로 들고 옮겨놓는 put의 성질을 그대로 물려받은 그림입니다. 그래서 대부분 put과 바꿔쓸 수 있는 경우입니다.

I went into my house and set the grocery bag down on the kitchen counter. 집에 들어가서 식품 봉투를 부엌 작업대에 올려놓았다.
Set your ladder on the side of your house so that you can safely access the roof. 사다리를 집 측면에 기대놓아야 안전하게 지붕에 올라갈 수 있습니다.
Don't set your bag on the floor at the airport. It can be easily snatched before you can react. 공항에서 가방을 바닥에 내려놓지 마세요. 손 쓸 겨를도 없이 날치기 당하기 십상입니다.

추상적인 개념도 옮겨놓을 수 있겠지요. 가치를 올려놓으면 그만한 가치를 인정하는 겁니다. 불 위에 올려놓거나 불을 가져다 대면 불을 붙이는 것이겠지요.

Like most historians, I set a high value on accurate information.
대부분의 역사학자들처럼 나도 정확한 정보에 높은 가치를 둔다.
It is not very hard to set your house on fire — all it takes is a match and something that burns easily.
집에 불 붙이는 거 어렵지 않다. 성냥이랑 쉽게 타는 것만 있으면 그만이다.
A divorced man who set fire to his in-laws' house faced attempted

Set your cup on the table.

murder charges. 처갓집에 불을 지른 이혼남이 살인미수로 기소됐다.
When I do something, I set my heart on it. I never quit. 뭔가 할 때는 전심을 다해서 하고 절대 포기 안 해. (마음을 가져다 놓으면 전심을 다하게ㅏ 마음을 굳히는 겁니다.)
He set his heart on studying for the priesthood.
성직자가 되기 위해 신학 공부를 하기로 마음 먹었다.
As soon as he set his mind on a career in law, he immediately commenced studies in the subject.
법조계에서 경력을 쌓기로 결심하자마자 곧바로 해당 분야 공부를 시작했다.

눈을 가져다놓는 것도 유사한 그림입니다.

She set her sights on a career that was traditionally off-limits for women. 전통적으로 여성 금지구역이라고 여겨졌던 분야에 눈길을 줬다.

 저녁 식사 차릴 시간이다.

자리를 잡는 그림입니다. fix처럼 못 움직이도록 고정하거나 put처럼 아무 데나 놓는 게 아니라 제자리를 잡고 있는 뉘앙스가 강합니다. 상을 차린다는 건 아무렇게나 놓는 게 아니라 정해진 자리에 식기와 음식을 놓는 그림이기는 하지만 그렇다고 고정시켜버리는 건 아니지요. 앞에서도 잠깐 나왔지만 해가 지는 걸 왜 set이라고 하는지 생각해보면 이해가 쉽습니다. 태양도 집이 있다고 보는 겁니다. 낮 시간에 잠시 외출을 해서 세상을 비추다 밤이 되면 제 집으로 돌아가는 거니까 set을 쓰는 거지요.

The sun never set on the British Empire because the sun sets in the West and the British Empire was in the East. 대영제국에 태양은 지지 않았다. 왜냐하면 태양은 서쪽으로 지는데 대영제국은 동쪽에 있었기 때문이다.
An owner of a premise is allowed to set a trap to catch an animal on their premises. 토지의 소유주는 자신의 땅에서 동물을 잡기 위해 덫을 놓을 수 있다.

It's time to set the dinner table.

건물이나 구조물이 자리를 잡는 그림도 됩니다. fix처럼 고정되는 뉘앙스여서 fix가 사용되기도 합니다.

> An old sundial is set into the wall above the school's door in honor of its founder. 그 학교 문 위 벽에는 창립자를 기리는 오래된 해시계가 박혀 있다.
> A fireplace is set into the wall by the dining area.
> 벽난로는 식당 옆 벽에 설치돼 있다.
> A small pond of water is set into the floor of this room and you circle round it. 작은 연못이 이 방 바닥에 자리잡고 있어 돌아가야 한다.
> A large stained glass window in the shape of a triangle is set into the ceiling of the chapel.
> 커다란 삼각형 모양의 스테인드글라스 창이 교회 천장에 자리잡고 있다.

영화나 소설도 특정 배경에 자리를 잡아놓지요.

> The movie is set against the backdrop of a true story about the Vietnam War. 베트남전 실화를 배경으로 만들어진 영화다.
> Unlike his latest two bestsellers, Dan Brown's *Digital Fortress* is set in a world of computers, ciphers and government cloak-and-dagger politics. 그의 최근 두 베스트셀러와 달리 댄 브라운의 〈디지털 포트리스〉는 컴퓨터, 암호 해독 및 정부 기관의 정치 암투의 세계를 배경으로 한다.

 반죽이 굳을 때까지 구우세요.

아예 자리를 잡고 굳어버리는 그림입니다. fix와 유사한 느낌이 들지만 set만의 개성이라 용법이 다릅니다.

> Refrigerate until the dough sets, about 30 minutes.
> 반죽이 굳을 때까지 냉장하세요. 30분 정도.
> Use clamps to pull the joints tight and let the glue set for about 30

minutes. 집게로 연결부위를 단단히 조여서 접착제가 30분 정도 굳도록 해준다.

Let cool for a minute or two so that the cheese sets and is easy to slice through. 1~2분 식혀서 치즈가 굳을 수 있게 해야 자르기 쉽다.

사람 뼈가 부러지면 제자리를 찾아 굳게 해줘야 합니다.

The doctor can set your broken leg, but it still takes a while for you to be able to walk. 의사가 부러진 다리를 접합해줄 수 있지만 걷기까지는 좀 시간이 걸릴 거다.

The driver was not seriously injured and returned home after getting a broken arm set.
운전자는 심하게 다친 게 아니라서 부러진 팔 접합하고 나서 집으로 돌아갔다.

비유적으로 턱을 굳게 해서 의지를 드러내는 모습을 그리기도 합니다.

She set her jaw, and squeezed my hands. 입을 다물고 내 손을 꼭 쥐었다.

I set my jaw firmly, clenched my teeth and was stone-faced when he started walking towards me.
그가 내게로 걸어오기 시작하자 나는 입을 꼭 다물고 이를 악물어서 얼굴이 돌처럼 굳어졌다.

Bake until the dough sets.

 set 04 알람 2시 45분에 울리게 맞춰놔.

수치 따위를 설정할 때도 원하는 위치에 자리를 잡는 그림입니다. 수치를 설정하는 방법에 주목하세요.

When you schedule appointments, you should set the alarm to go off well before the appointment time, to make sure you have enough time to prepare for it. 약속을 잡을 때는 약속시간보다 훨씬 앞서 알람이 울리도록 설정해야 준비할 시간을 충분히 가질 수 있다.

You also have the option to set the alarm to be only activated on weekdays. 주말에만 알람이 울리도록 설정할 수도 있습니다.

Set the timer display to 0:00:00 by pressing the RESET key.

리셋 키를 눌러서 타이머 표시를 0:00:00으로 맞추세요.
I set the timer on my VCR to record but it did not start recording when the time came.
VCR 타이머를 녹화가 되도록 맞춰놓았는데 시간이 되도 녹화가 시작되지 않았다.
If you are recording a 30 minute show, set the timer to 30 minutes. It will play a sound when it's done to let you know it's finished.
30분짜리 프로그램을 녹화하려면 타이머를 30분에 맞추세요. 녹화가 끝나면 종료를 알려주는 소리를 낼 겁니다.
Set your dishwasher on the low temperature setting to conserve energy. 식기세척기를 저온으로 맞춰서 에너지를 절약하라구.

가격도 마찬가지로 정할 수 있습니다. fix는 고정을 시켜버리는 것이지만 set은 제자리를 찾아주는 그림입니다.

You can set the price you're willing to pay for the service!
서비스에 지불할 가격을 직접 정하실 수 있습니다!
You may decide to set the price deliberately below the value of the property in order to generate plenty of interest from prospective buyers.
구입 희망자들로부터 큰 관심을 불러일으키기 위해 부동산 가격을 그 가치보다 일부러 낮게 잡을 수도 있다.

예산이나 한도를 정할 수 있습니다.

The committee has set a tight budget for the coming year.
위원회는 내년 예산을 빡빡하게 잡았다.
You can set your limits on the temperature and have it give you an alarm if it's beyond that setting.
온도에 한계를 정하고 그 한계를 넘어서면 경보가 울리도록 할 수도 있다.
I'd like to set a daily limit for withdrawals from an ATM.
현금인출기에서 하루 인출할 수 있는 금액의 한도를 정하고 싶습니다.
Some people also set a limit on the number of raises allowed for each

Set the alarm to go off at 2:45.

round of betting in a poker game.
포커 게임에서 돈을 걸 때 한 번에 판돈을 올릴 수 있는 횟수를 제한하는 사람들도 있다.
To achieve a goal, you need to set a deadline for it.
목표를 달성하려면 마감시한을 정해야 한다.
President Bush said Friday the United States will never set a timetable for pulling U.S. troops out of Iraq.
금요일 부시 대통령은 미국이 이라크에서 미군을 철수할 일정을 정해놓지 않을 것이라고 말했다.

 그의 목소리에서 다급함을 느낀 나는 재빨리 몸을 움직였다.

특정 상태로 자리를 잡는 그림입니다.

Listening to songs often would remind me of things and people from my past and set my mind wondering. 노래를 듣고 있노라면 과거에 있었던 일이랑 만났던 사람들이 떠올라서 이 생각 저 생각 하게 된다.

여러 가지 마음 상태가 있을 수 있지만 특정한 상태로 잡아놓는 그림입니다.

A stay of nearly two weeks in hospital set me thinking about the meaning of life.
거의 2주 동안 병원에 누워 있었더니 삶의 의미에 대해 생각하게 됐다.
The wind set the trees and bushes dancing.
바람이 불어 나무와 숲이 춤추는 듯 했다.

The urgency in his voice set my body in motion.

set 06 체중을 줄이는 가장 좋은 방법은 스스로 목표를 정하고 지키는 것이다.

목표라는 걸 곰곰이 생각해보면 fix처럼 완전히 고정해두는 게 아닙니다. 목표를 달성하면 조금 더 수치를 높여 다음 목표를 세우거든요.

> I set myself a goal to get an Olympic medal. 올림픽 메달 획득을 목표로 삼았다.
> The only way to progress is to set yourself new challenges.
> 앞으로 나아가는 유일한 방법은 스스로 새 도전과제를 설정하는 것이다.

기록도 한번 자리잡으면 고정되는 게 아니라 깨지고 새로운 기록이 자리를 잡습니다.

> He set a world record in the men's 100 meters clocking 9.77 seconds.
> 남자 100미터 달리기에서 9.77초로 세계기록을 세웠다.
> Samsung continues to set the pace for innovation in the mobile phone market with the development of the world's first 700 mega pixel camera phone. 삼성은 세계 최초로 700메가 픽셀 카메라폰을 개발함으로써 휴대폰 분야에서 가장 혁신적인 기업으로 시장을 선도하고 있다.

원래 pace는 보폭을 말합니다. 이걸 앞서가면서 정해주면 뒤따라 오는 사람은 거기에 맞춰가는 것이지요. 역시 자리를 잡아주는 그림입니다. 유사한 그림을 몇 개 더 보지요.

> *Psycho* is one of Alfred Hitchcock's masterpieces that redefined the horror genre and set the standard for thrillers for the next 40 years. A rare must-see. 〈싸이코〉는 알프레드 히치콕의 걸작으로 공포영화 장르를 새로 규정했으며 향후 40년간 스릴러 장르의 표준을 제시했다. 보기 드문 필수 관람작.
> The CEO must set the tone for the company in all respects.
> 최고 경영자라면 모든 측면에서 회사의 분위기를 선도해야 한다.
> Children's earliest experiences in school often set the pattern for later academic progress.

The best way to lose weight is to set a goal for yourself and stick to it.

학교에서 아이들이 초기에 하는 경험은 훗날 공부를 계속하는 데 반복되는 패턴이 된다.

선례를 남기는 거나 모범을 보이는 것도 같은 맥락입니다.

I asked the school board to transfer the boy to another public school, and they refused, stating that such a transfer would set a bad precedent. 학교 이사회에 그 학생을 다른 공립학교로 전학 시키라고 요구했지만 그런 전출은 나쁜 선례를 남길 것이라며 거절했다.

The local government should set an example and become the leader in pollution prevention. 지역 정부가 모범을 보여 공해 방지에 앞장서야 한다.

그녀는 일을 시작해 당근을 몇 개 심었다.

자세를 잡아 특정 상태로 이어지는 그림입니다.

The great composer does not set to work because he is inspired, but becomes inspired because he is working. — Ernest Newman
위대한 작곡가는 영감을 받아 작업을 시작하는 게 아니라 작업을 통해 영감을 받는다.

I set to work sorting through all the back issues of magazines and throwing away the ones that were no longer relevant.
잡지 과월호를 정리하는 일을 시작해서 더 이상 필요 없는 것들은 내다 버렸다.

남에게 자세를 잡도록 하는 것도 가능합니다.

The foreman set me to work breaking a concrete wall.
십장이 콘크리트 벽을 허무는 일을 시켰다.

자세가 잡힌 입장에서 표현할 수도 있습니다.

He's set to leave on a trip with a group of friends next month.
다음 달에 친구들이랑 여행을 떠나기로 돼 있다.

Find out what time the meeting is set to start and finish.
언제 모임이 시작하고 끝나는지 알아봐.

She set to work and planted some carrots.

The meeting is set to continue for at least another two hours.
회의는 최소한 두 시간은 더 계속될 예정이다.
The conference is set to attract influential industry leaders and professionals from around the world.
이번 회의는 전세계에서 영향력 있는 업계 지도자들과 전문가들을 끌어들일 것으로 보인다.
Outside of my native Korea I've been a relatively unknown actor for several years, but with this role I'm set to become a huge international star. 난 지난 몇 년간 고국인 한국 밖에서는 비교적 잘 알려지지 않은 배우였지만 이 역으로 국제적인 인기 스타가 되는 건 떼놓은 당상이다.

set 08 어깨 모양새를 보고 그가 다쳤다는 걸 알 수 있었다.

명사로 사용될 때 set은 제자리를 잡고 있는 모임 또는 특정 자세 등을 가리킵니다. 어깨의 set란 어깨가 축 늘어져 있다거나 쭉 펴고 있다거나 하는 것처럼 특정 모양새를 가리킵니다.

Something in the set of his body and face reminds me of Grey.
그 사람 몸이나 얼굴 모양새를 보면 왠지 그레이 생각이 난다.
I have always been able to know certain things about people just from the set of their face.
난 언제나 사람들 얼굴 모양새만 봐도 뭔가 알 수 있었다.
Talking about vampires, I had a set of wax teeth when I was seven years old. 흡혈귀 얘기하니까 말인데 일곱 살 때 나도 밀랍 이빨 있었는데.

우리가 흔히 무슨 무슨 세트라고 하는 것도 그 구성원이 모두 자리를 잡아야 완성품이 되기 때문입니다. 그래서 수학에서 말하는 집합도 set라고 하지요. 이빨도 한 세트가 돼야 완성품이지요.

We don't break the set. 한 세트로만 팔아요.

From the set of his shoulders, I knew that he was hurt.

영어로 말해보기

1. 그 집은 아름다운 정원에 들어서 있다.
2. 그 영화의 배경은 격동에 휘말린 동유럽(Eastern Europe)의 한 나라다.
3. 찰흙(clay)을 구우면 굳어서 영구히 딱딱해진다.
4. 알람을 오전 5:15분에 맞춰라.
5. 거지를 보니 가난에 대해 생각하게 됐다.
6. 회담은 다음 금요일 재개된다(resume).

모범답안

1. The house is set in a beautiful garden.
2. The movie is set in a troubled Eastern Europe country.
3. When baked, the clay sets and is permanently hard.
4. Set the alarm to 5:15 a.m.
5. The sight of the beggar set me thinking about the poverty.
6. The talks are set to resume next Friday.

이어동사
set

put이 조상이니 대부분의 특성을 물려받고 있습니다. 형태나 문맥도 많이 닮았지요.

01 set about 주변에 자리를 잡다

특정 행동 바로 옆에 자리를 잡는 그림으로 그 행동을 시작하는 겁니다.

> She set about preparing breakfast for the children.
> 아이들 아침 준비를 시작했다.
> The school board set about the task of identifying a location for a new high school and developing a building plan.
> 학교 이사회는 새 고등학교 부지를 찾고 설립 계획을 개발하는 작업에 착수했다.
> Congress should immediately set about the task of drafting and implementing a tough new drug law.
> 의회는 당장 더 강경한 새 마약 관련 법을 만들어 시행해야 한다.

02 set against 기대놓다

벽에 우산을 기대놓는 그림에서 출발합니다.

> Jane stopped, set her umbrella against the wall of the store and went inside to make a purchase.
> 제인은 멈춰서서 상점 벽에 우산을 기대놓고 물건을 사기 위해 들어갔다.
> With a sigh, Harry turned and set his back against the wall and slid

down to sit on the ground. 해리는 한숨을 쉬며 벽에 등을 기대고 바닥으로 주저앉았다.

맞대서 대조가 되게 하는 그림도 됩니다.

Set against the blackness of outer space, our home planet looks like a blue marble. 우주 밖 어둠과 대조를 이뤄 우리가 살고 있는 행성인 지구는 푸른 구슬처럼 보인다.

비교도 가능합니다. 상황을 정확히 이해하기 위해 두 가지를 대조해보는 그림입니다.

Any adverse economic impact of this plan needs to be set against its substantial benefits. 이 계획의 부정적인 경제 효과를 막대한 이득과 비교해봐야 한다.

싸움을 붙이는 그림도 됩니다.

Soldiers marched off to war, where they are set against each other. 병사들은 서로 싸워야 하는 전쟁터로 전진했다.

싸우지는 않더라도 거부감을 느끼는 그림이 될 수도 있습니다. 반대하는 자세를 취하는 그림도 됩니다. 영화나 소설의 배경을 표현할 때도 사용합니다.

She had the uncanny ability to make everything she said end in an exclamation point, which set me against her even more. 그 여자는 자기가 하는 모든 말을 감탄문으로 만드는 놀라운 재주를 가졌다. 그래서 더 거부감이 들었다.

My father is so dead set against you and me seeing each other.
아버지는 너랑 나랑 만나는 거 결사반대야.

The Sands of Time by Sidney Sheldon is an unforgettable adventure and a heart-stopping romance, set against the dramatic landscape of Spain. 시드니 셀던의 〈시간의 모래밭〉은 스페인의 극적인 경치를 배경으로 펼쳐지는 잊지 못할 모험과 심장이 멎을 듯한 로맨스 소설이다.

03 set apart 떼어놓다

분리시켜놓는 그림입니다. 비유적으로 동일 집단에서 튈 수 있도록 떨어져나오는 그림도 됩니다.

Ample time will be set apart for discussions of the financial status of the company. 회사의 재정 상태를 토론하기 위해 시간을 충분히 할애할 것이다.

When he was obliged to borrow money, he set apart a portion of his income to pay the interest and the principal.
돈을 빌릴 수밖에 없는 상황이 되자 소득의 일부를 떼어 이자와 원금을 갚았다.

Do you want to make more money and set yourself apart from other freelance writers? Then specialize!
돈도 더 벌고 다른 프리랜서 작가들보다 튀고 싶어? 그럼 전문분야를 만들라구!

The architecture of the new construction will blend with the old, while at the same time being visually set apart from the old.
새 건축물의 구조는 과거와 융화되면서도 동시에 시각적으로 확연히 구별될 것이다.

04 set aside 옆으로 밀어놓다

현재 위치에서 옆으로 밀어두는 그림입니다. 옆으로 밀어두고 사용하지 않는 그림도 가능합니다. 법과 관련해 사용되면 형을 기각하는 겁니다.

Just clean the box with some detergent and then set it aside.
상자를 세척제로 닦은 다음 치워두세요.
We need to set aside petty differences in the national interest.
국익을 위해 사소한 견해 차는 접어둬야 한다.
The High Court on Thursday set aside the death penalty awarded to Sarah Brown in the case of the killing of James Stuart. 목요일 고등법원은 제임스 스튜어트 살인사건으로 사라 브라운에게 구형된 사형선고를 기각했다.

뚝 잘라서 특정 목적으로 사용할 수도 있습니다.

Yellowstone Park was the first wilderness to be set aside as a natural preserve anywhere in the world.
옐로우스톤 공원은 세계에서 처음으로 자연보존구역으로 지정된 야생지역이다.
How much should I set aside for emergencies? 비상시를 대비해서 얼마나 저축해둬야 하지? (지금 당장 사용하지 않고 보관해두는 그림도 됩니다.)

05 set back 뒤로 돌려놓다

시계를 뒤로 돌려놓는 그림에서 출발합니다.

Set your clock back one hour before going to sleep.
자기 전에 시계 한 시간 뒤로 돌려놔.

It is a simple operation and should only set him back two or three weeks. 간단한 수술이라 2~3주 쉬면 된다. (2~3주의 시간을 빼앗는 그림입니다.)

If the proposed legislation becomes law, it will set us back thirty years.
상정된 법안이 법으로 자리잡으면 우린 30년은 후퇴하는 거다.

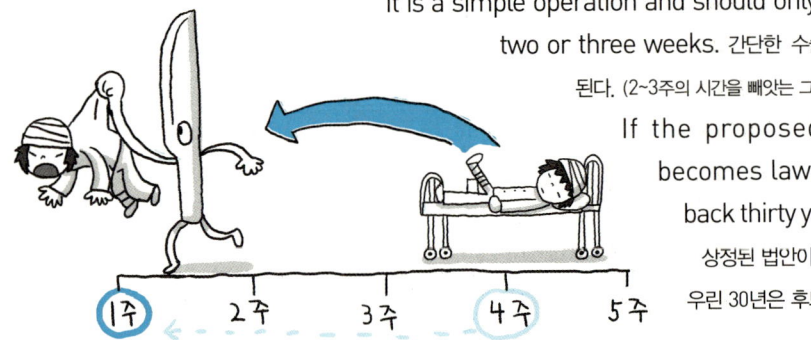

시간이 후퇴하듯이 돈도 후퇴합니다. 가진 돈이 줄어드는 그림입니다. 막연히 후퇴를 하고 문맥을 통해 뭐가 후퇴했는지 알아내야 하는 경우도 있습니다.

> We had a late breakfast at a cafe downstairs, and it set us back $10 each. 아래층 카페에서 늦은 아침을 먹었는데 한 사람당 10달러가 들었다.
> Every time I feel like I have moved ahead I do something to set me back again. 앞으로 나아갔다 싶을 때마다 다시 뒷걸음질칠 일을 하고 만다.

명사로 사용하면 앞으로 나아가는 걸 방해하는 좌절이나 퇴보의 그림을 나타냅니다.

> We have suffered a setback, but because of the lessons we have learned, our organization will become even stronger.
> 퇴보의 고통을 맛봤지만 여기서 얻은 교훈을 통해 우리 조직은 더 강해질 겁니다.

건물이 일정한 거리를 두고 뒤로 물러나 자리를 잡고 있는 그림도 있습니다.

> The house was set back from the street, surrounded by a small white picket fence. 그 집은 거리에서 떨어져 작고 하얀 말뚝 담장으로 둘러싸여 있었다.

06 set down 밑으로 내려놓다

위에 있던 것을 아래로 내려놓는 그림에서 시작합니다. put down과 거의 같은 그림이어서 파생되는 그림도 같습니다. 비행기가 내려앉는 그림이나 탈것에서 내려놓는 그림도 됩니다.

> I picked up the phone but set it down when I saw Jack.
> 전화를 들었다가 잭을 보자 내려놨다
> In the normal manner of running, the heel is set down first and thereafter the foot is rolled forward up onto the toe for pushing forward.
> 일반적으로 뛰는 방법에서는 뒤꿈치가 먼저 땅에 닿은 다음 발바닥을 굴려 발가락까지 닿게 해서 전진해야 한다.

As the chopper set down, two cops came over to greet me.
헬기가 내리자 경찰 두 명이 내게 와서 인사를 했다.
The bus set us down about 10 kilometers from the airport and we managed to grab a lift into town. 버스는 공항에서 10킬로미터 떨어진 곳에 우리를 내려놓았고 간신히 차를 얻어타서 시내로 들어왔다.
The driver set me down just outside the department store.
운전기사가 백화점 바로 앞에 내려줬다.

역시 put down에서처럼 말을 내려놓는 그림도 가능해 기록을 한다는 의미로 사용되기도 합니다.

My wife, a former journalist, decided to set down the story of her marriage in a book. 전직 기자인 아내는 자신의 결혼 이야기를 책으로 내기로 했다.
On my return, I set down the story of my travels.
돌아오자마자 여행기를 썼다.

생각 따위를 남들이 다 볼 수 있도록 내려놓아 분명히 하는 그림도 됩니다. put down처럼 여러 유형으로 칸을 나눠 구분을 해놓고 내려놓는 그림도 됩니다.

Let me set down my base views on politics and religion here so nobody will have any questions about where I stand.
정치와 종교에 대한 내 기본적 시각을 분명히 해서 내 입장을 오해하는 사람이 없도록 하겠다.
He set me down as a very rude, ill-mannered sort of person.
나를 무례하고 버릇없는 사람으로 여겼다.
My gut instinct made me set him down as being unreliable.
직감적으로 그를 믿을 수 없는 사람으로 여기게 됐다.
She was over forty but didn't look her age; one would have set her down as being twenty-eight at most.
마흔 살이 넘었지만 그 나이로 보이지 않았다. 누구나 기껏해야 스물여덟 살 정도로 여겼으리라.

07 set in 자리잡고 들어오다

주로 부정적인 뭔가가 엄습해 들어오는 그림입니다.

My heart sank the moment I found my son's shoes. A dark foreboding set in. 아들 신발을 발견하는 순간 가슴이 철렁했다. 불길한 생각이 엄습했다.
Cold weather set in for the next thirty more days and the town was gripped by a long period of below normal temperatures. 추운 날씨가 찾아들어 30일 동안 계속됐고 그 마을은 오랫동안 이상 저온현상에 시달려야 했다.
A feeling of alienation set in when everybody left me.
모두 나를 버리자 소외감이 엄습했다.
At the sight of a gun, total panic set in and I screamed.
총을 보자 엄청난 공포감에 젖어 비명을 질렀다.

08 set off 떨어져 움직이다 | 떨어뜨려놓다

출발지에서 떨어져 이동을 시작하는 그림입니다.

We hopped into a boat and set off down the river to our destination.
보트에 올라타서 강을 따라 내려가 목적지로 향했다.
After breakfast we set off for a city tour. 아침을 먹고 시내 구경을 나갔다.

뭔가 움직이게 만드는 그림도 됩니다. 안 움직이던 것을 자리에서 떼어 움직이게 하는 겁니다.

When his mother set him off on his journey she didn't realize that she wouldn't see him again.
아들을 떠나보냈을 때 어머니는 아들을 다시 볼 수 없을 것이라는 걸 알지 못했다.
It was the first book to set me off on my literary career in 1997.
1997년 첫 번째 책을 낸 것을 계기로 문학에 발을 들여놓게 됐다.
If you accidentally set off the security alarm you should deactivate the

alarm by entering the password.
잘못해서 경보를 울리게 되면 비밀번호를 입력해 경보를 해제해야 한다.

움직임이 워낙 강해 폭발에도 사용됩니다. off하는 움직임이 꽤나 강한 경우입니다.

On Thursday July 7, four bombs were set off in London killing at least 52 people. 7월 7일 목요일 런던에서 4개의 폭탄이 터져 최소한 52명이 숨졌다.

The riot was set off by the deaths of two black teenagers who crashed their stolen car while being chased by the police.
경찰에 쫓기던 중 절도 차량으로 사고를 내 죽은 두 흑인 청소년 때문에 폭동이 발생했다. (폭탄이 터지듯 사건이 터지는 것이죠.)

특히 같은 부류의 사건이 터지는 그림이라면 연쇄 반응을 가리킵니다.

The death of an innocent college student set off a series of demonstrations all over the country.
죄 없는 대학생의 죽음으로 전국에서 시위가 꼬리를 물고 발생했다.

I was surprised to see that a single word could set off a train of memories.
단어 하나로 추억이 꼬리를 물고 되살아날 수 있다는 게 놀라웠다.

Sometimes even a simple question can set off a train of thoughts that lead to great results.
간단한 질문 하나가 생각들이 꼬리를 물고 떠오르게 하고 굉장한 결과로 이어지는 경우도 있다.

사람을 폭발시키기도 합니다. 열받게 하는 것일 수 있습니다. 느닷없이 어떤 행동을 하게 만드는 것일 수도 있지요.

What really sets me off is that some drivers don't obey any traffic signals. 정말 짜증나는 건 신호등을 무시하는 운전자가 있다는 거지.
Jack only has to open his mouth to set me off laughing.
잭은 입만 열면 나를 웃긴다니까.
After his death, I had times when just thinking about my husband would set me off crying. 남편이 죽고 나서 생각만 해도 눈물을 쏟을 때가 있었다.

set apart처럼 눈에 잘 띄도록 뚝 떨어뜨려 놓는 그림도 됩니다. 빛을 발하게 하는 그림입니다.

Truth to be told, this new necklace doesn't set off her beauty at all.
사실대로 말하면 이 새 목걸이는 그녀의 아름다움을 전혀 돋보이게 해주지 못해.
She was wearing a tight-fitting white silk gown that set off her slender figure to perfection. 하얀 실크 가운을 입고 있어서 가냘픈 몸매가 완벽하게 빛을 발했다.
I turned and there he was, wearing jeans and a white T-shirt that set off his trim, athletic body. 뒤돌아봤더니 잘빠진 운동선수 같은 몸매를 돋보이게 하는 청바지와 흰 티셔츠를 입고 그가 서 있었다.

09 set on 붙여놓다

꼭 붙어 있어서 뭔가 진지하게 하는 그림입니다.

As long as you are set on doing that indoor workout, here a few tips from me. 실내 운동을 하기로 마음 먹었다면 내가 몇 가지 조언을 해주지.

If a person is dead set on killing himself, he'll find a way to do it.
누군가 죽기로 작정했다면 방법을 찾아낼 것이다.

달려들어 공격을 하는 그림도 됩니다. 개를 누군가에게 풀어놓는 그림으로 이해하면 됩니다.

Do not enter. Some of the guards might chase you or set their guard dogs on you. 들어가지 마. 경비원이 쫓아오거나 경비견을 풀어놓을 수도 있어.

As this unfortunate young woman set about the task of feeding the chickens she was set upon by a pack of wolves.
이 불쌍한 젊은 여성은 닭에게 모이를 주는 일을 하려다 늑대 떼의 공격을 받았다.

Trucks carrying aid were set upon by looters.
구호품을 실어나르던 트럭이 약탈자들의 공격을 받았다.

set on을 뒤집어 만든 명사형인 onset이 안 좋은 일의 시작으로 사용되는 이유도 여기서 유래합니다.

At the onset of World War II, the United States foresaw a critical need for oil production for war time needs. 2차 세계대전 발발 당시 미국은 이미 전시에 사용할 원유 생산의 절실한 필요성을 예지하고 있었다.

10 set out 밖으로 나가다 | 내놓다

밖으로 나가는 그림입니다.

They chartered a boat and set out on a fishing trip.
배를 빌려서 낚시 여행을 떠났다.

There was a sense of adventure when Rogers set out for Iraq more than a year ago. 로저스가 1년여 전 이라크로 떠날 때만 해도 모험심을 느꼈다.

비유적으로 뭔가 작정하고 시작하는 그림도 됩니다.

Most women set out to try to change a man, and when they have changed him they don't like him. 대부분의 여자들은 작정하고 남자를 달라지게 만들려고 하는데 정작 달라지고 나서는 좋아하지를 않지.

The tragedy begins when women set out to fool their men with a dab of make-up. 여자들이 화장발로 남자를 작정하고 속이려 할 때 비극이 시작되지.

뭔가 내어놓는 그림도 있습니다. 남들이 볼 수 있도록 꺼내놓아 공개를 하는 것일 수도 있습니다. 죽 펼쳐놓고 설명을 하는 그림도 됩니다.

I would set my workout clothes out before going to bed and promise myself I would get up and go to the gym. 잠자리에 들기 전에 운동복을 내놓고 다음 날 일어나서 체육관에 가겠다고 스스로 약속하곤 했다.

The summit will set out a strategic vision for a global information society. 이번 정상회담에서는 세계 정보사회를 위한 전략적 비전이 제시될 것이다.

The president set out expansive foreign policies yesterday. 대통령은 어제 포괄적인 외교 정책을 천명했다.

Details of the agreement are set out in the report. 자세한 협의내용은 보고서에 나와 있습니다.

The accompanying graphics set the statistics out in detail. 함께 있는 그림을 보면 통계 수치를 자세히 알 수 있습니다.

In the middle of the 19th century Darwin set out his impressive theory of evolution by natural selection to account for the existence of animals and humans. 19세기 중반 다윈은 동물과 인간 존재를 설명하기 위해 자연 도태에 의한 진화라는 인상적인 이론을 내놓았다.

11 set up 올려놓다

구조물 따위를 세우는 것일 수 있습니다. put up과 같지요.

As we got to the camping ground, we immediately jumped off the truck

and then set up tents.
야영지에 도착하자 곧바로 트럭에서 뛰어 내려 텐트를 쳤다.
Protesters hurled rocks at police, set up barricades and burned down the offices of two political parties.
시위대가 돌을 경찰에 던지고 바리케이드를 친 다음 두 정당의 사무실을 불태웠다.

모임을 만들 수도 있습니다. 계획도 세울 수 있습니다.

We must set up a committee to oversee the running of the organization.
조직의 운영을 감시할 위원회를 구성해야 한다.
We set up a press conference to announce the company's vision for the year 2005. 2005년 회사의 비전을 발표할 기자회견을 준비했다.
The U.S. asked the UN to set up an investigation commission to find out the truth about the incident.
미국은 그 사건의 진실을 밝히기 위해 조사 위원회를 설립할 것을 UN에 요청했다.
Set up a plan for paying back your debts. 부채를 갚아나갈 계획을 세워라.

사람도 세워놓을 수 있습니다. 비실비실 하는 사람을 두 발로 서게 하는 그림에서 출발해서 만족스러운 상태를 만들어줍니다. 비유적으로 두 발로 서는 그림도 됩니다.

A nurse set me up in a short time with a shot of morphine to my arm and within 10 minutes the pain was completely gone. 간호사가 팔에 모르핀을 주사해서 곧 편안하게 해줬다. 10분도 안 돼 통증이 완전히 사라졌다.
Not enough coffee yet this morning — one more should set me up for a while. 오늘 아침 커피가 부족해. 한 잔만 더 마시면 좀 버틸 텐데.
Instead of starting me on a farm, my father set me up as a butcher.
아버지는 나한테 농사일을 가르치지 않고 정육점을 차려주셨다.
Nicholas made a living as a barber before his wife's inheritance enabled him to set himself up as a storekeeper.
니콜라스는 이발사로 생계를 꾸려나가다가 아내의 유산 덕분에 상점 주인이 됐다.

She's trying to get Jack to set her up for life — maybe by marrying him and inheriting his assets when he's gone. 평생 먹고 살 걱정 없게 잭을 붙잡으려고 애쓰고 있어. 그 사람이랑 결혼해서 죽고 나면 재산을 상속받겠다는 거겠지.

You could sell your house. That should set you up for a few years. 집을 팔아. 그러면 몇 년은 먹고 살겠네.

The director is trying to set himself up as a modern-day Hitchcock. 그 영화감독은 현대판 히치콕으로 자리매김하기 위해 애쓰고 있다.

뭔가 준비를 해주는 그림도 됩니다. 사람을 세워놓고 그 옆에(with) 뭔가 가져다 주는 그림입니다.

Thank God you can fix this device. I'll have Lynne set you up with a work space. 이 기계 고칠 수 있다니 정말 다행이네. 린한테 작업 공간 마련해주라고 할게.

숙박시설에 사람을 세워주면 그곳에 묵게 하는 겁니다.

My company set me up in a luxurious hotel during the 3-day training session. 회사가 3일의 연수 기간 동안 고급 호텔에 묵게 해줬다.

He cheated on you? Gee, I feel awful because I set you up with this guy. 그 놈이 바람을 피웠어? 참 내, 내가 걔 소개시켜줬으니 기분 아주 더럽네. (사람을 준비해주면 소개를 해주는 겁니다.)

My sister set me up on a blind date. 여동생이 미팅시켜줬다.

set off와 마찬가지로 사건 따위가 발생하게 만들기도 합니다. 잠자코 있던 사건을 일으켜 세우는 거지요.

One man's actions against another could set up a chain reaction. 누군가에 대한 한 사람의 행동은 연쇄 반응을 일으킬 수 있다.

사람을 엉뚱한 곳에 세워둬 의심받게 하는 그림도 있습니다. 구어체에서 모함을 한다는 의미로 사용합니다.

I didn't do it. Somebody must have set me up!
내가 안 했어. 누군가 날 함정에 빠뜨린 거야!

He tried to set me up for murder. 나한테 살인 누명을 씌우려 했다.

명사형으로 쓰면 '함정'이 되지요.

The whole thing was a setup from the beginning.
모든 게 처음부터 함정이었어.

set

01 set someone back on one's heels

누군가 발뒤꿈치로만 서게 만드는 그림입니다. 몰아붙이거나 놀라게 하는 것이지요.

He landed two solid hits on his opponent's chin that set him back on his heels and backed away before his opponent could retaliate.
상대의 턱에 강한 주먹을 꽂아 몰아붙이고 상대가 반격하기 전에 물러섰다.

The unexpected ending of the novel will set readers back on their heels. 소설의 뜻밖의 결말은 독자들을 뒤로 나자빠지게 할 것이다.

02 set the stage for something

무대를 마련해주는 그림입니다. 뭔가 계속될 수 있는 계기를 만들어주는 그림이지요.

Songwriters claim MP3 set the stage for widespread piracy.
작곡가들은 MP3가 불법 복제가 만연하게 된 계기라고 주장한다.

This international agreement set the stage for phasing out the use of chlorofluorocarbons(CFCs).
이 국제협약은 염화불화탄소(CFC)의 사용을 점차 줄여나가는 계기를 마련했다.

03 set foot in somewhere

말 그대로 어딘가에 발을 들여놓는 그림입니다.

I decided I would never set foot in his house again.
난 다시는 그 사람 집에 발을 들여놓지 않기로 결심했다.

The French were the last of the colonial powers to set foot in this country. 프랑스인들은 이 나라에 발을 들여놓은 마지막 식민 강대국이었다.

It has been fifteen years since the first migrant workers set foot in Korea with industrial trainee visas in October 1991. 1991년 10월 산업 훈련생 비자로 첫 외국인 노동자가 한국에 발을 들여놓은 이래 15년이 지났다.

04 set up shop

이어동사 set up에서 발전한 형태로 상점을 차리는 그림입니다. 경제 영어에서도 많이 사용되는 구어체 표현입니다. 관사 없이 굳어진 표현이라는 걸 주의하세요.

Anyone can set up shop online under almost any name.
누구를 어떤 이름으로나 온라인 상점을 차릴 수 있다.

The startup, composed of David Packard and Bill Hewlett, had set up shop in Packard's garage in 1938.
데이빗 패커드와 빌 휴렛이 만든 신출내기 회사는 1938년 패커드의 차고에서 만들어졌다.

Philip Morris was one of the first international tobacco companies to set up shop in Korea; it arrived here in 1988 and became the market leader.
필립 모리스는 한국에 진출한 첫 국제 담배회사 중 하나다. 1988년 이곳에 와서 시장 선두주자가 됐다.

05 set the world on fire

전세계를 불붙게 할 정도로 놀라운 일을 한다는 관용표현입니다.

The company, which planned to set the world on fire with its software, went through numerous ups and downs, name changes and takeovers.
자신들의 소프트웨어로 세상을 떠들썩하게 하겠다던 그 회사는 수없이 많은 질곡과 사명 변경 및 인수합병을 거쳤다.

He is a decent actor, but not one to set the world on fire.
꽤 괜찮은 배우지만 세상을 놀라게 할 정도는 아냐.

He said something to me. He talked to me about something. He spoke to me about something. I'll tell you what. He's not a doll. He's... Not a doll. He... Okay, well, if he's not a doll, then who is he? He doesn't want me to talk about him. Doesn't want you to talk about him? No. Well, what if I promise to keep it a secret, could you tell me then? They're putting my mom on trial. They're going to ask for the death penalty. And the only way I'm able to deal with this is to tell myself that that woman was never really my mother. Constantine:I have something for you. Something tells me you're not a flower girl at a wedding. What do you think? Something's up at the Cole? John. John? He can fuck this whole thing. Sir, what does he think he is doing? Is he crazy? He's about 100 miles away. Without him, we still have a chance to get out of here. Tell that to Takagi. But how could anyone possibly build a pyramid out here? Ancient maps show Antarctica free of ice. It's likely the continent was once habitable. I can't tell you who built it. But if I could take a sample from it, I can tell you how old it is. What's going on here, Harry? I don't know. How big of a problem do you think we have? It's too early to tell yet. I'll tell you what.[something / one thing] / Let me tell you something. Tell me. I told you (so). You can tell someone from me. Don't tell me. Tell me about it. / You're telling me. I'm telling you! You can never tell. There's no telling. tell it

혼자 튀는 놈을 잡아라

04*

tell 그것을 알려주마!

혼자 튀는 놈을 잡아라

사람이 말을 하는 것과 관련된 가장 일반적인 동사를 고르라면 say, speak, talk, tell일 겁니다. 그런데 say, speak, talk는 기본 형태만 알고 나면 그다지 개성이 뚜렷한 놈들이 아니라서 이해하는 데 어려움이 없습니다.

> He said something to me.
> He talked to me about something.
> He spoke to me about something.

이게 세 동사의 전부라고 해도 과언이 아니지요. 그만큼 쉽고 밋밋합니다. 그나마 say가 개성이 좀 있어서 사람이 아닌 것도 말할 수 있습니다.

> The memo says, "Keep out." 쪽지에 '출입금지'라고 써 있었다.

이처럼 이 세 동사는 워낙 많이 쓰지만 단순하고 공부할 내용이 적어 크게 고민할 일이 없다고 할 수 있지요. 하지만 tell은 이 삼형제에서 두 단계 발전한 형태의 동사입니다.

> I'll tell you what. 말해줄 게 있는데.

형태만 봐도 말을 하는 대상이나 말하는 내용을 그대로 목적어로 쓸 수 있어 장족의 발전을 했습니다. 의미 역시 단순히 입을 뻥끗거려 말을 내뱉는 수준의 세 단어와 달리 자기만의 특별한 개성을 가지고 있습니다.

새로운 단어를 공부한다는 건 결국 그 단어의 개성을 공부한다는 겁니다. 동사 역시 마찬가지지요. tell을 공부한다면 비슷한 부류의 동사들과 묶어보고 공통분모를 제외한 tell만의 톡톡 튀는 개성을 끄집어내야 한다는 겁니다. 개성은 혼자 있을 때보다 함께 있을 때 쉽게 드러나니까요.

*tell 그것을 알려주마!

형이 꽃병을 깼습니다. 어머니께서 누가 깼냐고 물으셨지만 형이 한 일인줄 알면서도 말할 수가 없었습니다. — 아는 것을 말하는 tell의 그림입니다.

똑같은 말을 하더라도 speak, say, talk와 tell 은 그림이 다릅니다. speak, say, talk는 모르는 것에 대해서도 말할 수 있지만 tell 은 알아야 말할 수 있기 때문입니다. 다시 말해, tell 의 기본그림은 어떤 의지나 믿음을 가지고 알고 있는 말을 한다는 데 있습니다. 누군가가 잘못을 고자질하는 것 역시 알아야 말할 수 있기 때문에 tell 을 쓰게 됩니다. 명령을 할 때도 뭘 해야 할지 모르는 사람에게 할 일을 가르쳐주는 것이기 때문에 tell 을 씁니다. 뭔가 식별을 하는 것 역시 그게 무엇인지 알아야 하는 것이기 때문에 tell 을 쓰지요. 예측을 할 때도 마찬가지로 그렇게 될 것이라고 믿기 때문에 tell 을 쓸 수 있는 겁니다. 누군가에 뭐가 말해주면 '말을 했다'는 그림보다는 내가 알려줘서 그 사람이 '알게 됐다'는 그림이 그려져야 tell 을 제대로 이해하는 겁니다.

기본 형태

자동사로 사용될 때는 문맥에서 믿음이나 의지만 드러나는 경우입니다. 실제 말하는 것과는 관련이 없는 경우지요.

　I can tell. 난 알지.

대부분의 경우 아는 대상과 말해주는 대상이 필요하기 때문에 타동사로 사용됩니다.

　I told him that. 그거 알려줬어.

 무슨 일인지 말해봐.

이런 말을 하는 이유는 간단합니다. 모르기 때문이지요. 모르는 걸 알게 해주는 건 단순히 '말을 하다'의 그림이 아닙니다. 그래서 tell이 가장 어울리는 것이지요.

I can't tell you. It's a security thing. 보안 문제라 얘기해줄 수 없어.

말해줄 수 없다고는 하지만 사실은 '니가 알게 할 수 없다'는 뜻입니다.

A-ha! moment

Emily : He's not a doll.
Father : He's...
Emily : Not a doll.
Father : He... Okay, well, if he's not a doll, then who is he?
Emily : He doesn't want me to talk about him.
Father : Doesn't want you to talk about him?
Emily : No.
Father : Well, what if I promise to keep it a secret, could you tell me then?

에밀리 : 그 남자 애, 인형이 아니에요.
아빠 : 남자 애…
에밀리 : 인형이 아니라구요.
아빠 : 남자 애… 그래, 그럼 인형이 아니면 누군데?
에밀리 : 아무한테도 말하지 말래요.
아빠 : 말하지 말라고 그래?

Just tell me what's going on.

> 에밀리 : 네.
> 아빠 : 내가 비밀을 지킨다고 약속하면 말해주겠니?
>
> – Hide and Seek

밤에 어린 딸아이 Emily의 방에 가보니 애지중지하던 인형이 없습니다. Emily가 새 친구가 생겼다고 말합니다. 그런데 이번엔 인형이 아니고 남자(he)라는 걸 암시합니다. 불안한 아버지가 비밀로 할 테니 알려달라고 하는 장면입니다. 모르는 걸 알려주는 tell의 그림과 비밀 상태를 유지하는 keep it a secret의 그림이 참 잘 어울립니다. talk about him한다는 건 뭔가 알려주는 것과 직접적 관련이 없이 단순히 말을 하는 것에 불과하지요.

> Why didn't you tell me my doctor was a woman?
> 왜 내 의사가 여자란 얘기 안 했어?
> My husband left me without telling me why. 남편이 말도 없이 떠나버렸다.

남편이 사실 말은 했을 수도 있지요. 단지 왜 떠나는지 그 이유를 설명하지 않았기 때문에 아내가 말을 들었더라도 이유는 모른다는 뜻입니다.

이름도 말해주지 않으면 모릅니다.

> Would you please tell me your name again? 이름 다시 한 번 말해줄래요?
> Let me tell you a story about your father when he was young.
> 아버지 어렸을 때 얘기를 하나 해주지.

모르는 걸 계속 반복해서 말하면 확신이 들겠지요.

> You have to keep telling yourself that you could have done nothing to save your wife in that car accident.
> 자동차 사고 당시 니가 할 수 있었던 일은 없었다는 걸 깨달아야 돼.

아내의 죽음으로 자책감을 느끼고 있지만 스스로 "내가 할 수 있는 일은 없었다"고 반복해서 말해주면 깨닫게 되는 겁니다.

A-ha! moment

> Sydney : They're putting my mom on trial. They're going to ask for the death penalty. And the only way I'm able to deal with this is to tell myself that that woman was never really my mother.
> 시드니 : 엄마를 재판정에 세워 사형선고를 받게 하려고 한다. 내가 이 상황을 대처할 수 있는 유일한 방법은 저 여자가 사실은 내 엄마가 아니었다고 나 자신한테 주지시키는 일이다.
>
> – *Alias Season 2 Episode 5, The Indicator*

Sydney는 미국 첩보원이고 Sydney를 낳아준 엄마는 소련의 KGB 출신으로 거꾸로 CIA였던 아버지와 위장결혼을 해 미국을 상대로 첩보활동을 했던 간첩입니다. 뻔히 알고 있는 사실이지만 혈육의 정 때문에 믿고 싶지 않은 겁니다. 그래서 믿을 때까지 계속 tell해줘야 하는 거지요.
어떤 것은 아무리 말해줘도 모르지요.

I can't tell you how proud I am of you. 니가 얼마나 자랑스러운지 모를 거다.
I can't tell you how touched I was when you gave me a call.
니가 나한테 전화했을 때 어찌나 감동받았던지.

감정을 말로 아무리 설명해도 상대방이 이해 못할 것이라는 말이니 tell이 제격이지요. 사람만 알려주진 않습니다. 기계나 개념도 알려주지요.

This little green light will tell you when the device is ready.
이 작은 녹색등을 보면 기기가 준비가 됐는지 알 수 있지.
This little test will tell us how much you've been drinking. Don't even think about lying.
간단한 실험을 하면 술을 얼마나 마셨는지 알 수 있어요. 거짓말 할 생각 말아요.
The recent incident tells us that there is something seriously wrong in the government. 최근의 사태만 보더라도 정부가 크게 잘못돼 있다는 사실을 알 수 있다.

영어로는 tell을 쓰는데 우리말 번역은 유독 '알 수 있다'가 많이 나오는 이유를 곱씹어봐야 합니다. 우리도 '피는 못 속인다'는 말이 있는데 영어에도 같은 표현이 있습니다. 역시 tell을 씁니다. 어떤 핏줄인지 알려줘야 하니까.

> Make a good choice for your spouse, for blood will tell.
> 배우자 잘 골라야돼. 피는 못 속이거든.

무엇이 말을 해주는지 모르는 경우도 있습니다. 막연하게 알게 되는 경우지요.

> Something tells me we've got a serious problem.
> 왠지는 몰라도 문제가 심각한 것 같아.

왜 그런 생각이 드는지 몰라도 '문제가 심각하다'는 사실은 알 것 같다는 겁니다. 구어체에서 흔히 쓰는 표현입니다.

A-ha! moment

> Constantine : I have something for you.
> Angela : Something tells me you're not a flowers kind of guy.
> 콘스탄틴 : (꽃을 주며) 줄 게 있어요.
> 안젤라 : 꽃 같은 거 줄 남자 아닌 거 같은데.
> — Constantine

Constantine은 퇴마사입니다. 꽃 같은 걸 여자한테 선물하거나 할 사람처럼 안 보이는 거지요. 그래서 왠지 그런 감이 든다고 말하는 것이지요.

 테러범들을 용서하라구? 9.11 테러 희생자들한테 그 딴 얘기 해봐라 어디!

상대방이 해주는 말이 좋은 얘기인줄 '알고 있으면서도' 받아들이기 힘들 때가 있지요. 그게 사실이라면 발생하지 말았어야 할 일이 왜 일어났는지 납득이 안 될 때입니다. 예를 들어, 용서가 미덕인 줄 알지만 테러 희생자들을 보면 받아들일 수 없다는 겁니다. 테러 희생자의 입장에서 그들이라면 말해줘도 못 받아들일 거라는 걸 대변하는 말이지요.

Forgive terrorists? Tell that to Sept. 11 terror victims!

"Bush would acknowledge no mistakes in planning for postwar security and reconstruction in Iraq," the *New York Times* reported a while ago. No mistakes? Tell that to the millions of Iraqis still going without electricity and clean water. Tell that to tens of thousands of U.S. soldiers who grow increasingly bitter at being ordered to carry out an occupation for oil.

얼마 전 〈뉴욕 타임즈〉에서 "부시 대통령은 이라크 전후 안전과 재건 계획에 있어 실수를 인정하지 않을 것이다."라는 기사를 본 적이 있다. 실수가 없다고? 전기나 깨끗한 물 없이 지내는 수백만 이라크 국민들한테 그딴 소리 할 수 있어? 원유나 훔치려고 점령군 역할을 하느라 갈수록 심기가 불편해지고 있는 수만 명의 미군 병사들한테도 그딴 소리 한번 해보지 그래?

내가 이라크 국민이거나 이라크에 주둔해 있는 미군 병사라면 그런 소릴 들어도 수긍 못할 거라는 뜻입니다.
정반대로 정말 멍청하거나 한심한 짓을 하는 사람에게도 쓸 수 있습니다. 누군가 알아듣게 설명을 좀 해줬으면 좋겠다는 안타까운 심정을 나타냅니다.

The Koran teaches forgiveness and peace they say. Yeah, tell that to this guy who bombed a commuter train this morning killing dozens of people. 코란에도 보면 용서와 평화를 가르친다는데. 흥, 통근열차에 폭탄 테러를 가해 수십 명을 죽인 이 자식한테 그 얘기 좀 해주지!

테러범이 그걸 진짜 모르니까 가르쳐주라는 게 아니라 비아냥거리는 것에 가깝습니다.

A-ha! moment

Ellis : What do you think?
Holly : Something's wrong.
Ellis : Cops?
Holly : John.
Ellis : John? He can fuck this whole thing up. What does he think he's

doing?
Holly : His job.
Ellis : Bullshit. His job's 3,000 miles away. Without him, we still have a chance to get out of here.
Holly : Tell that to Takagi.

엘리스 : (테러범들이 서로 신경질을 내며 다투는 걸 보고) 무슨 일인 것 같아?

홀리 : 뭔가 잘못된 거야.

엘리스 : 경찰인가?

홀리 : (남편인 존 맥클레인을 떠올리며) 존.

엘리스 : 존? 그 놈 때문에 일을 망칠 수도 있단 말야. 지가 뭐라고 설치고 다니는데?

홀리 : 그 사람 직업이야.

엘리스 : 헛소리 마. 그 인간 관할은 3천 마일이나 떨어져 있다구. 그 인간만 없어도 살아나갈 희망이 있는데 말야.

홀리: 타카기한테 말해보지 그래.

– *Die Hard*

미국에 있는 일본 다국적 기업 건물에 테러범들이 밀려들어와 지사장인 Takagi가 협조하지 않는다며 쏴죽입니다. 부하직원인 Holly의 남편 John은 LA 경찰이지요. 테러범들과 혼자 맞섭니다. 동료직원인 Ellis가 하는 말에 Holly가 Tell that to Takagi.라고 하는 건 '니 말대로라면 Takagi가 죽었겠냐?' 라고 비아냥거리는 것이지요.

이래라저래라 하지 마. 나도 이제 애가 아냐.

명령도 모르는 걸 가르쳐 주는 것에 불과합니다. 명령하지 말라는 건 반대로 나도 아니까 잔소리 하지 말라는 것이지요.

Tell Anthony to take the garbage out. 앤서니한테 쓰레기 갖다 버리라고 해.

I don't understand why he told me not to trust Diane.
왜 그 사람이 다이안을 믿지 말라고 했는지 모르겠어.

> Don't tell me what to do! I'm not a kid anymore.

 tell 04 저기 있는 거 잭이니? 여기선 잘 모르겠네.

뭔가 식별하거나 확인을 한다는 것도 아는 겁니다. 모르면 tell할 수 없습니다.

I couldn't tell in his voice if he believed me, but I think he did.
목소리만 들어서는 날 믿는 건지 확신할 수 없었지만 믿었던 것 같아요.

A-ha! moment

> Miller : But how could anyone possibly build a pyramid out here?
> Thomas : Ancient maps show Antarctica free of ice. It's likely the continent was once habitable.
> Miller : I can't tell you who built it. But if I could take a sample from it, I can tell you how old it is.
>
> 밀러 : 누가 이런 데다 피라미드를 지을 수 있었던 거지?
> 토머스 : 고대 지도를 보면 남극에 얼음이 없던 때도 있지. 언젠가 남극대륙에 사람이 살았을 수도 있어.
> 밀러 : 누가 지은 건지 나도 알 수 없지. 하지만 샘플을 채취해보면 얼마나 오래된 건지는 알 수 있을 거야.
>
> – *Alien vs. Predator*

여기서 tell 역시 '말을 해준다'는 게 아니라 말하는 사람이 아느냐 모르느냐가 관건이지요.

A: He's been shot in the back. No exit wound. How bad is it?
B: I can't tell you yet, but the bleeding doesn't look too severe.
A: 등 뒤에서 총을 맞았어. 총알이 나온 상처는 없구. 얼마나 심각하지?
B: 나도 아직 몰라. 하지만 출혈이 심각하진 않은 것 같은데.

> Is that Jack over there? I can't tell from here.

A: We found a bomb and it's armed! How much time have we got?
B: I can't tell. It could be any second.
A: 폭탄을 발견했는데 이미 작동하고 있어요! 시간이 얼마나 있을까?
B: 낸들 아나. 언제든지 터지겠지.

Looks like he hadn't traveled much, as far as I can tell from his passport. 이 여권을 보니 많이 돌아다니진 않은 것 같군.
Bundy seems to have feelings for Judy, from what I can tell.
내가 보기에 번디는 주디한테 마음이 있는 것 같아.
Can you tell the difference between a cold and the flu? Many people confuse the terms 'cold' and 'flu' because the illnesses share some of the same features, but they're two different diseases.
감기랑 독감이랑 구별할 수 있어? 두 질병이 일부 증세가 같아서 많은 사람들이 '감기'와 '독감'이라는 용어를 혼동하지만 전혀 다른 병이지.

A-ha! moment

Rachel : What's going on here, Harry?
Harry : I don't know.
Rachel : How big of a problem do you think we have?
Harry : It's too early to tell yet.
레이첼 : 무슨일이 벌어지고 있는 거지요, 해리?
해리 : 몰라요.
레이첼 : 문제가 얼마나 심각한 거예요?
해리 : 아직 판단하기 일러요.

– Dante's Peak

미국에서 두 번째로 살기 좋다는 (가상의) 마을 Dante's Peak에 화산 활동이 감지되고 지질학자인 Harry가 급파됩니다. 이 도시 시장인 Rachel과 산에 올랐다 뜨거운 온천물에 데어 죽은 시체를 발견합니다. 문제가 얼마나 심각한지는 좀더 조사를 해봐야 tell할 수 있는 겁니다.

tell 05 누이한테 못되게 굴면 이른다!

이르거나 고자질하는 것도 '알아야' 할 수 있습니다. 고자질을 듣는 엄마 또한 몰랐던 걸 '알게' 되구요.

I'm going to tell if you don't leave me alone. 가만 내버려두지 않으면 이를 거야!
What are you doing? Playing games instead of doing homework? I'll tell! 뭐 하니? 숙제 안 하고 게임이나 해? 이른다!
Hey, don't swing so high! I'm going to tell your mom!
야, 그네 너무 높게 구르지 마! 엄마한테 이를 거야.

I'll tell if you are mean to your sister.

영어로 말해보기

1. 거짓말 아냐. 진짜라구.
2. 누나한테 내려와서 저녁 먹으라고 해.
3. 왠지 니가 나한테 거짓말 하는 것 같은데.
4. 존을 처음 만났을 때 우리가 서로 얼마나 다른지 알 수 있었다.
5. 풀장이 얼마나 깊은지 알 수 없었다.
6. 안 그만두면 이를 거야!

모범답안

1. I'm not lying. I'm telling you the truth.
2. Tell your sister to come down for dinner.
3. Something tells me that you're lying.
4. I could tell from my first meeting with John that he and I were very different.
5. I couldn't tell how deep the pool was.
6. I'll tell if you don't stop!

01 tell about 뭔가에 대해 알려주다

단순히 말을 하는 게 아니라 상대방이 모르던 것을 알려주는 그림을 그려야 합니다.

Is there something you want to tell me about this suitcase, buddy?
이 가방에 대해 해줄 말 없나, 친구?

What can you tell me about Mr. Sanderson?
샌더슨 씨에 대해 알고 있는 게 있나?

02 tell against 반대가 되는 걸 알려주다

말해서 알려지는 사실이 누군가 또는 뭔가에 반대되는 그림입니다.

Inconsistencies in the statement will tell against your credibility.
증언에 일관성이 없으면 당신 신뢰가 떨어질 텐데.

Stuttering may tell against you in an interview for a customer-facing job. If you stutter in an interview, you will probably stutter in business meetings, which may give clients a poor impression. 고객과 대면해야 되는 일을 위한 면접에서 말을 더듬으면 불리할 수 있다. 면접에서 더듬는다면 업무상 만남을 가질 때도 말을 더듬어서 고객한테 나쁜 인상을 줄 수 있으니까 말이다.

His age and size tell against him; he doesn't belong in there, and he knows it. 나이를 보나 덩치를 보나 안 어울려. 거기 있을 사람이 아니란 건 자신도 안다구.

03 tell apart 알아서 분리하다

A와 B를 구분(apart)할 수 있는 그림입니다.

The only way I can tell people apart is by how they look.
내가 사람 구별하는 유일한 방법은 외모를 보는 거지.

To me they look the same and they never have a name on them. How do you tell them apart?
나한테는 다 똑같이 보이고 이름도 안 달고 있는데, 어떻게 구별해?

We're twins, but it's easy to tell us apart, because I'm the handsome one.
우린 쌍둥이지만 쉽게 구별할 수 있어. 내가 더 잘생겼거든.

It is not very difficult to tell flies apart from other insects: Each insect having just two wings and no shields is a fly. This means a lot of insects are called flies, which actually are not flies at all. Well known examples of this are the butterflies and the dragonflies.
파리와 다른 곤충을 구별하는 건 어렵지 않다. 날개가 두 개만 있고 방패 역할을 하는 껍질이 없으면 파리다. 결국 많은 곤충들을 파리가 아닌데도 파리라고 한다는 걸 알 수 있다. 잘 알려진 예를 들자면 나비(butterflies)나 잠자리(dragonflies)도 영어에서는 파리(fly)라는 단어가 들어간다.

If you have several credit cards, you can only tell them apart by the last four digits. 신용카드가 많으면 구별하는 유일한 방법은 마지막 네 자리 숫자뿐이다.

04 tell from 가려내다

A에서 B를 '가려내는' 그림입니다.

You can't tell reality from fantasy. 환상과 현실을 구별 못하는구만.

Color blind people often have trouble with everyday activities, such as distinguishing traffic lights. Drivers who can't tell red from green can still recognize the order of colors on traffic lights.
색맹인 사람들은 신호등 구별하는 것과 같은 일상생활에서도 어려움을 겪곤 한다. 녹색과 적색을 구별 못하는 운전자라도 신호등에서 색깔의 순서는 인식할 수 있다.

How can you tell male from female whales?
고래 암컷이랑 수컷을 어떻게 구별하지요?

Why can't you tell friends from enemies? I'm your friend not your enemy! 적이랑 친구도 구별 못하냐? 난 니 친구지 적이 아냐!

05 tell off 잘못을 알게 하다

사람을 앞에 두고 제자리에 서 있지 못할 정도로 (off) 마구 소리를 질러 잘못을 '알게' 하는(tell) 그림을 그리면 됩니다. 혼내는 것이지요.

I got my son off into a corner and told him off and said the next time I caught him acting like that again, I'd ground him for a week.
아들을 구석에 몰아넣고 혼을 내줬어. 다음 번에 또 그런 짓 하다 들키면 일주일동안 외출금지라고 으름짱을 놓았지.

My father's pent-up anger spilled out and he told me off and even slapped me.
아버지가 화를 참다 참다 폭발해서 혼쭐이 났는데 심지어 때리기까지 하시더라구.

I told him off for making a mess and I think I smacked him a bit too hard.
어질러 놓았다고 혼내긴 했는데 너무 심하게 때렸나봐.

telling-off의 형태로 명사형으로 쓰기도 합니다.

I gave him a telling-off he wouldn't forget.
절대 잊어버리지 못할 정도로 혼내줬지.

The boss, in front of all employees, gave me a telling-off and spoke to me as if I was a child.
사장이 다른 직원 다 보는 앞에서 내가 무슨 애라도 되는 것처럼 혼내더라구.

06 tell on 뭔가에 대해 알려주다

고자질하는 그림입니다. 고자질 대상을 on으로 나타냅니다.

You tell on me, I tell on you. 니가 이르면 나도 이를 거야.

If he tells on his buddy, he will go free but his accomplice will get five years. 동료를 고자질하면 자기는 석방되겠지만 그 공범 녀석은 5년 형을 살게 되지.

비유적으로 어딘가 대고(on) 계속 말을 해서 영향을 미치는 그림도 가능합니다.

The strain of 48 hours without sleep was beginning to tell on Jack's face. 잭 얼굴에 48시간 동안 잠도 못 자고 긴장 속에 지낸 티가 나기 시작했다. (잠을 못 잔 영향이 얼굴에 드러나는 경우입니다.)

After a while, the aroma of the roasted goose began to tell on him and, when he could bear it no longer, he broke one of its legs off and satisfied his desire. 조금 지나자 구운 거위요리 향이 유혹하기 시작했다. 더 이상 참지 못하고 다리 하나를 뜯어 식욕을 채웠다. (요리 냄새가 꾸준히 유혹을 해서 참지 못하게 하는 그림입니다.)

All the traveling on the road began to tell on Billy.
여행을 너무 많이 했더니 빌리가 힘들어하기 시작했다.

The stresses between Gerry and his wife began to tell on their three children. 제리와 아내 사이의 긴장은 세 아이에게도 영향을 미치기 시작했다.

01 I'll tell you what[something; one thing]. | Let me tell you something.

tell에는 유난히 문장형 관용표현이 많습니다. 뭔가 상대방이 모르는 걸 가르쳐주려고 할 때 말을 꺼내기 전에 쓰는 표현들입니다.

I'll tell you what. I'll get you another dog. So, don't cry.
있잖아. 다른 개 사줄 테니까 울지 마.

I'll tell you something. If I see any of you coming in, I'll kill all the hostages! 뭘 모르시나본데. 니들 한 명이라도 들어오는 거 보이면 인질 다 죽여버릴 거야!

I want you to be a doctor. Let me tell you something. Besides the money, a doctor's a very powerful position.
난 니가 의사가 됐으면 좋겠다. 하나 가르쳐주지. 돈도 잘 벌지만 의사는 지위가 높거든.

I'll tell you one thing. One mistake is bad enough. Don't let it happen again. 잊지 말라구. 실수는 한 번만으로도 피해가 막심해. 다시는 하지 마.

02 Tell me.

이번엔 상대에게 뭔가 알려달라고 말을 꺼낼 때 쓰는 표현입니다.

So tell me, Gary, what do you do for a living?
개리, 말해줘봐. 뭐 하고 먹고 사는데?

Tell me. I'm your pal, right? 말해봐. 나 니 친구지, 그치?

So tell me. Just because we broke up doesn't mean we can't have a

friendly meal, does it?
자, 말해봐. 우리가 헤어졌다고 해서 친구로서 밥 한 끼 못 먹는 건 아니잖아, 그치?

03 I told you (so).

과거에 알려줬는데 무시를 했을 때 '고소하다' 는 뉘앙스로 쓰는 말입니다.

I knew this was going to happen. I told you so. Perfect!
내 이럴 줄 알았다니까. 내가 뭐래? 잘됐다!
Well, this is awkward. See? I told you. 거봐, 어색하잖아. 그치? 내가 뭐래.

04 You can tell someone from me.

상대방에게 제3자한테 내가 한 말이라고 전하라는 말로 그 사람한테 강한 불만감을 강조하는 구어체 표현입니다.

You can tell him from me that I have no more use for him than I have for this stick I've got in my hand.
내가 여기 들고 있는 막대기보다도 값어치 없는 놈이라고 전해.
You can tell her from me that my department happens to run a tight schedule and can't be kept waiting indefinitely!
우리 부서는 빡빡한 일정으로 돌아가니까 한없이 기다릴 수 없다고 전해!
You can tell her from me I'll see her in court. 법정에서 보잔다고 전해.

정말 단순히 말을 전달하라는 표현으로 쓸 수도 있습니다.

If you see Susan, you can tell her from me that she is a real artist.
수잔 보거든 내가 정말 예술가답다고 하더라고 전해.

05 Don't tell me.

받아들이지 않겠다는 의지를 나타내는 표현입니다. 실망시키지 말라는 겁니다.

Your mother will pull through. Don't tell me you're losing your faith.
엄마는 이겨낼 거야. 너 믿음이 사라지고 있다고 하진 마.
Look, I got a hotel full of people dying out there. One of them is my wife. So, don't tell me there is nothing you can do! 이봐, 이 호텔에 죽어가는 사람 천지야. 그 중 하나는 내 아내라구. 할 수 있는 게 없다는 헛소리 집어치워.
Don't tell me this is your idea of a vacation.
설마 이게 니가 생각하는 휴가는 아니겠지.

알아맞춰볼 테니 말하지 말라는 뜻으로도 씁니다.

That's a wonderful suit. Don't tell me, let me guess. Valentino, right?
멋있는 양복인데. 말하지 말아봐, 알아맞춰볼게. 발렌티노, 그치?

06 Tell me about it. | You're telling me.

너무도 분명한 사실이라서 맞장구를 칠 때 쓰는 말입니다.

A : She's a tough one, your daughter.
B : Yeah, tell me about it.
A : 당신 딸 정말 강인한 아이네요.
B : 그럼, 두말하면 잔소리지.

A : These kids today… they don't respect their elders.
B : Tell me about it.
A : 요즘 애들은 어른 공경을 안 해.
B : 누가 아니래.

A : Could use a little sleep.
B : Tell me about it.
A : 잠 좀 잤으면 좋겠다.
B : 누가 아니래.

A : It's amazing how much time has gone by.
B : You're telling me.
A : 시간이 이렇게 후딱 지나가다니.
B : 그러게 말야.

맞장구를 치는 게 아니라 뭔가 분명한 사실에 대해 혼자 감탄사로 쓸 수도 있습니다.

You're telling me it's damn hot! 진짜 죽이게 덥다!

07 I'm telling you!

분명한 사실을 강조할 때 씁니다.

I don't know. I'm telling you. 나 몰라. 진짜야.
I'm telling you, you're not going to lose. 내 말 들어. 넌 지지 않아.

08 You can never tell.

절대 알 수 없다는 겁니다. 사람 일은 모르는 거라는 말이지요.

You shouldn't go alone. Because you can never tell what you may be up against. 혼자 가면 안 돼. 사람 일은 모르는 건데. 무슨 일을 당할 줄 알고.
In the long run, you can never tell which of them will remain your friends. 장기적으로는 저들 중에 누가 친구로 남을지 아무도 알 수 없지.

09 There's no telling.

역시 알 수 없다는 겁니다.

There's no telling how long he'll hang on, but he'll never regain consciousness. 얼마나 버틸지 모르지만, 의식은 회복할 수 없을 겁니다.
Police found him about an hour ago. There's no telling when he was attacked. 경찰이 한 시간 전에 발견했어. 언제 공격을 당했는지는 알 수 없대.
Considering Kevin's state of mind, there's no telling what he might do. 캐빈 정신상태를 봐서 무슨 짓을 할지 몰라.

10 tell it like it is

있는 그대로 말하는 겁니다.

I came clean. I told it like it happened last night.
솔직히 털어놓은 거야. 어젯밤 있었던 그대로 말한 거라구.
Today, you'd better tell it like it is. Customers demand to know which products offer the best value for the price. 요즘은 있는 그대로 보여주는 게 최고야. 고객들은 제값을 하는 제품이 어느 것인지 알길 원한다구.

11 tell tales out of school

아는 사람끼리만 알고 있어야 할 비밀을 누설하는 그림입니다.

We had to promise when we set out to write this book not to tell tales out of school. 이 책을 쓸 때 비밀을 지키기로 약속을 하고 시작해야 했어.
I don't like to tell tales out of school but at the party I overheard a conversation between your husband and a lady.
고자질 하긴 싫지만 파티에서 니 남편이랑 웬 여자랑 얘기하는 걸 엿들었어.

12 Tell me another (one)!

여기서 another는 농담을 뜻합니다. 상대방이 하는 말이 하도 기가 막혀서 '농담 하나 더 해줘봐' 라고 비아냥거리는 것이지요. 실제로 another one 또는 another joke로 말하기도 합니다.

> You marrying Jane? Tell me another (one / joke)!
> 니가 제인이랑 결혼해? 별소리 다 듣겠네!
> Saudi Arabia our friend? Tell me another one!
> 사우디 아라비아가 우리 친구라구? 어디서 그런 헛소리를!

13 tell someone what to do with something

뭔가 마음에 들지 않는 것이 있을 때 불쾌함을 표현하는 속어 표현입니다. 여기서 do하겠다는 게 뭔지 실제로 말하는 경우도 있지만 대부분 문맥에서 알아듣기 때문에 이렇게만 쓰는 경우도 많습니다. 조금 심한 표현이니 이해하는 선에서 그치면 됩니다.

> Okay, I'll tell you what to do with that damn contract! (Stick it up your ass!) 그래, 그 쓸데기 없는 계약서 개나 줘버리라구! (엉덩이에 &#$%!)
> Search warrant? Just tell him what to do with it. I won't let him in my house. 수색 영장? 놀고 있네. 절대 우리 집에 못 들어와.

14 telling

telling으로 형용사를 만들면 보기만 해도 알 것 같은 느낌이 들어야 합니다. 너무도 뻔하다는 겁니다.

Unanswered phones are a small but telling example of how the company deals with its customers.
전화를 받지 않는 건 그 회사가 고객을 어떻게 다루는지 보여주는 사소하지만 확실한 예이다.

명사로 telling을 쓰면 말을 한 번 하는 걸 뜻합니다.

Some of his stories get bigger with each telling! 걔 말하는 거 보면 회를 거듭할수록 부풀리더라구!

15 A little bird told me.

누구에게서 들었는지, 이야기 출처를 밝히고 싶지 않을 때 쓰는 관용표현입니다.

A little bird told me that the boss is going to fire you.
어디서 들었는데 사장이 널 해고할 거래.

A : Who told you that?
B : A little bird told me.
A : 누가 말해줬어?
B : 안 가르쳐주지.

16 (Only) Time will tell.

현재로서는 알 길이 없고 시간이 지나면 알게 될 거라는 말이지요.

Time will tell who was right. 누가 옳은지는 시간이 말해주겠지.
We're not sure how effective the measure will be. Only time will tell.
이 조치가 얼마나 효과가 있을지 우리도 몰라. 시간이 지나보면 알겠지.

이책을 마치며

도전은 계속된다

사전을 펼쳐보면 가장 사랑받는 단어들은 그 뜻이 어마어마해서 원어민이 아닌 우리로서는 순간 정신이 아득해질 지경입니다. 그런데 그 하나하나를 요모조모 뜯어보면 그 자질구레한 것들을 한 꼬치에 꿸 수 있는 '진정한 의미'가 유유히 흐릅니다.

범위가 너무 넓어서 뭐든 포함되지도, 너무 좁아서 툭하면 빠져나가는 예외가 생기지도 않는… 적당한 기본 그림이 뭉실뭉실 떠오르지요. 하나의 단어는 추리소설입니다. 단서는 많습니다. '기본 그림'을 찾아내는 건 여러분의 몫입니다.